Rettung vor Bodenlosigkeit

Warschauer Studien zur Kultur- und Literaturwissenschaft

Herausgegeben von Karol Sauerland

Band 7

Monika Tokarzewska

Rettung vor Bodenlosigkeit

Neues Anfangsdenken und kosmologische Metaphern bei Locke, Leibniz, Kant, Fichte, Novalis und Jean Paul

Bibliografische Information der Deutschen Nationalbibliothek
Die Deutsche Nationalbibliothek verzeichnet diese Publikation
in der Deutschen Nationalbibliografie; detaillierte bibliografische
Daten sind im Internet über http://dnb.d-nb.de abrufbar.

Diese Publikation wurde finanziell unterstützt
durch die Nikolaus-Kopernikus-Universität in Toruń.
Dem Alfried Krupp Wissenschaftskolleg Greifswald
und der Klassik-Stiftung Weimar
wird für ihre Unterstützung ebenfalls gedankt.

Rezensiert von: Prof. Dr. Ulrich Wergin, Dr. hab. Kamilla Najdek

Gedruckt auf alterungsbeständigem,
säurefreiem Papier.

ISSN 2191-1886
ISBN 978-3-631-66292-2 (Print)
E-ISBN 978-3-653-05526-9 (E-Book)
DOI 10.3726/978-3-653-05526-9

© Peter Lang GmbH
Internationaler Verlag der Wissenschaften
Frankfurt am Main 2015
Alle Rechte vorbehalten.
Peter Lang Edition ist ein Imprint der Peter Lang GmbH.

Peter Lang – Frankfurt am Main · Bern · Bruxelles · New York ·
Oxford · Warszawa · Wien

Das Werk einschließlich aller seiner Teile ist urheberrechtlich
geschützt. Jede Verwertung außerhalb der engen Grenzen des
Urheberrechtsgesetzes ist ohne Zustimmung des Verlages
unzulässig und strafbar. Das gilt insbesondere für
Vervielfältigungen, Übersetzungen, Mikroverfilmungen und die
Einspeicherung und Verarbeitung in elektronischen Systemen.

Diese Publikation wurde begutachtet.

www.peterlang.com

Inhalt

Grundlagenkrise, Aufbrüche ins Neue und das kosmologische Metaphernfeld. Voraussetzungen und Ziele der Studie ... 9

Die wissenschaftliche Revolution, die Metaphern und das Ringen des Geistes um eine Wiedergewinnung des Weltbezugs ... 9

Metapher und Metaphernfeld ... 17

Kosmologie und Astronomie als wissenschaftsgeschichtlicher Hintergrund des neuen Anfangsdenkens ... 31

Aufbau und Gliederung der Studie ... 41

Bodenlosigkeit und Anfangsdenken. Von Weltschildkröten, archimedischen Punkten und Gravitationskräften: Locke, Leibniz und andere in Konfrontation mit dem neuen Weltbild ... 45

Worauf stützt sich das ganze Weltgebäude? Ein Bild aus der indischen Kosmologie als Metapher für den ungewissen Grund ... 45

Der archimedische Punkt als moderne Anfangsmetapher im kosmologischen Metaphernfeld ... 99

Die Geburt der Freiheit aus dem Geiste der „Newtonischen Anziehung" bei Kant ... 113

Abheben wider die ganze Natur: die Freiheit als der einzig mögliche archimedische Punkt ... 113

Zwei Vorreden und ihre Metaphern; die Frage der kopernikanischen „Umänderung der Denkart" ... 116

Kosmologische Analogien in der Vorrede von 1787: Perspektivenwechsel, leerer Raum und die Kraft der newtonschen Anziehung ... 120

„Platz verschaffen": leerer Raum als *tertium comparationis* zwischen Astronomie und Moral ... 141

Die Vorgeschichte des kantschen Gravitations-Gleichnisses in den „Träumen eines Geistersehers" 149

Von der Anziehungskraft als Anfangskraft hin zum moralischen Reich: die Anziehung als heuristische Metapher für die Möglichkeit der Gesellschaft 156

Ein moralisches Reich „an nichts geknüpft, durch nichts gestützt" 167

Forschung zum Problem der Gravitationskraft als Metapher bei Kant 179

Die Funktion der Gravitationsmetapher bei Kant: die Gesellschaft vor naturwissenschaftlicher Repräsentation in Schutz nehmen 184

Fichtes Suche nach absolutem Grundsatz und der Kampf der Bildfelder: Architektur- versus Gravitationsmetaphern 187

„Die Wissenschaft sei ein Gebäude…" 187

Die Suche nach absolutem Fundament 193

Die Erde als Brückenbild zwischen Architektur und Kosmologie 196

Die Hypothese und der archimedische Punkt: ‚newtonsche' Metaphorik bei Fichte 208

Probleme der Forschung mit Fichtes Gravitationspoetik 220

Ob man aus der Anziehungskraft die Materie ableiten könne, oder: Das kosmologische Metaphernfeld im intellektuellen Denkkollektiv nach Kant und Fichte 223

„…so sei uns die Vernunft oder das lichte Ich keine selbstschaffende ziehende Sonne": Jean Pauls Sehnsucht nach dem Vorkopernikanismus 231

Friedrich von Hardenbergs „moralische Astronomie" 247

Novalis und das kosmologische Metaphernfeld der ‚kopernikanischen Revolution' 247

„Moralische Astronomie".. 252

Das kopernikanische Modell verstehen, oder: Von Dingen, die beim
Erklären vorausgesetzt werden müssen.. 258

Was die Optik uns von der verkehrten Welt lehrt 266

Die moralische Seite des Weltalls bleibt zu entdecken 269

Sich von der Stelle reißen: Symphilosophieren als gemeinsamer Zug der
Sonne folgend 271

„Hemsterhuis-Studien" und die historischen Bahnen des menschlichen
Geistes... 273

Das Anfangen: der archimedische Punkt eines Romantikers 280

„...dass die Erde schwebe": eine romantische Schlüsselerfahrung................. 282

Alle Theorie ist Astronomie... 287

Ausblick: der archimedische Punkt als Schlüssel zur Moderne bei Hannah Arendt und Bruno Latour 289

Literaturverzeichnis.. 295

Grundlagenkrise, Aufbrüche ins Neue und das kosmologische Metaphernfeld. Voraussetzungen und Ziele der Studie

Die wissenschaftliche Revolution, die Metaphern und das Ringen des Geistes um eine Wiedergewinnung des Weltbezugs

Das kosmologische Metaphernfeld[1] spielte im 18. bis zum beginnenden 19. Jahrhundert eine besondere Rolle. Es war aus der langen Wirkung der ‚kopernikanischen Revolution' entstanden, aber es ist bisher als ein in sich zusammenhängendes Netz von Metaphern noch nicht umfassend untersucht worden, obwohl es sich hier um einen wichtigen Bestandteil kollektiver Einbildungskraft bzw. figurativen Wissens einer geschichtlichen Diskursformation handelt.

Ich werde zeigen, wie die miteinander zusammenhängenden kosmologischen Bilder unter Wissenschaftlern, Wissenschaftsvermittlern, Philosophen und Dichtern kursierten. So bildet die vorliegende Arbeit einen Beitrag zur Erforschung von Figuren des Wissens.[2] Sie setzt – wie es dieser Forschung eigen ist – eine Verknüpfung von Wissen, Philosophie und Literatur voraus, womit sie sich somit gegen die ältere Tradition, im Sinne von streng voneinander abgeschotteten ‚zwei Kulturen' richtet,[3] nach der „das Wissen der wahren Wissenschaft von

---

1 Kosmologie beschäftigt sich bekanntlich mit der Gestalt und dem Aufbau der Welt; ihre Anfänge gehen auf die antiken Naturphilosophen zurück. Der Begriff war seit Christian Wolff gebräuchlich, der diese alte Disziplin rational zu fundieren beabsichtigte. „Während nach dieser Einteilung die rationale Theologie von Gott als der Ursache der Welt und die rationale Psychologie von der Seele als einer einfachen Substanz handeln, befaßt sich die rationale Kosmologie mit dem Aufbau der Welt als dem natürlichen System physischer Substanzen [...]. Damit werden unter der Bezeichnung ‚Kosmologie' Theorien über den Aufbau der Welt disziplinenmäßig zusammengefaßt, deren Geschichte bis zur Naturphilosophie der Vorsokratiker zurückreicht." (Jürgen Mittelstrass: Artikel „Kosmologie", in: Historisches Wörterbuch der Philosophie, hg. von Joachim Ritter und Karlfried Gründer, Basel 1976, Bd. IV, S. 1153-1155, hier S. 1153.)
2 Ralf Konersmann: Vorwort: Figuratives Wissen, in: Wörterbuch der philosophischen Metaphern, hg. von Ralf Konersmann, Darmstadt 2008, S. 7-21, hier S. 8.
3 Seit der wissenschaftlichen Revolution spricht man von der Ausdifferenzierung der so genannten ‚zwei Kulturen'. Das ist die vieldiskutierte These von Charles P. Snow

dem abzusetzen [ist], worin es sich darstellt".[4] An einer Reihe von prägnanten Beispielen wird dargelegt, wie einige kosmologische Metaphern infolge der Fortschritte der Astronomie Bestandteil der kollektiven Einbildungskraft der Gelehrten und Dichter des ausgehenden 17. und des 18. Jahrhunderts wurden. Sie funktionierten als Denkfiguren[5] eines neuen Grundlagendiskurses bei der Suche nach Gewissheit in einer sich dynamisch verändernden Welt. Denker und Dichter übernahmen diese Metaphern, um mit ihrer Hilfe eine Antwort auf die Herausforderungen der Zeit zu finden, neue Denk- und Sichtweisen zu entwickeln.

Der Schwerpunkt wird auf deutschsprachigen Texten des 18. Jahrhunderts, insbesondere der zweiten Hälfte, liegen. Der intellektuelle und dichterische Diskurs stand damals unter dem Zeichen der ‚kopernikanischen Revolution': so heißt die Metapher, unter der Immanuel Kants neue Denkart in die Kulturgeschichte eingegangen ist. Diese Denkart war eine kritische; es hieß, das Subjekt samt seinen Erkenntniskategorien und seinem Urteilsvermögen als Bezugspunkt für alles andere zu betrachten. Die meisten Denker und Dichter befanden sich im Banne dieser kritischen Wende.

Die vorliegende Studie vermeidet bewusst ein Denken in den Begriffen der üblichen literaturhistorischen Periodisierung. So unterscheide ich nicht zwischen Schriftstellern der Aufklärung und der Romantik und interpretiere die Texte nicht vor dem Hintergrund einer bestimmten ästhetischen oder weltanschaulichen Strömung, denn die Codes der kollektiven Einbildungskraft halten sich nicht daran, sie durchqueren derartige Grenzen, zumal diese oft apodiktisch gezogen sind. Von solchen Begriffen mache ich nur gelegentlich Gebrauch, wie z. B. bei der Erwähnung der romantischen Naturphilosophie als Kontext für die Fragmente von Novalis. Eine wichtige Rolle wird dagegen die ‚wissenschaftliche Revolution' in meiner Arbeit spielen. Die ‚Moderne' bzw. ‚Neuzeit'[6]

---

aus den 50er Jahren. (Vgl. dazu Charles P. Snow: The Two Cultures an the Scientific Revolution, Cambridge 1993.)

4 Konersmann: Vorwort: Figuratives Wissen, S. 7.
5 Zur ‚Denkfigur' vgl. Literatur und Wissen. Ein interdisziplinäres Handbuch, hg. von Roland Borgards, Harald Neumeyer, Nicolas Pethes und Yvonne Wübben, Stuttgart und Weimar 2013, S. 28ff. Ich verstehe darunter allerdings nicht vorrangig ein Bild oder Motiv, sondern eine durch ein Motiv kodierte mentale Operation. So ist z. B. unter der kopernikanischen Revolution bei Kant ein Perspektivenwechsel zu verstehen. Ausführlicher hierzu weiter unten im Kant- und Novaliskapitel.
6 Der Gebrauch des Begriffs ‚Moderne' ist vielfältig. „In den Geschichtswissenschaften und der Philosophie" wird er oft für „die gesamte Neuzeit seit der Renaissance" verwendet, während in den „Literatur- und Kulturwissenschaften" darunter „entweder a) die mit der Überwindung der Regelpoetik [...] insbes. mit der Frühromantik um 1795

beginnt nicht zuletzt mit der so genannten ‚wissenschaftlichen Revolution': der Geburt und dem erstaunlichen Fortschritt der Naturwissenschaften und der ihre Ergebnisse umsetzenden Ingenieurwissenschaften. Sie zog eine zwar zu Beginn langwierige, dann aber immer schneller werdende Veränderung des Weltbildes des Menschen und seiner Umwelt nach sich, sie sollte Denkweisen und Diskurse tiefgreifend beeinflussen.

Der Begriff ‚wissenschaftliche Revolution' wird für die Entwicklung der Wissenschaften, vor allem der experimentellen und mathematisierten Naturwissenschaften und für die in deren Folge eingetretenen grundlegenden Veränderungen im Weltbild der Frühen Neuzeit verwendet. Auf die intensive Diskussion kann hier jedoch nicht im Einzelnen eingegangen werden. Die Zeitspanne, die der Begriff umfasst, beginnt im 16. Jahrhundert und dauert bis in das 18. hinein, wobei die Blütezeit in das 17. Jahrhundert fällt. Besonders gravierend war die Veränderung des Universumsbildes, was weltanschaulich folgenreich sein sollte. Sah man das Universum am Anfang des 16. Jahrhunderts noch als geschlossen, sphärisch und geozentrisch, haben wir es am Ende des 17. Jahrhunderts mit einem unendlichen Universum zu tun, in dem es viele Sonnensysteme gibt und die von den Menschen bewohnte Erde sich in einem unbestimmten Punkt dieses Universums, als Teil eines heliozentrischen Systems, befindet.[7] Die eigentliche

---

beginnende Periode oder b) im frz. Sprachraum die Phase, die mit den ästhetischen Innovationen und thematischen Neuorientierungen beginnt" (gemeint ist die Ästhetik Baudelaires oder der Naturalismus). „Je nach Perspektive" wird die Moderne somit entweder „als Makroepoche" oder als „Mikroepoche" aufgefasst. Für Silvio Vietta (vgl. Silvio Vietta und Dirk Kemper (hg.): Ästhetische Moderne in Europa. Grundzüge und Problemzusammenhänge seit der Romantik, München 1998) ist sie eine Makroepoche. Seine Auffassung ist mir näher als die in der Literaturwissenschaft üblichen ‚mikroepochalen'. (Sabina Becker: Stichwort „Moderne", in: Metzler Lexikon Literatur, begründet von Günther und Irmgard Schweikle, hg. von Dieter Burdorf, Christoph Fasbender und Burkhard Moennighoff, 3. Auflage, Stuttgart 2007, S. 508-509, hier S. 508.)

7   Vgl. Introduction, in: Encyclopedia of the Scientific Revolution From Copernicus to Newton, hg. Wilbur Applebaum, New York&London 2000, S. xi; siehe hierzu auch das grundlegende Werk von Alexandre Koyré: Von der geschlossenen Welt zum unendlichen Universum, Frankfurt/Main 1969. Floris H. Cohen gibt das Jahr 1939 als Geburtstunde des Begriffs an, zurückzuführen sei er auf die Debatten zur Wissenschaftsgeschichte zwischen Edwin Arthur Burtt, Alexandre Koyré, Herbert Butterfield und Eduard Jan Dijksterhuis sowie Alfred Rupert Hall und anderen seit der ersten Hälfte des 20. Jahrhunderts. (Floris H. Cohen: Stichwort „Scientific Revolution" in: Encyclopedia of the Scientific Revolution, S. 589-593, hier S. 589.) Von der mittlerweile sehr umfangreichen Forschung zu diesem Thema seien einige Koryphäenautoren genannt: Alexandre Koyré, Hans Blumenberg, Thomas Kuhn, aus

Bedeutung dieser ‚Revolution' scheint allerdings, wie die jüngste Forschung zeigt, vor allem auf einer Verschiebung der Akzente von der Theologie auf die Physik zu beruhen. Die Vorstellung von einer Unendlichkeit des Universums sowie von der Winzigkeit der Erde im Verhältnis zu ihm war zahlreichen antiken und mittelalterlichen Autoren nicht fremd; sie basierte allerdings nicht auf der Idee eines gleichförmigen, mathematisch erfassbaren Raumes, sondern ergab sich aus einem engen Ineinandergreifen von Kosmologie und Theologie.[8] Als Beispiel sei die kosmologische Definition Gottes von Nicolaus Cusanus genannt:

---

    den neueren Steven Shapin oder Lorraine Daston. Einen umfangreichen Überblick gibt auch die bereits zitierte Encyclopedia of the Scientific Revolution. Siehe zu der grundlegenden Fragestellung auch: David Goodman und Colin Russel (hg.): The Rise of Scientific Europe 1500-1800, Sevenoaks 1991 sowie Steven Shapin: The Scientific Revolution, Chicago 1996. Zur Bestimmung des Beginns der Moderne und deren Bezug zur wissenschaftlichen Revolution siehe: Stephen Toulmin: Kosmopolis. Die unerkannten Aufgaben der Moderne, übersetzt von Hermann Vetter, Frankfurt/Main 1991, insbesondere das Kapitel „Wann hat die Moderne begonnen?". Toulmin erarbeitet das „Gerüst der Moderne" aus; er stellt die These auf, dass die wissenschaftliche Revolution mit ihrem Universalismus, dem Primat des Schriftlichen und dem durch die naturwissenschaftliche Gesetzmäßigkeit bestimmten Weltbild das Fundament zur Moderne legte, auch wenn sich die Geister scheiden, ob die Moderne bereits Anfang des 17. Jahrhunderts einsetzt (etwa mit Galilei), oder eher im späten 18. Jahrhundert mit Kant (wie Habermas behauptet). Zu dem Stichwort siehe auch: Peter Hanns Reill: The Legacy of the „Scientific Revolution": Science ant the Enlightenment, in: The Cambridge History of Science, Bd. IV (Eighteenth-Century Science), hg. von Roy Porter, Cambridge 2003, S. 23-43 (zum Verhältnis von wissenschaftlicher Revolution und Aufklärung). Der Begriff einer Revolution auf dem Gebiet der Wissenschaften gehörte bereits im 17. Jahrhundert zum Selbstbild der Epoche. In dieser Zeit beginnt sich die neue Bedeutung des Begriffs (als Umsturz und Neubeginn) gegen die alte (die Wiederkehr) durchzusetzen. „Im Laufe des 18. Jahrhunderts kommt der Begriff zunehmend in Gebrauch und dient hier insbesondere zur Bezeichnung fortschrittsfördernder Umwälzungen in verschiedenen Wissenschaftsbereichen, die durch die Leistungen einzelner (Kopernikus, Leibniz, Newton, Lavoisier u. a.) ausgelöst wurden. Wendungen wie >>heureuse révolution<< und >>utile révolution<< sind geläufig." (Eve-Marie Engels: Wissenschaftliche Revolution. Die variantenreiche Geschichte eines Begriffs, in: „Archiv für Begriffsgeschichte" 34/1991, S. 237-261, hier S. 244.)

8 Siehe hierzu: Reinhard Krüger: ‚Kopernikanische Wende' und die ‚kosmologische Kränkung' des Menschen der Neuzeit. Kritik eines wissenschaftsgeschichtlichen Mythos der Moderne, Berlin 2012.

Darum verhält sich der Weltbau so, als hätte er überall seinen Mittelpunkt und nirgends seinen Umkreis, da sein Umkreis und sein Mittelpunkt Gott ist, der überall und nirgends ist.[9]

Die Universumsvorstellung war keine rein physikalische, die Grenze zwischen Gott und der Schöpfung war nicht unbedingt unüberbrückbar. Sie schloss die Frage nach dem Ort, an dem sich Gott und die Seligen befinden selbstverständlich mit ein. Nicht immer wurde das Universum mit Gott dermaßen identifiziert, wie dem Zitat von Cusanus zu entnehmen ist; verbreitet war vielmehr die Vorstellung vom *empyreum*, d.h. dem Feuerhimmel (Jean Paul wird diese Vorstellung aufgreifen) als deren Sitz am weitesten Rand des Seins. Das Weltbild wiederum, das aus der wissenschaftlichen Revolution entstand, kennt keine theologisch-kosmologische, sondern eine mathematisch-physikalische Unendlichkeit des Alls. Die Chance, Außerirdische auf anderen Planeten anzutreffen, schien nahezu gewiss zu sein; Gott und die Engel verschwinden demgegenüber gänzlich vom Horizont des Seienden. Die im All waltenden Naturkräfte wie die Gravitation erweitern sich ins Unendliche, aber man ist sich sicher, dass der transzendente Gott nirgendwo anzutreffen ist, selbst wenn es möglich wäre, eine unendlich weite Reise zu unternehmen.

Da der Gegenstand meiner Interpretation ein kosmologisches Bildfeld ist, steht die Entwicklung der Astronomie im Zentrum meines Interesses, insbesondere die heliozentrische Wende des Kopernikus und deren Folgen sowie die Evolution des Universumsbildes von einem geschlossenen zu einem unendlichen. Zu Beginn des 18. sieht dieses Bild anders aus als noch zur Zeit des Kopernikus. Dessen neue Sicht zog eine ebenso tiefgreifende Transformation des abendländischen Grundlagendiskurses nach sich. Unter ‚Grundlagendiskurs' verstehe ich – wie ich im ersten Kapitel darlegen werde – die von einer geschichtlichen Diskursformation verstandene ‚Ordnung der Dinge';[10] einen Diskurs, der den ‚Zeitgeist' ausdrückend, auf die Frage nach den Fundamenten der Welt antwortet. Ist es das Subjekt, das dieses Fundament bildet und uns die Gewissheit gibt,

---

9 Nicolaus Cusanus: De docta ignorantia, in: Nikolaus von Kues: Philosophisch-theologische Schriften, hg. von Leo Gabriel, Wien 1694, Bd. I, S. 396. Zitiert nach: Krüger: Die ‚Kopernikanische Wende', S. 96.

10 Diese Formulierung entlehne ich Michel Foucault (sein Werk „Les mots et les choses" trägt in der deutschen Übersetzung den Titel „Die Ordnung der Dinge"). Foucault meint mit der Episteme jedoch die nicht explizite artikulierten, sozusagen ‚unbewussten' Voraussetzungen, die die Diskurse einer Epoche bestimmen, während es mir um die zum Ausdruck gebrachten, bewussten Positionen geht, die sich als Grundlagendiskurs verstehen.

dass wir mit unserem Leben und Erkennen nicht in der Luft hängen? Ist es Gott, die Substanz, die Materie, oder noch etwas anderes? Vielleicht etwas gar Unbenennbares? „Womit macht man denn wohl den Anfang?", fragte Novalis.[11] Lange Zeit war es die Metaphysik, die sich mit der Frage nach der Ordnung der Dinge, den Fundamenten, den Ursprüngen beschäftigte und sich selbst in der Rolle der Grundlagenwissenschaft für alle anderen Disziplinen begriff. Doch sie hatte – was im 18. Jahrhundert immer klarer wurde – ausgedient. Der Grundlagendiskurs oder -diskurse einer Zeit formieren andere, partikulärere Diskurse und Vorstellungen mit, auch die literarischen. Die These meiner Studie lautet: es gibt eine enge Verbindung zwischen den Veränderungen des Universumsbildes nach Kopernikus und dem neuen Grundlagendenken, das sich vor allem im Banne des so genannten ‚deutschen Idealismus' entfaltete. Die Brücke zwischen beiden bleibt das Metaphernfeld, das im Zentrum meiner Arbeit steht.

In den letzten Jahrzehnten, verstärkt seit den 1990er Jahren, haben sich die Kulturwissenschaften, darunter auch die Literaturwissenschaft, der Erforschung von Wissenskulturen und Wissenstransfer erfolgreich angenommen. Die Germanistik hat auf diesem Gebiet Interessantes vorzulegen, darunter Studien, die sich mit der Rezeption der astronomischen Forschung in der Literatur seit der Aufklärung beschäftigen. Diese Forschung situiert sich im Rahmen der Untersuchung von Literatur als Wissensform.[12] Zumeist geht es dabei um die Aufnahme und Verarbeitung verschiedener astronomischer Motive und Entdeckungen: so erfreute sich das Motiv des Kometen einer großen Popularität, entsprechend der Bedeutung, die die Kometenforschung im 18. Jahrhundert innehatte. Die Rolle der Astronomie für die Entstehung und Transformation literarischer Ausdrucksformen wird dagegen seltener behandelt.[13]

---

11 Novalis: Werke, Tagebücher und Briefe Friedrich von Hardenbergs, hg. von Hans-Joachim Mähl und Richard Samuel, Darmstadt 1999, Bd. II, S. 152. Die Ausgabe wird im Folgenden mit ‚NW' abgekürzt; alle Hervorhebungen in den Zitaten stammen von Novalis, soweit es nicht explizite anders heißt.

12 Zur Verschränkung von Literatur und Wissen vgl. die Gliederung in: Literatur und Wissen. Ein interdisziplinäres Handbuch, hg. von Roland Borgards u. a. Das Buch bietet eine Gliederung nach Disziplinen, Paradigmen und Ansätzen sowie und versucht die Wechselwirkungen zwischen Wissen und Literatur seit Martin Opitz bis zu W. G. Sebald anhand von Beispiellektüren zu verfolgen. Dort auch breite weiterführende Literatur. Auch der Metapher als Transfermedium des Wissens wird hier viel Aufmerksamkeit gewidmet.

13 Die Erforschung „des Weltenraumes und seiner Umdeutungen von Kopernikus bis Newton" blieb auch für die Herausbildung neuer literarischer Formen nicht ohne Bedeutung. Karl Richter postulierte hierzu bereits Anfang der 1970er Jahre: „Es wird zu

Forschung dieser Art stellt einen „Schritt von der Geschichte der Naturwissenschaften zur Bewußtseinsgeschichte" dar,[14] aber auch eine Rückbindung der Bewusstseins- bzw. Kulturgeschichte an die ‚materielleren' Aktivitäten der Menschen. Eine solche ‚Materialisierung' und Empirisierung der Bewusstseinsgeschichte liegt mir sehr nahe. Ich möchte hier eine enge Verschränkung von kosmologisch-astronomischen mit philosophisch-dichterischem Denken aufzeigen. Die rein geistesgeschichtliche Perspektive ist, trotz der Erfolge der Wissensgeschichte, immer noch zu wirkungsmächtig.

Das heliozentrische kopernikanische Modell des Universums brauchte lange Zeit, bis es sich allgemein und endgültig durchsetzte. Was als eine Umkehr des ptolemäischen Modells begann, evolvierte bis zu Newtons unendlichem Universum ohne einen privilegierten Mittelpunkt, dafür mit einem mathematisch erfassbaren Raum, in dem – in der Leere – Naturkräfte wirken. Parallel zu diesem Wandel des Weltbilds erzielte die neue Technologie immer mehr Erfolge. Es wurden neue Instrumente und Werkzeuge wie Teleskope und Mikroskope hergestellt, die das Universum in unerwarteten Dimensionen im Großen wie im Kleinen darboten. Das alles verlangte nach neuen Architektoniken des Denkens und des Wissens. Wenn man über keine feste Grundlage mehr verfügt, muss man von neuem beginnen, einen Anfang ‚machen', wie es Novalis ausdrückte: sei es denn in der Luft, in der Schwebe. Meines Erachtens ist das, was in der Kulturgeschichte unter dem Namen ‚deutscher Idealismus' figuriert, wie auch dessen breites literarisches Umfeld aus einer solchen Sicht geboren worden. Wie soll man unsere Erkenntnis neu fundieren und unserem Handeln eine Chance für Gewissheit geben? Der Kern dessen, was man deutschen Idealismus nennt, ist nicht bloß ein geistiger bzw. intellektueller. Er war die Antwort auf die große Herausforderung der Zeit. Das neue Anfangsdenken an der Schwelle der Moderne ist weniger als Ideengeschichte zu fassen, denn als Suche nach Wiedergewinnung des Bezugs zum Ganzen: zum Kosmos und zur Stellung des Menschen in ihm. Der Verlust eines solchen Bezugs hätte vielleicht einen langsamen Tod der Philosophie bedeutet; für die Literatur wäre es wohl günstiger ausgefallen, da sie ein Werk produktiver Einbildungskraft ist; aber auch für sie wäre der

---

zeigen sein, wie die Reaktion, die Fontenelle festhielt, in die Probleme des Erhabenen und der hymnischen Dichtung hineinführt." Es entsteht im Zusammenhang mit den neuen Formen eine „Ästhetik des Unendlichen". (Karl Richter: Literatur und Naturwissenschaft. Eine Studie zur Lyrik der Aufklärung, München 1972, S. 41.)
14 Ebd.

Verlust eines ‚großen Rahmens' eine Verarmung gewesen.[15] Dieses Ringen um neue Rückbindung spiegelt sich in den Texten und in den Biographien vieler Autoren der Zeit. Der junge Kant hat sich – wie man weiß – mit der Theorie und der Geschichte des Himmels beschäftigt und dessen Philosophie wäre ohne die Newtonbegeisterung nicht denkbar; Schriftsteller wie Novalis, Friedrich Schlegel, Hölderlin, Jean Paul, um nur einige Beispiele zu nennen, studierten die neuen Philosophen und interessierten sich auch für die neuen wissenschaftlichen Entdeckungen.[16]

In der Erforschung solcher Verschränkungen spielen gerade die Metaphern eine wesentliche Rolle, worauf die Herausgeber einer jüngst erschienen Anthologie zu „Literatur und Wissen" verweisen:

> Als ‚Transfervehikel' von Bedeutungen über verschiedene Wissensfelder und -kulturen hinweg, können Metaphern konstitutiv für die Entstehung neuer Diskursformationen sein und als eine Art ‚Scharnier' zwischen Diskursen fungieren [...]. Prominente Beispiele hierfür sind evolutionstheoretische Metaphern in der viktorianischen Literatur, die (chemische) Metapher der ‚Wahlverwandtschaft' bei Goethe oder die Zirkulation des Automatenmotivs zwischen Literatur und Wissenschaft [...]. Die heuristische Funktion der Metapher liegt darin begründet, dass sie, oft aufgrund ihres anschaulichen Gehalts, neue Phänomene erschließen und neue Modellbildungen vorantreiben kann.[17]

Die Nabelschnur zwischen dem astronomischen und dem literarisch-philosophischen Diskurs ist selbst literarischer Art, denn sie besteht aus Metaphern. Dies bedeutet selbstverständlich nicht, dass es zu keiner Begriffsbildung gekommen war, aber wesentliche Momente im Denken der hier behandelten

---

15 Auf das Problem des immer radikaler werdenden Auseinandergehens von unserer Erfahrungswelt einerseits und der Welt der Phänomene, die Naturwissenschaftler erforschen, andererseits, hat Hannah Arendt mit großem Nachdruck hingewiesen, vor allem in „Vita activa oder Vom tätigen Leben". Näher komme ich auf dieses Problem im Ausblick-Kapitel zu sprechen.
16 Siehe zu einer Systematisierung der Verschränkung: Literatur und Philosophie, hg. von Hans Feger, Stuttgart und Weimar 2012. Dort auch ein Kapitel über die frühromantische Bewegung. Zum erzählerischen Potential von Newtons Entdeckung und von der berühmten Apfel-Anekdote siehe: Christian Moser: Abgelenkte Falllinien: Kleist, Newton und die epistemische Funktion des anekdotischen Erzählens, in: Wissensfiguren im Werk Heinrich von Kleist, hg. von Yixu Lü u.a., Freiburg i. Br. 2012, S. 169-191. Zur Bedeutung der Gravitation für die Ästhetik Schillers vgl. McCarthy, John A.: Kopernikus und die bewegliche Schönheit – Schiller und die Gravitationslehre, in: Schillers Natur. Leben, Denken und literarisches Schaffen, hg. von Georg Braungart und Bernhard Greiner, Hamburg 2005, S. 15-37.
17 Borgards: Literatur und Wissen, S. 25.

Autoren bleiben ohne eine philologisch-ästhetische Lektüre unter gleichzeitiger Berücksichtigung der Wissenschaftsgeschichte unverständlich. Diese wesentlichen Momente sind Denkfiguren: nicht reine Begriffe, sondern Chiffren von mentalen Operationen, bildhaft ausgedrückte Forderungen nach Veränderung der Perspektive, nach einer Wende im eigenen Denken und Wahrnehmen. Solches innere Handeln lässt sich mit Begriffen allein nicht vermitteln. Metaphern eignen sich dazu besser, da sie sich schneller einprägen und auch schneller zwischen Texten und Autoren kursieren. Auseinandersetzungen mit Neuem verlangen nach einer neuen Sprache, und es sind zumeist Bilder, die in der Situation des Ungleichgewichts zwischen neuer Erfahrung und Ringen nach Ausdruck rascher zu Hilfe stehen als Begriffe. Es müssen nicht notwendig originelle individualisierte Metaphern sein – von solchen ist hier selten die Rede, denn eine Kommunikationsgemeinschaft kommt viel eher zustande, wenn sie sich topoisierter Bilder bedient. Eine Konstellation von solchen Bildern, die miteinander im Zusammenhang stehen, bezeichne ich als Bildfeld bzw. Metaphernfeld.

Metapher und Metaphernfeld

Begriff und Topographie des nachkopernikanischen kosmologischen Metaphernfeldes

Im kosmologischen Metaphernfeld, das ich an einer Reihe von Beispielen untersuche, spielen vier Metaphern eine Schlüsselrolle. Paradoxerweise sind einige von ihnen schwer bis kaum ästhetisch repräsentierbar. Das betrifft vor allem die Gravitationskraft und deren unbekannte Ursache. Sie wird – wie ich zeigen werde – regelmäßig als Metapher verwendet, lässt sich aber als unsichtbare Kraft nicht bildhaft darstellen. Ähnlich steht es mit der – wie Kant es nannte – kopernikanischen „Umänderung der Denkart".[18] Sie steht für eine grundlegende Veränderung der Perspektive und für die Befreiung vom Gewohnten. Eine weitere Metapher ist die des ‚archimedischen Punktes', die ihren Ursprung in der aus der Antike überlieferten Anekdote über Archimedes nimmt (der Gelehrte soll versprochen haben, mit Hilfe von einem langen Hebel und einem Punkt außerhalb der Erde die Erdkugel von der Stelle zu bewegen). Der ‚archimedische Punkt' diente als Topos, um die Suche nach einem Anfang bzw. nach einer neuen

---

18 Immanuel Kant: Kritik der reinen Vernunft (2. Auflage 1787), in: Gesammelte Schriften, hg. von der Preußischen Akademie der Wissenschaften, Berlin: Reimer und de Gruyter 1900ff, Bd. III, S. 11. Die Akademie-Ausgabe von Kants Werken wird weiter als AA zitiert. Hervorhebungen von Kant, sofern nicht anders angegeben.

festen Grundlage zum Ausdruck zu bringen. Das Bild entsprach dem Heroismus des Subjekts, das die Grundlage für die Welt nicht mehr in der Transzendenz, sondern in sich selbst sucht, oder es gar selbst aus dem Nichts hervorbringt, wie einst Gott alles aus dem Nichts erschuf. Die vierte Metapher, der ich besondere Aufmerksamkeit widme, leitet sich aus der Kultur Indiens her. Um darauf hinzuweisen, dass überlieferte Grundlagenkonzepte sich überlebt haben, griffen mehrere Autoren erstaunlich oft nach dem Bild von der flachen Erde, welche sich auf dem Rücken mythologischer göttlicher Tiere, meistens Elefanten und Schildkröten, stützt. Dieses Bild stellt den Gegenpol zu der Gravitationskraft dar.

Diese vier Schlüsselmetaphern als Teile eines Netzes organisieren meine Lektüre; je nach Autor und Kontext werden andere dazugehörende Bilder interpretiert, die dem Feld angeschlossen werden, um für den jeweiligen Autor wichtige Aspekte zum Ausdruck zu bringen.

Ich interpretiere bewusst sowohl philosophische als auch literarische und populärwissenschaftliche Texte, ohne zwischen strikt literarischem, philosophischem und wissenschaftlichem bzw. populärwissenschaftlichem Diskurs zu unterscheiden. Im Sinne des 18. Jahrhunderts betrachte ich all diese Textsorten als ‚Schrifttum' der Zeit.[19] Nur auf diese Weise kann das grenz- und disziplinenübergreifende Kursieren von Metaphern offengelegt werden. Es ist eine auf die Rekonstruktion des kosmologischen Metaphernfeldes gerichtete Lektüre, bei der das Element des genuin Literarischen an allen behandelten Texten hervorgehoben wird.

Eine breite Definition der Metapher: Bild und Analogie

Die Metaphernforschung ist breit gefächert, sie bildet ein eigenes Forschungsgebiet seit den Poetiken der Antike. Gemeinsam ist dieser Forschung der Rekurs auf Aristoteles, gleichzeitig ist die Vielfalt der gegenwärtigen Metapherntheorien atemberaubend. Es gibt wohl keine bedeutende linguistische, literaturwissenschaftliche oder kulturtheoretische Theorie, die sich nicht auch auf die Metaphernforschung ausgewirkt hätte.[20] Eine ausgebaute Metapherndefinition zu

---

19 „Ein enges >>kunstzentriertes<< Verständnis von >>Literatur<< entwickelt sich erst um die Mitte des 18. Jahrhunderts als Ergebnis eines längeren Differenzierungsprozesses". (Reiner Rosenberg: „Literarisch/Literatur", in: Ästhetische Grundbegriffe, hg. von Karlheinz Barck u.a., Bd. 3, Stuttgart 2001, S. 665-693, hier S. 668.)

20 Die Literatur zu Metaphernforschung und Metapherntheorie ist nahezu unübersehbar. Eckard Rolf schlug 2005 folgende Klassifikation der Metapherntheorien vor: semiosische Theorien (u. a. Vergleichstheorie, Analogietheorie, Substitutionstheorie, Gestalttheorie), semiotische Theorien (Sprechakttheorie, Divergenztheorie,

bieten, wäre deshalb ein Unternehmen, das den Rahmen meiner Studie sprengen würde. Eine solche Untersuchung würde auch von dem eigentlichen Ziel meiner Arbeit wegführen: der Rekonstruktion des kosmologischen Metaphernfeldes als Gebiets des Ringens um ein neues Anfangs- und Grundlagendenken. Aus diesen Gründen verzichte ich auf eine enge Definition der Metapher, und darauf, die Bilder, die ich beschreibe, jeweils nach theoretischen Kriterien zu klassifizieren. Meine Studie verstehe ich historisch, ich beschränke mich hierbei auf den geringsten gemeinsamen Nenner der Metapherntheorien: das Phänomen der Übertragung.[21] Aus pragmatischen und arbeitsökonomischen Gründen schließe ich mich der Lösung von Harald Weinrich an. Zu Beginn seines Essays „Münze und Wort. Untersuchungen an einem Bildfeld" schreibt er: „Ich verwende [...] den Begriff Metapher, dem Sprachgebrauch der modernen Metaphernforschung folgend, in seiner weitesten Bedeutung für alle Formen des sprachlichen Bildes."[22] Auch Ralph Konersmann, der Herausgeber des „Wörterbuchs der philosophischen Metaphern" geht davon aus, dass die Metapher immer ein sprachliches Bild ist.[23] Bei Grenzfällen wie die bereits erwähnte, sich der Repräsentation verweigernde Gravitationskraft, ist – wie ich zu zeigen beabsichtige – die Dialektik der Darstellbarkeit und Nicht-Darstellbarkeit von zentraler Bedeutung, sodass der Bezug auf das Bild im Spiel bleibt. Deshalb verwende ich die Begriffe ‚Metapher' und ‚Bild' oder manchmal aus stilistischen Gründen ‚Motiv' weitgehend synonym. Ab und zu spreche ich auch von einer ‚Anekdote', nämlich dort,

---

Rekonzeptualisierungstheorie, Kognitionstheorie, Kontextabhängigkeitstheorie). Beeinflusst wird diese Forschung von der Rhetorik, der Psychoanalyse, der kognitiven Linguistik und vielen anderen traditionellen und aktuellen Theorien. Insgesamt kann man feststellen, dass es kaum eine Strömung in den Geisteswissenschaften gegeben hat, die an der Metapherntheorie ohne Wirkung vorbeigegangen wäre. (Eckard Rolf: Metapherntheorien. Typologie, Darstellung, Bibliographie, Berlin 2005.) Dort auch weiterführende Literatur.

21 Das griechische Wort *metaphorá* bedeutet ‚Übertragung' bzw. ‚Transport'. Die Figur gilt als die „wichtigste Form der Uneigentlichkeit, bei der auf der Ebene einzelner Formulierungen und Wörter [...] konventionelle Ausdruck-Inhalt-Zuordnungen durch das Zusammenspiel des Ausdrucks mit seiner Textumgebung (Kotext) oder situativen Umgebung (Kontext) aufgehoben und durch die Aufforderung oder den Zwang zu einer unkonventionellen und dadurch neuen Bedeutungskonstituierung ersetzt werden [...]." (Rüdiger Zymner: Stichwort „Metapher", in: Metzler Lexikon Literatur, S. 494-495, hier S. 494.)

22 Harald Weinrich: Münze und Wort. Untersuchungen an einem Bildfeld, in: Sprache in Texten, Stuttgart 1976, S. 276-290, hier S. 277.

23 Konersmann: Vorwort: Figuratives Wissen, S. 14-15.

wo das Bild zu einer Mini-Geschichte erweitert wird. Dann ist die ‚Anekdote' als Ganzes Teil der Metapher. Die Entscheidung, mit einer pragmatisch motivierten, breiten Metapherndefinition zu arbeiten, bedeutet jedoch nicht, dass mir einige theoretische Entwürfe aus dem breit gefächerten Spektrum der gegenwärtigen Metaphernforschung nicht näher sind als andere. Den hier bereits mehrmals verwendeten Begriff des ‚Bildfeldes' (bzw. ‚Metaphernfeldes') entlehne ich der – entsprechend der Klassifikation Eckard Rolfs – Feldtheorie der Metapher, deren Hauptvertreter Eugenio Coseriu, Harald Weinrich und Nelson Goodman sind.[24]

Die Feldtheorie geht von der Annahme aus, „Metaphern hätten etwas mit Wortfeldern zu tun."[25] Weinrich spricht, wie Eckard Rolf zutreffend unterstreicht, im Unterschied von anderen Linguisten nicht eigentlich von Wort-, sondern von Bildfeldern.[26] Damit schlägt er eine Brücke von einer rein linguistisch verfassten Perspektive zu einer sprachorientierten Kultursicht. Die Metapher ist ihm zufolge selten ein vereinsamtes Bild; meistens – und es betrifft gerade die für die Kultur einer Epoche oder eines Raumes bedeutungsträchtigen Metaphern – handelt es sich um ein Netz und um eine kollektive Erfahrung. Von dieser am Kollektiven orientierten Perspektive sind wir durch die Literatur der klassischen Moderne, vor allem durch die ‚kühnen' Metaphern eines Paul Celan oder der Surrealisten, entwöhnt worden. Den ‚kühnen' Metaphern ist die Abkehr von der Analogie gemeinsam. „Es ist schon mehrfach beobachtet worden, dass die neuere Lyrik auf die Metapher die gleichen Erwartungen richtet und daher auch die gleichen Kühnheiten wagt. Hugo Friedrich schreibt: „Die moderne Metapher aber verflüchtigt oder vernichtet die Analogie, spricht nicht ein Zueinandergehören aus, sondern zwingt das Auseinanderstrebende zusammen."[27]

Ich situiere mich in der Tradition, die in der Metapher die Denkoperation einer Analogie erblickt.[28] Diese Entscheidung ist nicht dadurch motiviert, dass ich dies für die beste Definition der Metapher als solcher ansähe, sondern aus historischen Gründen, um dem mir vorliegenden Material gerecht zu werden. Das kosmologische Metaphernfeld, das ich behandle, stiftet Analogien zwischen den Naturwissenschaften und dem Grundlagen- und Anfangsdiskurs, deshalb sind hier, was die Bilder betrifft, nicht Originalität oder Kühnheit wichtig, sondern

---

24 Rolf: Metapherntheorien, S. 61ff.
25 Ebd., S. 61.
26 Ebd., S. 68.
27 Hugo Friedrich: Die Struktur der modernen Lyrik, Hamburg 1956, S. 151ff., zitiert bei: Harald Weinrich: Semantik der kühnen Metapher, in: Sprache in Texten, Stuttgart 1976, S. 295- 316, hier S. 296.
28 Rolf: Metapherntheorien, S. 77ff.

die Errichtung einer Brücke zu dem naturwissenschaftlichen Ufer, das sich zu entfernen droht. Das (im Grunde genommen noch aristotelische) Verständnis der Metapher als eines auf einer (manchmal gerade neu gestifteten) Analogie beruhenden Phänomens, entspricht auch dem vorherrschenden Metaphernverständnis des 18. Jahrhunderts.[29]

Aus verständlichen Gründen sind für mich Theorien, die die Rolle der Metaphern beim Benennen abstrakterer, nicht sinnlicher Erfahrungen thematisieren, wichtig. Die Anfänge solcher Konzeptualisierungstheorien der Metapher sind mit den Namen George Lakoff und Mark Johnson verbunden.[30] Und *last but not least* fühle ich mich solchen Ansätzen verpflichtet, die Metapherngeschichte als ihr Anliegen betrachten: ich denke hier vor allem an Hans Blumenbergs Metaphorologie und Jürgen Links Untersuchungen zur Kollektivsymbolik. Die Rolle, die diese Inspirationen in meiner Untersuchung spielen, sei im Folgenden etwas präzisiert.

Harald Weinrich: „Das Abendland ist eine Bildfeldgemeinschaft"[31]

Harald Weinrich sprach sich in dem aus den 1970er Jahren stammenden Essay „Münze und Wort. Untersuchungen an einem Bildfeld" gegen die übliche Betrachtung der Metapher als vereinzeltes Phänomen aus. Den Begriff des

---

29 „Die bereits seit der Antike im Zusammenhang mit der Wortbildung diskutierte Analogie wird im 18. Jahrhundert ebenso wie die Bildung von Metaphern aufgrund von Ähnlichkeit als eine Kraft gesehen, die zur Erweiterung der Sprache führt." (Gerda Haßler: Stichwort: „Analogie" in: Gerda Hassler und Cordula Neis (hg.): Lexikon sprachtheoretischer Grundbegriffe des 17. und 18. Jahrhunderts, Bd. I, Berlin 2009, S. 658-674, hier S. 668.) Die Analogie zählte auch als ein wichtiges Erkenntnisinstrument. Eine solche Sicht der Metapher, die als ihren Kern eine Analogie, oder, wie man synonym sagte, ein Symbol erblickt, ist in dem Wissensdiskurs der Aufklärung verwurzelt. Das metaphorische Bild stellt er damaliger Auffassung zufolge meistens eine versprachlichte Spur der mittels der Sinne sich vollziehenden Auseinandersetzung des Menschen mit seiner (Um)Welt dar, bzw. es dient als heuristische Hilfe beim Denken, weil Analogien zwischen Bekanntem und Unbekanntem vermitteln können. Solche Auffassungen schließen an die empiristischen Traditionen von Locke, Berkeley und anderen Empiristen an. Die heuristische Funktion der Analogie wird bei Sulzer und anderen Theoretikern betont. Vieles von diesem Gedankengut des 17. und 18. Jahrhunderts lebt in den zeitgenössischen Theorien fort. Zum Vergleich von Sulzer und Blumenberg siehe: Caroline Torra-Mattenklott: Metaphorologie der Rührung. Ästhetische Theorie und Mechanik im 18. Jahrhundert, München 2002, insbesondere S. 62ff.
30 Rolf: Metapherntheorien, S. 235ff.
31 Weinrich: Münze und Wort, S. 276-290.

‚Bildfeldes' entwickelt er am Beispiel von ‚Wortmünze'. Im Fokus steht nicht eine Metapher, die als besser oder weniger gelungen gilt und die man aus dem Kontext des Textes oder des Schaffens eines Autors entschlüsseln kann, sondern – wie Weinrich behauptet – „eine überindividuelle Bildwelt als objektiven, materialen Metaphernbesitz einer Gemeinschaft".[32] Dieses bedeutet, dass „[…] der Einzelne […] immer schon in einer metaphorischen Tradition [steht], die ihm teils durch die Muttersprache, teils durch die Literatur vermittelt wird und ihm als sprachlich-literarisches Weltbild gegenwärtig ist."[33] Aber Weinrich grenzt sich auch von Studien ab, in denen – etwa im Sinne von Robert Curtius – die Tradition von bestimmten Bildern in der europäischen Kultur untersucht wird. Dort fasse man „die Metapher […] als Klischee, Ausdruckskonstante, Topos auf und verfolgt ihre Geschichte durch die europäische Literatur und das lateinische Mittelalter hindurch bis in die Antike."[34] Die Kritik Weinrichs zielt u.a. darauf, dass solche Studien stark diachronisch angelegt sind. „Die diachronische Metaphorik kann nur zeigen", schreibt Weinrich, „dass sich die >>Steuerklassenmetapher<< (Curtius) [d. h. das Bild des *classicus scriptor* – M.T.] seit Gellius findet und sich in der uns geläufigen literarischen Kategorie des Klassikers kontinuierlich fortsetzt". „Daß diese Metapher eine so unerhörte Karriere gemacht hat" sei dem „Walten des Zufalls in der Geschichte unserer literarischen Terminologie" zu verdanken. Das sei aber falsch, meint Weinrich, es handle sich um keinen Zufall, denn „diese Metapher ist nicht isoliert. Sie steht seit ihrer Geburt in einem festgefügten Bildfeld."[35]

Der Aufstieg, das Leben und das Verschwinden von Metaphern hängen nach Weinrich mit dem Schicksal ihrer Felder zusammen. Das Bildfeld ist zwar auch diachronisch zu verfolgen, aber am besten zeige es sich bei einer synchronischen Untersuchung. Der Empfänger ist auf gewisse Aspekte der neuen Metapher, die er etwa in einem Gedicht sieht, bereits vorbereitet, weil die Bildfelder in der Umgangssprache verankert und zum Teil stark konventionalisiert sind; zugleich haben wir es aufgrund der bestehenden Bildfelder mit neuen Schöpfungen zu tun, zumeist in der Literatur, die diese Voreinstellungen aktivieren, transponieren und über das Vorgegebene hinausgehen.

Das Verhältnis zwischen Bildfeld und einer zu ihm gehörenden Metapher erfasst Weinrich mit Hilfe der Analogie zu de Saussures Unterschied zwischen *langue* und *parole*. Das Bildfeld entspricht der *langue*, und die mit ihr verbundene

---

32 Ebd., S. 277.
33 Ebd., S. 278.
34 Ebd., S. 276.
35 Ebd., S. 282.

konkrete Metapher kann als Entsprechung von *parole*, dem Sprechakt gesehen werden. So wie ein vereinzeltes Wort ohne Sprache nicht möglich ist, so ist eine vereinzelte Metapher ohne Bildfeld eine sehr seltene Erscheinung. Die kollektiven Schöpfungen kommen viel öfter vor und sind wichtiger als man, von der Lektüre moderner Autoren ausgehend, annehmen könnte. Weinrich konstatiert: „Die beliebige, isolierte Metapher ist allezeit möglich. Aber sie ist seltener, als man denkt, und – was wichtiger ist – sie hat gewöhnlich keinen Erfolg bei der Sprachgemeinschaft. Die Sprachgemeinschaft will die integrierte Metapher […]."[36] Deshalb beruhen die meisten schöpferischen Leistungen auf einer Arbeit innerhalb von bereits bestehenden Bildfeldern. Die wirklich schöpferische Leistung wäre, ein neues Bildfeld zu stiften und durchzusetzen: „Wirklich schöpferisch ist nur die Stiftung eines neuen Bildfeldes. Und das geschieht sehr selten. Zumeist füllen wir nur die freien Metaphernstellen aus, die mit dem bestehenden Bildfeld bereits potentiell gegeben sind."[37] Deshalb spricht Weinrich nicht von schöpferischer Originalität, sondern von Autorschaft.

Weinrich schreibt bezüglich seiner Bildfeld-Theorie vom ‚bildspendenden' und ‚bildempfangendem' Feld. Die metaphorische Übertragung findet vom ‚bildspendenden' auf das ‚bildempfangende' Feld statt – sie passiert als Stiftung einer Analogie zwischen den beiden Feldern. Weinrich führt als Beispiel das Bildfeld ‚Wortmünze' an:

> Im Maße, wie das Einzelwort in der Sprache keine isolierte Existenz hat, gehört auch die Einzelmetapher in den Zusammenhang ihres Bildfeldes. Sie ist eine Stelle im Bildfeld. In der Metapher Wortmünze ist nicht nur die Sache ‚Wort' mit der Sache ‚Münze' verbunden, sondern jeder Terminus bringt seine Nachbarn mit, das Wort den Sinnbezirk der Sprache, die Münze den Sinnbezirk des Finanzwesens. In der aktualen und scheinbar punktuellen Metapher vollzieht sich in Wirklichkeit die Koppelung zweier Sprachlicher Sinnbezirke. […] Insofern zwei Sinnbezirke Bestandteile eines Bildfeldes sind, benennen wir sie (mit Ausdrücken von Jost Trier) als bildspendendes und bildempfangendes Feld. In unseren Beispielen wird das bildempfangende Feld vom Sinnbezirk Sprache gebildet, das bildspendende Feld vom Sinnbezirk des Finanzwesens; das Bildfeld, das sich in der Koppelung der beiden Sinnbezirke konstituiert, wollen wir nach seiner Zentralmetapher ‚Wortmünze' benennen.[38]

Damit das Bildfeld ‚Wortmünze' produktiv wird, müssen zwei Sinnbereiche, die vorher völlig getrennt waren, aufeinander bezogen werden. Weinrich drückt es folgendermaßen aus: „Konstitutiv für die Bildfelder ist […], dass zwei

---

36 Ebd., S. 286.
37 Ebd., S. 288.
38 Ebd., S. 283-284.

Sinnbezirke durch einen geistigen, analogiestiftenden Akt zusammengekoppelt sind. Das Wortwesen und das Münzwesen bilden zwar jedes für sich bereits Sinnbezirke der Sprache, getrennt gehören sie aber noch nicht zur Metaphorik. Erst durch die Stiftung des Bildfeldes wird der eine Sinnbezirk zum bildspendenden Feld, der andere zum bildempfangenden Feld."[39] Aus dieser Einsicht in das Funktionieren der Bildfelder heraus kritisiert Weinrich das oft verbreitete Verfahren, das bildspendende und das bildempfangende Feld getrennt zu analysieren.

Bildfelder können auch zur Erzeugung einer Metapher einladen, wenn bestimmte Bilder, die Elemente des Netzes bildeten, verblassen. In solchen Fällen entsteht eine freie Stelle im Bildfeld, die neu besetzt werden kann. Bildfelder bestehen aus einer enorm großen, kollektiven und auch anonymen Kulturarbeit. Sie stellen Schnittstellen zwischen dem Kollektiven und dem Einzeln-Schöpferischen zur Verfügung. „Der Autor, der beispielsweise über Sprache schreibt, kann zwischen verschiedenen Bildfeldern wählen. Es gibt die Bildfelder Wortmünze, Sprachpflanze, Wortbaustein, Textgewebe, Redefluß und einige andere. Im ganzen aber eine überschaubare Zahl."[40] Es ist also von großer Bedeutung für die Kommunikation mit dem Leser, dass dieser die Bildfelder der Sprache gut beherrscht. Weinrichs Essay endet mit der Signalisierung einer sich von hier aus eröffnenden breiteren Perspektive. Die Bildfelder stiften das Weltbild einer Gemeinschaft oder eines Kulturkreises. Weinrich zufolge gäbe es „[…] eine Harmonie der Bildfelder zwischen den einzelnen abendländischen Sprachen. Das Abendland ist eine Bildfeldgemeinschaft."[41]

George Lakoff und Mark Johnson: Metaphern strukturieren unsere Lebenswelt

George Lakoff und Mark Johnson operieren mit dem Begriff ‚conceptual metaphor' oder ‚kognitive Metapher'; sie schreiben sich in die Strömung ein, die im Erkennen nicht nur als einen bloß geistigen, sondern auch einen ‚verkörperten' Akt sieht. Die natürliche Sprache sei per se metaphorisch und auch das Denken muss metaphorisch sein, weil es stets vergleichend verfährt.[42] Metaphern

---

39 Ebd., S. 284.
40 Ebd., S. 285.
41 Ebd., S. 287.
42 Rolf: Metapherntheorien, S. 235. Lakoff und Johnson stellen folgende These auf: „We have been claiming that metaphors partially structure our everyday concepts and that this structure is reflected in our literal language. Before we can get an overall picture of

konzeptualisieren und bauen unsere scheinbar rein abstrakten Begriffe mit auf. Lakoff und Johnson verweisen auf die Verankerung der Sprache im Alltagsleben: die alltägliche und elementare Erfahrung und Wahrnehmung bilden die Fundamente der Sprache. Man könnte sagen, die Sprache ist die Struktur unserer Lebenswelt. Hier wird die Metapher „[…] nicht mehr vorrangig als ein sprachliches, sondern als ein primär mentales, kognitives Phänomen begriffen."[43] Die Überzeugung von der kollektiven Natur der vergleichenden Metaphernarbeit der Sprache erinnert an die Arbeit der Bildfelder bei Harald Weinrich, allerdings stellen Weinrichs Bildfelder oft komplizierte Strukturen dar, die sich auf Traditionen stützen und Transformationen durch Rhetorik, Poesie und andere modellierende Systeme unterliegen, während es Lakoff und Johnson um Elementares geht. Zum Beispiel die Erfahrung von Unten und Oben ist eine sehr produktive Analogiequelle, um von dem sehr Konkreten zum Abstrakteren übergehen zu können. Über solche elementaren Metaphernfelder schreiben Lakoff und Johnson wie folgt:

> The prime candidates for concepts that are understood directly are the simple spatial concepts, such as uP. Our spatial concept uP arises out of our spatial experience. We have bodies and we stand erect. Almost every movement we make involves a motor program that either changes our up-down orientation, maintains it, presupposes it, or takes it into account in some way. Our constant physical activity in the world, even when we sleep, makes an up-down orientation not merely relevant to our physical activity but centrally relevant. The centrality of up-down orientation in our motor programs and everyday functioning might make one think that there could be no alternative to this orientational concept.[44]

Wenn wir diskutieren, greifen wir oft zum Kriegsvokabular: wir kämpfen mit Argumenten, gewinnen oder verlieren Gefechte, schließen Kompromisse oder beenden alles in Frieden. Bei Theorienbildung bedienen wir uns meistens des Vokabulars aus dem Bauwesen. Theorien sind für uns Gebäude, weil man sie aufbaut, Fundamente legt, sie ausbaut usw. Der Gebrauch der Baumetapher als wichtiger Konkurrenzmetapher zu meinem kosmologischen Metaphernfeld

---

the philosophical implications of these claims, we need a few more examples. In each of the ones that follow we give a metaphor and a list of ordinary expressions that are special cases of the metaphor. The English expressions are of two sorts: simple literal expressions and idioms that fit the metaphor and are part of the normal everyday way of talking about the subject." (George Lakoff / Mark Johnson: Metaphors we live by, Chicago 1980, S. 47.)

43 Borgards: Literatur und Wissen, S. 24.
44 Lakoff / Johnson: Metaphors we live by, S. 56.

wird in dieser Arbeit mehrmals Erwähnung finden. Als Fichte ein solches Bild einsetzte, war es als Alltagsmetapher bereits Bestandteil eines durch philosophische Tradition gefestigten Bildfeldes.

Das Buch „Metaphors we live by" von Lakoff und Johnson, das 1980 erschien, besteht zum großen Teil aus Beispielen von Metaphern, die unser Denken wesentlich mitgestalten. Die Autoren skizzieren mehrere Sprachfelder, die sich um eine bestimmte Bedeutungs- und Analogiearbeit gruppieren. Das Material zeigt mit großer Überzeugungskraft, dass Metaphern nicht nur ein ästhetisches Phänomen sind.

Die kognitive Perspektive in der Metaphernforschung verweist auf einen sehr wichtigen Praxisbezug der Metaphernbildung. Noch bevor bestimmte Metaphern eine heuristische Rolle in wissenschaftlichen Diskursen spielen, sind sie bereits Bestandteile von elementaren ‚naiven' Grundlagendiskursen, die unsere Alltagswelt errichten und aufrechterhalten. Sie fundieren die elementarsten Orientierungen und Wertungen einer Kultur.

Hans Blumenberg: Geschichte schreiben am Faden von Metaphern

Hans Blumenbergs Metapherntheorie, die fester, dabei oft eher immanenter als expliziter Bestandteil seiner geschichtswissenschaftlichen Praxis ist, wird manchmal als eine epistemologische bezeichnet.[45] Blumenberg entwickelte sie als Teil seiner eigenen Schreibweise. Die von ihm verfassten Studien situieren sich zwischen Philosophie, Literatur und Wissensgeschichte. Definitionen im strengen Sinne finden sich bei ihm selten; auch wenn er von Metaphern oder von absoluten Metaphern spricht, ist sein Anliegen nicht primär ein theoretisches, sondern ein historisches: anhand gewisser Bilder und Figuren zeigt er, wie man Geschichte anders schreiben kann. Er überwindet die Grenzen der Disziplinen, auch die spezifisch moderne Grenze zwischen den Natur- und den Geistes- bzw. Kulturwissenschaften, und verweist auf tiefe, unsere historisch gewachsene Welt formierende bildhaft-epistemische Bezüge. Eckard Rolf fasst Blumenbergs Anliegen in den Worten zusammen:

> Metaphorologie ist die Lehre von der Rolle, die Metaphern im Rahmen unserer Wirklichkeitserkenntnis spielen - Metaphorologie befaßt sich mit der Geschichte bestimmter, für unsere Wirklichkeitserkenntnis konstitutiver Metaphern. Die Metaphorologie ist historisch ausgerichtet und vergleichbar mit der Begriffsgeschichte und der

---

45 Rolf: Metapherntheorien, S. 243ff.

Diskursgeschichte. Metapherngeschichte, Begriffsgeschichte und Diskursgeschichte können als Beispiele betrachtet werden für eine Art historische Semantik.[46] Die Grundrisse seiner Metaphorologie legte Blumenberg in einigen Essays dar, die fast alle in die Schrift „Paradigmen zu einer Metaphorologie" eingegangen sind.[47] Vieles muss man jedoch verstreut aus seinen anderen Büchern zusammensuchen, vieles auch durch eine interpretative Lektüre der Fallstudien erraten, wie „Schiffbruch mit Zuschauer: Paradigma einer Daseinsmetapher"[48] oder seine Monumentalstudie „Die Genesis der kopernikanischen Welt". Nach Blumenberg sind zentrale Metaphern in wissenschaftlichen Texten keine Restbestände des Mythos, d. h. des noch vor-wissenschaftlichen, vor-begrifflichen Stadiums. Auf bestimmte Metaphern – die er ‚absolute Metaphern' nennt – kann nicht verzichtet werden, denn ihr Inhalt und die geschichtlich angehäuften Bezüge, die sie mittragen, lassen sich nicht in eine Sprache der Begriffe übersetzen. Das bedeutet nicht, dass Begriffe weniger aussagekräftig oder weniger nutzbar sind; eher muss man aufgrund historischer Fallstudien feststellen, dass Metapher und Begriff nebeneinander existieren und sich gegenseitig beeinflussen. Blumenberg schreibt hierzu:

> Die Vorstellung, der philosophische Logos habe den vorphilosophischen Mythos ‚überwunden', hat uns die Sicht auf den Umfang der philosophischen Terminologie verengt; neben dem Begriff im strengen Sinne, der durch Definition und erfüllte Anschauung aufgewogen wird, gibt es ein weites Feld mythischer Transformationen, den Umkreis metaphysischer Konjekturen, die sich in einer vielgestaltigen Metaphorik niedergeschlagen haben.[49]

In der Wissens- und Wissenschaftsgeschichte gibt es nicht nur eine fortschreitende Rationalisierung und Verbegrifflichung; es gibt immer auch Prozesse der Re-Metaphorisierung und der Rückbindung an das Nicht-Begriffliche. Blumenberg zeigt dies an mehreren Beispielen auf. So diente das kopernikanische Modell, nachdem es sich allgemein als wissenschaftlich bewiesene Tatsache durchsetzte,

---

46 Ebd., S. 244.
47 Erstmals veröffentlicht in: „Archiv für Begriffsgeschichte" Bd. 6, Bonn 1960.
48 Erstveröffentlichung 1979. Die Studie enthält einen Anhang mit dem Titel „Ausblick auf eine Theorie der Unbegrifflichkeit".
49 Hans Blumenberg: Licht als Metapher der Wahrheit, in: Hans Blumenberg: Ästhetische und metaphorologische Schriften. Auswahl und Nachwort von Anselm Haverkamp, Frankfurt/Main 2001, S. 139-171, hier S. 139.

als eine Art erkenntnismodellierende Metapher, um dem Bau des Atoms näher zu kommen.⁵⁰ Blumenberg nennt dies einen ‚Komparativ‘:

> Der Molekularismus entsteht zu einem Zeitpunkt, der keine Aussicht auf eine empirische Auflösung des Problems der materiellen Mikrostruktur offenließ; er ist Ausdruck der ökonomischen Annahme, das Sonnensystem stelle das einfachste Bauprinzip aller physikalischen Systeme dar.⁵¹

Das kopernikanische Modell des Sonnensystems erwies sich als eines der produktivsten Komparative in der europäischen Geschichte. Blumenbergs Studie über die „Genese der kopernikanischen Welt", ein Werk, das sowohl durch die Fülle des analysierten Materials wie auch durch die Eleganz, mit der grenzübergreifende Bezüge aufgedeckt werden, imponiert, stellt für meine Studie eine wichtige Inspirations- und Informationsquelle dar. Blumenberg betrachtet die Kosmologie und Astronomie seit der Antike als einen großen Metapherngenerator und die ‚kopernikanische Revolution' als eine lange Geschichte des wirkungsvollen ‚kopernikanischen Komparativs'. Wie Anselm Haverkamp bemerkt, hat Blumenberg in der „Genesis der kopernikanischen Welt" die berühmte ‚kopernikanische Wende' als „metaphorologische Wende", die zugleich eine anthropologische Wende war, gedeutet und die Kosmologie selbst metaphorisiert.⁵² Weil aber im Zentrum der Studien Blumenbergs immer nur eine – sehr langlebige – Metapher steht, benötigt die metaphorologische Perspektive einer Ergänzung durch Feldtheorien im Sinne von Weinrich, die ein ganzes Netz von Bildern in den Blick nehmen. Jürgen Links Erforschung von Kollektivsymbolik stellt in dieser Hinsicht eine interessante Fortsetzung der von Weinrich angeregten Bildfeldtheorie dar.

Jürgen Link: Systeme von Kollektivsymbolen

Der Germanist Jürgen Link entwickelte sein Konzept der Erforschung von Systemen der Kollektivsymbole als Polemik und Ergänzung zu Michael Foucaults Diskurs-Begriff. Dieser situiere sich zwischen einer internen Ebene, bei der er stark der Linguistik verpflichtet ist, und einer externen Ebene, die eine sozialgeschichtliche ist. Link zufolge fehlt bei Foucault eine mittlere Ebene, so dass hier

---

50 Hans Blumenberg: Schiffbruch mit Zuschauer. Paradigma einer Daseinsmetapher, Frankfurt/Main 1979, S. 99.
51 Hans Blumenberg: Ausblick auf eine Theorie der Unbegrifflichkeit, in: Ästhetische und metaphorologische Schriften, S. 193-209, hier S. 203.
52 Anselm Haverkamp: Nachwort, in: Blumenberg: Ästhetische und metaphorologische Schriften, S. 433-454, hier S. 439-440.

eine „theoretische Leere" entsteht.⁵³ Diese Kluft soll die Analyse von Kollektivsymbolsystemen füllen. Link begründet sein Vorhaben wie folgt:

> Die Untersuchung der Gesamtheit symbolischer Diskurselemente [...] bedarf der Fundierung durch die Analyse **synchroner Systeme** von Kollektivsymbolen. [...]. [B]ei Kollektivsymbolen [handelt es sich] um **kulturtypologisch spezifische** Objektbereiche [...]. Kulturtypologisch spezifische synchrone Systeme von Kollektivsymbolen sind auf der Ebene des **Interdiskurses** einer Kultur zu situieren, beeinflussen also nicht bloß einzelne Diskurse, sondern die Gesamtheit der Diskurse einer Kultur. So kann z.B. die philosophische Symbol- und Metaphernverwendung nur adäquat analysiert werden, wenn die Verwendung der gleichen Symbole und Metaphern etwa in publizistischen u.a. Diskursen mitbedacht wird.⁵⁴

Bei der Untersuchung von Kollektivsymbolen kommen umfassende Metaphernsysteme in Frage – hier lehnt sich Link explizit an Weinrichs Bildfeld-Theorie an, – die quer durch die verschiedenen Spezialdiskurse zu verfolgen sind. Die Erforschung von Kollektivsymbolen ist deshalb per se eine transdisziplinäre, wenn sie den tatsächlichen Interferenzen der Metaphern gerecht werden will:

> Das ist nicht verwunderlich, da die symbolischen Redeformen (der Begriff der ‚Metapher' zeigt es schon im Namen) aus ‚Übertragungen' von Diskurs zu Diskurs, aus ‚Leih'-Vorgängen und ‚Entnahmen', kurz aus **Diskursinterferenzen** entstanden sind.⁵⁵

Daher müssen Texte aller Art untersucht werden, man darf keine Textsorte prinzipiell ausschließen. Ein Kollektivsymbolsystem entsteht gerade dadurch, dass es Metaphern – Link nennt sie oft auch Symbole – gibt, die die Fähigkeit erwerben, Schlüsselpositionen für eine Zeit oder eine Kultur auszudrücken. Wie aus dieser These hervorgeht, beschäftigt sich die Erforschung von Kollektivsymbolen mit synchronischen Strukturen. Um sein Vorhaben empirisch zu fundieren, untersuchte Link das Kolektivsymbolsystem rund um die Metapher ‚Ballon' im Europa des 19. Jahrhunderts. Das Symbol ‚Ballon' kodiert auf anschauliche Weise die Achse ‚unten-oben', die, wie zahlreiche Beispiele beweisen, für das 19. Jahrhundert prägend war. Damals sprach man vom Aufstieg des Bürgertums, von der Revolution von unten bzw. von oben usw. So lassen sich verschiedene

---

53 Jürgen Link: Über ein Modell synchroner Systeme von Kollektivsymbolen sowie seine Rolle bei der Diskurs-Konstitution, in: Bewegung und Stillstand in Metaphern und Mythen. Fallstudien zum Verhältnis von elementarem Wissen und Literatur im 19. Jahrhundert, hg. von Jürgen Link und Wulf Wülfing, Stuttgart 1984, S. 63-92, hier s. 63.
54 Ebd., S. 64-65. Hervorhebungen von Link.
55 Jürgen Link: „Einfluß des Fliegens! – Auf den Stil selbst!" Diskursanalyse des Ballonsymbols, in: Bewegung und Stillstand in Metaphern und Mythen, S. 149-163, hier S. 150. Hervorhebungen von Link.

Sachverhalte mithilfe des ‚Ballons' artikulieren. Der Boden, von dem sich der Ballon löst, bedeutet Beständigkeit und ist als Opposition zu der Reise in die Höhe zu lesen. Das Beispiel offenbart eine wichtige Eigenschaft der Kollektivsymbolsysteme: die Grundmetapher kodiert bestimmte Relationen, aber andere Metaphern des gleichen Systems werden nicht nur mittels Übereinstimmung an das System angeschlossen. Auch Gegenpositionen gehören aufgrund negativer Bindung dazu. Das macht die Analyse selbstverständlich komplizierter, aber zugleich dynamischer und aufschlussreicher. Der Boden gehört zu den Schlüsselmetaphern des 19. Jahrhunderts; nicht nur denkerische und politische Strömungen wie der Marxismus, der darauf pochte, dass alles wieder auf festem Boden gestellt werden müsse, von dem Kopf auf die Füße, machte davon Gebrauch. Es geht also nicht darum, einfach ein konkretes Bild historisch zu verfolgen, sondern eher um die Frage, was das Schlüsselbild an Schlüsselerfahrungen kodiert und wie es das System um sich herum strukturiert. Das System von Kollektivsymbolen entsteht und wächst durch Vermehrung von Katachresen („Katachresen-Netz"), die sich durch Operationen wie Entsprechung, Analogie, Substitution oder Opposition dem Netz anschließen. Link spricht von „paradigmatischer Symbol-Agglutination", sowie von „syntagmatischer Agglutination".[56] Er fasst seine Darlegungen in den Worten zusammen: „Meine Hypothese ist dabei folgende: Das System der Kollektivsymbole einer Kultur erfüllt auf vielfältige Weise die Funktion der **Integration des formierend-historischen und des sozial-historischen Blocks.**"[57] Ein solches System ist ein die Mentalität und Denkstile tragendes „Analogien-Gitter".[58]

Metaphern- und bildfeldtheoretische Voraussetzungen der Arbeit

Weinrichs Terminologie folgend betrachte ich das Feld Kosmologie/Astronomie als das bildspendende, den philosophischen und literarischen Diskurs als das bildempfangende Feld. Ich folge den Vorschlägen Weinrichs und Links, indem ich die synchronische Perspektive besonders hervorhebe. Hierbei beginne ich mit der Vorgeschichte des Metaphernfeldes im 17. Jahrhundert und ende mit einem kurzen Ausblick über Hannah Arendt und Bruno Latour im 20. Jahrhundert. Was das von mir untersuchte Bildfeld von den Beispielen Weinrichs unterscheidet, ist, dass ich an Diskursen höherer Ordnung interessiert bin: den

---

56 Jurgen Link: Über ein Modell synchroner Systeme von Kollektivsymbolen, S. 69 und 71.
57 Ebd., S. 72. Hervorhebungen von Link.
58 Jurgen Link: „Einfluß des Fliegens! – Auf den Stil selbst!", S. 156.

wissenschaftlichen, philosophischen und literarischen. Sie sind autonomer als die Bildfelder von Weinrich, die oft direkt aus der Alltagssprache erwachsen, zugleich auch eingeschränkter in ihrer Verbreitung und Wirkung. In diesem Punkt nähert sich meine Vorgehensweise eher der von Jürgen Link, der Weinrichs Konzept für die Erforschung der in Bildern kodierten Weltanschauung einer Epoche adaptierte. Die Bedeutung Blumenbergs stellt sich wohl von selbst ein. Er ist nach wie vor der bedeutendste Autor historischer Studien zur Metaphorologie. Der Rückgriff auf Lakoffs und Johnsons Perspektive ist für mich immer dann von Nutzen, wenn Denker und Dichter bewusst oder ungewollt an die Alltagserfahrung der Leser appellieren.

Den Leser dieser Arbeit möge die hier skizzierten theoretischen Positionen stets im Auge behalten. Um die ohnehin durch die vielen wissenschaftsgeschichtlichen Bezüge überfrachteten Interpretationen der Texte nicht allzu schwierig zu gestalten, verzichte ich zumeist auf direkte Rückgriffe auf diese Metapherntheorien; es sei denn, sie sind notwendig, um auf etwas Neues hinzuweisen.

Kosmologie und Astronomie als wissenschaftsgeschichtlicher Hintergrund des neuen Anfangsdenkens
Vor- und nachkopernikanische Astronomie im Wandel

Im Jahre 1808 schrieb Johann Wolfgang von Goethe:

> Doch unter allen Entdeckungen und Überzeugungen möchte nichts eine größere Wirkung auf den menschlichen Geist hervorgebracht haben, als die Lehre des Kopernikus. Kaum war die Welt als rund anerkannt und in sich selbst abgeschlossen, so sollte sie auf das ungeheure Vorrecht Verzicht tun, der Mittelpunkt des Weltalls zu sein. Vielleicht ist noch nie eine größere Forderung an die Menschheit geschehen: denn was ging nicht alles durch diese Anerkennung in Dunst und Rauch auf: ein zweites Paradies, eine Welt der Unschuld, Dichtkunst und Frömmigkeit, das Zeugnis der Sinne, die Überzeugung eines poetisch-religiösen Glaubens; kein Wunder, daß man dies alles nicht wollte fahren lassen, daß man sich auf alle Weise einer solchen Lehre entgegensetzte, die denjenigen, der sie annahm, zu einer bisher unbekannten, ja ungeahnten Denkfreiheit und Großheit der Gesinnungen berechtigte und aufforderte.[59]

Goethes Begeisterung für die Leistung von Kopernikus klingt wie ein Ausruf eines eingefleischten Aufklärers. Goethe stellt sie sich als ein Ereignis vor, welches plötzlich das alte, verengte und religiös-obskure geschlossene Weltbild einreißt

---

59 Johann Wolfgang von Goethe: Geschichte der Farbenlehre, in: Johann Wolfgang von Goethe: Werke. Hamburger Ausgabe, Bd. XIV (Naturwissenschaftliche Schriften II), München 1982, S. 7-269, Zitat S. 81.

und eine Perspektive auf die Unendlichkeit wie ein Fenster zu unerkannten Weiten eröffnet, um die frische Luft der „ungeahnten Denkfreiheit" einzulassen. So war es natürlich nicht. Die Lehre des Kopernikus war der Tradition mehr verpflichtet als es den Zeitgenossen des aufgeklärten Zeitalters schien.[60] Keineswegs glaubten auch die Antike und das Mittelalter an die Erde als eine flache Scheibe, vielmehr treffen wir die Vorstellung von der Erde und den Planeten als Kugeln bereits in der Antike an.[61] Die ‚kopernikanische Wende' als eine Revolution scheint, wie Reinhard Krüger kürzlich überzeugend darlegte, eine Erfindung der späteren Zeit zu sein.[62] Wenngleich Krüger es vor allem darum geht, den Mythos von der ‚kopernikanischen Kränkung' des spätmittelalterlichen Menschen (den Goethe in dem angeführten Zitat reproduziert) als eine moderne Vorstellung zu zeigen, kann man die Begeisterung der Aufklärung ob der intellektuellen Möglichkeiten des Menschen als Teil des gleichen Mythos ansehen. Das Lob der Vernunft war ja eine Antwort auf die Vorstellung von der Verbannung des Menschen aus dem Zentrum des Universums. Das Zeitalter der wissenschaftlichen Entdeckungen und Revolutionen brauchte offensichtlich seine Urrevolution, und Kopernikus eignete sich dazu glänzend als derjenige, der das Alte niederriss und die Erde bewegte. Somit handelt es sich bei der ‚kopernikanischen Wende' um eine Leitmetapher, die im Zentrum des Selbstbildes der Moderne steht und mehr über deren Geburt aussagt als über Kopernikus und dessen Zeitgenossen.

Dass die ‚kopernikanischen Revolution' zu einem der wichtigsten Metapherngeneratoren und Komparative der europäischen Kulturgeschichte wurde, fand hier anlässlich Hans Blumebergs Studien bereits Erwähnung. Jedem ist die gängigste, längst trivialisierte und konventionalisierte Metapher aus diesem Feld bekannt: wir sind es gewöhnt, hervorragende Leistungen als ‚kopernikanische Revolutionen' zu bezeichnen, auf welchem Gebiet sie auch zustande gebracht

---

60 Reinhard Krüger: Kopernikus, das Astronomie-Studium in Bologna und das ‚Vergessen' der mittelalterlichen Kosmologie. Zur Rekonstruktion einer kollektiven Amnesie, in: Krüger: ‚Kopernikanische Wende', S. 11-20.
61 Die Kugel wurde als eine ideale Form betrachtet; die Lehre von den Korrespondenzen zwischen Mikro- und Makrokosmos legte darüber hinaus nahe, das Ei, das die Quelle des Lebens symbolisiert, als Universumsmodell zu nehmen. (Vgl. Krüger: ‚Kopernikanische Wende', S. 26.) Siehe dazu insbesondere das Kapitel VI in Krügers Studie: „Die Erfindung der mittelalterlichen Erdscheibentheorie im Zeitalter der Aufklärung. Wie Bernard de Montfaucon im Jahre 1706 das Hexameron des Basilius von Cesarea mit Kosmas Indikopleustes' topografia christiana verfälscht", ebd., S. 139-167.)
62 Vgl. Krüger: Die ‚Kopernikanische Wende'.

werden. Károly Simonyi erinnert in diesem Kontext an die bekannte Äußerung von Immanuel Kant:

> In den Darstellungen der Kulturgeschichte der Menschheit ist es üblich, die Verlegung des Weltmittelpunktes von der Erde auf die Sonne als ‚kopernikanische Wende' zu bezeichnen, und ein überragender Gedanke kann wohl kaum höher bewertet werden als durch einen Vergleich mit dieser Wende. So spricht zum Beispiel Kant bei seiner Untersuchung der Rolle der Vernunft im Prozeß der Naturerkenntnis voller Stolz von einer kopernikanischen Wende.[63]

In diesem Teil meines Einleitungskapitels möchte ich – nachdem ich unter Berufung auf Weinrich, Lakoff und Johnson, Blumenberg und Link die von mir eingenommene methodologische Perspektive geschildert habe – kurz an einige Meilenschritte in der Entwicklung der Astronomie bis zum 18. Jahrhundert erinnern, um zu veranschaulichen, vor welchem wissenschaftsgeschichtlichen Hintergrund sich das von mir untersuchte kosmologische Metaphernfeld formierte. Im Laufe des 17. Jahrhunderts findet eine endgültige Loslösung von der Antike statt. Mit Newton ist das Bild des Universums ein völlig anderes als noch einige Generationen zuvor. Natürlich ist dieser Prozess kein plötzlicher; er setzt sich aus vielen kleineren und größeren Schritten zusammen, die mit den Namen Galilei, Tycho de Brahe, Kepler und vielen anderen verbunden sind. Von diesem Punkt aus gesehen, stellt Kopernikus den Anfang einer langen Kette von Erfolgen auf dem Weg zur neuen Erkenntnis des Universums und seiner Gesetze dar, und so wurde er auch wahrgenommen, obwohl er selbst sich keineswegs als ‚Revolutionär' im heutigen Sinne verstand, und mit der antiken Tradition keineswegs brechen wollte. Erst in der zweiten Hälfte des 18. Jahrhunderts werden Kant und andere von dem großen Paar Kopernikus und Newton in einem Atemzug sprechen.

Der Fortschritt der Astronomie stellte aus langer Perspektive gesehen, einen allmählichen Übergang von der geometrischen zur physikalischen Beschreibung des Universums dar:

> Die erste Aufgabe der Astronomie ist es, alle am Himmel zu beobachtenden Erscheinungen zu beschreiben, so z.B. Auf- und Untergang von Sonne und Mond, die Mondphasen sowie die Bewegungen der Planeten und Fixsterne. Zur Beschreibung können Tabellen benutzt werden, wie das die Babylonier getan haben, man kann sich aber auch irgendeines geometrischen Modells bedienen. Wir können sagen, daß den Griechen

---

63 Károly Simonyi: Kulturgeschichte der Physik. Von den Anfängen bis heute, 3. überarbeitete und erweiterte Auflage, Frankfurt am Main 2001, S. 179. Hervorhebung im Zitat von Simonyi.

eine perfekte Beschreibung der am Himmel zu beobachtenden Bewegungen mit Hilfe von geometrischen Modellen gelungen ist [...]. Von den Astronomen erwarten wir natürlich auch ein physikalisches Bild der beobachteten Phänomene. Sie sollten nicht nur ein mathematisches Modell für die Bewegungsabläufe liefern, wie sie der irdische Beobachter sieht, sondern auch hinter dem Erscheinungsbild die physikalische Realität aufzeigen. [...]. Von einer physikalischen Deutung der Bewegungen ist bei den Griechen keine Spur, ja es ist im wesentlichen nicht einmal versucht worden, die Beschreibung der Bewegung mit einer Dynamik zu verbinden.[64]

In der Antike formulierte Aristoteles eine Theorie des Universums, die über einige Jahrhunderte alle anderen Sichtweisen dominierte. Die Erde bildete das Zentrum des Kosmos, da sie als das schwerste Element von selbst in die Mitte und nach unten drang. Aristoteles sieht Schwere und Leichtigkeit als absolute Eigenschaften an, die den Dingen bzw. Elementen eigen sind. „Die absolute Leichtigkeit und die absolute Schwere werden durch die Elemente Erde und Feuer verkörpert."[65] Folglich war die Schwere Ausdruck der Natur des jeweiligen Dinges. „Schwere Körper beispielsweise fallen >>von Natur aus<< nach >>unten<<, in Richtung auf den Mittelpunkt der kugelförmigen Erde; auf dem tiefstmöglichen Punkt angekommen, haben sie ihren >>natürlichen Ort<< erreicht und sind dort in Ruhe."[66]

Das Universum bestand aus der himmlischen und der sublunaren Sphäre. Die himmlische Sphäre begann über dem Mond, hier war alles ewig und unveränderlich. Die sublunare Welt umfasste den Raum vom Mond bis nach unten zur Erdoberfläche. Hier veränderte sich alles, hier gab es Regen, Schnee und Wind, fliegende Vögel und die Vegetation. Károly Simonyi gibt das aristotelische Universumsbild folgendermaßen wieder:

> Die himmlische Welt ist die Welt der vollkommenen Ordnung und der vollkommenen Harmonie, in der alles ewig und unvergänglich ist. [...] Für die sublunare oder irdische Welt sind Veränderung, Entstehen und Vergehen charakteristisch.[67]

Das Bewegungsprinzip der Planeten lag in den Sphären, an denen sie befestigt waren. Nach Aristoteles waren diese Sphären, die wie Hohlkugeln aussahen, konzentrisch um den Weltmittelpunkt, in dem sich die Erde befand, platziert,

---

64 Ebd., S. 81.
65 Robert Locqueneux: Kurze Geschichte der Physik, Göttingen 1989, S. 27.
66 Ingrid Craemer-Ruegenberg: Das Naturverständnis von Aristoteles, in: Naturauffassungen in Philosophie, Wissenschaft, Technik, hg. von Lothar Schäfer und Elisabeth Ströker, München 1993, Band I, S. 85-106, hier S. 87-88.
67 Simonyi: Kulturgeschichte der Physik, S. 85. Vgl. hierzu auch: Locqueneux: Kurze Geschichte der Physik, S. 26.

und rotierten samt ihren Planeten. Diese bewegten sich nicht, die Rotation verdankten sie ihren Sphären, die aus einem ewigen und unveränderbaren Stoff gemacht waren, dem nach Aristoteles so benannten ‚fünften Element', im Unterschied zu den vier Elementen der sublunaren Welt (Feuer, Erde, Luft und Wasser).[68] Der lateinische Name für das fünfte Element war Quintessenz [*quinta essentia*]. Ein anderer Name, der gebraucht wurde, war ‚Äther'.[69] Die Elementenlehre implizierte eine transzendente Sphäre, in welcher sich Gott bzw. die Seelen der Verstorbenen befanden; ein solcher Ort war Teil der Universumsvorstellung:

> Es steht nun außer Frage, dass in der griechisch-römischen und mittelalterlich-lateinischen Tradition des kosmologischen Denkens an eine Begrenztheit des Universums gedacht wurde, dies freilich in dem Sinne, dass die Begrenzung vor allem eine Begrenzung unserer Erkenntnismöglichkeiten darstellt. Dies ist zunächst auch eine ganz notwendige Konsequenz aus dem Modell von den vier Elementen, die sich zu konzentrisch-sphärischen Gebilden im Universum konzentrieren. [...] Dies bedeutet, dass das Feuer sich in einer dichten Packung um die drei inneren Sphären des Universums legt [...]. Damit muss es außerhalb der Sphären der Elemente notwendig eine Region geben, die nicht von Materie angefüllt ist [...]. Hier nun öffnen sich nach theologischer Auslegung des Seins, wie sie Augustinus entwickelt hat jene dem Menschen körperlich wie geistig definitiv unzugänglichen Regionen des Universums, in denen Gott in seiner Unendlichkeit und Ewigkeit ist.[70]

Weil das aristotelische Universumsmodell sehr logisch und anschaulich erschien, verlor es im Laufe der Epochen nur äußerst langsam an Wirkungskraft und wurde erst mit den Entdeckungen Keplers und Newtons in allen seinen Aspekten endgültig entmachtet:

> Diese Vorstellung, dass es außerhalb des irdischen Bereichs, am Himmel, nur (konzentrisch) rotierende Hohlkugeln aus dem von Aristoteles erschlossenen fünften Element gibt, dem unveränderlichen und unvergänglichen himmlischen ‚Äther', dessen einzige ‚Eigenschaft' eine deshalb notwendige, gleichförmige Bewegung um das Weltzentrum ist, und dass sämtliche Gestirnbewegungen am Himmel, die uns auf der Erde ungleichförmig (anomalistisch) erscheinen, als nur scheinbar ungleichförmige aufgefasst und auf das Zusammenwirken mehrerer solcher gleichförmig rotierender Äthersphären zurückgeführt werden, beherrschte die physikalische Erklärung der Himmelserscheinungen

---

68 Fritz Krafft: Einleitung, in: Johannes Kepler – Die neue, ursächlich begründete Astronomie, in: Johannes Kepler: Astronomia Nova. Neue, ursächlich begründete Astronomie, übersetzt von Max Caspar, durchgesehen und ergänzt sowie mit Glossar und einer Einleitung versehen von Fritz Krafft, Wiesbaden 2005, S. V-LVIV, hier VII.
69 Locqueneux: Kurze Geschichte der Physik, S. 26.
70 Krüger: Die ‚Kopernikanische Wende', S. 233.

bis in die Zeit Keplers – und vielfach darüber hinaus bis zur Himmelsphysik eines Isaac Newton.[71]

Man stellte sich vor, dass das Material, aus dem die Sphären bestanden, eine Ähnlichkeit mit durchsichtigem Kristall haben müsse, denn man könne die Sphären als solche nicht wahrnehmen; das Einzige, was man beobachtete, waren die rotierenden Himmelskörper. Nicht zufällig war auch ihre runde Form: sie galt in der Antike als ideal, und alles was zum ewigen Himmel gehörte, musste ideal sein. Die Bewegungen der Sphären erklärte Aristoteles mit der Existenz Gottes, der in der Rolle des ‚ersten Bewegers' auftrat:

> Die Bewegung der himmlischen Sphären kommt durch einen Beweger zustande, der bewegt, ohne selbst bewegt zu werden, einen unbewegten Beweger. Hätte dieser auch wieder einen Beweger, so müßte man die Kette der Ursachen bis ins Unendliche fortsetzen, was unmöglich ist. Dieser ewige und unbewegte Beweger, der berührt, ohne berührt zu werden, ist das göttliche Prinzip oder Gott. Der antike Gott ist ein liebenswerter Gott, und was die Himmelssphären bewegt, ist ihr Bestreben, die göttliche Vollkommenheit zu erlangen.[72]

Als besonders langlebig erwies sich das System des Ptolemaios, der in die Astronomiegeschichte unter dem römischen Namen Ptolemaeus einging. Im Mittelalter hat man sich die Beweger der Sphären oft als Engel vorgestellt, die mittels einer Korbe das wie ein perfekter Mechanismus in sich geschlossene Universum in Gang setzen. „Die Engel betätigen eine Art Kurbel, um die letzte Himmelssphäre (das Empyreum) in Rotation zu versetzen, deren Bewegung sich dann auf die inneren Teile des Kosmos überträgt."[73] Auf diese und andere Weise passte sich das antike Modell der neuen christlichen Weltanschauung an. Die Idee Gottes als ursprünglichen Beweger kann man in Vorstellungen vom Universum als mechanischem Uhrwerk Gottes wiedererkennen. Sie spielt noch bei Autoren wie Isaac Newton eine Rolle. Gott gab am Anfang bei der Erschaffung der Welt einen *impetus*.[74] Zugleich bereiteten jedoch die Sphären große Probleme, die man immer wieder zu glätten sich bemühte. Die Zahl der Sphären war bereits bei Aristoteles groß – insgesamt 55,[75] da man allen Körpern und Bewegungen, die man wahrnahm, gerecht werden musste. „Jeder einzelnen Bewegungskom-

---

71 Krafft: Einleitung, S. XVII.
72 Locqueneux: Kurze Geschichte der Physik, S. 27.
73 Vgl. Ubaldo Nicola: Heliozentrismus, in: Bildatlas Philosophie. Die abendländische Geschichte in Bildern, Berlin 2007, S. 284-285.
74 Krafft: Einleitung, S. XVI.
75 Ebd., S. XVI.

ponente musste ja eine eigene Ätherkugel zugewiesen werden; und eine solche Kugel konnte nur gleichförmig um ihre Achse rotieren."[76]

Auch Kopernikus brach nicht mit der Sphärentheorie. Sein Anliegen, dem er in seinem erst 1543 erschienenem Werk „De Revolutionibus Orbium Celestium" Ausdruck gab, war, das inzwischen sehr kompliziert gewordene Modell wieder dem alten Ideal der harmonischen geometrischen Einfachheit zu nähern. Kopernikus war beunruhigt, dass im Laufe der Zeit dem ptolemäischen System seine Übersichtlichkeit und Idealität verloren gegangen war.[77] Infolge von immer genaueren Berechnungen und Beobachtungen musste man weitgehende Besserungen am ptolemäischen Modell vornehmen, um es den Phänomenen anzupassen, die Phänomene zu „retten", wie es hieß. Dies führte u.a. zu der Einführung der so genannten Aquanten, welche die ideale kreisförmige Form der Sphären immer deutlicher störten. Kopernikus war mithin „Revolutionär wider Willen".[78] Er behielt die Kristallsphären als Motore der Planetenbewegungen bei, kehrte das Modell aber um und setzte die Sonne in den Weltmittelpunkt, was ihm ermöglichte, das System zu vereinfachen. Nach dem verbesserten kopernikanischen Modell befindet sich die Sonne allerdings nicht genau im Mittelpunkt, sondern ein wenig daneben. Der Universumsmittelpunkt ist ein mathematischer Punkt; bis zur Zeit Keplers hatte man die Sonne nämlich nicht im Zusammenhang mit den Bewegungen der um sie kreisenden Planeten gebracht:

> Ohne das Lesen der Abbildungsunterschrift ist es auf den ersten Blick sehr schwer zu entscheiden, welches das kopernikanische und welches das ptolemäische System ist. Die Planeten bewegen sich in beiden Systemen auf Epizykeln, deren Mittelpunkt sich auf einem Deferentenkreis entlangbewegt. […] Wir sehen, dass sich die Erde zwar auf einer Kreisbahn bewegt, der Mittelpunkt dieser Kreisbahn ist aber nicht die Sonne, sondern ein fiktiver Punkt im Raum, der auch eine Kreisbahn beschreibt, deren Mittelpunkt seinerseits eine Bewegung längs einer weiteren Kreisbahn vollführt. Physikalisch kommt der Sonne im kopernikanischen System, das entsprechend den Beobachtungen korrigiert ist, keine weitere unmittelbare Bedeutung mehr zu als die, für die Beleuchtung der Planeten zu sorgen. […] Die Planeten kreisen auf ihren epizyklischen Bahnen um einen Punkt, der nur in unserer Vorstellung als ein fiktiver mathematischer Punkt existiert.[79]

---

76 Ebd., S. XXIV.
77 Simonyi: Kulturgeschichte der Physik, S. 179.
78 Vgl. hierzu auch: Hans Blumenberg: Neoplatonismen und Pseudoplatonismen in der Kosmologie und Mechanik der frühen Neuzeit, in: Blumenberg: Ästhetische und metaphorologische Schriften, S. 291-326.
79 Simonyi: Kulturgeschichte der Physik, S. 184.

Solange die Ursache der Himmelsmechanik außerhalb der Planeten und Sterne gesehen wurde, also in den Sphären und dem ersten Beweger, war der Weg zu einer mit Kräften operierenden Physik eines Newton verschlossen. Es war auch unbedeutend, ob sich die Sonne genau im Mittelpunkt befand. Das veränderte sich, als Johannes Kepler Anfang des 17. Jahrhunderts die Vermutung äußerte, dass die Sonne selbst die Ursache der Planetenbewegungen sein müsse. Kepler bahnte somit den Weg für Newton; er bemerkte auch, dass die Zeit, die der jeweilige Planet für einen Umlauf braucht, mit der Entfernung von der Sonne doppelt zunimmt.[80] Dann musste man mit dem mathematischen Punkt im Universumszentrum endgültig aufräumen:

> Ein mathematischer Punkt, mag er der Weltmittelpunkt sein oder nicht, kann Schweres nicht bewegen und an sich heranziehen, weder effektiv noch objektiv. Mögen die Physiker beweisen, dass eine solche Kraft einem Punkt zukommt, der weder körperlich ist noch anders als durch bloße Beziehung erkannt wird. [...] Mögen die Physiker beweisen, dass die Naturdinge eine Hinneigung zu dem besitzen, was ein Nichts ist. Aber auch nicht deswegen strebt das Schwere nach dem Weltmittelpunkt, weil es die äußersten Grenzen der kugelrunden Welt flieht. [...] Es ist also klar, daß die herkömmliche Lehre über die Schwere falsch ist.[81]

Als Erklärung betraten nun natürliche Kräfte die Bühne, was nicht ohne Turbulenzen geschah (auf diese Turbulenzen werde ich im Kant-Kapitel näher eingehen). Kepler nahm an, dass die Kraft, welche für die Himmelsmechanik verantwortlich ist, eine magnetische Kraft ist, die sowohl anzieht als auch abstößt. Die Sonne stellte er sich wie einen Magneten vor, der auf die Planeten wirkt. Er behauptete: „Da es keine festen Sphären gibt [...] so ist der Sonnenkörper die Quelle der Kraft, die alle Planeten herumführt."[82] Seine Konzeption

---

80 In der Denkweise, die Bewegungen der Himmelskörper sowie ihr ‚Sich-Halten' im kosmischen Raum als Ergebnis von wirkenden Kräften anzusehen, hatte Newton in Johannes Kepler einen Vorgänger. Kepler brach mit der Vorstellung von kristallenen Sphären, an denen die Himmelskörper befestigt sein sollten, und stellte sich die Sonne und die Planeten als große Magnete vor, die sich anziehen und abstoßen. Allerdings konnte Kepler auf diese Weise keine verallgemeinernde Auffassung der Schwerkraft formulieren. Kepler ließ sich hierbei von dem Werk des Engländers William Gilbert „De magnete" (1600) inspirieren. (Vgl. John Henry: Stichwort „Attraction", in: Encyclopedia of the Scientific Revolution From Copernicus to Newton, S. 60-62, hier S. 60-61.)
81 Johannes Kepler: Astronomia Nova. Neue, ursächlich begründete Astronomie, übersetzt von Max Caspar, durchgesehen und ergänzt sowie mit Glossar und einer Einleitung versehen von Fritz Krafft, Wiesbaden 2005, S. 28.
82 Ebd., S. 41.

setzte sich allerdings nicht durch und verblieb eine zwischen mehreren Erklärungsalternativen, bis Newton das Allgemeine Gravitationsgesetz formulierte. Zugleich wuchs die Rolle der Mathematik als der Sprache, in der – wie sich Galileo ausdrückte – das Buch der Natur geschrieben sei. Die breite Bewunderung, die Newtons Gravitationsgesetz hervorrief, war nicht zuletzt damit verbunden, dass sich eine Vielzahl der Phänomene, von dem sprichwörtlichen fallenden Apfel begonnen bis hin zu Mondbewegungen, mit einer einfachen mathematischen Formel beschreiben ließ. Somit wurde ein für allemal mit einer Teilung in die supramondane und submondane Welt gebrochen. Eine gleichförmige, unendliche Universalität bestimmte das neue Kosmosbild.[83] Der Verzicht auf die Sphären und die physikalische Erklärung der Himmelsmechanik sind mithin parallel verlaufende Prozesse.

Da jedoch der leere Raum und die auf Distanz wirkenden Kräfte bei weitem nicht sofort auf Anerkennung stießen, bot sich als Mittellösung die Konzeption von Renè Descartes an, die vom 17. bis 18. Jahrhundert hinein Erfolge feierte. Descartes behauptete, dass die Himmelskörper in einer dünnen Äthermaterie wie im Wasser schwimmen und wie in großen Wirbeln zur Rotation mitgerissen werden. Johannes Kepler fasste das System von Descartes wie folgt zusammen:

> Diese Spezies [der Äther – M.T.] drehe sich bei der Rotation des Sonnenkörpers ebenfalls nach Art eines reißenden Strudels, der sich über die ganze Weite der Welt hin erstrecke, und trage gleichzeitig die Planetenkörper im Kreis herum mit sich fort, in stärkerem oder schwächerem Zug je nachdem sie nach dem Gesetz ihrer Ausströmung dichter oder dünner ist.[84]

Die Annahme eines leeren, unendlichen Raumes, in dem die unsichtbaren Naturkräfte wirken, stieß auch deshalb auf Widerstände, weil sie einen endgültigen Verlust eines Mittelpunktes des Universums bedeutete. „Selbst ein Vakuum", schreibt Károly Simonyi, „ist im Rahmen des Weltbildes unmöglich, weil sich mit der Annahme eines Vakuums die Endlichkeit der Welt in Frage stellen lässt und von einem Mittelpunkt einer unendlichen, unbegrenzten Welt nicht gesprochen werden kann."[85] Von hier aus kann man verstehen, was für eine ‚Rettung' im Sinne einer völligen Wende es war, als Kant Raum und Zeit den Status von Dingen absprach und sie zu Wahrnehmungskategorien des Subjekts erklärte. Dies schuf allerdings eine Reihe neuer Probleme, was jedoch auf ein anderes Blatt gehört.

---

83 Fritz Krafft: Einleitung, S. XXXI.
84 Kepler: Astronomia Nova, S. 41.
85 Simonyi: Kulturgeschichte der Physik, S. 85.

Während sich dieser Wandel vollzieht, trennen sich die neuen Naturwissenschaften immer mehr von den traditionelleren Disziplinen und Diskursen. Die Naturwissenschaften erarbeiten sich eigene Methoden und brauchen keinen Rekurs mehr auf die Grundlagenlehren der Nicht-Naturwissenschaftler. Daniel Garber notiert hierzu:

> By the end of the seventeenth century, this idea [of foundations - M.T.] had not been altogether abandoned by any means but had changed its status in fundamental ways. By this time, I think it is fair to say that the enterprise of physics and the enterprise of grounding physics have largely separated from one another and become rather separate disciplines.[86]

Was dies bedeutete, zeigt eine Äußerung des Mathematikers Euler: „Das ist also eine ziemlich lächerliche Frage, wer im Anfang der Welt zuerst jedem Körper seine Bewegung mitgeteilt habe, oder wer der erste Beweger sei. Die, welche diese Frage aufwerfen, geben einen Anfang der Welt und folglich eine Schöpfung zu."[87]

Das hier Beschriebene stellt natürlich nur eine Skizze des großen Bezugsrahmens dar, in dem sich die von mir berücksichtigten Autoren bewegen. Weil im Zeitalter der wissenschaftlichen Revolution sich das Tempo der Veränderungen sowohl was die Theorienbildung als auch die technologischen Innovationen (Teleskope) betrifft, im Vergleich zu früher beschleunigt hatte, wurden sich die Menschen des Wandels und des Verlustes des alten Weltbildes und somit des alten Kontextes bewusst, auch wenn die Zirkulation des Wissens unvergleichbar langsamer als heute sich vollzog und nur bestimmte Kreise der Gesellschaft umfassen konnte. In den weiteren Kapiteln meiner Studie werde ich auf das hier Dargelegte immer wieder Bezug nehmen und den jeweils wichtigen wissenschaftshistorischen Kontext detaillierter schildern. Zwangsläufig werde ich dann den einen oder anderen Gedanken, der hier bereits angedeutet wurde,

---

86 Daniel Garber: Physics and Foundations, in: The Cambridge History of Science, Bd. III (Early Modern Science), hg. von Katharine Park und Lorraine Daston, Cambridge 2006, S. 21-69, hier S. 68.
87 Leonhard Euler: Briefe an eine deutsche Prinzessin über verschiedene Gegenstände aus der Physik und Philosophie. Aus dem Französischen übersetzt, Brief 75, Bd. I, Leipzig 1773, S. 253. Euler schrieb in den Jahren 1768-1772 234 Briefe an die Prinzessin Friederike Charlotte Ludovica Luise, die Tochter des Markgrafen von Brandenburg-Schwedt. Die auf Französisch geführte populärwissenschaftliche Korrespondenz erschien als Buch [*Lettres à une princesse d'Allemagne*] und erlangte bald große Popularität, die zu Übersetzungen in mehrere Sprachen führte. Eine deutsche Fassung lag 1773 vor. Vgl. Aeka Ishihara: Makarie und das Weltall. Astronomie in Goethes „Wanderjahren", Köln 1998, S. 138.

wiederholen, allerdings in einer erweiterten Perspektive und mit Blick auf die jeweils zu interpretierenden Texte.

Aufbau und Gliederung der Studie

Die wissensgeschichtlich und historisch ausgerichteten Metapherntheorien stellen für mich einen richtungsweisenden interpretatorischen Rahmen dar, der die Entstehung einer Studie wie die meinige überhaupt erst möglich macht. Die von Weinrich und Link formulierten Feld- bzw. Kollektivsymbol-Theorien erlauben, die inneren Verbindungen zwischen den Bildern und die besondere Funktion des Feldes, dessen Bestandteile sie sind, zu erkennen.

Auf den ersten Blick scheinen die Bilder, die ich interpretiere, aus sehr unterschiedlichen Kontexten zu stammen, wenngleich sie alle mit dem Thema des Universumsbaus zu tun haben. Was diese zu Bestandteilen eines in sich eng zusammenhängenden Netzes macht, sind nicht sie selbst, sondern die Art und Weise, wie sie übernommen und eingesetzt werden. Dass sie ein Netz bilden, ist erst aus einer gewissen Distanz und unter Berücksichtigung möglichst vieler Texte zu erkennen. Auf dieser Arbeitsebene, die sehr langwierig und mühsam war und darauf beruhte, ein möglichst breites Fundstellenmaterial zu sammeln, waren mir die neuen Medien und Technologien sehr hilfreich, die das Internet und die mittlerweile zahlreichen Digitalsammlungen samt Suchmaschinen bieten. Die auf digitalen Materialien sich stützende Arbeit bildete eine überaus harmonische Ergänzung zu den traditionelleren Arbeitmethoden. Trotzdem beansprucht die vorliegende Studie nicht, alle Fundstellen genannt zu haben; das wäre schier unmöglich, schon aus Platzgründen. Ich hoffe allerdings, dass die hier analysierten Texte zahlreich und vielfältig genug sind, um das Feld sichtbar zu machen und deren diskursgestaltende Funktionen offenzulegen.

Im ersten Kapitel werden einige Autoren des 17. Jahrhunderts, vor allem John Locke und Georg Wilhelm Leibniz, behandelt. Ich versuche hier zu zeigen, wie im Angesicht der wissenschaftlichen Revolution ein Streit um den allgemeinen Grundlagendiskurs entbrennt, vor allem um den Substanzbegriff, der seit jeher eine fundamentale Rolle in der Metaphysik spielte. Die Teilnehmer der Polemik bedienen sich in ihrer Rhetorik eines sehr seltsamen und exotischen kosmologischen Bildes: die Erde stütze sich im All, um nicht zu fallen, auf dem Rücken von Tieren. Es ist eine Kosmologie, die jedem Aufklärer und Rationalisten die Haare zu Bergen stehen lässt, denn sie erscheint als verkörperter Aberglaube; nicht nur hinter Kopernikus, selbst hinter Ptolemäus fällt sie zurück. Die Denker setzten dieses Bild jedoch nicht aus rein rhetorischen Zwecken oder als Schmuck der philosophischen Rede ein. Verfolgt man, wie dieses Bild in anderen Kontexten verwendet wird, stößt man auf der einen Seite auf Berichte von Reisenden, Priestern und Beamten, die Teil der gerade begonnenen Kolonisierungsprozesse sind, und auf der anderen Seite auf die Funktionalisierung des Bildes in der populärastronomischen Literatur. Der philosophische Diskurs entwickelt sich nicht autopoietisch, sondern er ist stark verwurzelt in anderen Diskursen, sogar in Ereignissen der zeitgenössischen Geschichte und Wissenschaftsgeschichte. Um dies aber in aller Klarheit zu sehen, bedarf es einer Lektüre, die sich von der üblichen philosophischen Lektüre unterscheidet. Nicht Begriffe bilden für mich den Leitfaden, sondern das Bild bzw. die Bilder.

Die ‚indische' Metapher mit den Elefanten und der Schildkröte ist eine Krisenmetapher – sie drückt Verzweiflung aus. Sie stellt eine Reaktion auf den Wandel des Weltbildes dar, und wird dort eingesetzt, wo Zweifel über die Möglichkeit bzw. Sicherheit einer Grundlage aufkommen. Ihr gegenüber situiert sich ein anderes Bild, das mit ihr zunächst nichts gemeinsam zu haben scheint: die Wiederbelebung der antiken Anekdote vom archimedischen Punkt. Sie ist in vielen Kontexten eine indirekte Antwort auf das durch die Krise der Grundlagen hervorgerufene Gefühl der Verunsicherung. Trotz alledem taucht jemand auf, der einen Anfangspunkt findet bzw. einen solchen Anfang selbst erschafft, indem er die Erde bewegt. Das Bild der Erde im kosmischen Raum, gestützt auf den Tieren oder bewegt durch den Hebel, ist der gemeinsame Aspekt der beiden Bilder. Für sich alleine, ohne die Funktion, die sie in den Texten zugewiesen bekommen, sind sie nicht als Elemente des gleichen Kollektivsymbolfeldes erkennbar. Dazwischen drängt sich die Rezeption der newtonschen Himmelsmechanik und des allgemeinen Gravitationsgesetzes. Die Gravitationskraft wird als paradoxes nicht-darstellbares Bild an das bestehende Feld gekoppelt, weil sie sich als Gegenpol zur ‚indischen' Metapher eignet. Drückt die letztere das Krisenbewusstsein aus, zeigt die erstere, dass keine ‚Stütze' für die Erde im alten Sinne nötig ist. Das Sonnensystem und alle Himmelskörpersysteme des Alls halten sich ‚von selbst' durch ein Netz von Wechselwirkungen im kosmischen Raum.

Das Immanuel Kant gewidmete Kapitel setzt den Faden fort und bemüht sich, zu zeigen, dass Kant ohne metaphorische und heuristische Verwendung der Gravitationskraft-Metapher auf seinen Gedanken der Freiheit wahrscheinlich nicht gekommen wäre. Zugleich nennt er die Freiheit einen archimedischen Punkt, einen wirklichen Anfang. Dieser Anfang ist aber nicht für die Welt als solche, sondern für die moralische Welt des Menschen vorgesehen.

Die weiteren Kapitel schildern den Kampf der Metaphern in Johann Gottlieb Fichtes erstem Essay zur Wissenschaftslehre. Die neuen von Newtons

Gravitation inspirierten Metaphern konkurrieren in der Funktion, den neuen Anfangdiskurs zu tragen, mit den Architekturmetaphern.

Der neue Diskurs des Anfangs prägt auch die Schriften von Novalis. Dieser nimmt die Metaphernwelt der archimedischen Punkte und der kopernikanischen Wende auf und entwickelt eine ‚moralische Astronomie': eine Art Himmelskörpermechanik der moralischen Welt, d.h. der Welt der Werte, der Gefühle und des Zwischenmenschlichen.

In anderer Weise legt Jean Paul das auf den Menschen gestützte Anfangsdenken aus. Er übernimmt die Gravitationsmetapher samt ihrem astronomischen Kontext von Kopernikus bis hin zu Newton, bewertet dieses Bildfeld aber mit einem großen Fragezeichen.

Das Ausblickkapitel über Hannah Arendt und Bruno Latour zeigt, dass im 20. Jahrhundert die Metapher des archimedischen Punktes wieder aufgenommen wird, um eine Diagnose der Moderne wie auch der Gegenwart zu geben. Die Texte der beiden Autoren beweisen, dass das einst so wichtige Metaphernfeld auch noch im 20. Jahrhundert seine Nachwirkungen hatte.

Bodenlosigkeit und Anfangsdenken. Von Weltschildkröten, archimedischen Punkten und Gravitationskräften: Locke, Leibniz und andere in Konfrontation mit dem neuen Weltbild

Worauf stützt sich das ganze Weltgebäude? Ein Bild aus der indischen Kosmologie als Metapher für den ungewissen Grund

Lockes Spott über Kosmologie der Inder und die ‚Substanz' als moderne Mythologie

John Locke distanziert sich in seinem „Versuch über den menschlichen Verstand" [*An Essay Concerning Human Understanding*, 1700][88] in seiner bissigspöttischen Art von dem damals so wichtigen Begriff der Substanz; er tut dies mittels einer Anekdote, die aus dem Orient stammt. Es handelt sich um ein Bild kosmologischer Natur. In der Anekdote, die er zitiert und in eine Metapher verwandelt, geht es darum, wie sich die Erde im All halten könne:

> Hätte jener arme indische Philosoph (der meinte, auch für die Erde müsse es einen Träger geben) nur an dieses Wort Substanz gedacht, so hätte er sich die Mühe ersparen können, einen Elefanten zum Träger der Erde und eine Schildkröte zur Trägerin des Elefanten zu machen; das Wort Substanz würde vollkommen ausgereicht haben. Der Fragesteller hätte sich, ohne zu wissen, was Substanz ist, ebenso gut mit dem Bescheid des indischen Philosophen zufrieden geben können, daß es die Substanz sei, die die Erde trage, wie wir es für eine ausreichende Antwort und für eine gute Lehre unserer

---

88 Die vollendete Fassung erschien 1700, das Werk entstand aber in Etappen, in gewissen Zeitabständen wurden einzelne Teile veröffentlicht. „Locke's >>Essay Concerning Human Understanding<<, which was first published in full in December 1689, was undoubtedly his greatest intellectual achievement. He had been working on it off and on since the early 1670s, but most intensively during his period of exile in the Netherlands between 1683 and 1689. He continued to revise it after its first appearance, supervising three further editions of it in his remaining years. The fourth edition of 1700 accordingly represents his final view, and is the version most closely studied today." (Jonathan Lowe: Locke on Human Understanding, London and New York 1995, S. 4. Siehe auch: G. A. John Rogers: Zur Entstehungsgeschichte des „Essay Concerning Human Understanding", in: John Locke: Essay über den menschlichen Verstand, hg. Udo Thiel, Berlin 1997, S. 11-38.)

europäischen Philosophen halten, daß die Substanz, von der man nicht weiß, was sie ist, dasjenige sei, was die Akzidenzien trage. Wir haben also keine Idee davon, was die Substanz ist, sondern nur eine verworrene und unklare Idee davon, was sie leistet.[89]

Wir erfahren hier von einem „indischen Philosophen", der gefragt wird, was eigentlich die Erde trage, sowie von europäischen Denkern, die von der ‚Substanz' etwas Ähnliches behaupten, nämlich dass diese die ‚Akzidenzien' „trage". Der Inder kennt den Begriff ‚Substanz' nicht, sonst hätte er, meint Locke ironisch, diese anstelle der mythologischen Tiere, der Elefanten und der Schildkröten, als ‚Stütze' für die Erde im All anführen können. Locke schrieb an seinem „Versuch..." fast in gleichen Jahren wie Isaac Newtons an seinen „Philosophiæ Naturalis Principia Mathematica", die im Juli 1687 erschienen (vordatiert 1686). Darin formuliert Newton das allgemeine Gravitationsgesetz und die Mechanik der Himmelskörper wird damit so erklärt, dass für die Planeten keine ‚Stütze' angenommen werden muss.[90] Die Himmelskörper bedürfen keines Mediums, um sich im All zu halten.

Zwar ist Lockes Buch in keiner Hinsicht ein astronomisches, doch hat er sich derart für die angeführte kosmologische Anekdote begeistert oder sich vielleicht über sie amüsiert, dass er sie in sein Werk aufnahm und sie zu einer Denkfigur funktionalisierte.[91] Der darin erwähnte, nicht näher benannte „indische Philosoph" habe sich vorgestellt, dass die Erde unbedingt einer Stütze bedürfe, die sie „trägt". Locke variiert hier eine Anekdote, die im 17. und 18. Jahrhundert in

---

89 John Locke: Versuch über den menschlichen Verstand, übersetzt von Carl Winckler, Hamburg 2006, S. 201.
90 Die Anfänge von Newtons Theorien zur Bewegung gehen auf die sogenannten ‚Wunderjahre' 1665-66 zurück. Mitte der 80er Jahre begann Newton, Vorlesungen über diese Thematik in Cambridge zu halten. Vgl. dazu: Simonyi: Kulturgeschichte der Physik, S. 256ff. Newton war nicht der erste, der von der Annahme ausging, dass die Mechanik der Himmelskörper auf deren gegenseitiger Anziehung beruhe (etwa Johannes Kepler Anfang des 17. Jahrhunderts oder Giovanni Alfonso Borelli in den 1660er Jahren erwogen eine solche Erklärung). Newton gab dieser These aber die ausgereifte mathematische Formulierung als universales Naturgesetz.
91 Die Forschung verweist oft darauf, dass Locke in dem gleichen Jahr 1632 geboren wurde, in dem Galilei seine Kritik des Geozentrismus veröffentlichte: den „Dialog über die beiden hauptsächlichen Weltsysteme". Dies habe eine nahezu symbolische Bedeutung, da Locke in den intellektuellen Kontext einer sich tief wandelnden Welt hineingeboren wurde. Lockes Entwicklung stehe unter dem Zeichen von drei bahnbrechenden Werken: dem erwähnten Dialog Galileis, Renè Descartes' „Abhandlung über die Methode" und Hobbes' „De Cive". (Vgl. Rogers: Zur Entstehungsgeschichte des „Essay Concerning Human Understanding", S. 12.)

dem europäischen gelehrten und literarischen Diskurs eine erstaunliche Popularität erlebte und grenz-, sowie sprachübergreifend kursierte. Den Kern dieser Anekdote stellt die Behauptung eines indischen Weisen dar, dass die Erde auf dem Rücken eines Elefanten ruhe, der Elefant wiederum auf dem Rücken einer Schildkröte stehe. Die Geschichte ist in mehreren verschiedenen Versionen überliefert, die Zahl der Elefanten und der Schildkröten variiert von jeweils einem Tier bis zu mehreren, es kommen gelegentlich auch andere Tiere vor, etwa eine Riesenschlange.

Es sei hier auf den besonderen Kontext hingewiesen, in dem diese mythologische und kosmologische Vorstellung in den philosophischen Diskurs Eingang gefunden hat: die Diskussion betrifft das Problem der Grundlagen und richtet sich auf die Frage nach der wahren Architektonik der Welt und wie diese in ihren Elementarteilen von dem Menschen erkannt wird. Unter einer solchen Architektonik verstehe ich die Ordnung der Ideen bzw. der Dinge, so wie sie die Denker und Gelehrten der jeweiligen Zeit sehen: es gibt unter den Ideen bzw. Dingen solche, die für grundlegend und fundierend gehalten werden, und solche, die als abgeleitet gelten, ferner sekundäre oder gar Randphänomene sind. Es handelt sich also um ein ontologisches Problem: was trägt eigentlich die Welt? Die Frage ist eine philosophische, das mit ihr verbundene Bild ein kosmologisches, allerdings eines von provokativ unglaubhaftem Gehalt, denn niemand wird im Europa des ausgehenden 17. Jahrhundert eine derartige vorwissenschaftliche Kosmogonie ernst genommen haben. Die ironische Rhetorik Lockes wird dem Leser sofort klar gewesen sein.

Der Streit, den Locke eingeht, ist ein prinzipieller: er betrifft die Seinsordnung, die sich auf die Architektonik von ‚Substanz' und ‚Akzidenz' stützt. Dies bedeutet, dass er sich zum Zentrum der denkerischen Tradition des Abendlandes äußert. Die auf der Kompatibilität von ‚Substanz' (als dem beharrenden ‚Kern' eines Dinges) und ‚Akzidenzien' (als seinen mehr oder weniger veränderlichen und zufälligen Eigenschaften) basierende Architektonik geht auf Aristoteles zurück und bildete über die Jahrhunderte das Gerüst des europäischen philosophischen Diskurses.[92] Die Kritik des Empiristen Locke spiegelt die

---

92 Die Substanz ist das Bleibende, das selbständig existiert, und die Basis, d. h. „die Grundlage für die unselbständig existierenden Akzidentien" darstellt. (Gerhard Krieger: Stichwort „Substanz" in: Neues Handbuch philosophischer Grundbegriffe, begründet von Hermann Krings, Hans Michael Baumgartner und Christoph Wild, neu herausgegeben von Petra Kolmer und Armin G. Wildfeuer, Freiburg im Breisgau 2011, Bd. III, S. 2146-2158, hier S. 2147.) Vgl. zur detaillierten begriffsgeschichtlichen Darstellung: Tobias Trappe: Stichworte „Substanz; Substanz/Akzidens" in: Historisches

Krise dieser traditionellen und altbewährten Architektonik wider, auch wenn er sich von dem üblichen Vokabular nicht ganz verabschiedet. Er äußert jedoch an ihrem Gebrauch seine Zweifel, so dass es nicht fern liegt, sie als nicht mehr tauglich einzuschätzen. Locke selbst hat auf den Substanzbegriff nicht endgültig verzichtet. Er wirft jedoch anderen Denkern eine fehlende Distanz diesem Begriff gegenüber vor; sie würden ihn so verwenden, als ob er klar und verlässlich wäre, was keineswegs der Fall sei.[93] Um dies zu demonstrieren, lässt er

---

Wörterbuch der Philosophie, hg. von Joachim Ritter und Karlfried Gründer, Bd. X, Basel 1998, S. 495-551. In der engeren individuellen Bedeutung sind die Substanzen „Ganzheiten und Einheiten, auf die wir zeigen und die wir mit Eigennamen benennen können" (Krieger: Stichwort „Substanz", S. 2153.) Der Begriff ‚Substanz' ist Bestandteil und Thema der Metaphysik seit der Antike und wurde innerhalb der europäischen Grundlagendiskurse immer wieder behandelt. „Dies geschieht in zweifacher Hinsicht: zum einen in Bezug auf das Aristotelische Verständnis, insofern die Substanz in dessen Mittelpunkt steht und dieses Verständnis zugleich das Anliegen und Schicksal der Metaphysik wie kein anderes geprägt hat; zum anderen im Sinne des Verständnisses der Metaphysik als einer für die abendländische Kultur insgesamt zentralen Denkform. […] Metaphysik im Verständnis des Aristoteles zielt auf die Erkenntnis der ersten Prinzipien ab. Insofern diese als solche sowohl Seins- als auch Erkenntnisgründe sind bzw. sein sollen, ist das Erste an ihm selber das Wahrste […] und das Erkennbarste." (Ebd., S. 2146.) Auf Aristoteles geht die Unterscheidung von Substanz und Akzidens zurück. „Die Substanz ist das selbständig Seiende oder Einzelding und als solches das im vorzüglichen Sinne Seiende. Auf diese Weise stellt die Substanz den eigentlichen Gegenstand der Metaphysik dar, da diese es mit dem Seienden als solchen zu tun hat." (Ebd.) Es wird zwischen der ersten Substanz unterschieden: dem individuellen Seienden, und der zweiten, allgemeineren, die das Wesen des Dinges ist. Im Mittelalter hatten die christlichen Autoren vor allem damit Probleme, wie man diese antike Ontologie mit einem Schöpfungsbegriff aus dem Nichts verbinden könnte. (Detlev Pätzold: Artikel „Substanz/Akzidenz" in: Enzyklopädie Philosophie, hg. Hans Jörg Sandkühler, Hamburg 2010, Bd. III, S. 2640-2652, hier S. 2645.) Die „ganze europäisch-rationalistische Tradition [knüpft] zunächst an die traditionellen Substanzkonzeptionen an, auch wenn sie diese dann erheblich modifiziert." (Ebd., S. 2647.)

93 Das betrifft vor allem die allgemeine Bedeutung von ‚Substanz', als dem Beharrenden, das sich den veränderbaren Eigenschaften entgegensetzt und das ‚Dinghafte' (das ‚Wesen') eines Dinges und seine Identität mit sich selbst ausmacht. Neben dieser Bedeutung unterschied Locke traditionell noch besondere, individuelle Substanzen, wie Mensch, Pferd, Gold u.s.w.; heute würden wir statt ‚besondere Substanz' wohl einfach ‚Einzelding' sagen. (Vgl. Udo Thiel: Einleitung, in: John Locke: Essay über den menschlichen Verstand, hg. von Udo Thiel, Berlin 1997, S. 3-10, hier S. 7.) Weil Locke den Substanzbegriff sprachanalytisch zerlegte, meinten manche Zeitgenossen,

den Leser sich ein imaginäres Gespräch zwischen dem „indischen Philosophen" und einem gebildeten Europäer vorstellen. Da der Inder einerseits meint – sich offensichtlich nach der Alltagserfahrung richtend –, dass die Erde auch als Himmelskörper einer Stütze bedürfe, und andererseits als Hintergrundwissen nur seine Mythologie aktivieren kann, wird er durch die bohrenden Fragen des Europäers in die Ecke getrieben. Er kann nur gestehen, dass er nicht weiß, worauf sich die Schildkröten ihrerseits stützen. Würde er jedoch das Wort ‚Substanz' kennen – ironisiert Locke als Metazuschauer und -erzähler der Szene –, könnte der Inder ohne sein Gesicht zu verlieren, sich aus der Falle retten: er könnte antworten, dass die ‚Substanz' das endgültig Tragende sei. Man erkennt hier den Empiriker Locke, der den Standpunkt vertritt, dass alle Begriffe ihre Quelle in der Erfahrung haben. Die eigentliche Ironie richtet sich aber nicht gegen den orientalen Weisen, wie man zuerst vermuten könnte, sondern gegen die europäischen Denker selbst. Ein in den Fragen der eigenen Kultur sich auskennender Beobachter dieser Szene wird zu dem Schluss kommen, dass die europäischen Philosophen in nichts besser dastehen, wenn sie nach dem Begriff der Substanz gefragt werden. Im traditionellen Diskurs des Abendlandes spiele die Kategorie der ‚Substanz' eine analoge Rolle, scheint Locke zu suggerieren, wie die ‚Schildkröten' in dem Mythos der Inder: die Rolle des Fundaments für alles andere. Und gerade über dieses Elementare und Grundlegende der traditionellen Ontologie hätten die europäischen Denker kein klares Wissen; es zeigt sich, zumindest in den Augen Lockes, dass der Begriff bei den Befragten nur eine dunkle Ahnung davon hervorruft, was die ‚Substanz' leistet: sein Gehalt erschöpft sich in der Funktion, das Gebäude der abendländischen Ordnung der Dinge zu ‚tragen'. Der Zweck der Anekdote ist, die in traditionellen Kategorien denkenden Europäer, die, ohne ihre Begriffe analytisch zu hinterfragen, sich für gebildet und

---

er wolle den so wichtigen Begriff der ‚Substanz' völlig verwerfen. Das war die Art, wie Bischof Edward Stillingfleet Locke verstanden hatte, worauf Locke jedoch mit einem offenen Brief antwortete, in dem er erklärte, den Substanzbegriff endgültig zu verneinen, sei nicht seine Absicht gewesen. Die These, Locke habe sich einer solchen Verneinung doch entschieden genähert, wird trotzdem immer wieder in der Forschung geäußert, sie ist auch keiner einheitlichen Meinung darüber, was Locke unter ‚Substanz' verstanden haben konnte, wenn er den Begriff tatsächlich nicht gänzlich aufgeben wollte. Klar und unmissverständlich ist die Kritik, ein positiver Gebrauch des allgemeinen Substanzbegriffs durch Locke ist demgegenüber viel fragwürdiger. (Vgl. Michael Ayers: Die Ideen von Kraft und Substanz, in: John Locke: Essay über den menschlichen Verstand, hg. von Udo Thiel, S. 119-148, hier S. 123-124.)

aufgeklärt halten, als Anhänger einer Art moderner Mythologie zu entlarven: der Substanzmythologie.

Locke schreibt seine Abhandlung in einer Zeit, die zugleich eine Epoche des Fortschritts und des Aufbruchs zum Neuen wie auch der Krisen war. Die altehrwürdige Kategorie der ‚Substanz', als Elementarbaustein der Welt begriffen, erfährt eine Glanzzeit. Bedeutende Denker stellen mit ihrer Hilfe ihre neuen Systeme auf. So bediente sich der kontinentale Rationalismus, der eine zentrale Rolle in den zeitgenössischen Auseinandersetzungen spielte, aufs Neue des alten Substanzbegriffs. „The concept of substance", um Jonatan Lowe stellvertretend für die Forschung zu zitieren, „is absolutely central to seventeenth-century metaphysics, and is adopted in one form or another by philosophers of widely differing views – both by so-called ‚rationalists' like Descartes, Spinoza and Leibniz and by so-called ‚empiricists' like Locke and Berkeley."[94] Die rationalistischen Systeme eines René Descartes und Baruch Spinoza sind Substanzontologien. Bei dem Franzosen gibt es zwei Substanzen: die ‚ausgedehnte', die Materie, und die ‚denkende', den Geist. Und führt man sich die berühmte Definition von ‚Substanz' in Spinozas posthum erschienenem Hauptwerk „Ethik" (1677) vor Augen, begreift man schnell, was Locke mit dunklen Erklärungen gemeint haben konnte – wobei nicht eine Lektüre Lockes von Spinoza-Schriften gemeint ist, sondern ein spektakuläres Beispiel; Spinozas Definition stellt lediglich die Zuspitzung einer bestimmten Tendenz dar. Für ihn gibt es nur eine einzige und zugleich unendliche Substanz, die mit Gott und zugleich mit der Welt identisch ist; denn während Gott alle möglichen Potenzen in sich vereint, stellen die verschiedenen Dinge jeweils bestimmte ‚Modi' der göttlichen Substanz dar. Spinoza erklärt am Anfang seines Werkes, was er unter ‚Substanz' versteht: „[…] das, was in sich selbst ist und durch sich selbst begriffen wird, d.h. das, dessen Begriff nicht des Begriffs eines anderen Dinges bedarf, von dem her er gebildet werden müßte."[95] Die Substanz braucht also – um Lockes Metapher aufzugreifen – keine ‚Stütze', sie erklärt sich und existiert durch sich selbst, ist somit göttlich. Man kann sich nicht wundern, dass einige Jahrzehnte später Hegel dieses Konzept von Spinoza als etwas bezeichnen wird, was „seine Ruhe und seinen Grund in sich selbst hat,

---

94 Lowe: Locke on Human Understanding, S. 67.
95 Baruch de Spinoza: Ethik. In geometrischer Ordnung dargestellt, neu übersetzt, herausgegeben, mit einer Einleitung versehen von Wolfgang Bartuschat (Baruch de Spinoza: Sämtliche Werke Bd. II), Lateinisch-deutsch, Hamburg 1999, S. 5. Spinoza hat weitgehend und mit gravierenden Folgen auf viele europäische Denker und Dichter gewirkt. Bekannt ist die deutsche Spinoza-Rezeption in der zweiten Hälfte des 18. Jahrhunderts, die als ‚Spinoza-Streit' in die Geschichte eingegangen ist.

seine eigene Kugel und Schildkröte ist".[96] Dieser Glanz ist allerdings zugleich der letzte Glanz der auf Substanzbegriff errichteten Ontologien. Bereits bei Descartes drängt sich das denkende und zweifelnde Ich, das Subjekt, in den Vordergrund, und auch wenn der Geist noch als ‚Substanz' bezeichnet wird, ist dieses sich selbst reflektierende Ich eigentlich schon etwas Primäres: ein pulsierender Punkt von Selbsttätigkeit, wenn auch nur im Denken sich realisierend. Das Selbstbewusstsein geht jedem Begriff voraus, auch dem der ‚Substanz' oder des ‚Gottes'. Darüber hinaus sind es die Naturwissenschaften, die ganz neue Grundlagenprobleme aufwerfen, denen alte Begrifflichkeiten nicht mehr gerecht zu werden scheinen. Die neuen Apparate wie Teleskope und Mikroskope führen den Menschen plötzlich ganze Welten in der Mikro- und Makroskala vor Augen, die die unermesslichen Dimensionen des Kleinen und Großen erahnen lassen. Wie und was man erkennen kann, wird zu einer immer wesentlicheren Frage. Als Hegel sein Urteil über Spinoza fällte, war die newtonsche Himmelsmechanik und der Gedanke an im leeren Raum schwebenden Erdball eine längst anerkannte Tatsache. Es scheint, dass solche theologisch fundierten Konzepte wie das von Spinoza im Bereich des Spekulativen dem physikalischen Faktum vorausgingen und – paradoxer- oder vielleicht notwendigerweise – in der Geburtsstunde der neuen Physik, als die Weltarchitektonik tatsächlich keiner Stütze mehr bedurfte, allmählich untergingen. Zugleich bildete Descartes' einflussreiche Auffassung von der Materie als ‚ausgedehnter Substanz', die mit dem Raum identisch ist und diesen vollständig ausfüllt, lange das große Hindernis, den kosmischen Raum als leer zu denken, womit der Weg für die Gravitationskraft geöffnet werden konnte.

Vor dem Hintergrund der wissenschaftlichen Revolution verschiebt sich der Schwerpunkt zunehmend von der Ontologie auf die Erkenntniskritik. Nicht mehr ‚Substanzen', sondern das Ich, als Subjekt der Erkenntnis, wird als Anfang oder als Begründung aller Erklärung angesehen. Bereits Descartes benutzt die Substanz als epistemologisches Prinzip. Damit verliert sie „[...] ihre Bedeutung als eine ontologische Konzeption zur Erklärung der Individuen", was ihre alte, noch auf Aristoteles zurückgehende Funktion war.[97] Immer entschiedener

---

96 Georg Wilhelm Friedrich Hegel: Glauben und Wissen, zitiert nach: Dieter Henrich: Die „wahrhafte Schildkröte". Zu einer Metapher in Hegels Schrift „Glauben und Wissen", in: „Hegel-Studien" 2/1963, S. 281-291, Hegel-Zitat auf Seite 282.

97 Annette Marschlich: Die Substanz als Hypothese. Lebniz' Metaphysik des Wissens, Berlin 1997, S. 14. Spätere (als im 18. Jahrhundert) Rückgriffe auf den Substanzbegriff erfolgen in der Regel im Rahmen der Erkenntniskritik. So trägt z.B. Ernst Cassirers Abhandlung den charakteristischen Titel „Substanzbegriff und Funktionsbegriff. Untersuchungen über die Grundfragen der Erkenntniskritik" (Ernst Cassirer:

manifestierte sich eine neue Einstellung auch der Intellektuellen zu den Prozessen, die das Weltbild radikal veränderten. Richard Rorty bezeichnet die Neuformulierung des Selbstbildes von einigen führenden Denkern als Mission im Dienste der neuen Wissenschaften:

> Sie [genannt werden Descartes und Hobbes – M.T.] führten einen Krieg (wenn auch im Verborgenen), um die intellektuelle Welt für Kopernikus und Galilei gefahrlos zu machen. Sie verstanden sich nicht als jemand, der >>philosophische Systeme<< vorschlug, sondern als einer, der zum Aufblühen der Forschung in den Gebieten der Mathematik und der Mechanik und zur Befreiung des intellektuellen Lebens von den ekklesiastischen Institutionen beitrug.[98]

Das hatte Folgen für alte Begriffe, für alte ‚Schubladen', nach denen die Dinge der Welt geordnet wurden. Für Immanuel Kant, dem Vollzieher der erkenntniskritischen Wende in der zweiten Hälfte des 18. Jahrhunderts, bestand das „[…] kritische Unternehmen […] ja gerade darin, die alte Metaphysik mit ihren wirkmächtigen Substanzen, die niemand je sieht und die nur als spekulative Größen gehandhabt werden können, zu demontieren."[99] In dem neuen Weltbild wurde die „[…] Metaphysik – im Sinne einer Beschreibung, wie Himmel und Erde sich zusammensetzen – […] durch die Physik verdrängt […]."[100] Als ein Manifest des sich wandelnden Zeitgeistes interpretiert Hans Blumenberg den Artikel von Denis Diderot über die französische Enzyklopädie. Dieser vergleicht 1755 die in der Enzyklopädie zu präsentierende Ordnung des Wissens mit dem kopernikanischen Universumsmodell und postuliert, dass die Stelle der Sonne, also das

---

Gesammelte Werke, hg. von Birgit Recki, Bd. VI., Hamburg 2000.) John Lockes empiristische und psychologische Haltung wird in der Regel als Wende zur modernen Subjektauffassung gesehen, siehe etwa: Udo Thiel: Locke's subjectivist revolution, in: The Early Modern Subject. Self-Consciousness and Personal Identity from Descartes to Hume, Oxford 2011, S. 97-150. Eine von der traditionellen Auffassung abweichende Interpretation des Substanzbegriffs als „Institution" (d.h. das, was Dingen und Tatsachen ‚Festigkeit' im Sinne eines sozialen Objekts bzw. Aktanten gibt), schlug kürzlich Bruno Latour vor (siehe: Bruno Latour: Die Geschichtlichkeit der Dinge, in: Bruno Latour: Die Hoffnung der Pandora, Frankfurt/Main 2002, S. 175-264, insbesondere S. 182-184.) Eine in analoge Richtung gehende Lektüre des Substanzbegriffs vertritt Rudolf zur Lippe (siehe „Realität als das Feste", in: Rudolf zur Lippe: Neue Betrachtung der Wirklichkeit. Wahnsystem Realität, Hamburg 1997.)

98 Richard Rorty: Der Spiegel der Natur. Eine Kritik der Philosophie, Frankfurt/Main, S. 1981, S. 149. Hervorhebung von Rorty.
99 Marschlich: Die Substanz als Hypothese, S. 392.
100 Rorty: Der Spiegel der Natur, S. 150.

Zentrum des Diskurses, in der Enzyklopädie dem Menschen zugeordnet werden sollte.[101]

Die beginnende Moderne steht unter dem Zeichen der Erkenntniskritik und des Ich, wobei die deutschen Denker als Erfinder der neuen kritischen Theorie und des so genannten ‚Idealismus' bald die Vorreiterrolle spielen sollten. Wohl nirgendwo anders wurde die Frage des Subjekts und der Selbstbegründung so zugespitzt aufgestellt und so heftig diskutiert wie im deutschen Sprachraum um 1800, in dem Kreis des neuen Denkens von Kant und Fichte sowie der von ihnen inspirierten Dichter.[102]

Nach Locke befinden sich die europäischen Denker am Ende des 17. Jahrhunderts in keiner besseren Situation als der anekdotische indische Weise: das Denken auf den allgemeinen Substanzbegriff zu stützen, ist nicht mehr wert, als wenn die ‚Wilden', die keine Astronomie als Wissenschaft und keinen Kopernikus kennen, ihre ganze Welt (dessen Zentrum die Erde ist) auf den Rücken von mythologischen Tieren ruhen lassen, denn kein Denker ist imstande, einen klaren Begriff von der Substanz zu geben. Damit legte Locke auf rhetorisch wirksame Weise nahe, dass die Substanz als zentraler Begriff eine bedeutende Schwachstelle zeitgenössischer Denksysteme darstellt.

Dass die indische Anekdote Lockes Aufmerksamkeit fand und der Bezug auf sie kein Zufall war, bezeugt die Tatsache, dass sie in dem „Essay…" noch einmal zitiert wird, und zwar einige Kapitel später, jedoch in dem gleichen Kontext: nämlich wieder in Bezug auf die Substanzfrage. In dem Kapitel „Über unsere komplexen Ideen von Substanzen" stößt der Leser auf folgende Stelle:

> Prüft sich also jemand selbst in Bezug auf seinen Begriff von der reinen Substanz im allgemeinen, so wird er finden, daß er davon schlechthin keine andere Idee besitzt als

---

101 Denis Diderot: Artikel „Enzyklopädie", in: Diderots Enzyklopädie. Mit Kupferstichen aus den Tafelbändern, hg. von Anette Selg und Rainer Wieland, aus dem Französischen von Holger Fock, Theodor Lücke, Eva Moldenhauer und Sabine Müller, Berlin 2013, S. 134-153, hier S. 141. Vgl. hierzu auch Hans Blumenberg: Am Ende des ruhenden Betrachters, in: Die Genesis der kopernikanischen Welt, Frankfurt/Main 1981, S. 47-65, hier S. 61-62.

102 Zu dem Themenkreis, das unter dem Stichwort ‚deutscher Idealismus' und dessen Wirkungsgeschichte abgehandelt wird, gibt es eine äußerst breite und kaum mehr überschaubare Forschungsliteratur. Es sei hier jedoch auf den in unserem Kontext treffenden Titel der Studie Dieter Henrichs hingewiesen, der den Kerngedanken dieser Bewegung auf den Begriff bringt und eine Archäologie deren Anfänge ans Licht fördert: „Grundlegung aus dem Ich. Untersuchungen zur Vorgeschichte des Idealismus Tübingen-Jena 1790-1794", Bd. I und II, Frankfurt/Main 2004.

die Voraussetzung irgendeines nicht näher zu bestimmenden Trägers derjenigen Qualitäten, die einfache Ideen in uns zu erzeugen imstande sind. Diese Qualitäten werden gewöhnlich Akzidenzien genannt. Würde jemand gefragt, welchem Gegenstand Farbe oder Schwere anhaften, so würde er nichts anderes nennen können als die festen ausgedehnten Teile. Fragt man weiter, was dasjenige sei, dem Festigkeit und Ausdehnung anhafte, so würde der Gefragte in keiner viel besseren Lage sein als jener oben erwähnte Inder. Dieser hatte behauptet, daß die Welt von einem großen Elefanten getragen werde; daraufhin fragte man ihn, worauf denn der Elefant ruhe. Seine Antwort lautete: auf einer großen Schildkröte. Als man nun weiter in ihn drang, um zu erfahren, wodurch denn diese breitrückige Schildkröte unterstützt werde, erwiderte er: durch irgend etwas, er wisse nicht was.[103]

Locke wiederholt also mit noch mehr Nachdruck und Spott die Argumente gegen den allgemeinen Subtanzbegriff und geht einen Schritt weiter; er vergleicht das Vorgehen der Denker mit dem ‚wilden Denken' – wie man mit Claude Levi-Strauss sagen möchte – der Kinder, die nun die Reihe, in der sich die orientalen Weisen bereits befinden, ergänzen:

So gleicht hier wie in allen anderen Fällen, wo wir Worte gebrauchen, ohne klare und deutliche Ideen zu besitzen, unsere Ausdrucksweise derjenigen der Kinder, die, wenn man sie nach einem bestimmten Gegenstand fragt, den sie nicht kennen, sofort antworten: etwas. Dies besagt, wenn es von Kindern oder Erwachsenen so gebraucht wird, nicht mehr, als dass sie selbst nicht wissen, was es ist, und daß sie von dem Ding, das sie zu kennen behaupten und von dem sie reden wollen, überhaupt keine deutliche Idee haben, sondern darüber vollkommen unkundig und im Dunkeln sind. Unsere Idee, der wir den allgemeinen Namen Substanz geben, ist also nichts anderes als der vorausgesetzte, aber unbekannte Träger der Qualitäten, die wir existieren sehen. Wir nehmen von ihnen an, daß sie nicht *sine re substante*, ohne ein sie Tragendes, bestehen könnten; deshalb nennen wir diesen Träger substantia, was dem eigentlichen Wortsinn nach in schlichtem Englisch das Darunterstehende oder das Emporhaltende bedeutet.[104]

Diese Ausführung verbindet die Kritik am Substanzbegriff und somit an der traditionellen ontologischen Architektonik mit der Sprachkritik, worauf noch zurückzukommen sein wird. Wie konnte aber diese exotische kosmologische Anekdote überhaupt den Weg ins Zentrum des zeitgenössischen Wissenschaftsdiskurses finden?

---

103   Locke: Versuch, S. 366-367.
104   Ebd.

Wie Weltschildkröten es zur intellektuellen Metapher der europäischen Gelehrtenrepublik schafften

Ein Kulturtransfer altindischer Kosmologie nach Europa. Der Aufstieg einer Metapher

Die indischen Sagen verfügten über Mythen zur Entstehung der Erde, der Tiere und der Götter, in denen auch einiges zum Ort der Erde im Kosmos vermittelt wird. Die Inder wären allerdings nie darauf gekommen, das Bild von die Erde tragenden Tieren als Metapher für ein philosophisches Problem wie *regressus ad infinitum* oder *primum movens* zu verwenden, auch wenn sich, mit etwas Mühe, vielleicht ein solcher einfacher Inder hätte gefunden werden können, der, durch die aufdringlichen Fragen in Verwirrung gebracht, ähnlich wie die Figur bei Locke eine Antwort gegeben hätte. Christopher Minkowski meint in Bezug auf die beiden Stellen bei Locke: „No doubt one could find someone, somewhere in South Asia at some point of its long history who, when pressed, would assert that >>it is turtles all way down, Sahib<<, but this is not a view that learned cosmologists, mythological or astronomical, or philosophical had maintained."[105] Die Tiere benötigten in der indischen Kosmologie als Götter keine „Stütze" – sie hielten sich und die Erde dank ihrer göttlichen Kraft, und eine philosophische,

---

105 Christopher Minkowski: Competing Cosmologies and the Problem of Contradiction in Sanskrit Knowledge Systems, http://www.princeton.edu/hos/events/past_events/2003-2004/session1/abstracts/ (S. 1-33, letzter Zugriff 01. 03. 2015). Es handelt sich um ein Referat, vorgetragen im Oktober 2003 auf der Tagung „Science Across Cultures. Historical and Philosophical Perspectives" an der Universität Princeton). Minkowski erwähnt Locke in Verbindung mit der europäischen Rezeption des Schildkröten-Bildes, geht aber von der gegenwärtigen Literatur aus, sein Beispiel ist der Anthropologe Clifford Geertz. Geertz referiert die Anekdote wie folgt: „There is an Indian story – at least I heard it as an Indian story – about an Englishman who, having been told that the world rested on a platform which rested on the back of an elephant which rested in turn on the back of a turtle, asked (perhaps he was an ethnographer; it is he way they behave), what did the turtle rest on? Another turtle. And that turtle? >>Ah, Sahib, after that it is turtles all the way down.<<" (Clifford Geertz: Thick Description: Toward an Interpretive Theory of Culture, in: Clifford Geertz: The Interpretation of Cultures, New York 1973, S. 3-30, Zitat S. 28-29.) Zur Konkurrenz von unterschiedlichen Wissensmodellen in der indischen Kosmologie und Astronomie siehe von dem gleichen Autor auch: Christopher Minkowski: Competing Cosmologies in Early Modern Indian Astronomy, in: Ketuprakāśa: Studies in the History of the Exact Sciences in Honor of David Pingree, hg. von Charles Burnett, Jan Hogendijk und Kim Pfloker, Leiden 2004, S. 349-385.

geschweige denn physikalisch-astronomische Frage wäre daher völlig unverständlich gewesen:

> True, mythologers did maintain that the (flat) earth was supported by elephants positioned at the quarters; and that the (egg-shaped) cosmos as a whole rested on a great serpent, floating in an ocean; and true, a turtle was once used, according to legend, to prop up a tall mountain in order to use it to churn out, from an ocean's worth of milk [...]. But it was understood by the mythologers that the elephants, or serpent, or turtle, required no further support, they being gods, or various forms of one god.[106]

Interessanterweise fand auch im vorkolonialen Indien eine lange und komplizierte Auseinandersetzung zwischen der mythologisch-religiösen und der astronomischen Weltauffassung statt, wobei die fortgeschrittene Entwicklung der Mathematik in dieser Kultur eine nicht unerhebliche Rolle spielte. Das von den alten Sagen vermittelte Universumsbild stimmte nicht immer mit Berechnungen überein und bedurfte gewisser Korrekturen, die allerdings nie soweit gingen, dass die Autorität der Schriften generell in Frage gestellt werden musste. Es gab eine sich über Jahrhunderte hin ziehende Konkurrenz zwischen zwei Wissenssystemen des Sanskrit; die eine Tradition fand ihren Ausdruck in den so genannten puranischen (mythologischen) Schriften, die andere in den Siddhāntas (mathematisch-astronomischen).[107] Die mit den Anhängern der Mythologie, welche die Erde als flach und von Göttern gehalten ansahen, konkurrierenden indischen Wissenschaftler vertraten die Auffassung von der Erde als Kugel, die sich im Zentrum des Kosmos befindet. Die mathematisch-astronomische Literatur der Siddhāntas entwickelte sich sehr intensiv im 5.-8. und dann 11.-12. Jahrhundert. Bereits im späten zweiten Jahrhundert n. u. Zt. gab es einen Kontakt mit der griechisch-babylonischen und hellenistischen Astronomie. Das in den Siddhāntas vermittelte Universumsbild erinnert stark an das ptolemäische Modell.[108] Die Erde ist hier eine unbewegte Sphäre, während die Sonne, die Planeten und die Sterne um sie rotieren. Die Erdkugel braucht keine weiteren Stützen, denn sie hat eine eigene göttliche Kraft in sich. „The astronomical tradition [...] had always been unanimous in maintaining that the earth required no external support. Bhāskara [indischer Astronom und Autor wesentlicher astronomischer Schriften aus dem 12. Jahrhundert – M.T.] had argued that the earth possessed its

---

106 Minkowski: Competing Cosmologies and the Problem of Contradiction, S. 3.
107 Ebd., S. 5-6. Die Purānas sind ein Großkompendium der hinduistischen Mythologie in Sanskrit (Ebd., S. 5).
108 Ebd., S. 8.

own inherent power of self-support, and required no other supporting entity."[109] Manche Denker versuchten, einen Ausgleich zwischen der Mythologie und der neuen Wissenschaft zu finden, und schlugen als Lösung vor, die die Erde unterstützenden göttlichen Tiere nicht außerhalb ihrer, sondern im Inneren der Erde zu platzieren, um der Autorität der alten Schriften gerecht zu werden.[110] Die Frage der Stütze als solcher war allerdings nicht der Kern der traditionellen indischen Diskussionen; vielmehr ging es um die Gestalt der Erde (flach oder sphärisch) und um die Größe der Himmelskörper. Das kopernikanische System wurde erst mit Beginn der Kolonialära durch die Engländer nach Indien vermittelt, und zwar mit großen Schwierigkeiten, denn die einheimischen astronomischen Forschungen waren letztendlich auf die Autorität der eigenen Tradition gestützt und das Kopernikanische erschien als fremdartig und heidnisch.[111] Jedoch wurde das Bild der Schildkröte bzw. des die Erde tragenden Elefanten in Indien nie als eine astronomische Frage, weniger noch als Symbol für eine philosophisch gemeinte Grundlagenfrage formuliert.[112] In dieser Funktion als ironisches Sinnbild für eine Grundlagenkrise beginnt es erst infolge des Kulturtransfers nach Europa zu funktionieren. Mit dem Transfer nach Europa löst sich das Bild von dem ursprünglichen mythisch-religiösen Kontext und findet sich in einer besonderen Wissenskonstellation des damaligen Europa wieder. Neben der Krise des bisherigen Grundlagendenkens war es die Entwicklung der Astronomie und der Physik, die einen neuen Aufnahmekontext bildeten und eine Verwendung des Mythos als Metapher ermöglichte. Vor diesem Hintergrund bekam das Bild neue Funktionen, die es im Ursprungskontext nicht haben konnte.

Es muss unterstrichen werden, dass die Schildkröten-Elefanten-Metapher sich bei europäischen Intellektuellen im 17. und 18. Jahrhundert einer großen Popularität erfreute. Bisher fehlt eine breitere Untersuchung dieses Phänomens.

---

109   Ebd., S. 17.
110   Ebd.
111   Ebd., S. 26. Minkowski weist auf das Misstrauen der Inder gegenüber der europäischen szientischen, ihnen kulturell fremden und gar barbarisch anmutenden Methode hin: „After all, the Siddhāntas were authored by gods and sages, while the European model was invalid because it was not supported by any scripture, because it depended on an overvaluing of perception or really, dubious observations made through distorting mediums such as telescopes, and because, after all, it was the work of barbarians […]." (Ebd.)
112   „It would be impossible to find a text in classical Indian philosophy where the elephant-tortoise device is put forward as a philosophic explanation of the support of the earth." (Bimel Krishna Matilal: Perception. An Essay on Classical Indian Theories of Knowledge, Oxford 1986, S. 4.)

Der wohl bedeutendste Metaphorologe der europäischen Wissensdiskurse, Hans Blumenberg, hat sie meines Wissens nirgendwo erwähnt, obwohl er als Philosoph und zugleich Wissenschaftshistoriker mit literaturwissenschaftlicher Kompetenz dafür beste Voraussetzungen gehabt hätte, zumal in der Zeitspanne dieser beiden Jahrhunderte deutsche Denker und Schriftsteller den häufigsten Gebrauch von dieser Metapher gemacht zu haben scheinen. Michael Mandelartz gibt einen hervorragenden, wenn auch, wie man aufgrund weiterer Funde wohl vermuten kann, noch zu erweiternden Überblick über das Ausmaß der Karriere dieser Metapher. Sein Projekt besteht in einer Web-Seite; er sammelte Textstellen aus mehreren Sprachen und Epochen in Bezug auf einige bestimmte Motive der Kulturgeschichte, ein Teil des Projekts bildet auch die Schildkröten-Anekdote. Die exzerpierten Zitate hierzu umfassen nahezu 70 Stellen und erstrecken sich von ‚Indischen Sprüchen‘ bis Clifford Geertz, Stephen Hawking und Karin Knorr-Cetina, wobei die meisten Stellen jedoch aus dem 17., dem 18. und der ersten Hälfte des 19. Jahrhunderts stammen. Mandelartz interpretiert die Verbreitung der indischen Anekdote als eine „Rückkehr der Wissenschaft zum Mythos". In dem Kommentar zu der Textstellensammlung stellt er zur Herkunft der Anekdote fest:

> Die Anekdote von der welttragenden Schildkröte wird wohl zuerst von Jesuiten nach Europa transferiert worden sein. Im Hinduismus gehört die Schildkröte zu den zehn Verkörperungen Vishnus. Athanasius Kircher spricht in „China Monumentis" (1667) von zehn „Inkarnationen". Die heidnischen Mythen legitimiert er durch den Nachweis, daß sie mit den biblischen Lehren übereinstimmen. Klarer und ausführlicher als Kircher geht dann Philippus Baldaeus, der selbst als Missionar in Süd- und Südostasien tätig war, auf den Mythos ein. Vishnu richtet Baldaeus zufolge in seiner zweiten Verwandlung als Schildkröte den (Welt-) Berg Mahameru, der in die See gefallen war, auf seinem Rücken wieder auf.[113]

Mandelartz betont, dass sich die Anekdote Ende des 17. Jahrhunderts von dem ausschließlich religiös-kulturkundlichen Kontext löste und den philosophisch-wissenschaftlichen betrat:

> Die biblischen Analogien und katholischen oder protestantischen Teilrechtfertigungen verloren jedoch an Geltung, sobald das heliozentrische Weltbild selbstverständlich, Gott nur noch die Rolle des ersten Bewegers zugestanden und die Welt aus rationalen Grundsätzen erklärt wurde. In Fontenelles erstmals 1686 erschienenen „Gesprächen über die Vielzahl der Welten" erscheint dann, soweit ich sehe, erstmals die Anekdote von den

---

113 Michael Mandelartz: Auf dem Rücken von Schildkröten, oder: Die Rückkehr der Wissenschaft zum Mythos. Materialien zur Geschichte einer Anekdote, http://www.kisc.meiji.ac.jp/~mmandel/recherche/schildkroete.html (Zugriff 18.03.2015).

„Indern", die die Welt von vier Elephanten tragen lassen. Die größte Wirkung entfaltete sich aber wohl in der Fassung, die ihr John Locke in seinem Hauptwerk (1689) gab. Bei ihm gibt der indische Weltweise erst auf die Nachfrage eines Engländers die Auskunft, die Welt ruhe auf einem Elephanten, dieser auf einer Schildkröte und diese auf „Etwas, aber er wisse nicht was". Der „Engländer" deutet vielleicht darauf hin, daß ihm Berichte von britischen Kolonialhändlern vorlagen. Von Locke und Fontenelle wird die Anekdote, häufig zur Metapher verkürzt, bis zur neuesten Wissenschaftstheorie weitergereicht, nach Sellars wohl ohne Wissen um ihren Ursprung. Das Bild ist auf „Grundlosigkeit" hin angelegt, zugleich aber für die verschiedensten Inhalte und selbst gegensätzliche Deutungen offen. Innerhalb der europäischen Philosophie kann die Anekdote daher mehrere Problemfelder von der Kosmologie über Substanz-Akzidens, Ästhetik und Letztbegründung durchlaufen. Besonders dicht sind die Belege in der Diskussion um Kants Transzendentalphilosophie (Maimon, Fichte, Bouterwek, Jacobi, Krug, Hegel).[114]

Zum Teil bewegt sich Mandelartz auf den Spuren von Dieter Henrich und erweitert dessen Fundvorrat. Henrich ist meines Wissens neben Mandelartz der einzige Autor, welcher sich der Metapher philologisch annahm. Seine relativ kurze, aber sehr interessante Miszelle erschien Anfang der sechziger Jahre in den „Hegel-Studien".[115] Als Henrich in Hegels „Glauben und Wissen" auf die Erwähnung einer „wahrhaften Schildkröte" stieß, begab er sich auf die Suche nach dem Sinn und der Herkunft dieses rätselhaften Bildes.[116] Hegel beschäftigt sich in „Glauben und Wissen" mit Jacobis Schrift „Über das Unternehmen des Kritizismus, die Vernunft zu Verstande zu bringen" (1802). Aus dieser Abhandlung übernahm er das Schildkröten-Bild. Jacobi zufolge sei im System Kants die Einbildungskraft „die wahrhafte Schildkröte, der absolute Grund, das Wesende in allen Wesen".[117] Da Jacobi gerade in diesem Punkt Kant kritisierte, fügte er hinzu, dass es eine falsche, weil nur scheinbare feste Grundlage sei. Bei Kant könne man vielmehr „in einem neuen Bilde jenen alten Regressus" erkennen: „von der Welt auf einen sie tragenden Elefanten, und vom Elefanten auf eine ihn tragende Schildkröte".[118] Hegel ist wiederum der Meinung, dass Jacobi Kant nicht richtig verstehe. Die Entscheidung über die Richtigkeit ihrer Positionen ist jedoch nicht

---

114 Michael Mandelartz: Auf dem Rücken von Schildkröten, Ebd.
115 Ich berücksichtige nicht die verschiedenen vereinzelten Erwähnungen dieses Bildes, die man etwa im Netz in verschiedenen Kontexten antreffen kann. Diese Treffer beziehen sich zum Teil auf popkulturelle Kontexte und haben nur äußerst losen Bezug zu den hier behandelten Texten und Problemen.
116 Henrich: Die „wahrhafte Schildkröte", S. 281-291.
117 Ebd., Jacobi-Zitat aus „Über das Unternehmen des Kritizismus, die Vernunft zu Verstande zu bringen" (1801) nach Henrich: Die „wahrhafte Schildkröte", S. 282.
118 Ebd.

die Frage, die uns hier interessiert; wichtig ist einzig, dass in der Polemik immer wieder das gleiche Bild verwendet wird. Henrich ist frappiert, dass „Jacobi und Hegel [...] dieses Bild nämlich nicht nur [gebrauchen], um einen Gedanken zu veranschaulichen, sondern auch, um ihn vor einen Hintergrund zu stellen, der als *bekannt* gelten kann."[119] Die beiden Denker benutzen mit anderen Worten bewusst eine Metapher, deren Bekanntschaft sie bei der Leserschaft voraussetzen können. Henrich stellt nun die Frage nach der Quelle für Hegel und Jacobi, wobei er berücksichtigt, dass mal von einem, das andere Mal von mehreren Elefanten die Rede ist, sowie von einem indischen Weisen bzw. von dem indischen Volk. Henrich erwähnt die beiden Stellen bei John Locke; diese sind für ihn chronologisch die ersten. „Die Quelle von Locke ist bisher nicht zu ermitteln gewesen", konstatiert er.[120]

Da die Anekdote im englischen Sprachraum im 20. Jahrhundert bei Autoren wie Bertrand Russel, Clifford Geertz und Stephen Hawking, eine Rolle spielt,[121] hat die Forschung die Frage ihrer Herkunft neu aufgegriffen. So erklärt Alf Hiltebeitel in seiner Studie über den Begriff des Dharma die Bedeutung dieses für die altindische Dichtung wesentlichen Wortes als ‚Stiftung' bzw. ‚Begründung' oder ‚Fundierung' [*Foundation*]. In dem Epos „Mahābhārata" werde oft nach dem höchsten *dharma* gefragt. Als Vorgeschichte der Metapher im europäischen

---

119 Ebd. Hervorhebung von Henrich.
120 Ebd., S. 283.
121 Diese späte Popularität vollzieht sich allerdings ohne merkbaren Bezug auf die ‚Blütezeit' der Anekdote im 17. und vor allem im 18. Jahrhundert und scheint einen oberflächlichen Charakter zu haben. Während einst mit Hilfe der Metapher grundsätzliche Auseinandersetzungen ausgetragen wurden, stellt sie im 20. Jahrhundert lediglich ein konventionalisiertes Bild für unlösbares Problem des *regressus ad infinitum* dar. Vor allem hat das Bild jeglichen Bezug zu den aktuellen wissenschaftlichen Revolutionen verloren, einen solchen Bezug hatte es im 17. und 18. Jahrhundert besessen: den Bezug zur Astronomie. Die Verflachung der Anekdote zu einem konventionellen philosophischen Scherz über das Regressus-Problem kann man allerdings bereits im Laufe des 18. und im 19. Jahrhunderts beobachten. Die von Dieter Henrich interpretierte die Hegel-Stelle ist bereits Beispiel einer solchen wenig reflektierten Verwendung. Die gegenwärtige Präsenz dieser Anekdote verdankt sich vor allem Stephen Hawking, der sie in seinem viel gelesenem Buch „A Brief History of Time: From Big Bang To Black Holes" nacherzählte. Mittlerweile existiert sogar ein entsprechendes Stichwort: „Turtles all the way down" in der englischsprachigen Internetenzyklopädie Wikipedia, was durchaus ein Zeugnis der gegenwärtigen Präsenz des Bildes ist. (http://www.en.wikipedia.org/wiki/Turtles_all_the_way_down (letzter Zugriff 25.02.2015). Der Wikipedia-Artikel nennt einige, vor allem aus dem 20. Jahrhundert stammende Beispiele.

Raum gibt Hiltebeitel selbstverständlich Locke an[122] und fügt ergänzend hinzu, die unmittelbare Quelle für Locke dürfte die Reisebeschreibung von Samuel Purchas gewesen sein. Purchas war der Autor von einer groß angelegten, sehr bekannten Weltbeschreibung, die 1614 in London erschien und gern gelesen wurde. Die Spur zu Purchas wurde kürzlich auch in einer Diskussion auf einem Internetforum für Indologen erwogen. Hiltebeitel referiert die Diskussion wie folgt:

> According to an e-mail circulated on the Indology list-serve by Will Sweetman (April 2, 2010), it is >> likely that Locke got the image from Samuel Purchas, in whose account of his pilgrimage (1614), he writes, that some Hindus [...] said, that the Earth was borne up by seven elephants; and the Elephants' feet stood on Tortoises, and they were borne by they know not what.<< According to Sweetman, this report may go back >>to a letter by the Jesuit Father Emanuel de Veiga (1549-1605), written at Chandagiri on 18th September 1599.<<[123]

Der Jesuitenpater de Veiga und Samuel Purchas waren mithin mutmaßliche Vorgänger Lockes. Tatsächlich ist John Locke für sein Interesse an der Lektüre von Reisebeschreibungen bekannt.[124] Er hatte das Buch von Samuel Purchas

---

122 „[...] the image seems to have gained circulation from John Locke's >>An Essay Concerning Human Understanding<<.." (Alf Hiltebeitel: Dharma: Its Early History in Law, Religion, and Narrative, Oxford 2011, S. 61.)

123 Ebd., S. 61. Purchas' Reisebericht wird nach der folgenden Ausgabe zitiert: Samuel Purchas: Purchas His Pilgrimage Or Relations of the World and the Religions Observed in All Ages and Places discovered, from the Creation unto this Present. In Four Parts, This First Containeth a Theological and Geographical History of Asia, Africa and America, with the Flands Adiacent, London 1614. Das Zitat findet sich auf Seite 501. Purchas' Buch ist digital zugänglich: https://www.archive.org/details/purchashispilgri00purc (letzter Zugriff 12.04.2015). Die Diskussion auf der Indology-Mailingliste ist auffindbar unter: http://www.list.indology.info/pipermail/indology_list.indology.info/2010-April/034329.html (letzter Zugriff 18.03.2015).

124 Locke war ein leidenschaftlicher Leser von Reiseliteratur und besaß eine umfangreiche Sammlung von Reisebeschreibungen. Die Frage nach seinem Interesse an solchem Schrifttum und nach der Bedeutung der Lektüre von Reisebeschreiungen für Lockes Philosophie (etwa die Rolle von Augenzeugenbericht für den Empirismus oder für Lockes Überlegungen zur moralischer und sozialer Ordnung menschlicher Gesellschaften) beschäftigt die Forschung immer mehr. Einen guten Überblick samt dem Verzeichnis von Lockes Reiseliteraturbibliothek gibt die Studie: Ann Talbot: „The Great Ocean of Knowledge". The Influence of Travel Literature on the Work of John Locke, Leiden und Boston 2008. Lockes Privatbibliothek umfasste nach Talbot 3641 Volumina, davon können ung. 275 als Reisebeschreibungen klassifiziert werden. „Locke's collection is itself part of the attempt to assimilate the new knowledge about the world. His interest in travel literature was exceptional. He had at his

für die eigene Bibliothek jedoch sehr spät erworben: als die meisten seiner eigenen Werke bereits vorlagen. Ann Talbot zieht aus dieser Tatsache den Schluss, dass Purchas Beschreibung keinen besonderen Einfluss auf Lockes Werke gehabt haben konnte.[125] Immerhin setzte Locke dessen „Pilgrimage..." auf eine Liste von Büchern, die er unter dem Titel „Some Thoughts Concerning Reading and Study for a Gentleman" erschienen ließ. Die Liste, veröffentlicht 1703, enthält Lockes Leseempfehlungen für bildungssuchende junge Leute, die sich auf Verkehr in guter Gesellschaft vorbereiten möchten; sie enthält eine Zahl von lesenswerten Reisebeschreibungen.[126] Talbot vermutet, dass Locke die Beschreibung von Purchas wenig schätzte, sie aber der Liste hinzugefügt habe, weil sie sehr bekannt war, ihre Kenntnis also zur Allgemeinbildung gehörte.[127] Die sonst fehlenden Spuren einer Purchas-Lektüre bei Locke müssen aber nicht dagegen sprechen, dass die Schildkröten-Anekdote im „Essay..." ein indirektes Zitat aus „Pilgrimage..." sein könnte. Vor allem besteht eine Ähnlichkeit in dem Schluss der Anekdote: sowohl bei Purchas als auch bei Locke antwortet der Inder am

---

fingertips an outstanding collection of travel books that included the most up-to-date material as well as some old rarities chosen for their valuable content." (Ebd., S. 9.) Die Lektüre von Reiseliteratur habe auch Lockes Sprache beeinflusst – etwa in der Gestalt von häufigen „Navigationsmetaphern" (Ebd., S. 108.)

125 Ebd., S. 12-13. Talbot bezieht sich auf die Forschung zur Lockes Bibliothek (vgl. John Harrison / Peter Laslett: The Library of John Locke, Oxford 1971). Als Reisebeschreibung-Autoren, deren Lektüre für den „Essay Concerning Human Understanding" von großer Bedeutung war, und die im „Essay" in Form von Zitaten präsent sind, nennt Talbot Melchisédec Thévenot, Isaac Vosius, Peter Martyr, Garcilaso de la Vega, Jean de Léry, Martin von Baumgarten, Edward Terry und einige andere. (Talbot: „The Great Ocean of Knowledge", S. 318ff.)

126 Vgl. John Locke: Some Thoughts Concerning Reading and Study for a Gentleman, in: A collection of several pieces of Mr. John Locke, never before printed, or not extant in his works, S. 231-245, London 1720. Von Samuel Purchas' und Richard Hakluyts Reiseberichten schreibt Locke, sie seien „sehr gut". (Ebd., S. 240.)

127 „Many of these books are cited in Locke's published Works or in other manuscripts, but neither Hakluyt nor Purchas figure largely in Locke's writings other than this particular reading list. He does not appear to have made notes from them and nor are they marked with page lists as many of his travel books are. But they were widely read by other people and might be regarded as a useful introduction that would fit a gentleman for conversation or to read the gazettes." (Talbot: „The Great Ocean of Knowledge", S. 13.) Wenn Locke jedoch tatsächlich die Anekdote dem Buch von Purchas entlehnte, wäre das eine derartige besondere Marginalie gewesen, dass es nur als besondere Fesselung der Aufmerksamkeit Lockes durch diese winzige Stelle zu erklären wäre.

Ende hilflos, er wisse nicht, was die Welt letztendlich trägt. Der als Quelle für Purchas vermutete Brief des Jesuitenpaters de Veiga wird manchmal bis in den Anfang des 17. Jahrhunderts verfolgt, bis zum Erscheinen des Werkes des Jesuiten und Theologen John Hay.[128] Wir haben es hier also mit einem Kulturtransfer zu tun, der – wie Michael Mandelartz behauptet – auf die Berichte der Jesuiten zurückgeht. Mit Purchas und Hay lassen sich die Quellen für John Lock mit großer Wahrscheinlichkeit identifizieren. Während wir in deren Berichten jedoch mit besseren oder schlechteren Schilderungen der orientalischen Mythen zu tun haben, macht Locke aus dem Motiv eine Metapher für etwas anderes: für eine ‚Leerstelle' im europäischen Diskurs, der, wie es sich ihm zufolge herausstellte, über keine adäquaten Vorstellungen für die Krise der Grundlagen bzw. Letztbegründung verfügte.

1686, als Locke sich in den Niederlanden aufhielt und intensiv an der Fertigstellung des „Essays..." arbeitete, erschienen die „Gespräche über die Vielzahl der Welten" [*Entretiens sur la pluralité des mondes*] von Bernard le Bovier de Fontenelle, die bald in ganz Europa eine enorme Popularität gewinnen sollten.[129] Fontenelle popularisiert in den „Gesprächen" das aktuelle Wissen über die

---

128 Diese Angabe findet sich in der erwähnten Diskussion auf der Indology-Mailingliste (siehe Fussnote 123). Will Sweetman bezieht sich in seiner Antwort auf die Frage nach dem Ursprung der Anekdote auf die Studie von Jarl Charpentier: A Treatise on Hindu Cosmography from the Seventeenth Century, „Bulletin of the School of Oriental Studies" 3/1923-25, S. 317-342. Sweetman schreibt: „Charpentier quotes the letter from John Hay, De rebus Japonicis, Indicis, and Peruanis epistulae recentiores (Antwerp, 1605), p. 803 seq.: >>Alii dicebant terram novem constare angulis, quibus caelo innititur. Alius ab his dissentiens volebat terram septem elephantis fulciri, elephantes uero ne subsiderent, super testudine pedes fixos habere. Quaerenti quis testudinis corpus firmaret, ne dilaberetur, respondere nesciuit.<< " Nach Sweetman müsste das 1605 in Antwerpen erschienene Werk des schottischen Theologen und Jesuiten John Hay (1546-1618) die Quelle gewesen sein, die am Anfang der europäischen Rezeption der Anekdote steht. Er fast zusammen: „I think we can safely say this is where the idea enters European thought [...]." In der Diskussion wird auch eine Reihe von altindischen Schriften erwähnt, welche Elefanten und Schildkröten als kosmologische Tiere schildern.
129 Der Titel nach der Übersetzung von Ulrich Kunzmann in der Ausgabe: Bernard Le Bovier de Fontenelle: Gespräche über die Vielzahl der Welten, in: Philosophische Neuigkeiten für Leute von Welt und für Gelehrte. Ausgewählte Schriften, Leipzig 1989, S. 12-119. Fontenelles Werk trug, neben dem „Cosmotheoros" von Huygens, zur Popularität der Theorie von der Vielzahl der Welten entschieden bei. Zu der Fontenelle-Rezeption in Deutschland siehe: Aeka Ishihara: Makarie und das Weltall, S. 134-137.

Gestalt des Universums, vor allem setzt er sich zum Ziel, der Lehre des Kopernikus zum endgültigen Durchbruch bei den gebildeten Gesellschaftsschichten zu verhelfen. Auch er bedient sich der indischen Geschichte. Allerdings hatte Locke zu dieser Zeit die meisten Teile der endgültigen Fassung seines „Essays…" bereits fertig gestellt. Es ist also anzunehmen, dass er Fontenelles Buch unter diesem Gesichtspunkt nicht mehr wahrnahm.[130] Als vermutliche Quelle für Fontenelle gibt Claire Cazanave die im Jahre 1671 in Paris erschienene Reisebeschreibung „Suite des Mémoires du Sieur Bernier sur l'Empire du Grand Mogol" von François Bernier an.[131] Bernier studierte u.a. Astronomie bei Gassendi. In den späten 1650er Jahren reiste er über Nordafrika bis nach Indien, wo er mehrere Jahre verbrachte, indem er sich als Arzt am Hofe des Großmoguls betätigte. In die nach seiner Rückkehr erschienene Reisebeschreibung nahm er einen Brief auf, den er 1667 an den Schriftsteller Jean Chapelain verfasste und in dem er über einige ‚Vorurteile' der Inder berichtet. Bernier schreibt, dass die Inder wenig Ahnung von Geographie hätten; sie meinten, die Welt sei flach und stützte sich auf den Köpfen von einigen Elefanten. Mit den Bewegungen dieser Elefanten würden die Inder die Erdbeben erklären. Diese Beschreibung benutzt Fontenelle um – natürlich ironisch – auf den schwankenden Boden zu verweisen, den die Anhänger der kopernikanischen Lehre von der sich in Bewegung befindenden Erde befürchten. Weder Bernier noch Fontenelle erwähnen neben den Elefanten die Schildkröten, die von Purchas und Locke aufgeführt werden. Locke besaß die Reisebeschreibung von Bernier,[132] da er aber die Anekdote anders als dieser erzählt, müssen Locke und Fontenelle fast zur gleichen Zeit von der gleichen, wenn auch etwas unterschiedlich überlieferten Anekdote Gebrauch gemacht haben, ohne voneinander zu wissen.

Offensichtlich lässt sich die Geschichte des Anekdote und dann der Metapher nicht auf einen einzigen und einfachen Rezeptionsfaden bringen. Wenn es außer Frage steht, dass es die Jesuiten waren, die Schildkröten-Elefanten-Anekdote nach Europa brachten, so muss man annehmen, dass das Bild ein Eigenleben zu haben beginnt, es nimmt verschiedene Gestalten an, die sich nicht mehr linear ordnen lassen. Es ist mehrfach in den Schriften von Theologen und Religionswissenschaftler bzw. Mythenforscher zu finden, sowie in den Berichten von nach Asien reisenden Europäern. Da sich im Zeitalter des Kolonialismus solche

---

130 Rogers: Zur Entstehungsgeschichte des „Essay Concerning Human Understanding", S. 31.
131 Siehe die entsprechende Fußnote in: Fontenelle: Entretiens sur la pluralité des mondes, in: Euvres completès, Tome 1, Paris 2013, S. 163.
132 Talbot: „The Great Ocean of Knowledge", S. 315.

Reisen und Berichte mehren, wird das Bild unterschiedlich nach Europa ‚importiert', mit variierender Zahl und Art der Tiere.

Eine Metapher zwischen Religionskunde, Kosmologie und Grundlagendiskurs

Wie mehrspurig die Rezeption verlief, und welche Turbulenzen sowie Irrtümer ‚unterwegs' passierten, zeigt sich, wenn wir die bereits erwähnte philologische Spurensuche von Dieter Henrich nochmals ins Auge fassen. Er erwähnt in seinem Aufsatz einige Autoren des ausgehenden 17. und des 18. Jahrhunderts, die das Bild mehr oder weniger getreu benutzten, etwa Anthony A.-C. Shaftesbury, welcher über die primäre Ursache des Bösen nachsinnt, sowie David Hume in den „Dialogues concerning religion", wo er den Leser an die „Geschichte des indischen Philosophen und seines Elefanten" erinnert. Auch Francis Hutcheson[133] erwähnt das Bild. Die drei Stellen identifiziert Dieter Henrich als Frucht der Locke-Lektüren. Vor diesem Hintergrund wäre Jacobis Rede von einem „alten" (d. h. bekannten) „Regressusbild" verständlich. Hegel kannte natürlich die Schriften Lockes, dafür verfügen wir über ein Zeugnis von Karl Rosenkranz. Der Bezug auf die Stelle bei Locke erkläre jedoch nicht – so Henrich –, warum Hegel von mehreren Indern, und nicht wie Locke von einem indischen „Weisen" spricht. Henrichs Spurensuche ergibt, dass Hegels Quelle neben Locke vor allem Moses Mendelssohn gewesen sein musste. In dessen religionskundlicher Studie „Jerusalem oder über die religiöse Macht und Judentum" (1783) kann man folgendes über den Glauben der Brahmanen lesen:

> So lachen die Leser noch jetzt über die indianischen Weltweisen, die dieses Weltall von Elefanten tragen lassen; die Elefanten auf eine große Schildkröte stellen, diese von einem ungeheuren Bären halten, und den Bär auf einer unermeßlichen Schlange ruhen lassen. Die guten Leute haben wohl an die Frage nicht gedacht: worauf ruht denn die unermeßliche Schlange?[134]

---

133 Henrich fasst zusammen: „[Locke] gebraucht das Bild zweimal im zweiten Buch seines >>Essay<<, und zwar als Mittel, seine Kritik des Begriffs der Substanz, also eine der wichtigsten und folgenreichsten Lehren dieses Buches, überzeugender zu machen. ‚Substanz' ist ihm der leere Begriff eines >>Trägers von Eigenschaften<<, ein Wort, dem keine klare und deutliche Idee zugeordnet werden kann. Von ihr läßt sich nur sagen, daß sie Grund der Akzidenzien sei, nicht aber, welche Bestimmung ihr an und für sich und ohne ihre Relation zu den Akzidenzien zukomme." (Henrich: Die „wahrhafte Schildkröte", S. 283 in der Fußnote)

134 Moses Mendelssohn: Jerusalem oder über religiöse Macht und Judentum, Berlin 1783, S. 86. Vgl. Dieter Henrich: Die „wahrhafte Schildkröte", S. 289.

Mendelssohns „Jerusalem..." identifiziert Henrich als – neben der bei Hegel vorauszusetzenden Locke-Lektüre, wenngleich im Hintergrund – die unmittelbare Quelle für Jacobi und Hegel. Es besteht kein Zweifel, dass die beiden Mendelssohns Schrift kannten. Ein weiterer Indiz, der auf ihn tippen lässt, ist dessen Absicht, „die indianischen Weltweisen" vor ihren Kritikern zu verteidigen, welche über die Absurdität der indischen Kosmologie, d. h. über den angeblich von den Indern nicht wahrgenommenen in ihrem Bild enthaltenen regressus ad infinitum lachen. Die indische Darlegung des Weltbaus erkläre ja nichts, denn jede weitere Schildkröte muss sich ihrerseits auf etwas stützen. Mendelssohn nimmt die Orientalen aus religionswissenschaftlicher Perspektive in Schutz. Er „zeigt dann aus einem Bericht über die indische Kosmologie, daß jene Tiere Sinnbilder für die weltgründenden Mächte der Weisheit, der Stärke und der Beständigkeit sind."[135] Mendelssohn argumentiert also wie ein Religionsforscher: mythische Vorstellungen muss man im Rahmen einer mythisch-religiösen und nicht einer wissenschaftlichen Weltanschauung interpretieren.

Den Bericht über die indische Kosmologie, dem Mendelssohn sein Wissen über den Brahmanenglauben entnahm, nennt Henrich nicht mehr. Liest man aber die entsprechenden Stellen in „Jerusalem...", stellt man fest, dass sich Mendelssohn auf den Engländer John Holwell beruft. Er führt ein längeres Zitat aus dessen mehrbändigem, in den Jahren 1765-1771 erschienenem Bericht „Interesting Historical Events, Relative to the Provinces of Bengal, and the Empire of Indostan... " an. John Zephaniah Holwell war Arzt und Angestellter der Britischen Ostindien-Kompanie, eine Zeit lang auch Gouverneur von Bengal. Seine Forschungen über die Glaubenswahrheiten der Brahminen und die in ganz Europa gelesenen Berichte brachten ihm die Mitgliedschaft der Royal Society ein.[136] Mendelssohn exzerpiert aus Holwell ein langes Zitat und versieht es mit einem Kommentar:

---

135 Henrich: Die „wahrhafte Schildkröte", S. 289.
136 Der vollständige Titel von Holwells Werk lautet: „Interesting Historical Events, Relative to the Provinces of Bengal, and the Empire of Indostan: With a seasonable hint and persuasive to the honourable the court of directors of the East India Company. As also the mythology and cosmogony, fasts and festivals of the Gentoo's, followers of the Shastah. And a dissertation on the metempsychosis, commonly, though erroneously, called the Pythagorean doctrine." Zu Holwells Reisen und dessen Haltung bezüglich religiöser Fragen vgl. z.B. Siraj Ahmed: Orientalism and the Permanent Fix of War, in: Daniel Carey und Lynn Festa (hg.): The Postcolonial Enlightment: Eighteenth-Century Colonialism and Postcolonial Theory, Oxford 2009, S. 167-206, hier S. 177ff.

Nun lest in der Schasta der Gentoos [d. h. der Inder – M.T.] selbst die Stelle, in welcher ein Sinnbild dieser Art beschrieben wird, das wahrscheinlicherweise zu dieser Sage Gelegenheit gegeben hat. Ich entlehne sie aus dem zweiten Teil der Nachrichten von Bengalen und dem Kaisertum Indostan von J. Z. Hollwell, der sich in den heiligen Büchern der Gentoos hat unterrichten lassen und imstande war mit den Augen eines eingeborenen Brahminen zu sehen. So lauten die Worte im achten Abschnitte: >>Modu und Kytu (zwei Ungeheuer, Zwietracht und Aufruhr) waren überwunden, und nun trat der Ewige aus der Unsichtbarkeit hervor und Glorie umgab ihn von allen Seiten. Der Ewige sprach: du Birma (Schöpfungskraft)! erschaffe und bilde alle Dinge der neuen Schöpfung mit dem Geiste, den ich dir einhauche. — Und du, Bistnu (Erhaltungskraft)! beschütze und erhalte die erschaffenen Dinge und Formen nach meiner Vorschrift. — Und du, Sieb (Zerstörung, Umbildung)! verwandle die Dinge der neuen Schöpfung und bilde sie um, mit der Kraft, die ich dir verleihen werde. Birma, Bistnu und Sieb vernahmen die Worte des Ewigen, bückten sich und bezeigten Gehorsam. Also fort schwamm Birma auf die Oberfläche des Johala (Meerestiefe), und die Kinder Modu und Kytu flohen und verschwanden, als er erschien. Als durch den Geist des Birma die Bewegungen der Tiefen sich legten, verwandelte sich Bistnu in einen mächtigen Bär (Zeichen der Stärke bei den Gentoos, weil er in Verhältnis seiner Größe das stärkste Tier ist), stieg hinab in die Tiefen des Johala und zog mit seinen Hauern Murto (die Erde) ans Licht. — Sodann entsprangen aus ihm freiwillig eine mächtige Schildkröte (Zeichen der Beständigkeit bei den Gentoos) und eine mächtige Schlange (derselben Zeichen der Weisheit). Und Bistnu richtete die Erde auf dem Rücken der Schildkröte auf und setzte Murto auf das Haupt der Schlange usw.<< Alles dieses findet man bei ihnen auch in Bildern vorgestellt, und man sieht, wie leicht solche Sinnbilder und Bilderschrift zu Irrtümern verleiten können.[137]

Das von Mendelssohn zitierte Werk war rasch ins Deutsche übertragen worden. Es erschien 1778 in Leipzig als „Holwells merkwürdige historische Nachrichten von Hindostan und Bengalen: Nebst einer Beschreibung der Religionslehren, der Mythologie, Kosmogonie, Fasten und Festtage der Gentoos und einer Abhandlung über die Metempsychose". Der Übersetzer des Werkes war Friedrich Kleuker. Die Stelle, welche Mendelssohn anführt, befindet sich in der deutschen Übersetzung im „Achten Abschnitt", in dem es um die Schöpfung geht. Wir erfahren, wie nach der indischen Kosmologie die Weltordnung entsteht: die Erde wird auf eine Schildkröte und dann auf eine Schlange gestützt. Tatsächlich geht es Holwell darum, den europäischen Lesern zu erklären, dass man die indischen Bilder nicht wörtlich als Ausgüsse eines heidnischen Aberglaubens nehmen dürfe, sie seien allegorisch zu verstehen.[138] Nach der „wahre[n] Bedeutung

---

137 Moses Mendelssohn: Jerusalem, S. 86-88.
138 John Z. Holwell: Holwells merkwürdige historische Nachrichten von Hindostan und Bengalen, nebst einer Beschreibung der Religionslehren, der Mythologie,

der Allegorie (welche damals jedermann gleich verstand)"[139] erklärt Holwell die Schildkröte als das „Symbol der Festigkeit, Dauerhaftigkeit",[140] während die Schlange das „Symbol der Weisheit" sei.[141] Vergleicht man jedoch Mendelssohns Holwell-Zitat mit dem Text der deutschen Ausgabe, wird klar, dass dieser nicht die brandfrische Übertragung Kleukers benutzt haben konnte. Das Zitat bei Mendelssohn weicht an mehreren Stellen von dem Wortlaut Kleukers ab, darüber hinaus weist es zwei sachlich recht wichtige Unterschiede auf. Diese betreffen die Schlüsselszene, in der der Mythos von der Erschaffung der Erde erzählt wird. Die von Mendelssohn angeführte Passage sieht bei Kleuker folgendermaßen aus:

> Und da sich der Aufruhr der Thoale, durch die Kräfte des Geistes, welcher Brum beseelte, gelegt hatte, verwandelte Bistnoo sich alsobald in einen gewaltigen Eber, und stieg hinab in den Abgrund der Thoale, und brachte die Murto auf seinen Hauern herauf. – Und eine gewaltige Schildkröte, und eine gewaltige Schlange, giengen von selbst aus ihm hervor. Und Bistnoo stellte die Schlange aufrecht auf den Rücken der Schildkröte, und sezte Murto auf den Kopf der Schlange.[142]

Bei Mendelssohn verwandelt sich Vishnu nicht in einen Eber, sondern in einen Bären; außerdem ist bei Kleuker keine Rede davon, dass der Gott „die Erde" auf den Rücken der Schildkröte setzte und „Murto" wiederum auf den Kopf der Schlange, denn Murto selbst ist die Erde. Die Reihenfolge sieht also folgendermaßen aus: die Schildkröte wird aufgerichtet, auf ihrem Rücken befindet sich die Schlange, welche auf ihrem Kopf Murto, d.h. die Erde, trägt. Mendelssohn lässt fehlerhaft die Schildkröte auf der Erde stehen und dann Murto auf der Spitze der Pyramide. Das wäre ein unmöglicher Zirkel. Offensichtlich muss Mendelssohn selbst aus dem englischen Original übertragen haben, ohne es an dieser Stelle richtig verstanden zu haben. In Holwells englischer Originalfassung gibt es den Zirkelirrtum mit Murto natürlich nicht.[143] Holwell behauptet auch, Vishnu

---

Kosmogonie, Fasten und Festtage der Gentoos und einer Abhandlung über die Metempsychose, übersetzt von Johann Friedrich Kleuker, Leipzig 1778, S. 274.
139 Ebd., S. 275.
140 Ebd., S. 273.
141 Ebd.
142 Ebd.
143 Dort lesen wir: „And Bistnoo [Vishnu - M.T.] put the snake erect upon the back of the tortoise, and placed Murto upon the head of the snake." (John Zephaniah Holwell: Interesting historical events, Relative to the provinces of Bengal and the Empire of Indostan: With a seasonable hint and perswasive to the honorable the court of directors of the East India company. As also the mythology and cosmogony, fasts and festivals of the Gentoo's, followers of the Shastah. And a dissertation on the

nehme die Gestalt eines „mighty boar" an, womit ein Eber gemeint ist und kein Bär, welcher erstaunlicherweise bei Mendelssohn aufgrund unachtsamer Übersetzung auftaucht. Die indischen Weisen hätten sich wohl sehr gewundert, dass ein Bär zu den göttlichen welttragenden Tieren der Inder zu zählen ist.

Wie auch immer, die indische kosmologische Anekdote zirkulierte, wie dieser Überblick zeigt, bis zum Anfang des 19. Jahrhunderts zwischen Ethnologie bzw. Mythenforschung, Philosophie und Literatur.[144] Ein plakatives Beispiel für dessen Präsenz in der Mythenkunde nach 1800 findet sich in Friedrich Creuzers berühmter „Symbolik und Mythologie der alten Völker, besonders der Griechen".[145] Wir sehen die Erde sich auf Elefanten und der Weltschildkröte stützen, die ihrerseits auf der Riesenschlange ruht. Einiges Aufsehen in der gelehrten Welt rief auch die Studie von Niklas Müller hervor, die unter dem Titel „Glauben, Wissen und Kunst der alten Hindus in ursprünglicher Gestalt, und im Gewande der Symbolik: mit vergleichenden Seitenblicken auf die Symbolmythe der berühmteren Völker der alten Welt, mit hieher gehöriger Literatur und Linguistik" 1822 erschien. In dem Tafelband finden sich zahlreiche Bilder von Göttern, die auf einer Art Schildkröte sitzen, sowie eine Darstellung der „Welten tragende[n] Schildkröte" als „Symbolbild der 3 Welten und ihrer Stützen".[146] Die Zahl der Elefanten ist hier erstaunlich groß.

---

    metempsychosis, commonly, though erroneously, called the Pythagorean doctrine, Bd. II, London 1767, S. 109.)

144 So fand u.a. Lessing das Bild interessant und führte es im Gedicht „An den Herrn Marpurg" (1749) an; siehe das Zitat in: Michael Mandelartz: „Auf dem Rücken von Schildkröten".

145 Siehe Bildtafel VIII in: Georg Friedrich Creuzer: Symbolik und Mythologie der alten Völker: besonders der Griechen (Dritte und verbesserte Ausgabe, in: Friedrich Creuzer's Deutsche Schriften, neue und verbesserte), Leipzig und Darmstadt 1936, Bd. I.

146 Niklas Müller: Glauben, Wissen und Kunst der alten Hindus in ursprünglicher Gestalt, und im Gewande der Symbolik: mit vergleichenden Seitenblicken auf die Symbolmythe der berühmteren Völker der alten Welt, mit hieher gehöriger Literatur und Linguistik, Mainz 1822. Die welttragende Schildkröte liegt auf einer Schlange, die Symbol der Ewigkeit sei. Müllers Werk stieß auf geteilte Meinungen, was den wissenschaftlichen Wert betrifft. Interessanterweise betont eine sonst recht kritische Rezension in der „Leipziger Literatur-Zeitung" (Heft 95, vom 16. April 1827, S. 753-756) gerade den Wert der Abbildungstafeln: „Weit wichtiger, und die werthvollste Gabe des ganzen Werkes, sind die 5 hinzugefügten Steindrucktafeln, mit 176 grössern und kleinern Figuren, insgesamt nach indischen Originalen […]."

Dieter Henrichs Aufsatz und Michael Mandelartz' Kommentar sind bisher die einzigen Interpretationsversuche der erstaunlichen „Karriere" der orientalen Anekdote über die sich auf dem Rücken mythischer Tiere stützende Erde. Die anderen hier angeführten Forscher haben lediglich einige Zeilen in ihren Texten der Metapher gewidmet, was immerhin davon zeugt, dass ihnen ihre frappierende Regelmäßigkeit auffiel. Henrichs Studie ist jedoch nur eine philologische Spurensuche. Ihr Zweck war, die Quelle einer aus dem Stegreif nicht verständlichen Stelle bei Hegel aufzufinden. Mandelartz erkennt Henrich gegenüber das Potential dieser Metapher: Brücken zwischen separaten Wissensgebieten zu schlagen. Das Potential ergibt sich daraus, dass sie auf Begründungsprobleme, Kosmologie, Mythologie u. ä. hin angelegt ist. Jeder dieser Aspekte kann je nach Kontext aktiviert werden. Diese Verbindungen und Verschränkungen von Wissen werden in den jeweiligen Texten auf unterschiedlichste Weise ausgespielt. Da der Text von Mandelartz nur Kommentarcharakter hat, wird dieser Gedanke jedoch nicht weiter ausgeführt.

Bei aller Anerkennung der Leistung beider Forscher werde ich versuchen, mich dem Phänomen auf eine etwas andere Weise zu nähern. Bevor das Bild über die Grenze der Kulturen wanderte, funktionierte es in Indien im Rahmen strenger religiöser Kontexte, die es dort nie verließ. Mit dem Eingang in das europäische Denken wird es mit Symbolpotentialen ausgestattet, von denen vorher keine Rede war. Wenn das Bild in seiner Heterogenität vor dem Hintergrund des Wissensdiskurses der Zeit – vor allem der Entwicklung der Astronomie und der Physik der Himmelskörperbewegung – und im Rahmen der Grundlagendiskussionen der Denker und Schriftsteller gelesen wird, stellt sich – was ich hier zu demonstrieren beabsichtige – heraus, dass die Schildkröten-Elefanten-Metapher Bestandteil eines Bildfeldes und Metaphernnetzes ist, welches sich keineswegs nur auf diese einzige Metapher, – sei sie auch in verschiedensten Variationen vertreten – beschränkt. Das Bild gewinnt gerade im Rezeptionsraum der (nach)kopernikanischen Astronomie an Bedeutung und wird deshalb landeskundlich-unterhaltsamen Berichten über exotische Mythen und Sitten entnommen und in den Rang einer Metapher gehoben. In der Regel beruht der wichtigste Vorteil, den das Bild bietet und der Grund weshalb es in der uns hier interessierenden Zeit dermaßen beliebt geworden war, darauf, dass das Bild aufgrund seiner Komponenten über das Potential verfügte, Signale aus mehreren Wissensprozessen engzuführen zu lassen. Als ein kosmologisches bot das Bild die Möglichkeit des Anschlusses erstens an den nachkopernikanischen Prozess der astronomischen Entdeckungen (wenngleich ironisch bzw. negativ, wie an dem Beispiel Lockes zu sehen ist), zweitens an den zunehmend krisenhaften Substanz- und Begründungsdiskurs und drittens an den Diskurs über modernes und vorwissenschaftliches Wissen. Natürlich muss jede Textstelle auch in ihrem eigenen Kontext gelesen werden, und es bedeutet nicht, dass all diese Potentiale des Bildes immer gleichzeitig aktiviert worden waren. Nicht jede Verwendung des Bildes ist metaphorisch: eine Reihe von Fundstellen ist mythenkundlicher Natur und entzieht sich somit dem Metaphernnetz; diese Texte (Mendelssohns „Jerusalem..." wäre hier zu nennen) sorgen aber für die ständige Präsenz des Motivs im europäischen intellektuellen Bewusstsein, so dass es immer wieder aufgegriffen und übertragen eingesetzt werden kann.

Der Überblick über die Geschichte der Verwendung dieses Bildes legt zutage, dass die Diskursteilnehmer zwar nicht alle, jedoch immer entsprechende Stellen bei anderen Autoren der *res publica literaria* kannten und somit das Bild nie auf naive Weise als ‚unschuldig', konnotationsfrei einsetzten. Es zu verwenden, bedeutet, sich einer Kommunikationsgemeinschaft anzuschließen, wie das aus Henrichs Aufsatz am Beispiel der Sequenz Mendelssohn-Jakobi-Hegel zu ersehen ist. Mendelssohn sorgt für eine Wiederbelebung des Bildes, indem er es als altindische kosmologische Vorstellung, bildhafte Erzählung über die Entstehung und die Ordnung des Universums ausführlich bespricht. Die anderen Autoren diskutieren mit Hilfe der zur Metapher gewandelten Erzählung über das Problem der Letztbegründung. Zu den Vorteilen, welche dieses Bild bietet, gehört auch die einfache und ausdrucksstarke Form, die die Verbindungen entfernter Bereiche ermöglicht. Zugleich erfüllt es die typische Funktion einer Metapher: es produziert einen Sinnüberschuss und fügt sich in eine Lücke ein, die durch Begriffe allein nicht ausfüllbar wären. Dies kommt an Lockes Verwendung der indischen Anekdote zum Ausdruck: er griff in dem Augenblick nach ihr, als er an eine wichtige Grenze gelangte, wo es um eine unsichere Grundlage, um schwer Erklärbares geht. Die Popularität des Bildes lässt sich daher nicht mit bloßer Rhetorik erklären. Es aktivierte bei den Zeitgenossen Inhalte und Gefühle, welche gerade dem Zusammenspiel von gravierenden vor sich gehenden Veränderungen in verschiedenen Wissensbereichen entsprangen.

Die ‚indische' Metapher und die Frage nach Fundamenten und Architektonik des nachkopernikanischen Weltgebäudes

Fontenelles Lachen über die Furcht vor Bodenlosigkeit

In den breiten intellektuellen Diskurs wurde dieses Bild höchstwahrscheinlich von Bernard Le Bouvier de Fontenelle eingeführt. Dessen bereits erwähntes Buch war eine Art ‚Bestseller', der selbstverständlich von einem breiteren Publikum als Lockes „Essay..." gelesen wurde. Fontenelles populärwissenschaftliches Werk „Gespräche über die Vielzahl der Welten" erfuhr noch weit bis in das 18. Jahrhundert hinein unzählige Auflagen und Übersetzungen in andere

Sprachen. Das Buch trug in großem Maße dazu bei, das kopernikanische Weltbild zu verbreiten, das um die Jahrhundertwende um 1700 noch nicht allgemein anerkannt bzw. bekannt war.[147] Die „Gespräche..." sind gleichzeitig ein Beispiel dafür, „welch enger Zusammenhang noch bis Mitte des 18. Jahrhunderts zwischen Literatur und Wissenschaft besteht, wie wenig klar zwischen fiktionaler und wissenschaftlicher Literatur zu dieser Zeit noch unterschieden wird", wie Maximilian Prantl, Wolf Lepenies folgend, konstatiert.[148] Besondere Aufmerksamkeit erweckten die Mutmaßungen über die Bewohner anderer Planeten des Sonnensystems, die Fontenelle wie andere Autoren mit einschloss.[149] Das Buch ist in Form eines Dialogs zwischen einem jungen Philosophen und einer adligen Dame verfasst. Die junge Marquise wird mit der Vorstellung der sich mit den um die Sonne kreisenden Planeten samt der Erde konfrontiert, worauf sie dem galanten Philosophen sowohl skeptisch wie auch voller Witz antwortet. Es kommt u.a. zu folgendem Meinungsaustausch zwischen den beiden:

>>Nun gut<<, antwortete ich ihr, >>lassen wir die Erde von vier Elefanten tragen, wie es die Inder machen.<<
>>Das ist nun ein ganz anderes System!<< rief sie aus. >>Diese Leute habe ich wenigstens gern, weil sie für ihre Sicherheit gesorgt und ein gutes Fundament geschaffen haben; wir Kopernikaner sind statt dessen reichlich unbesonnen, weil wir gern aufs Geratewohl in dieser Himmelsmaterie schwimmen möchten. Ich wette, wenn die Inder wüßten, daß die Erde auch nur im geringsten Gefahr liefe, sich zu bewegen, so würden sie die Zahl der Elefanten verdoppeln.<< – >>Das würde durchaus die Mühe lohnen<<, sagte ich nun und lachte über ihren Einfall; >>man darf nicht bei den Elefanten sparen, damit man in Sicherheit schlafen kann; und wenn Sie für heute Nacht welche brauchen, werden wir so viele in unserem System unterbringen, wie Sie wünschen; später werden wir sie, je mehr Sie sich beruhigen, nach und nach entfernen.<<[150]

---

147 Zur Rezeption von Kopernikus in Europa und Amerika siehe: Jerzy Dobrzycki (hg.): The Reception of Copernicus' Heliocentric Theory. Proceedings of a Symposium Organized by the Nicolas Copernicus Committee of the International Union of the History and Philosophy of Science, Torun 1973.

148 Maximilian Rankl: Jean Paul und die Naturwissenschaft, Frankfurt/Main 1987, S. 35. Siehe hierzu: Wolf Lepenies: Ende der Naturgeschichte. Wandel kultureller Selbstverständlichkeiten in den Wissenschaften des 18. und 19. Jahrhunderts, Frankfurt/Main 1978, S. 135.

149 Vgl. Karl S. Guthke: Der Mythos der Neuzeit. Das Thema der Mehrheit der Welten in der Literatur- und Geistesgeschichte von der kopernikanischen Wende bis zur Science Fiction, Bern 1983.

150 Fontenelle: Gespräche über die Vielzahl der Welten, S. 33-34. Im französischen Original benutzt Fontenelle das Verb ‚nager' (‚schwimmen') („nager à l'aventure dans cette matière céleste"), was auf die Nähe zur Wirbeltheorie hinweist.

Fontenelle verwendet dieses Bild, um vorwissenschaftliches Denken zu versinnbildlichen und seine Leser bzw. Leserinnen intellektuell zu provozieren. Bemerkenswerterweise stellt er dem Kopernikanischen System nicht das diesem in Europa tatsächlich vorausgehende Ptolemäische gegenüber, sondern eine offensichtlich phantastisch-mythologische Erzählung aus dem nicht-europäischen Kulturkreis, die jedem den Gebrauch seiner Vernunft schätzenden Aufklärer sofort als Verkörperung des Aberglaubens erscheinen musste. Der Dialog zwischen dem Philosophen und der Dame zeigt die Hürden, welche die Wissenschaft nehmen musste, um verstanden zu werden, vor allem wenn es sich um ein solches Weltbild handelt, wie das Kopernikanische, das unserer Sinneswahrnehmung widerstreitet, denn wir sehen ja jeden Tag, dass die Sonne auf- und untergeht, die Erde aber ruht. Es ist die Konversationskunst der Marquise, welche es ihr erlaubt, sich mit witziger Antwort aus der Situation elegant zu retten.

In dem Dialog von Fontenelle erkennen wir zwar sofort, dass es sich hier auch um das Problem der Grundlage handelt, aber das Fundament als solches fehlt nicht; es ist vielmehr dessen Festigkeit, die Fragen aufwirft. Nach der indischen Auffassung ruht die Erde fest auf dem Rücken der Tiere, demgegenüber, sagt die Marquise, möchten „wir Kopernikaner" „gern aufs Geratewohl in dieser Himmelsmaterie schwimmen". Es geht in dieser populärkosmologischen Abhandlung nicht um die Gefahr eines Sturzes in den Abgrund, wovor das Weltgebäude durch die Tiere bzw. durch etwa die ‚Substanz' als Stütze gerettet werden müsste, sondern es handelt sich um die Bewegung und das Schwanken. Die Dame fürchtet sich vor der Vorstellung, dass sich die Erde um die Sonne bewegt, die Bewegung des Grundes unter ihren Füßen ist für sie eine Vision, die sie mit dem Gefühl von Instabilität und Unsicherheit erfüllt. Durch das Schwimmende und Flüssige gewinnt das Bild an Anschaulichkeit; allerdings würde man sich irren, sollte man darin nur ein Bild für den schwankenden Boden der Modernen im Gegensatz zu den festen mythologischen Grundlagen der Bewohner vormoderner Kulturen erblicken. Das Motiv der flüssigen Himmelsmaterie bezieht sich wortwörtlich auf die kosmologische Lehre von René Descartes, deren Anhänger Fontenelle war. Nach Descartes ist die Materie, wie bereits erwähnt, identisch mit dem Raum. Das All ist mit einer dünnen kosmischen Materie ausgefüllt, ihr verdanken die Planeten sowohl ihren Halt wie auch ihre Bewegung um die Sonne. Die Himmelsmaterie, auch als Äther bekannt, befindet sich in Bewegung. Sie bildet enorm große Wirbel – unser Sonnensystem ist auch ein solcher –, in dessen Zentrum sich die Sonne befindet. Die Planeten werden – ähnlich wie Gegenstände in einem Wasserwirbel – von den kreisenden Bewegungen mitgerissen. Der Astronom Johann Elert Bode, der Fontenelles Buch ins Deutsche übersetzte und sie mit zahlreichen Anmerkungen versah, um bei der Leserschaft bestimmte für inzwischen überholt gehaltene Inhalte richtigzustellen, erklärte die Rede des Fontenelleschen Philosophen auf folgende Weise:

> Bei dieser Vorstellung [der Planetenbewegung – M.T.] hat der Verfasser ohne Zweifel schon die von Descartes eingeführte allgemeine wirbelähnliche Bewegung des Aethers, oder der äußerst subtilen himmlischen Materie, die er in Folge so gern braucht, im Sinne. Da sich bei diesen Wirbeln unauflösliche Schwierigkeiten finden, so haben neuere Weltweise solche nicht angenommen, und vornehmlich hat uns Neuton von den Kräften und Gesetzen, durch und nach welchen die Planeten ihre Laufbahnen um die Sonne beschreiben, eines Bessern belehrt.[151]

Descartes' Kosmogonie ließ keine physikalische Erklärung der Phänomene zu, sie stellte aber eines der einflussreichsten kosmologischen Erklärungsmodelle noch bis ins 18. Jahrhundert hinein dar.[152] Dass sich die Himmelskörper, die ja viel schwerer als die dünne Himmelsmaterie sein müssten, von ihr fortgetragen werden könnten, schien durch die Analogie mit dem Wasserverkehr einleuchtend. Wenn sich ein schweres Schiff auf dem Wasser halten und von ihm mitgetragen werden kann, müsste das Gleiche auch bei den Planeten möglich sein. Der galante Philosoph beruhigt daher seine Dame:

> [...] [W]enn sich ein Schiff auf einem Flusse befindet, so wird es ohn' alle Schwierigkeit dem Strome folgen, weil es durch nichts zurückgehalten wird.
> Sonach wird auch die Erde, so schwer sie auch immer sein mag, von der sie überall umgebenden Himmelsluft leicht getragen, die weit flüssiger ist, als das Wasser, und den unermesslichen Raum, worin die Planeten schweben, anfüllt.[153]

Fontenelles Buch über die „Vielzahl der Welten" erschien in dem gleichen Jahr wie das von Bode zur Aufklärung der Leser herangezogene Werk Newtons „Philosophiae Naturalis Prinzipia Mathematica". Die Gravitationskraft operiert im leeren Raum (auch wenn „leerer Raum" idealtypisch verstanden wird). Fontenelle selbst blieb bis zum Ende seines Lebens ein treuer Anhänger von Descartes, wie viele andere auch. Nicht nur Wissenschaftler, auch Dichter übernahmen diese Vorstellung von einer flüssigen allgegenwärtigen Himmelsmaterie, die zweifellos neben ihrer wissenschaftlichen Erklärungsfunktion auch enorme poetische Qualitäten hatte. Fontenelles Buch enthielt zahlreiche Illustrationen,

---

151 Bernard von Fontenelle: Dialogen über die Mehrheit der Welten, Mit Anmerkungen und Kupfertafeln von Johann Elert Bode, Dritte gänzlich verbesserte und vermehrte Ausgabe, Berlin 1798, S. 52-53 (in der Fußnote).
152 Descartes legte die Wirbeltheorie in den „Principia philosophiae" 1644 dar. Vgl. hierzu: Simonyi: Kulturgeschichte der Physik, S. 219-222.
153 Fontenelle: Dialogen über die Mehrheit der Welten, S. 52.

denen man die Schönheit der kosmischen Wirbel entnehmen konnte. Der berühmteste ‚kosmologische' Dichter deutscher Sprache, Barthold Heinrich Brockes, bediente sich in seiner Gedichtsammlung „Irdisches Vergnügen in Gott, bestehend in Physicalisch- und Moralischen Gedichten" (1721-1748) dieser Theorie, um eine im Grunde pantheistische Vision zu entfalten: Gott ist ein Ozean, in dem die Erde und die Sonnensysteme schwimmend getragen werden.[154]

Zur Zeit der „Kosmologischen Unterhaltungen für junge Freunde der Naturerkenntnis" von Christian Ernst Wünsch, Professor an der Universität Frankfurt an der Oder, deren Erstauflage 1770 erschien, gilt die Schwerkraft – längst als universelles Gesetz begriffen – als die ‚Stütze' der Himmelskörper. An einem Zitat aus diesem Buch kann man deutlich erkennen, wie die Schildkröten-Elefanten-Anekdote als Hintergrund für die Erklärung der neuen Himmelskörpermechanik dient. Ihre Funktion ist – ähnlich wie bei Fontenelle – die naive und unreflektierte Haltung den astronomischen Phänomenen gegenüber ironisch zu illustrieren. Das Werk von Wünsch, das bald eine zweite Auflage erfuhr, war als Lehrbuch für die Jugend gedacht. Es wurde allerdings auch von Erwachsenen gern gelesen; so gehörte es u.a. zu den Lektüren Kleists, der an der Viadrina bei Wünsch studiert hatte,[155] Goethes und Schillers, die sogar eine spöttische Xenie darauf dichteten.[156] Ein Geschwisterpaar, Amalie und ihr jüngerer Bruder Karl, werden hier von ihrem Lehrer Philalethes in Sachen allgemeiner Naturwissenschaft und Naturgeschichte unterrichtet. Die „Dritte Unterhaltung", welche von der „Gestalt und Größe des Erdballes" handelt, beginnt mit dem Phänomen der allgegenwärtigen Schwere. Denn, wie Philalethes erklärt, „alle sichtbare und fühlbare Dinge sind schwer und vermöge dieser Eigenschaft bestreben sie sich freilich alle".[157] Daher muss man sich auch nicht wundern, dass die Bewohner

---

154 Siehe: Hans-Georg Kemper: Deutsche Lyrik der frühen Neuzeit, Bd. V/1. (Aufklärung und Pietismus), Tübingen 1991, S. 58.

155 Siehe hierzu: Günter Blamberger: Science oder fiction? Des Projektmachers Kleist Passagen von der Wissenschaft zur Literatur, in: Heinrich von Kleist: Style and Concept: Explorations of Literary Dissonance, hg. von Dieter Sevin/Christoph Zeller, Berlin 2013, S. 17-33. Dort auch weiterführende Literatur.

156 Es handelt sich um die Xenie „Der astronomische Himmel": „So erhaben, so groß ist, so weit entlegen der Himmel!/Aber der Kleinigkeitsgeist fand auch bis dahin den Weg." (Xenien von Schiller und Goethe, in: Friedrich Schiller: Werke in drei Bänden, hg. von Gerhard Fricke und Herbert G. Göpfert, Band II, München 1966, S. 736-743, hier S. 739.)

157 Christian Ernst Wünsch: Kosmologische Unterhaltungen für junge Freunde der Naturerkenntnis, Band 1 „Von den Himmelskörpern", zweite Auflage Leipzig 1791, S. 72-73.

der Antipoden nicht von der Erde in die Fernen des Himmelsraums fallen. Die im All schwebende Erde bedürfe keiner anderen ‚Stütze' als der unsichtbaren Kraft, welche Philalethes mit Gottes unsichtbarer Hand identifiziert. Er antwortet den Kindern und vergisst dabei nicht, auch das alte indische Bild zu zitieren:

> Da nun dieser geheimnisvolle Trieb unsere Antipoden eben so wie uns an die Erde bindet; so können diese ihre Füße immer gegen die unsrigen kehren, ohne umzufallen, oder in den Himmel hinab zu sinken. Denn die Erde hat, wie ich schon gesagt habe, die Gestalt einer Kugel, und ist nirgends von anderen Körpern unterstützt, wie etwa verschiedene morgenländische Völker glauben, die sie, in ihren Gedanken, von vier Ochsen oder Elephanten tragen lassen, aber dabei nicht bedenken, dass diese doch selbst auch auf einer festen Unterlage stehen müssten, wenn sie die Erde tragen sollten. Sie schwebt also ganz im Freien, und wir bloß von der allmächtigen Hand gehalten, die alle Körper des Himmels mit unsichtbaren Banden aneinander gebunden, und ihnen ihre Laufbahnen nach ewig unveränderlichen Gesetzen vorgezeichnet hat.[158]

Das neue Wissen über die ohne ‚Stütze', „ganz im Freien" schwebende Erde sollte samt den unsichtbaren Kräften, dem allgemeinen Sich-Anziehen aller Körper, und der universellen Gesetzesmäßigkeit zu einem produktiven Metapherngenerator werden, der dazu beitrug, dass man sich allmählich von den alten ‚Weltstützen' der Diskurse, von der Substanzarchitektonik, verabschiedete.

Das architektonische Denkgerüst: Architektur als tertium comparationis zwischen Astronomie und Grundlagendenken am Beispiel Lockes

Locke führt mit der indischen Anekdote zwei Wissensbereiche zusammen: die Kosmologie und die Ontologie. Mit feinfühligem Instinkt erkennt er eine tiefe Analogie, die durch die Anekdote ausgedrückt wird: die philosophische Frage nach der Ordnung der Dinge und die Frage der Menschheit nach der kosmischen Ordnung (mit der Erde als Zentrum) sind strukturverwandt. Diese innere Verwandtschaft der Wissensgebiete bildet hier das in der Metaphernforschung so genannte *tertium comparationis*, das die Verwendung der Anekdote als Metapher überhaupt möglich macht. Zum *tertium comparationis* gehört noch ein anderes Bild, das seinerseits eine häufige Metapher ist, hier aber die Rolle des Vermittlers spielt: die Architektur. Hier und dort geht es um eine fundamentale Architektonik: um eine physische größten, kosmischen Ausmaßes, oder um eine, die sich in der Ordnung der Begriffe spiegelt. Zweifellos bot die Krise der überlieferten Substanz-Akzidens-Architektonik einen solchen Anlass, bei dem sich eine kosmologische Metaphorik wie von selbst anbot: es handelte sich

---

158 Ebd., S. 35.

schließlich um die Krise eines altbewährten Weltbildes und um einen Zweifel, der nicht nur gewisse Phänomene, sondern die Fundamente der Ordnung selbst betraf.

In Lockes Abhandlung geht es um das ‚Tragen'. Die architektonische Vorstellung des Tragens, Bauens und Unterstützens bildet das *tertium comparationis* zwischen der Ordnung des Universums einerseits und der Ordnung des Diskurses andererseits. Das Architektonische stellt eine tiefere Ebene dieses metaphorischen Vergleichs dar und scheint selbst eine noch tiefer verwurzelte Metapher zu sein, die Bestandteil unserer Alltagssprache ist.[159] Auf das Wort ‚Tragen' [support, uphold][160], welches ihn an die indische Anekdote denken lässt, kommt Locke, indem er das Wort ‚Substanz' zerlegt. Der Zerlegungsprozess entzündet sich an einer sprachkritischen Beobachtung und entfaltet sich dann in einer Relativierung, Kulturalisierung und Psychologisierung dieses ursprünglich ontologischen Begriffs. Im Alltag lehrt uns die Erfahrung, dass Dinge auf den Boden fallen, wenn sie keine Stütze zur Verfügung haben. So ‚fallen' auch Argumente, wenn sie nicht gestützt genug sind. Es ist nach Lockes Meinung nämlich gerade diese unserer Sprache eigene natürliche architektonische Metaphorik, die die Denker in die Irre führt, wenn sie die Metaphern für etwas reell Existentes annehmen. Locke nimmt die Substanz-Frage aus dem philosophischen Diskurs heraus und betrachtet sie als ein psychologisches und kulturelles Problem: er analysiert den Inhalt des Wortes, vergleicht es mit mythologischen Vorstellungen, denkt über

---

159 Das behaupten die Vertreter der kognitiven Metaphernforschung Lakoff und Johnsen, die es mit einer Reihe von Beispielen demonstrieren: „THEORIES (and ARGUMENTS) ARE BUILDINGS: Is that the foundation for your theory? The theory needs more support. The argument is shaky. We need some more facts or the argument will fall apart. We need to construct strong argument for that. I haven't figured out yet what the form of the argument will be. Here are some more facts to shore up the theory. We need to buttress the theory with solid arguments. The theory will stand on the strength of that argument. The argument collapsed. They exploded his latest theory. We will show that theory to be without foundation. So far we have put together only the framework of the theory." (Lakoff / Johnson: Metaphors we live by, S. 46.)

160 „The idea then we have, to which we give the GENERAL name substance, being nothing but the supposed, but unknown support of those qualities we find existing, which we imagine cannot subsist SINE RE SUBSTANTE, without something to support them, we call that support SUBSTANTIA; which, according to the true import of the word, is, in plain English, standing under or upholding." (John Locke: An Essay Concerning Human Understanding, Chicago 1952, S. 204. Hervorhebungen von Locke.)

die Erfahrungen von Kindern, ‚Wilden' und ‚Irren' nach. Diese bilden für Locke eine Triade, die oft gemeinsam vorkommt, vorwiegend an solchen Stellen, wo es ihm darum geht, seine empiristische Erkenntnislehre auf greifbare Beispiele zu stützen. In der Regel spielen die Vertreter dieser Triade eine positive Rolle für die Argumentation: an ihnen könne bestens beobachtet werden, dass es keine angeborenen Ideen gibt, dass alle Begriffe mehr oder weniger aus der Erfahrung stammen, denn „[...] Kinder, Idioten, Wilde und Ungebildete sind am wenigsten von allen Menschen durch Gewöhnung oder durch übernommene Meinungen verdorben [...]."[161]

So ist auch der Inder verhältnismäßig unverdorben, denn er hatte den Begriff der ‚Substanz' nicht gekannt, um auf gekünstelte Weise der schwierigen Frage nach dem eigentlich ‚Tragenden' zu entkommen. Für Locke erweist sich das Problem des ‚Tragens' als ein Scheinproblem, das einer Art Sprachverwirrung entspringt: oft nehme man nämlich Worte für Dinge. Locke kehrt das übliche und traditionelle Hierarchieverständnis von ‚Substanz' und ‚Akzidenz' um und erklärt, dass ‚Substanz' als Begriff den ‚Akzidenzien' gegenüber sekundär sein muss, denn es sind die ‚Akzidenzien', also die Eigenschaften der Dinge, wie etwa ihre Farbe oder Größe, die wir wahrnehmen, und mit denen wir wirklich konfrontiert werden. Der Begriff der ‚Substanz' werde dann nachkonstruiert, weil man sich die sinnlich wahrnehmbaren Eigenschaften aufgrund unserer Sprach- und Denkgewohnheiten als etwas Unselbständiges vorstellte: „Diejenigen, die zuerst auf den Begriff *Akzidenzien* verfielen, als einer Art realer Dinge, die notwendig ein Ding voraussetzten, dem sie innewohnen könnten, waren gezwungen, als Träger derselben das Wort *Substanz* zu ersinnen."[162]

Nicht zuletzt ist auch die Grammatik unserer Sprache an der Entstehung solcher Denkgerüste schuld, bzw. die grammatischen Strukturen dienen als ‚Gestell' für metaphysische Strukturen: die Eigenschaften (‚Akzidenzien') werden durch Adjektive bezeichnet, die nicht für sich allein stehen können, sondern im Satz ein Substantiv brauchen, das sie ‚trägt'.[163] Da wir es in unserer Umgebung immer

---

161 Locke: Versuch, S. 50.
162 Ebd., S. 201. Hervorhebung von Locke.
163 Man fühlt sich an Nietzsches Wort von der Macht der Grammatik aus der „Götzen-Dämmerung" erinnert: „Auch die Gegner der Eleaten unterlagen noch der Verführung ihres Seins-Begriffs: Demokrit unter anderen, als er sein *Atom* erfand... Die >>Vernunft<< in der Sprache: o was für eine alte betrügerische Weibsperson! Ich fürchte, wir werden Gott nicht los, weil wir noch an die Grammatik glauben.." (Friedrich Nietzsche: Götzen-Dämmerung, in: Nietzsche. Werke, Abteilung 6/

mit Dingen zu tun haben, die bestimmte Qualitäten ‚besitzen' – scheint Locke sagen zu wollen – denken die Philosophen den Kern der Metaphysik, das traditionell elementarste Konstruktionsprinzip der Welt auch als eine Art ‚Ding', nur als ein jeglicher sinnlicher Konkretheit Bildhaftigkeit Entkleidetes: als abstrahierte Relation von ‚tragen' und ‚getragen werden'. Deshalb spiele für die Denker der Begriff der ‚Substanz' die Rolle des mythologischen Elefanten und der mythologischen Schildkröte. Durch den Rückgriff auf die Anekdote gewinnt Locke also einen weit schärferen und vor allem spöttischeren Kritikeffekt, als er das bloß mit einer expliziten Distanznahme erreichen könnte. Er enthüllt zugleich auch ein sprachbildhaftes elementares Denkschema, eines von denen, die zwar abstraktesten Systemen zugrunde liegen, sich aber oft einfachen Erfahrungen des Alltags verdanken. Husserl würde an dieser Stelle vielleicht von der ‚Lebenswelt' sprechen, mit der auch das scheinbar hochabstrakte Wissen verbunden ist. Locke ist in dieser Hinsicht jedoch kritischer eingestellt, wenn er sich bemüht solche versteckten Metaphern aufzuklären, weil sie den Weg zu dem wirklich Klaren verstellen und falsche Probleme aufwerfen können. Indem man solche in dem scheinbar objektiv-abstrakten Diskurs versteckten Metaphern offenlegt, befreit man sich auch von Scheinproblemen:

> Würden aber die lateinischen Wörter *inhaerentia* und *substantia* in entsprechendes schlichtes Englisch übersetzt, und Anhaften und Unterstützen genannt, so würden sie uns besser enthüllen, wie außerordentlich klar die Lehre von Substanz und Akzidenzien ist, und uns zeigen, welchen Wert diese Wörter für die Entscheidung philosophischer Fragen besitzen.[164]

Die Übersetzung des Denkschemas ‚Tragen' versus ‚Sich stützen' in die Sprache der Beispiele aus der Architektur legt ein einfaches metaphorisches Schema offen, welches diesem scheinbar objektiven Diskurs zugrunde liegt. Das Motiv des Tragens, welches Locke als verstecke Metapher des Substanzdenkens enthüllt, ist Teil eines solchen architektonischen Denkens.

Einige Zeilen nach der Schildkröten-Metapher verkehrt Locke die Perspektive und lässt nicht mehr einen Europäer mit einem Inder, sondern einen ‚einsichtigen Amerikaner', also Vertreter der Neuen Welt, mit einem Europäer sprechen.

Bd. III (Der Fall Wagner, Götzen-Dämmerung, Nachgelassene Schriften August 1888-Anfang Januar 1889), Berlin 1969, S. 49-154, Zitat S. 72. Hervorhebungen im Zitat von Nietzsche. Interessant wäre in diesem Kontext zu fragen, wie es in den nicht-indoeuropäischen Sprachen aussieht, welche elementaren Strukturen solche Sprachen zur Verfügung stellen.
164 Locke: Versuch, S. 202. Hervorhebung von Locke.

Der Amerikaner würde, möchte man ihm in Europa etwa die Architektur auf die gleiche Weise erklären wollen, wie die hiesigen Philosophen die Substanz erklären würden, sich von der Architektur keinen Begriff machen können:

> Gleichviel aber, was ein Gelehrter hierzulande tun würde, ein gescheiter Amerikaner, der die Natur der Dinge erforschen wollte, würde es jedenfalls kaum für eine befriedigende Auskunft halten, wenn man ihm bei seinen Bemühungen, etwas über unsere Baukunst zu erfahren, erklären wollte, ein Pfeiler sei etwas, was von einem Sockel getragen würde, ein Sockel etwas, was ein Pfeiler stütze. Würde er bei einem solchen Bescheid nicht eher glauben, man habe ihn zum Narren, als daß man ihn belehren wolle?[165]

Locke meint einen Eingeborenen Amerikas, also einen Indianer (was sich übrigens spielerisch auf den vorher genannten Inder reimt, da ja Kolumbus in Amerika den Weg nach Indien gefunden zu haben glaubte). Aus der sprachkritischen Reflexion und der ihr folgenden Bloßlegung des metaphorischen architektonischen Gerüstes des als scheinbar erkannten ‚Substanz'-Problematik ergibt sich für Locke die Folgerung, dass man nur auf klaren und einfachen Ideen wie auf festem Grund bauen könne:

> Man mißverstehe mich hier nicht etwa dahingehend, daß ich sagen wollte, jede flüchtige Vorstellung, die im Menschengehirn auftauche, gehöre auch schon zu der Art von Ideen, die ich meine. Es ist für den Geist nicht leicht, von den verworrenen Begriffen und Vorurteilen freizukommen, die sich durch Gewöhnung, Unachtsamkeit und tägliche Unterhaltung bei ihm festgesetzt haben. Er muß Mühe und Fleiß aufwenden, um seine Ideen zu prüfen, bis er sie in jene klaren und deutlichen einfachen Ideen aufgelöst hat, aus denen sie zusammengesetzt sind, und um zu erkennen, welche von diesen einfachen Ideen *notwendig* im Zusammenhang oder in Abhängigkeit voneinander stehen. Solange man dies mit den ersten und ursprünglichen Begriffen der Dinge nicht getan hat, baut man auf schwankender und unsicherer Grundlage und wird oft in Schwierigkeiten geraten.[166]

Infolge der sprachkritischen Analyse wird die zunächst strikt philosophische und klassische Fragestellung zum Objekt von Ethnologisierung und Psychologisierung. Am Ende wird die Architektonik von ‚Substanz' und ‚Akzidenz' zu der Frage nach der „Geschichte der ersten Anfänge menschlicher Erkenntnis". Locke konstatiert:

> Damit habe ich einen kurzen und, wie ich glaube, wahren Abriß der *Geschichte der ersten Anfänge menschlicher Erkenntnis* gegeben. Ich habe gezeigt, woher der Geist seine ersten Objekte hat, wie er allmählich dazu übergeht, die Ideen zu sammeln und

---

165 Ebd., S. 202-203.
166 Ebd., S. 209. Hervorhebung von Locke.

aufzuspeichern, aus denen sich alle Erkenntnis, derer er fähig ist, gestalten soll. Wer entscheiden will, ob ich die Wahrheit getroffen habe, den muß ich auf Erfahrung und Beobachtung verweisen; denn der beste Weg, die Wahrheit zu finden, besteht darin, die Dinge daraufhin zu prüfen, wie sie wirklich sind, nicht aber zu schließen, sie seien so, wie wir es uns einbilden oder wie wir es uns vorzustellen von andern gelernt haben.[167]

Nicht alle hatten jedoch vor, der Verzweiflung am allgemeinen Substanzbegriff zu folgen.

---

167 Locke: Versuch, S. 184. Hervorhebung von Locke. Diese architektonische Denkweise, welche bei Locke so stark ausgeprägt ist, scheint allerdings nicht von Anfang an mit der Idee von Substanzen und Eigenschaften verbunden gewesen zu sein. Die Erforschung der antiken Quellen erweist, dass die Griechen es in ihrer Sprache nicht zwangsläufig mit der Architektur, sondern vorwiegend mit der Existenz von Individuen verbanden. Das architektonische Denkgerüst, auf das diese Ontologie aufgespannt wurde, scheint ein späteres Phänomen zu sein. Vor allem die Übersetzung ins Latein gab ihm entscheidende Unterstützung. Daniel J. O'Connor schreibt hierzu: „It is interesting to note, that the principal term for substance in the writings of Aristotle is ousia, a word that in earlier Greek writers means ‚property' in the legal sense of the word, that which is owned. [...] The word ousia also occurs in philosophical writings before Aristotle as a synonym for the Greek word physis, a term that can mean either the origin of a thing, its natural constitution or structure, the stuff of which thing are made, or a natural kind of species. The Latin word substantia, from which the English term is derived, is a literal translation of the Greek word hypostasis (‚standing under'). This term acquired its philosophical connotations in later Greek and occurs principally in controversies among early Christian theologians about the real nature of Christ. A third philosophical term, hypokeimenon (‚that which underlies something'), is used by both Plato and Aristotle to refer to that which presupposes something else." (Daniel John O'Connor: Stichwort „Substance and attribute" in: Encyclopedia of Philosophy, hg. Donald M. Borchert, 2006, Bd. IX, S. 294-300, hier S. 294-295.) Detlev Pätzold legt das Problem wie folgt dar: „Von dem in der antiken griechischen Philosophie auftretenden Begriffspaar ‚Substanz'/‚Akzidenz' (ousia/ symbebekos) hat der Ausdruck ‚Substanz' eine komplizierte Etymologie; dies hat auch zu Übersetzungsschwierigkeiten ins Lateinische (substantia/accidens) aber auch in die modernen Sprachen geführt. Im Griechischen bedeutet umgangssprachlich ousia, das vom Verb einai (sein) abgeleitete Substantiv: Vermögen, Eigentum, Grundbesitz; also jemandes ‚Habe'." (Pätzold: Artikel „Substanz/Akzidenz", S. 2640.) Allerdings hat bereits Aristoteles gerne Beispiele aus der Architektur benutzt, um den Unterschied zwischen Form und Inhalt zu erklären. (Siehe: Krieger: Stichwort „Substanz", S. 2149.) Zum altgriechischen Kontext siehe: Andreas Pronay: ‚Ypokeisthai – Ypokeimenon', in: „Archiv für Begriffsgeschichte" 28/1984, S. 7-48.

Leibniz' Polemik gegen Lockes Architektonik des Denkens

Leibniz versuchte in der Situation des schwankenden Bodens der Wissensdiskurse, die so unklare Substanzidee gerade wegen ihrer Unklarheit zu retten. Er beanspruchte, „mechanistisches und teleologisches Denken miteinander zu versöhnen".[168] Von seiner Philosophie ist oft gesagt worden, sie bilde ein auf Dialog ausgerichtetes Werk; davon zeuge, dass er einen sehr bedeutenden Teil seines Gedankenguts in Briefen niedergeschrieben hatte, und selbst seine Aufsätze und Abhandlungen hätten eine Person und deren Denken im Blick gehabt; die Argumente und der Ausdruck werden lebendig in der Diskussion entwickelt.[169] So verhält es sich auch im Falle der erst postum veröffentlichten „Neuen Abhandlungen über den menschlichen Verstand" (*Nouveaux Essais sur L'entendement humain*, Ende des 17. und in den ersten Jahren des 18. Jahrhunderts verfasst),[170] die eine Polemik mit den Thesen Lockes darstellen. Die „Neuen Abhandlungen…" hatte Leibniz nicht mehr veröffentlicht, weil der Adressat der Polemik, John Locke, inzwischen 1704 verstorben war, so dass dieser auf die Kritik nicht mehr hätte antworten können, was Leibniz dazu veranlasste, das Manuskript liegen zu lassen.[171] Die Abhandlung stellt ein besonderes Beispiel von Intertextualität in der Philosophie dar: Leibniz war mit Lockes Grundthese über die Unmöglichkeit der Existenz von angeborenen Ideen, darunter auch der

---

168 Marschlich: Die Substanz als Hypothese, S. 15.
169 Vgl. Ulrich Johannes Schneider: Einleitung, in: Gottfried Wilhelm Leibniz: Monadologie und andere metaphysische Schriften, Herausgegeben, übersetzt, mit Einleitung, Anmerkungen und Registern versehen von Ulrich Johannes Schneider, Französisch-deutsch, Hamburg 2002, S. VII-XXXVIII, hier S. XII.
170 Ulrich Johannes Schneider gibt das Jahr 1704 an als das Jahr, in dem Leibniz das Werk fertig gestellt hat. (Schneider: Einleitung, S. XII.)
171 Vgl. Ernst Cassirer: Einleitung, S. XI-XXXI, in: Gottfried Wilhelm Leibniz: Neue Anhandlungen über den menschlichen Verstand, Übersetzt, mit Einleitung und Anmerkungen versehen von Ernst Cassirer (Gottfried Wilhelm Leibniz: Philosophische Werke in vier Bänden, Bd. III), Hamburg 1996, hier S. XII. Leibniz kannte das Werk von Locke zunächst aus einer Einführung, die der englische Philosoph selbst anfertigt und im Jahre 1688 in dem beachteten französischen Journal „Bibliothèque universelle" veröffentlicht hatte. Ein Jahr später erfolgte die erste englische Ausgabe von Lockes „Essay", 1700 lag bereits die französische Übersetzung vor und gleich danach eine lateinische. Das bedeutete, dass die europäischen Intellektuellen schnell auf das Werk aufmerksam wurden und sich rasch damit bekannt machten. Es gab auch rasch bedeutende kritische Äußerungen. Die wichtigsten Kritiker waren Bischof George Berkeley und eben Gottfried Wilhelm Leibniz. (Lowe: Locke on Human Understanding, S. 8ff.)

Idee der ‚Substanz' nicht einverstanden. Er verfasste daher eine Schrift, in der er zwei Freunde, namens Philaletes und Theophilus, ein philosophisches Gespräch führen lässt. Während Philaletes in langen, wörtlich aus dem „Essay…" von Locke übernommenen Passagen dessen Gedanken wiedergibt, ist Theophilus, der gegen ihn polemisiert, ein philosophisches *alter ego* von Leibniz. Es entsteht ein Werk, das zum Teil dem „Essay…" Lockes zum Verwechseln ähnlich ist, zum Teil parallel dazu die leibnizschen Gedanken in lockescher Vorstellungswelt gespiegelt erscheinen lässt. Einen der Schwerpunkte der Polemik bildet die Frage nach dem Substanzbegriff: ist er leer, eine falsche Metapher, wie Locke meint, oder drückt er doch etwas aus? Während Locke die These vertritt, alle Erkenntnis rühre von außerhalb der Seele her, von der Erfahrung, denkt Leibniz, dass die Seele mit ihren angeborenen Inhalten doch zu Erkenntnissen beitrage. Die Sinne seien sehr wichtig, aber der Mensch verfügt auch über solche Wahrheiten, wie die der Mathematik und der Geometrie, die nicht den Sinnen entspringen. Das der Seele Angeborene nennt Leibniz auch Gottes Gesetz, welches im Herzen eingeschrieben sei und welches z.B. die Tiere nicht besitzen:

> […] [D]ie Sinne aber gewähren uns das nicht, was wir schon bei uns haben. Ist dies so, kann man dann leugnen, daß es in unserem Geiste viel Angeborenes gebe, da wir sozusagen uns selbst angeboren sind? Und daß es in uns gibt: Sein, Einheit, Substanz, Dauer, Veränderung, Tätigkeit, Wahrnehmung, Vergnügen und tausend andere Gegenstände unserer intellektuellen Vorstellungen?[172]

---

172 Gottfried Wilhelm Leibniz: Neue Anhandlungen über den menschlichen Verstand, Übersetzt, mit Einleitung und Anmerkungen versehen von Ernst Cassirer (Gottfried Wilhelm Leibniz: Philosophische Werke in vier Bänden, Bd. III), Hamburg 1996, S. 7-8. Formulierungen wie diese legen nahe, dass mit Leibniz und seiner originell neoplatonischen Denkweise der Gedankengang des späteren deutschen Idealismus einsetzte. In der Leibniz-Forschung wurde die These aufgestellt, er nehme mit seiner These von dem, was wir „schon bei uns haben" Kants späteres Konzept des Apriorischen vorweg. Natürlich ist der Kerngedanke nicht völlig neu, sondern knüpft an Platos Ideenlehre zurück. (Vgl. Ernst Cassirer: Einleitung, S. XV.) Jüngere Interpretationen bestreiten jedoch die Auslegung Leibniz' im Sinne von Kant und verweisen auf das Besondere der leibnizschen Philosophie, vor allem auf seine besondere Auffassung der Substanz. Annette Marschlich bemerkt hierzu: „In der bisherigen Forschungsliteratur zu Leibniz ist m. W. nur zweimal gründlicher nach der Bedeutung seiner Substanzkonzeption für die moderne Naturwissenschaft gefragt worden: zuerst von Ernst Cassirer in seinem Werk „Leibniz' System in seinen wissenschaftlichen Grundlagen" (1902) und dann von Martial Gueroult in seinem Werk „Leibniz. Dynamique et Metaphysique" (1967). Beide beantworten diese Frage sehr eindeutig, indem sie Leibniz in eine Traditionslinie zu Kant einordnen. Sie

Originell ist an dieser Erneuerung des alten Platonischen Archetypus der eingeborenen Erkenntnis, dass Leibniz intensiv die Entwicklung der Wissenschaften rezipiert (und an deren Entwicklung natürlich auch selbst teilnimmt). Neben den geometrischen Figuren und Zahlen sind jetzt auch Zeit und Raum sowie die Gesetze der Mechanik Begriffe des Geistes, denn sie müssen sich unter gleichen Bedingungen auf die gleiche Weise wiederholen.[173]

Auch die Schildkröten-Metapher übernahm Leibniz aus der Schrift Lockes, was keineswegs selbstverständlich war, zumal viele andere von Locke zitierten Beispiele und Anekdoten von ihm nicht berücksichtigt wurden. Die Diskussion betrifft das für Leibniz schlüsselartige Problem der Substanz, woraus sich seine besondere Aufmerksamkeit für diese Passage ergibt. Da er aber außer Lockes explizite dargelegter Kritik an dem Substanzbegriff auch die Geschichte über den Inder und seinen Mythos übernahm, kann man vermuten, dass er sie nicht als bloße Zierde oder rhetorisches Beiwerk empfunden hatte. Aus irgendeinem Grunde legte er der kosmologischen Anekdote einen eigenständigen Wert bei. Interessanterweise berichtet Theophilus, also sein *alter ego*, von ihr. Theophilus antwortet auf die Zweifel des Philaletes hinsichtlich der Substanz wie folgt:

> Ich glaube also, dass die Philosophen den Spott nicht verdienen, den man gegen sie richtet, indem man sie mit jenem indischen Weisen vergleicht, den man fragte, worauf denn die Erde ruhe und der zur Antwort gab, sie ruhe auf einem großen Elefanten, und als man weiter fragte, worauf der große Elefant ruhe, erwiderte: auf einer großen Schildkröte, schließlich aber als man weiter in ihn drang, zu sagen, worauf sich denn die Schildkröte stütze, gezwungen war, zu erklären, es sei irgend etwas, er wisse selbst nicht was.[174]

Dem Leser fällt sofort auf, dass Leibniz dem lockeschen Spott gegenüber Distanz bewahrt. Es stimme, dass die Philosophen leicht in Verlegenheit gebracht werden können, sobald man sie nach dem eigentlichen Inhalt des Substanzbegriffs fragt, und es stimme auch, dass sie in ihrer Verlegenheit dem armen Inder, den man nach seinen Schildkröten fragte, zum Verwechseln ähnlich sind. Für

---

interpretieren den leibnizschen Substanzgedanken damit aber epistemisch bzw. >>prä-transzendental<<, was aber gerade im Lichte der neueren Forschung zu Leibniz' Logik und Metaphysik als sehr zweifelhaft erscheint." (Marschlich: Die Substanz als Hypothese, S. 11.)

173 „So tritt jetzt in den Entwurf des Systems der reinen Verstandesbegriffe, den schon die Vorrede zu den >>Nouveaux essais<< enthält, neben den Begriff des Seins und der Einheit der Begriff der Substanz und der Dauer, der Begriff der Tätigkeit und der Veränderung." (Cassirer: Einleitung, S. XXII.) Raum und Zeit kommen als reine intellektuelle Grundbegriffe hinzu.

174 Leibniz: Neue Abhandlungen, S. 203.

Leibniz zeuge die Verlegenheit und Unsicherheit in Bezug auf die Frage jedoch nicht davon, dass die Frage ein Scheinproblem ausdrückt. Im Gegenteil, gerade die Verbindung von intuitivem Interesse an der ‚Substanz' als ‚erster Schildkröte' und gleichzeitig die Unmöglichkeit, sie zu erklären, zeige, dass hier ein wirkliches Problem im Spiel sein müsse.

Theophilus ist der Meinung, dass der Gedankengang von den Eigenschaften zur ‚einfachen Substanz' eine Art Irrtum darstelle, den er als einen durch die Sprache entstandenen Irrtum deutet, dessen Konsequenzen er dann allerdings anders auslegt als Locke in seiner Sprachkritik. Die Spaltung in ‚Substanzen' und ‚Eigenschaften' habe darin ihre Ursache, dass man das gemeinsame Subjekt und die Prädikate unterscheide.[175] Das gemeinsame Subjekt ist für uns nur dazu erforderlich, um zu sagen, dass es um das gleiche Ding gehe. Darüber hinaus enthalte dieser Subjektbegriff keinen Inhalt. Es sei also nur eine „vorgebliche Schwierigkeit", auf ein solches Denken den Substanzbegriff aufzubauen. Diese Kritik geht der zitierten Anekdote unmittelbar zuvor:

> Die gleiche vorgebliche Schwierigkeit könnte man beim Begriff des Seins und überhaupt bei dem allerklarsten und allerursprünglichsten Begriffen geltend machen: denn man könnte die Philosophen fragen, was sie sich denken, indem sie das bloße Ding überhaupt denken, da man auch von diesem, wenn einmal jede Einzelbestimmtheit ausgeschlossen ist, ebensowenig zu sagen wissen wird, als man auf die Frage, was die reine Substanz überhaupt sei, zu antworten weiß.[176]

Die Frage und das Unwissen der Philosophen resultieren also daraus, dass man Substanz falsch verstehe, den Begriff als ein Schema von ‚Tragendem' und ‚Anhängsel' sieht. Der ganzen Frage liege also eine falsche Relation, eine falsche Vorstellung zugrunde. Es sei völlig unangemessen, nach dem ‚bloßen Ding' zu fragen, nur weil es in der Welt Dinge gibt.

Leibniz baute sein System auf den Substanzbegriff auf, den er allerdings anders verstand als es bisher in der Tradition der Fall war. Die ‚Substanz' sei kein leerer und unfruchtbarer Begriff. Im Gegenteil, gerade aus diesem Gedanken (d.h. dem Gedanken an die Substanz) ergeben sich die bedeutendsten Folgen für die Philosophie, die ihr ein neues Gesicht verleihen. Die Substanzen bilden nach Leibniz mit ihren Akzidenzien eine organische Einheit. Deshalb sind sie für uns nie vollständig zu begreifen – das Sein ist sozusagen zu reich an Eigenschaften, zu vielfältig, damit man es ohne Rest in Begriffe und Worte kleiden könnte.

---

175 Ebd., S. 202.
176 Ebd., S. 203.

Die Substanzen, die Leibniz nicht als das Einfache und Klare, sondern als das Besondere, Individuelle und Konkrete denkt, sind als solche nicht begriffsfähig, denn als Individuen unterscheidet sich eine jede von ihnen von allen anderen, auch wenn die Unterschiede so winzig sind, dass wir sie kaum merken. Jede Substanz verdiente im Grunde genommen nicht einen Begriff, sondern einen Eigennamen, aber wir sind nicht imstande, wahre Eigennamen zu bilden: denn wir müssten jedem Ding mit einem besonderen Eigennamen gerecht werden. Eine Sprache, die nur aus Eigennamen bestünde, sei aber unmöglich. In Wahrheit gibt es nur Individuen, also nur Substanzen in der Natur. Wir übersehen also stets viele Unterschiede und generalisieren, um Begriffe bilden zu können, denn

> [...] es ist uns, so paradox dies auch erscheinen mag, unmöglich, die Individuen zu erkennen oder die Individualität irgendeiner Sache genau zu bestimmen, ohne die Sache selber festzuhalten [...].[177]

Die theoretische Erkenntnis ist immer sekundär im Verhältnis zum praktischen Leben; sie erwächst aus diesem Leben, stellt aber eine Art Wendung gegen das Praktisch-Unreflektierte dar. Diese Gegenwendung benötigt einer besonderen Aufmerksamkeit und eines Abstrahierens, die dem unmittelbar-praktischen Leben fremd ist, auch wenn beide Einstellungen der gleichen Wurzel entspringen, da sie ja das gleiche Subjekt betreffen. Dass die Philosophen, wenn man sie danach fragt, nicht zu antworten vermögen, was denn die ‚Substanz' sei, verdiene keinen Spott, denn es handle sich hier nicht um einen leeren Begriff, sondern um einen grundlegenden. Und gerade die grundlegendsten und allerklarsten Begriffe vermögen wir nicht zu erklären; nicht deshalb, weil die Begriffe leer oder falsch wären, sondern weil sie die Erkenntnis mitkonstituieren, lange bevor sie selbst einer Reflexion unterzogen werden können. Solche Begriffe wie den der Substanz brauchen wir, um denken zu können, sagt Leibniz, auch wenn wir sie zuerst nicht auszulegen vermögen. Leibniz konnte schon deswegen nicht behaupten, über Substanzen ließe sich gar nichts sagen, denn er hatte ja diesen Begriff in der eigenen Philosophie in Form der Monade bzw. des Individuums verwendet. Zu solchen Abstraktionen wie Monade oder Individuum gelangen wir seiner Ansicht nach aber erst sehr spät, durch lange Schulung und gesteigerte Aufmerksamkeit.

Leibniz übernimmt das Bild der orientalen Kosmologie im Kapitel „Von den zusammengesetzten Ideen der Substanzen", das so heißt, wie das gleichnamige Schwesterkapitel im Buch von Locke. Er löst dieses Bild aus einer ganzen Reihe von analogen Bildern heraus, die Locke gebraucht: die Säule in der Architektur,

---

177 Ebd., S. 285.

das Buch und das bedruckte Papier. Locke hatte mit diesen Bildern die Sinnlosigkeit eines sich im Kreise drehenden leeren Erklärens zu veranschaulichen versucht. Leibniz zitiert nur das kosmologische Bild, während er das architektonische Denkschema, in welches die indische Anekdote bei Locke eingeschrieben war, übergeht. Das Schema von ‚Tragen' und ‚Unterstützen' entsprach nicht seiner originellen Auffassung von Substanz. Es ergab sich nicht aus Unbehagen an Bildern, denn Leibniz' Sprache ist sehr bildhaft, ihre Bildhaftigkeit speist sich aber nicht primär aus dem Architektonischen.[178] Zum anderen wollte er auch den „indischen Philosophen" ein wenig ‚rehabilitieren'. Anders als Locke deutet Leibniz dessen Unwissenheit nicht notwendigerweise negativ. Leibniz teilt nicht die Auffassung von Locke, dass der Mensch vom Einfachsten und von elementarer naiver Erfahrung kontinuierlich zum Kompliziertesten emporschreitet, indem er einfache Ideen miteinander verbindet und kombiniert. Die

---

178 Zwar schrieb Leibniz, die Metaphysik verhalte sich zu den anderen Wissenschaften wie der Architekt zur Architektur, aber architektonische Metaphern, die etwa bei Kant oft vorkommen, waren seiner Einbildungskraft und Sprache im Vergleich zu Kant eher fremd. Daraus ergibt sich für die Übersetzer der französischen Schriften von Leibniz ins Deutsche die besondere Schwierigkeit, sich von der Tradition der stark durch Kant geprägten Sprache der Metaphysik zu befreien. (Vgl. Schneider: Einleitung, S. XIII und XXX.) Bei dem Architekten-Vergleich handelt es sich um eine Stelle aus den „Neuen Abhandlungen", S. 463.) Übrigens verfügte Leibniz über einen ausgeprägten Sinn für die sprachlich-ästhetische Seite des philosophischen Diskurses; er dachte über die Bilder, die er und andere verwandten, nach, und wählte mit großer Überlegung seine Metaphern aus. So bemerkt er in der Vorrede zu „Neuen Abhandlungen", er habe „[...] lieber den Vergleich mit einem Stück Marmor gebraucht, das Adern hat, als den mit einem ganz einartigen Marmorstücke oder einer leeren Tafel, wie sie die Philosophen unter ihrer tabula rasa verstehen. Denn wenn die Seele dieser leeren Tafel gliche, so würden die Wahrheiten in uns enthalten sein wie die Figur des Herkules im Marmor, vorausgesetzt, daß dieses Stück Marmor vollständig gleichgültig dagegen ist, ob es diese oder irgendeine andere Gestalt erhält. Gäbe es aber in dem Stein Adern, welche die Gestalt des Herkules eher als irgendeine andere Gestalt anzeigten, so würde dieser Stein dazu mehr angelegt sein, und Herkules wäre ihm in gewissem Sinne wie eingeboren, wenn auch Arbeit nötig wäre, um diese Adern zu entdecken [...]." (Leibniz: Neue Abhandlungen, S. 8.) Es wundert also nicht, dass Leibniz bei der Locke-Lektüre auch auf gewisse Bilder aufmerksam war, unter anderen auch auf die indische Anekdote. Zu der breiten Palette von Leibniz' Metaphern vgl. das entsprechende Kapitel in: Vanessa Albus: Weltbild und Metapher: Untersuchungen zur Philosophie im 18. Jahrhundert, Würzburg 2001. Die architekonischen Bilder bei Leibniz haben eine andere Funktion als dem metaphysischen Schema von ‚Unterstützen' und ‚Auf-Etwas-Ruhen' Ausdruck zu verleihen.

Schildkröten-Anekdote versinnbildlicht die Frage nach dem Grundlegenden und zugleich dem Einfachsten, also dem, womit man einen Anfang machen kann. Es ist jedoch keine Vorstellung von Anfang in Gestalt von klaren, einfachen Ideen, die wir durch die Wahrnehmungen beziehen. Vielmehr sind nach Leibniz die grundlegendsten Prinzipien solche, die schon immer in uns arbeiten und sich zugleich unserem Denken notwendigerweise entziehen, weil sie für das Denken ebenso unentbehrlich und selbstverständlich sind, wie die Muskeln für das Gehen. An die Arbeit unserer Muskeln denken wir beim Gehen jedoch nicht, wir vergessen, dass sie uns ‚tragen' und uns einfach bewegen. Leibniz' *alter ego*, Theophilus, erörtert diesen Sachverhalt wie folgt:

> […] aber nichtsdestoweniger beginnt die Ordnung der Natur mit dem Einfachsten und die Begründung der speziellen Wahrheiten hängt von den allgemeineren ab, für welche sie nur die Beispiele sind. Will man daher dasjenige in Betracht ziehen, was der Anlage nach und noch vor dem deutlichen Bemerken in uns liegt, so muss man mit dem Einfachsten anfangen. Denn die allgemeinen Prinzipien gehen in unser Denken ein und bilden dessen Seele und Zusammenhalt. Sie sind hierfür so notwendig, wie es die Muskeln und Sehnen zum Gehen sind, wenn man auch nicht daran denkt. Der Geist stützt sich jeden Augenblick auf diese Prinzipien; aber es gelingt ihm nicht so leicht, sie sich klar zu machend sie sich deutlich und gesondert vorzustellen, weil dies eine große Aufmerksamkeit auf sein Tun erfordert, die die meisten Menschen, da sie an Nachdenken wenig gewöhnt sind, nicht besitzen.[179]

Wir haben vieles in unserem Besitz, ohne es zu wissen, meint Leibniz.[180] Mehr noch: wir benutzen vieles aktiv, ohne es uns klar zu machen und es begrifflich zu formulieren oder es wahrzunehmen, und wir benötigen eine solche Klarheit auch gar nicht; es sei denn, wir haben es darauf abgesehen, gerade dieses Grundlagenproblem zu erforschen. Leibniz betrachtet deshalb das Beispiel der Kinder, der Wilden und der ‚Idioten', die für Locke den empirischen Beweis darstellen, dass die ungeschulte Seele zusammengesetzte Ideen nicht kenne, ganz anders als dieser. Zu dem Grundlegendsten gelange man in den meisten Fällen am spätesten, obwohl man es schon von Anfang an ‚benutzen' kann, ohne es zunächst

---

179 Ebd., S. 47.
180 Nahezu poetisch beschreibt Leibniz diese in uns schlummernden Potenzen: „Die Mathematiker nennen sie notiones communes (koinas ennoias). Die neueren Philosophen geben ihnen andere schöne Namen, und Julius Scaliger insbesondere nannte sie semina aeternitatis (Samenkörner der Ewigkeit), oder auch Zopyra, als ob er sagen wollte: lebendiges Feuer, leuchtende, in unserem Innern verborgene Züge, die bei der Berührung mit der sinnlichen Erfahrung herausspringen, gleich den Funken, die aus dem Gewehr beim Losdrücken heraussprühen." (Ebd., S. 5.)

auf schulische Weise ‚gelernt' zu haben. Es gibt angeborene Ideen als Anlagen, wie zum Beispiel die Mathematik, welche als Fähigkeit unseres Geistes nicht der Erfahrung entstammt. Aber es bedeutet nicht, dass solche Anlagen fertige ‚angeborene Gedanken' sind – Gedanken entstehen erst durch Verbindung der Ideen mit den sinnlichen Zeichen und den Dingen. Diese angeborenen Anlagen „liegen in uns"[181] und wir kennen sie, obwohl wir noch nie an sie gedacht haben und vielleicht nie Gelegenheit haben werden, an sie zu denken. Das betrifft die meisten Menschen, die sehr praktisch leben. Für Leibniz sind Kinder, ‚Wilde' und Schwachsinnige nicht der Stoff, an dem man das Einfache, Ursprüngliche und Natürliche auf der ersten Stufe und noch ungetrübt durch die Kompliziertheiten des gebildeten Geistes studieren kann. Für Leibniz treten die Grundsätze – weil sie Anlagen sind – nicht von sich „ans Licht",[182] sondern gerade sie bedürfen der härtesten Arbeit des Geistes. Das Einfache liegt sozusagen nicht chronologisch am Anfang.

Philalethes, der – wie wir sahen – in Leibniz' Essay die Anschauungen von Locke vertritt, will die Ideen und die Begriffe ordnen. Weil der Ursprung der Erkenntnis in den Sinnen liegt, geben wir den abstrakten Ideen einen Ausdruck, der von den Sinnen abgeleitet ist. Deshalb wäre das Elefanten-Bild für ihn eine Parodie der Ordnung (denn das Bild stellt ja eine gewisse Ordnung dar). Unten liegt etwas, man weiß nicht was, weil es ganz allgemein ist. Theophilus unterscheidet demgegenüber die natürliche Ordnung der Ideen und die „Geschichte unserer Entdeckungen" – die letzte spiegelt, wie die Menschen, von ihren zufälligen Bedürfnissen geleitet, zu unterschiedlichen Zeiten gedacht haben.[183] Eine solche Geschichte entspricht jedoch nicht der tatsächlichen Ordnung der Ideen. Fälschlicherweise nehme Locke diese von praktischen Bedürfnissen motivierte Ordnung für die natürliche. „Nicht darauf kommt es an, welche Elemente der Erkenntnis als erste *gewußt*, sondern welche Elemente durch die anderen bestimmt und *begründet* werden: dieses Erste der Begründung ist es, was als die eigentliche Sphäre des ‚Eingeborenen' abgegrenzt wird."[184] Das Verhältnis der leibnizschen Lehre zu der lockeschen kann mit dem Verhältnis zwischen dem Modell des Ptolemäus und dem des Kopernikus verglichen werden: auf dem Weg des Intellekts gelangen wir zu der wirklichen Ordnung, obwohl uns die Sinne etwas anderes wahrnehmen lehren. Und trotzdem bleiben wir für die praktischen Zwecke des Alltags bei der alten Sprechweise, dass sich die Sonne am Himmel bewegt.

---

181 Ebd., S. 50.
182 Ebd, S. 51.
183 Ebd., S. 270.
184 Cassirer: Einleitung, S. XXIII. Hervorhebungen im Original.

Die in der indischen Anekdote versinnbildlichte Reihenfolge verliert also für Leibniz den Sinn, den sie bei Locke hatte. Diesen sprach die Geschichte als Veranschaulichung einer Begründungskette an, die von oben nach unten verläuft; das ‚Stützende' oder ‚Tragende' befindet sich unten als letzte Grundlage, nur erweist es sich zunehmend problematisch, wirklich zu dieser Grundlage zu gelangen. Der Rückgriff auf die Anekdote gab Locke die Gelegenheit, mit der Tradition eines gewissen Denkens, das autoritätsbesetzt war, abzurechnen, zu ironisieren, indirekt auf die als überholt und veraltet geltende Universumsbilder hinweisend. Leibniz sieht in der Anekdote einen anderen Aspekt als Locke: den des unwissenden Wissens. Der Inder hat, so wie die Philosophen, Probleme, das Grundlegende, den Anfang zu benennen, weil er in einer Sprechweise verbleibt, die dem nicht gewachsen ist. Trotzdem hat der Inder für Leibniz eine intuitive Erkenntnis von etwas Unbenennbaren, die man von vornherein nicht verspotten dürfe. Während Locke in dem indischen Weisen einen Menschen sieht, der einfach vorwissenschaftlich denkt und deshalb nicht weiter kommt, interessiert sich Leibniz gerade für das Moment des Ins-Stocken-Geratens, denn solche Momente offenbaren, dass wir einem wichtigen Problem auf der Spur sind. Locke meint eine sichere Grundlage durch den Empirismus gefunden zu haben, was den Aufstieg psychologischer Analyse nach sich zog. Für Leibniz bedeutet die genetische Psychologie nicht den Anfang und die Grundlage des Wissens, sondern ein abgeleitetes und späteres Problem. In einem der ersten Kommentare zu Locke erklärte er, dass: „Die Frage nach dem Ursprung unserer Ideen und unserer Grundsätze [...] nicht zu den Vorfragen der Philosophie [gehört], und man muss schon große Fortschritte in dieser gemacht haben, um sie richtig aufzulösen."[185]

Das neue Wissen der Apparate – Abgründe unten, Abgründe oben

Es gibt bei John Locke ein Motiv, eine Art Fremdkörper, der seine Sicht auf das Problem der Grundlagen kompliziert. Dieser Fremdkörper situiert sich textuell in unmittelbarer Nähe der Schildkröten-Geschichte und ist zugleich ein Zeugnis dafür, wie frappierend die Konfrontation mit der neuen Technik gewesen sein musste. Locke gibt einige Beispiele für die so genannten zusammengesetzten Ideen von Substanzen und stellt sich die Frage, inwieweit ein Ding als zusammengesetzt betrachtet werden kann. Es werden zuerst die Farben verschiedener gut bekannten Dinge (das Haar, das Blut) genannt, dann, einige Absätze weiter das Gold. Es ist eine Substanz, hart, in sich zusammenhängend und in unserer Wahrnehmung sehr einheitlich und undurchdringlich in der Struktur. Das

---

185 Ebd., S. XIII.

sagen uns unsere Sinne, wenn wir ein Stück Gold in die Hand nehmen. Das Bild verändert sich aber grundlegend, sobald das Mikroskop, also ein vom Menschen erfundener und errichteter Apparat, ins Spiel kommt. Es stellt sich unter dem Mikroskop heraus, dass die anscheinend glatte und einheitliche Struktur des Goldes sich doch auf komplizierte Weise als zusammengesetzt enthüllt, es gar nicht glatt ist, sondern aus Teilchen besteht.

Man kann sich nur vorstellen, was für eine Herausforderung das mikroskopische Bild für Locke dargestellt haben musste. Die Grundlagen unserer Erkenntnis sind seiner Auffassung nach einfache Ideen, die die Seele von den Sinnen hat. Unter dem Mikroskop zeigt es sich, dass das Bild, das uns die unbewaffneten Sinne vermitteln, nicht unbedingt Grundlegendes und Endgültiges über die Dinge aussagen muss. Das, was einfach erscheint, erweist sich unter dem Mikroskop als eine komplizierte Welt, und man kann vermuten, dass, wenn man ein schärferes Mikroskop benutzen würde, man noch weiter in die Struktur der Dinge eindringen könnte. Unter unseren Füßen eröffnet sich sozusagen ein Abgrund. Es ist kein Zufall, dass Locke auf diese Gold-Reflexion in unmittelbarer Nähe zu der Schildkröten-Anekdote kommt. Er reflektiert schließlich das Problem der festen Grundlage für unsere Erkenntnis; es geht ihm darum, vom Zusammengesetzten zum Einfachen zu gelangen und die Klarheit der Fundamente zu prüfen. Das Gold ist zudem von besonderer Bedeutung. Es wird vom Juwelier auf seine Echtheit geprüft und es ist traditionell das Symbol der Wahrheit. Das Prüfen auf Echtheit ist nicht zuletzt ein wichtiger Bestandteil des *tertium comparationis* zwischen Gold und Wahrheit. In der Vorrede zum „Essay..." wird es von Locke in dieser symbolischen Bedeutung erwähnt, und zwar als Sinnbild der neuen, aufgeklärten und objektiv geprüften Wahrheit und nicht der alten Wahrheit der Autoritäten:

> Die Wahrheit aber ist wie das Gold in nicht geringerem Grade Wahrheit, wenn sie frisch aus dem Schacht gehoben ist. Probe und Prüfung sind es, die ihr einen Preis geben müssen, nicht aber eine alte Mode [...].[186]

Die Reflexionen, die Locke in seinem Werk anstellt, sollten also einer Art Prüfung auf Echtheit unterworfen werden, befindet er sich doch auf der Suche nach der Wahrheit. Der optische Apparat, den er nicht übersehen kann, schon gar nicht als Empirist, ist plötzlich das Störende, das, was in die innere Harmonie des Gedankengangs eingreift. Es handelt sich hierbei aber nicht einfach um den traditionellen Gegensatz zwischen Verstand den Sinnen, der Apparat ist schließlich keine nicht-sinnliche Erkenntnis. Das Mikroskop verbindet die

---

186 Locke: Versuch, S. 2.

Widerlegung des Wahrheitsgehalts natürlicher Sinneswahrnehmung mit deren unerwarteten Erweiterung durch optische Apparate. Das Schlimme ist, dass sich die Einsicht in die Struktur des Goldes jedes Mal weiter verändern würde, wenn wir die Apparatenschärfe verstärken könnten. Wo befindet sich also die endgültig erste Ebene, auf der wir verbleiben und von der wir sagen könnten, das sei das wirklich wahre Bild von Gold? Mitten in die natürliche menschliche Sinnlichkeit dringt ein Fremdköper ein, ein Apparat, der Produkt des menschlichen Intellekts ist und der das sinnliche Bild der Welt verändert. Der Blick durch den Apparat stellt sich dem Augenschein entgegen. Locke resonniert: „Wären unsere Sinne scharf genug, um die kleinsten Teilchen der Körper und die tatsächliche Beschaffenheit, von der ihre sinnlich wahrnehmbaren Qualitäten abhängen, zu erkennen, so würden sie zweifellos ganz andere Ideen in uns erzeugen."[187]

Er stellt sich einen Menschen vor, der „mikroskopische Augen" hätte. Ein solcher Mensch wäre eine Art König Midas: er könnte mit seiner Gabe zwar vieles Neue erkennen, aber nicht leben:

> Allein ein solcher Mensch würde in einer ganz anderen Welt leben als die übrigen Menschen; nichts würde sich ihm ebenso darstellen wie anderen Leuten; die sichtbaren Ideen aller Dinge würden verschieden sein. Darum zweifle ich auch, ob er sich mit den übrigen Menschen über die Objekte des Gesichtssinnes oder über die Farben unterhalten könnte, da deren Erscheinung so vollkommen verschieden sein würde. Vielleicht würde ein so scharfer und empfindlicher Gesichtsinn nicht den hellen Sonnenschein, ja nicht einmal das freie Tageslicht ertragen und immer nur einen sehr kleinen Teil eines Objektes auf einmal wahrnehmen können, und auch diesen nur aus ganz geringer Entfernung. Falls wirklich jemand mit Hilfe solcher ‚mikroskopischen Augen' (wenn ich sie so nennen darf) tiefer als gewöhnlich in die verborgene Zusammensetzung und in die Grundtextur der Körper eindringen könnte, so würde er durch diesen Wechsel nicht viel gewinnen, wenn er mit Hilfe eines so scharfen Gesichts nicht auch zum Markt und zur Börse finden könnte. Seine mikroskopischen Augen nützten ihm nichts, wenn er Dinge, denen er auszuweichen hätte, nicht schon aus geeigneter Entfernung wahrnehmen, und solche, die für ihn von Bedeutung wären, nicht an denselben sinnlich wahrnehmbaren Qualitäten wie andere Leute erkennen könnte.[188]

Dem Leser aus späteren Zeiten muss es erstaunlich scheinen, dass die Lebensbereiche oder Tätigkeiten, welche Locke in dieser ungewohnten Lage als erste in den Sinn kommen, nicht etwa Familie, Essen, alltägliche Verrichtungen sind, sondern – der Markt und die Börse. Es ist nicht etwa die mit der zweifelhaften Gabe der „mikroskopischen Augen" verlorengegangene Fähigkeit, Essbares von

---

187 Ebd., S. 374.
188 Ebd., S. 376. Hervorhebung von Locke.

Nicht-Essbaren unterscheiden zu können, was Locke erschreckt, sondern die verlorengegangene Fähigkeit zur (modernen) Gesellschaft. Vor allem kommt Locke nicht auf die Idee, dass der Mensch den Apparat ablegen, also sein Leben als Spezialist in der Wissenschaft (im Labor) von der Tätigkeit an der Börse trennen könnte. Um aus der Falle kommen zu können, meint er, wäre es das Beste, wenn der Mensch über verschiedene Sehschärfen verfügen würde. Am besten wäre es, wir hätten verstellbare Augen, die sich der jeweiligen Aufgabe anzupassen vermögen. Aber der Schöpfer habe unsere Sinne so geschaffen, dass wir gerade das erkennen können, was wir zum Leben brauchen, stellt Locke am Ende fest:

> Der unendlich weise Schöpfer der Menschen und aller Dinge um uns her hat unsere Sinne, Fähigkeiten und Organe den Bedürfnissen des Lebens und den hier von uns zu erfüllenden Aufgaben angepaßt. Vermöge unserer Sinne können wir Dinge erkennen, unterscheiden und so weit untersuchen, als nötig ist, um sie für unsere Zwecke zu verwenden und in verschiedener Weise den Erfordernissen dieses Lebens dienstbar zu machen. Wir besitzen hinreichend Einblick in ihr wunderbares Gefüge und ihre staunenswerten Wirkungen, um die Weisheit, Macht und Güte ihres Urhebers zu bewundern und zu preisen. [...] Allein Gott scheint nicht gewollt zu haben, daß wir eine vollkommene, klare und adäquate Erkenntnis der Dinge haben sollten [...].[189]

Wie verbindet sich das jedoch mit dem Wahrheitsanspruch? Diese pragmatische Kapitulation vor der Frage nach dem ins Unendliche führenden Weg, den die Wissenschaft eröffnete, erinnert an die Kapitulation der Denker, die eingestehen, dass sie nicht wissen, was die Substanz sei. Hannah Arendt veranlasste dies sogar zu der Behauptung, dass es die Apparate waren, die die wirkliche weltanschauliche Erschütterung an der Schwelle zur Moderne auslösten, denn mit ihnen begann eine neue Fragestellung und grundlegende Verunsicherung, die nicht spekulativer Natur war. Arendt nennt nicht das Mikroskop, sondern dessen Kehrseite: das Teleskop:

> Es war weder die Vernunft noch der Verstand, sondern ein von Menschen hergestelltes Instrument, das Teleskop, dem die Änderung des Weltbilds zuzuschreiben ist; es war weder betrachtendes Beobachten noch schließendes Spekulieren, das zu den neuen Erkenntnissen geführt hat, sondern ein Eingriff unmittelbar praktisch-aktiver Natur, das Eingreifen der machenden und herstellenden Fähigkeiten von Homo faber.[190]

---

189 Ebd., S. 375.
190 Hannah Arendt: Vita activa oder Vom tätigen Leben, München 2003, S 349. In der neueren Forschungsliteratur, aber auch bereits bei Blumenberg Mitte der 1960er Jahre, wird allerdings die so scharf gestellte These wie die Arendts, dass es der Blick durch das Fernrohr war, der evidenten Beweis für die kopernikanische Theorie

Die Anfänge der neuen optischen Technologie liegen im Dunklen. Ihre Karriere begann der Überlieferung nach als eines auf Jahrmärkten vorgeführten Spielzeugs. Die Gelehrten erkannten ihre Bedeutung erst später. Das Interesse für das Teleskop begann, als man in ihm das Instrument erblickte, das sich für astronomische Beobachtungen eignete. Das war allerdings zuerst nicht selbstverständlich:

> Holländische Brillenschleifer hatten Teleskop und Mikroskop um 1600 erfunden. Doch geniale Wissenschaftler entdeckten erst die damit gegebenen weitreichenden Möglichkeiten. Dabei sorgte das Teleskop für noch mehr Aufsehen, weil es sich von Anfang an mit der Auseinandersetzung um die kopernikanische und nachkopernikanische Astronomie verband. Galilei wertete die Entdeckungen, die ihm mit Hilfe des Fernrohrs gelangen und die er in seinen „Sidereus Nuncius" beschreibt, als eine einzige Bestätigung des heliozentrischen Systems [...]. Ein anderer erkenntnistheoretischer wie anthropologischer Umbruch war beiden Instrumenten gemeinsam: Sie drangen in Bereiche vor, die der Anschauung mit dem bloßen Auge unzugänglich waren, widerlegten damit die alte Überzeugung, dass es nichts der natürlichen Ausstattung des Menschen ‚definitiv entzogenes und Unsichtbares' geben könne.[191]

Die Antwort auf die neue Technologie musste nicht notwendig in Verzweiflung münden. Beide Apparate, das Teleskop und das Mikroskop, ohne die sich die Wissensproduktion des 17. und 18. Jahrhunderts nicht denken lässt, eröffneten den Zeitgenossen bisher nie Gesehenes, aber auch die Perspektive einer Unendlichkeit sowohl im makro-, wie auch im mikrokosmischen Bereich. In dem

---

lieferte, abgemildert. Wenn auch Galilei gleich die Bedeutung des neuen Apparates aus Holland begriff und in den Himmel schaute, hatten viele seiner Zeitgenossen zunächst darin nichts Besonderes gesehen, einige weigerten sich zeitlebens, durch das Fernrohr zu blicken. Das (wissenschaftliche) Sehen braucht die Einbettung in das Wissen und in einen breiteren Kontext, es schließt bestimmte Voraussetzungen mit ein und darf nicht als plötzliche bloße Evidenz verstanden werden. Vgl. hierzu: Steven Shapin: Woher stammte das Wissen in der wissenschaftlichen Revolution? in: Michael Hagner (hg.): Ansichten der Wissenschaftsgeschichte, Frankfurt am Main 2001, S. 43-103. Zur Problematik des ‚richtigen Sehens' in der Wissenschaft siehe auch Ludwik Fleck: Schauen, sehen, wissen, in: Ludwik Fleck: Erfahrung und Tatsache – Gesammelte Aufsätze, hg. von Lothar Schäfer und Thomas Schnelle, Frankfurt/Main 1983, S. 147-174.

191 Karl Richter: Teleskop und Mikroskop in Brockes' „Irdischem Vergnügen in Gott", in: Prägnanter Moment. Studien zur deutschen Literatur der Aufklärung und Klassik. Festschrift für Hans-Jürgen Schings, hg. von Peter-André Alt, Alexander Košenina, Hartmut Reinhardt und Wolfgang Riedel, Würzburg 2002, S. 3-17, hier S. 3.

äußerst populären Buch der Zeit, in Francesco Algarottis „Dialogen über die Optik Newtons" (1737), hören wir die Marchesa mit Begeisterung ausrufen:

> Aber vor allem erscheinen mir jene Instrumente bewundernswert, mit denen sich heute unser Blick außerhalb der engen Grenzen, die ihnen die Natur vorgeschrieben zu haben schien, quasi ins Unendliche erweiterte. Was, kann man sagen, haben die Menschen vor der Erfindung des Fernrohrs und des Mikroskops gesehen? Nichts als die Schale und einen Schimmer der Dinge.[192]

In der englischen Literatur fand der Anschluss an diese Phänomene des neuen Sehens bereits im 17. Jahrhundert statt, die deutsche nahm es etwas später auf.[193] Galileis berühmter erster Blick durch das Fernrohr zum Mond (als öffentlich inszenierter Auftritt) erfolgte 1609.[194] Bei Locke werden wir mit dem mikroskopischen Blick in die sich eröffnenden Abgründe des Kleinsten konfrontiert. Die beiden Apparate und die beiden Blickrichtungen, auch die beiden Abgründe, welche sie den natürlichen Sinnen eröffnen, müssen jedoch zusammen gesehen werden, was auch oft geschah.[195] Der einander analoge Blick in die mikroskopische und in die makroskopische Welt gehört schließlich zu der Topik der Literatur

---

192 Francesco Algarotti: Dialoge über die Optik Newtons, Hannover 2012, S. 49. (Erste deutsche Übersetzung erfolgte 1745.) Das Original erschien 1737 in Neapel unter dem Titel „Il Newtonianismo per le dame ovvero dialogo sopra la luce e i colori".
193 Richter: Teleskop und Mikroskop, S. 3.
194 Siehe hierzu den klassischen Aufsatz Hans Blumenbergs: Das Fernrohr und die Ohnmacht der Wahrheit, in: Galileo Galilei: Sidereus Nuncius. Nachricht von neuen Sternen. Dialog über die Weltsysteme (Auswahl). Vermessung der Hölle Dantes. Marginalien zu Tasso, hg. und eingeleitet von Hans Blumenberg, Frankfurt am Main 1965, S. 5-73. Oder: Jürgen Renn: Galileis Revolution und die Transformation des Wissens, in: Jakob Staude (hg.): Galileis erster Blick durchs Fernrohr und die Folgen heute, Heidelberg 2010, S. 9-29, sowie: Wilhelm Schmidt-Biggemann: Galilei als Revolutionär, ebenda S. 31-60. Zu den berühmten Kontroversen um Galilei sowie den „Affären" um dessen Haltung zum Heliozentrismus und deren Rezeption bei etwa Koestler und Whitehead siehe den materialreichen Artikel von Isabelle Stengers: Die Galilei-Affären, in: Elemente einer Geschichte der Wissenschaften, hg. von Michel Serres, Frankfurt/Main 1998, S. 395-443.
195 Der große Popularisator des Mikroskops und Autor des bekannten reich bebilderten Werkes „Micrographia" (1665) Robert Hooke interessierte sich bemerkenswerterweise zugleich für die Erklärung der Himmelskörpermechanik und führte darüber eine intensive Korrespondenz mit Newton; Hooke motivierte Newton dazu, weiter das Problem zu verfolgen. Hooke hat 1679 Newton animiert, an der Frage zu arbeiten, ob es die Gravitation sei, die für die Himmelsmechanik verantwortlich sein könnte. (vgl. John Henry: Stichwort „Attraction" in: Encyclopedia of the Scientific Revolution From Copernicus to Newton, S. 60-62, hier S. 62.)

des 17. und 18. Jahrhunderts.[196] Beide Instrumente bilden zusammen eine Achse, welche an den beiden Enden beliebig weit verlängert werden kann; die einzige Bedingung ist der technische Fortschritt.[197] In den „Gesprächen über die Vielzahl der Welten" wird eine solche aufs Unendliche gehende Verbindung zwischen der Dimension des Weltalls und den mikroskopischen Welten geschildert und als positiv erlebt. Es gibt eine Unendlichkeit an beiden Enden der kosmischen Achse, die sich von dem kleinsten Unsichtbaren auf der Erde bis in die Unendlichkeiten des Alls hinzieht. Mehr noch, die beiden Welten: die große und die kleine hängen miteinander zusammen, so wie – möchte man ergänzen – einst das Mikro- und Makrokosmos. Der galante Philosoph und Kopernikus-Popularisator in Fontenelles Werk äußert der Marquise gegenüber:

> Ich bin überzeugt, und Sie sind es ja auch schon, daß sie die gleiche Macht über die Welten ausübt und daß dies sie keine größere Mühe kostet. Aber wir haben darüber mehr als bloße Vermutungen. Tatsächlich, da man seit ungefähr hundert Jahren mit Fernrohren einen ganz neuen Himmel beobachtet, der den Alten unbekannt war, gibt es kaum Konstellationen, in denen es nicht zu einem spürbaren Wandel gekommen ist; und bei der Milchstraße bemerkt man davon am meisten, als herrschte in diesem Ameisenhaufen von kleinen Welten eine lebhaftere Bewegung und Unruhe.[198]

Fontenelles Blick durch das Teleskop auf die Milchstrasse erinnert an den Blick durch das Mikroskop auf einen Wassertropfen, bei dem es sich erwies, dass es in

---

196 In der deutschen Dichtung hat etwa Klopstock die kleine und die große Welt als miteinander verbunden und von der Allmacht und Schönheit Gottes Zeugnis gebend dargestellt. Zu dessen Gedicht „Frühlingsfeier" vgl. Karl Richter: Literatur und Naturwissenschaft, S. 169ff, zu dem gleichen Motiv bei Brockes („Das Grosse und Kleine") dort S. 166ff. Siehe auch: Thomas P. Saine: Das Epikureische und die Unendlichkeitskrise, in: Von der Kopernikanischen bis zur Französischen Revolution. Die Auseinandersetzung der deutschen Frühaufklärung mit der neuen Zeit, Berlin 1987, S. 22-36.

197 Natürlich werden in Folge des Apparateneinsatzes auch neue wissenschaftliche Tatsachen geschaffen. „Mit dem Brechungsgesetz, mit den Brillen, Mikroskopen und Fernrohren kommt eine Dialektik zwischen dem Verständnis der Phänomene, der Verfeinerung der physikalischen Gesetze und der Vervollkommnung der Instrumente in Gang: Bald treten neue Phänomene auf, etwa die Färbung der Dünnschliffe, Grimaldische Interferenzmuster, Newtonsche Ringe, doppelbrechende Kristalle, und neue Begriffe wie Diffraktion, doppelte Refraktion, Interferenzen, Polarisation..." (Michel Authier: Die Geschichte der Brechung und Descartes' vergessene Quellen, in: Elemente einer Geschichte der Wissenschaften, hg. von Michel Serres, Frankfurt/Main 1998, S. 445-485, hier S. 483.)

198 Fontenelle: Gespräche über die Vielzahl der Welten, S. 104.

ihm, dem anscheinend sauberen Wasser, von Leben nur so wimmelt. Der junge Philosoph spricht seiner Dame gegenüber von der unendlichen Leiter des Seins, welche sich uns nun zum Teil dank der Teleskope und Mikroskope enthüllt:

> [...] Sie dürfen nämlich nicht glauben, daß wir alles sehen, was die Erde bewohnt; es gibt ebenso viele unsichtbare Tierarten wie sichtbare. Wir können von einem Elefanten bis zu einer Milbe alles sehen, mehr erfasst unser Blick nicht; doch mit der Milbe beginnt eine unendliche Vielzahl von Tieren, und die Milbe ist für sie der Elefant, während unsere Augen sie nicht ohne Hilfsmittel wahrnehmen können. Mit Vergrößerungsgläsern hat man sehr kleine Tropfen Regenwassers, Essings oder anderer Flüssigkeiten untersucht, die von kleinen Fischen oder kleinen Schlangen wimmelten, von denen man niemals geahnt hatte, daß sie dort lebten [...].[199]

Den gewaltigen Eindruck verdankte diese neue Erfahrung den unerwarteten Dimensionen, aber sie wirkte wohl deshalb umso überzeugender, als sie sich in eine alte Vorstellung hineinschrieb: in die große Kette der Wesen. Dieser Idee nach ist die Leiter des Seienden unendlich und dem Prinzip der Fülle zufolge in beide Richtungen ausgestreckt; auf ihren Stufen finden unendlich viele Wesen Platz.[200] Arthur O. Lovejoy zufolge hat die kosmologische Literatur der nachkopernikanischen Welt diese Vorstellung aufgenommen und entsprechend verarbeitet.[201] Die Achse der Unendlichkeiten, im wissenschaftlich-vernünftigen Gewand, das ihr das aufgeklärte Zeitalter verlieh, findet man als Denkfigur interessanterweise noch gelegentlich im späten 19. Jahrhundert, etwa in Nietzsches Apologetik des schwankenden Bodens der menschlichen Erkenntnis. In dessen „Über Wahrheit und Lüge im außermoralischen Sinne" lesen wir:

> In irgend einem abgelegenen Winkel des in zahllosen Sonnensystemen flimmernd ausgegossenen Weltalls gab es einmal ein Gestirn, auf dem kluge Tiere das Erkennen erfanden. Es war die hochmütigste und verlogenste Minute der >>Weltgeschichte<<: aber doch nur eine Minute. [...] Es hat gewiß jeder Mensch, der in solchen Betrachtungen heimisch ist, gegen jeden derartigen Idealismus ein tiefes Mißtrauen empfunden, so oft er sich einmal recht deutlich von der ewigen Consequenz, Allgegenwärtigkeit und Unfehlbarkeit der Naturgesetze überzeugte; er hat den Schluß gemacht: hier ist alles, soweit wir dringen, **nach der Höhe der teleskopischen und nach der Tiefe der mikroskopischen Welt**, so sicher, ausgebaut, endlos, gesetzmäßig und ohne Lücken;

---

199 Ebd., S. 66.
200 Arthur O. Lovejoy: Die große Kette der Wesen. Geschichte eines Gedankens, übersetzt von Dieter Turck, Frankfurt am Main 1985, insbesondere S. 159 ff.
201 Ebd.

die Wissenschaft wird ewig in diesen Schachten mit Erfolg zu graben haben, und alles Gefundene wird zusammenstimmen und sich nicht widersprechen.[202]

Die Verheißung und Begeisterung, Neues zu erblicken, gepaart mit der Furcht vor der Ungewissheit der sich eröffnenden Abgründe, wird von der Überzeugung begleitet, dass unsere natürliche Sinnesausstattung für die Erkenntnis recht wenig tauge. Eher täuschen uns die Sinne Falsches vor. Es gab für diese grundlegende Gefahr der Täuschung kein besseres Beispiel als das kopernikanische heliozentrische Universumsmodell.[203] Johann Christoph Gottsched gab diesen Überzeugungen in seinem Werk „Erste Gründe der gesamten Weltweisheit..." Ausdruck, die er in Leipzig 1733 erschienen ließ.[204] Die Abhandlung wurde im deutschen Sprachraum recht populär und erfuhr mehrere Auflagen. In diesem enzyklopädisch angelegten Buch beschreibt Gottsched im „zweyten Abschnitt" das „ganze Weltgebäude". Er behandelt dort das kopernikanische Weltbild und die Wissenschaft der Astronomie. Diese hätten das vorwissenschaftliche, falsche Weltbild der Alten verdrängt, die sich in ihren Erkenntnissen lediglich auf ihren natürlichen Sinnesapparat beschränken mussten:

> Wer die ganze Welt bloß nach dem ersten Anblicke der Sinne beurtheilet, der kann sich dieselbe nicht anders, als so vorstellen, wie sich die alten Schäfer in Chanläa und Ägypten diselbe eingebildet haben. Sie sahen nämlich die Erdkugel für das Hauptwerk an; um dessentwillen alles übrige vorhanden wäre. Hierauf war die Sonne der merkwürdigste

---

202   Friedrich Nietzsche: Ueber Wahrheit und Lüge im aussermoralischen Sinne, in: Nietzsche. Werke. Kritische Gesamtausgabe, hg. von Giorgio Colli und Mazzino Montinari, Abteilung 3 / Bd. II (Nachgelassene Schriften 1870-1873), Berlin 1973, S. 367-384, Zitat S. 369 und S. 379. (Fette Hervorhebungen im Zitat von mir - M.T.)
203   Vgl. hierzu: Blumenberg: Die Genesis der kopernikanischen Welt, insbesondere das Kapitel „Am Ende des ruhenden Betrachters", S. 47-65. Die Verwendung der kopernikanischen Metapher für das Problem der Sinnestäuschung wird in dem Novalis-Kapitel dieser Arbeit näher behandelt.
204   Johann Christoph Gottsched: Erste Gründe der gesamten Weltweisheit, darinn alle philosophische Wissenschaften, in ihrer natürlichen Verknüpfung, in zween Teilen abgehandelt werden, Zum Gebrauche akademischer Lectionen entworfen, mit einer kurzen philosophischen Historie, nöthigen Kupfern und einem Register versehen, von Johann Christoph Gottscheden, ordentl. Lehrer der Logik und Metaphysik, der Univ. Decemvirn und Subseniorn, der königl. preuß. churfürstl. maynzischen, churbayerischen und bononischen Akademien der Wissenschaften Mitgliede. Siebente vermehrte und verbesserte Auflage. Mit röm. Kaiserl. Und königl. pohln. chursächs. Freyheit. Leipzig, Verlegts Bernhard Christoph Breitkopf. 1762, in: Johann Christoph Gottsched: Ausgewählte Werke, hg. von P. M. Mitchell, Band 5, Teil I (theoretischer Teil), Berlin 1983.

Weltkörper: von dem allerdings alle unser Licht und Leben abhängt. Sodann folgete der Mond, der wenigstens seiner monathlichen Abwechselung wegen, merkwürdig war. Und endlich kamen die übrigen Sterne in Betrachtung.[205]

Angesichts dieser Phänomene wird deutlich, in welch bewegten, brisanten kulturellen Kontext von schwankenden Böden und neuen Welten die über Reiseliteratur aus der orientalen Vorstellungswelt importierte Schildkröten-Anekdote gelangte. Da sie an den philosophischen, ethnologisch-psychologischen wie auch an den populärwissenschaftlichen Diskurs angeschlossen werden konnte, wurde sie zur gängigen Metapher für die Auseinandersetzung mit der neuen Grundlosigkeit. In diesem Sinne ist sie eine auf das Negative hin angelegte Figur. In welchem stilistischen Kleid formuliert man aber die positiven Versuche, in der Krisensituation ein neues Anfangsdenken zu entwerfen? Es scheint, dass solche Anfangnarrative gern von einer anderen Metapher Gebrauch machten, die ebenso aus einer Anekdote gewonnen wurde, diesmal aus einer antiken: von der Metapher des archimedischen Punktes.

Der archimedische Punkt als moderne Anfangsmetapher im kosmologischen Metaphernfeld

In Zeiten des Aufbruchs wird oft von Krisen gesprochen, um im Grunde genommen einen Ruf nach Neuem verlauten zu lassen. Im europäischen intellektuellen Diskurs des 17. Jahrhunderts wird immer wieder die Auffindung bzw. das Schaffen neuer Grundlagen mit der Begründung, die traditionellen und überlieferten hätten ausgedient, gefordert. Der Ruf nach neuen Grundlagen gehörte zu den Dominanten der Zeit. Steven Shapin fasst diese Tendenzen zusammen:

> Bacons oft zitiertes Bild von dem >>äußerlich prächtigen Bau ohne sicheres Fundament<< faßte das Bestreben der radikalen Modernisten zusammen. Die überkommenen Philosophien waren vollkommen wertlos. >>Abhilfe konnte nur so kommen, dass man an die Dinge mit neuen Methoden in der lauteren Absicht heranging, zu einer vollständigen Erneuerung der Wissenschaften und Künste, überhaupt der ganzen menschlichen Gelehrsamkeit, auf gesicherter Grundlage zu kommen.<< In Frankreich erklärte Descartes ganz ähnlich, dass die bisherige Philosophie nur wenig zustande gebracht habe. Er zog sich in eine >>warme Stube<< zurück und ließ all die philosophischen Schriften beiseite, die er jemals gelesen hatte. Es schien ihm besser, das philosophische Projekt nochmals ganz von vorn zu beginnen, >>als wenn ich nur auf alten Fundamenten aufbaute<<. Und der englische Experimentator Henry Power (1623-1668) folgte demselben Muster, als er der neuen Philosophie sein Lob spendete: >>Ich denke, wir

---

205 Ebd., S. 329.

müssen all das alte Gerümpel wegwerfen und die baufälligen Gebäude einreißen... Es ist an der Zeit, neue Grundlagen für eine bessere Philosophie zu legen, die niemals mehr eingerissen werden kann.<<[206]

Vor diesem Hintergrund ist die Karriere einer anderen Metapher zu verstehen, die als ausgesprochene Anfangsmetapher zu fungieren beginnt. Es handelt sich um den ‚archimedischen Punkt'. Ähnlich wie die orientale Vorstellung von den die Erdkugel stützenden Tieren, hatte auch diese Erzählung einen Weg von der überlieferten Anekdote bis hin zur Metapher als Knotenpunkt des abendländischen Grundlagendiskurses zurückgelegt. Ihr Aufstieg und Anschluss an das kosmologische Bildfeld beginnt im 17. Jahrhundert und erreicht im Umkreis der Auseinandersetzung mit Kants ‚kopernikanischer Wende' und deren Folgen einen Höhepunkt. Den Forschern ist die Popularität des Bildes nicht entgangen. Es existieren bisher allerdings so gut wie keine ausführlichen historischen Studien dazu. Die Herausgeber der Werke von Novalis, Hans Jurgen Balmes i Hans-Joachim Mähl, bemerken in ihrem Kommentar zu einem der Fragmente des Dichters, dass „Diese Archimed-Anekdote wird in der zeitgenössischen Diskussion als Vergleich für die letzte Begründung des Selbstbewußtseins öfter herangezogen [...]."[207] Als Letztbegründungs-Figur wird sie auch von Jacobi, Herder, Hegel, Fichte, Schelling, Friedrich Schlegel und anderen angeführt.

Die Quelle der Überlieferung lässt sich in diesem Falle, im Gegensatz zu der orientalen Anekdote über die mythischen Tiere recht schnell identifizieren. Der im dritten Jahrhundert vor Christus lebende antike Gelehrte und Mechaniker Archimedes von Syrakus, der u.a. die Hebelgesetze formulierte und somit als Begründer der theoretischen Mechanik gilt, soll zur Veranschaulichung der Potenzen dieser Gesetze behauptet haben, er könnte den Erdball von seiner Stelle

---

206 Shapin: Woher stammte das Wissen in der wissenschaftlichen Revolution? S. 44. Shapin bezieht sich u. a. auf den viel zitierten Satz von Francis Bacon: „Deshalb bleibt das ganze Verfahren, dass wir zur Erforschung der Natur einsetzten, nicht gut eingerichtet. Es gleicht einem äußerlich prächtigen Bau ohne sicheres Fundament." (Francis Bacon: Neues Organon, Teilband 1, hg. und mit einer Einleitung von Wolfgang Krohn, Lateinisch-deutsch, Hamburg 1990, S. 4-5.) Es soll aber hinzugefügt werden, dass der laute Ruf nach Neuanfängen und ausgesprochenes Bekenntnis zum radikal Neuen nicht unbedingt der Praxis entsprechen musste. Die ‚Modernen' deklarierten programmatische vorurteilsfreie Naturbeobachtung, neue experimentelle Methoden und Tatsachenhunger, die wissenschaftliche Praxis war allerdings sehr oft viel traditionsbezogener als man im Angesicht der Deklarationen denken könnte. Dies legte Steven Shapin in seiner Forschung zu der ‚wissenschaftlichen Revolution' dar.
207 NW, Bd. III, S. 362. Mehr dazu im Novalis-Kapitel dieser Arbeit.

bewegen, wenn ihm nur ein entsprechend langer Hebel und ein Punkt außerhalb der Erde zur Verfügung stünden. Mit dem Punkt außerhalb der Erde ist das so genannte *fulcrum*, der Angelpunkt eines Hebels gemeint. Jocelyn Holland, die sich mit der Topik des Punktes in der deutschen Frühromantik beschäftigt und dabei auf die enorme Bedeutung der – symbolisch gedeuteten – Hebelgesetze bei Novalis hingewiesen hat, verweist auf die Unterschiede, welche es zwischen den beiden antiken Überlieferungen dieses angeblichen Spruches von Archimedes gibt.[208] Wir verfügen über zwei Berichte, denen zufolge Archimedes von der Möglichkeit, mit Hilfe von einem Hebel und bei Vorhandensein entsprechenden Stütz- bzw. Standpunktes den Erdball zu bewegen versprach: die eine Erwähnung befindet sich in den Schriften des Historikers Pappos von Alexandria in seinem Werk „Synagoge", die andere im Buch XXVI der „Griechischen Weltgeschichte" von Diodoros. Jocelyn Holland bemerkt, dass Pappos in seiner Version der Anekdote das griechische Wort ‚sto' [στῶ] benutzt; bei ihm fordert Archimedes einen Punkt außerhalb der Erde, um darauf stehen zu können. Bei Diodoros spricht Archimedes demgegenüber von einem außerirdischen Punkt, um an ihn den Hebel festzumachen. Diodoros verwendet in seiner Nacherzählung das Verb ‚bo' [βῶ], von dem das Substantiv ‚basis' abstammt. Auf diese Weise entwickeln die Berichte einen verhältnismäßig breiten Deutungsspielraum wenn sie als Metapher funktionalisiert werden:

> Pappus of Alexandria has famously reported Archimedes as saying that he would be able to move the earth given just one fixed point. [...] Pappus uses the word sto for stand, from the verb istemi, from which the word *stasis* is derived. In another record of the quote from Archimedes, Diodorus of Sicily expresses the same sentiment in slightly different language [...]. Instead of sto, Diodorus uses bo, from baino, from which the word *basis* comes. In the first quote, the lever is only implied, with the effect of lending the static >>I<< an aura of greater strength. The second quote, which cites the instrument, also serves as a reminder that not just one but two points are needed: one upon which to stand, and one upon which to place the lever. There are echoes of both in the philosophical programs of modernity.[209]

Archimedes und seine Leistungen gehörten als Teil des antiken klassischen Erbes über Jahrhunderte zu dem Bildungsgut Europas. Eine wesentliche Quelle

---

208 Jocelyn Holland: Schlegel, Hardenberg, and the Point of Romanticism, in: „Athenäum" 19/2009, 87-108. Zur Symbolik des archimedischen Punktes vgl. auch das Heft 3/214 von „SubStance. A Review of Theory and Literary Criticism" (Spezialnummer zum Thema „The Archimedean Point in Modernity", hg. von Jocelyn Holland and Edgar Landgraf).
209 Ebd., S. 99.

sind die Schriften Plutarchs, aus denen ganze Generationen die Schicksale der
‚großen Männer' der Antike kennenlernten und bei dem auch ein Bericht über
Archimedes zu finden ist.[210] Es ist allerdings schwierig, mit vollkommener Gewissheit den Augenblick zu bestimmen, in dem die Überlieferung zum ‚archimedischen Punkt' mit einer neuen kosmologischen Bedeutung ausgestattet
wurde. Die einsetzende wissenschaftliche Revolution war hier natürlich von
entscheidender Bedeutung. Die Epoche der Gelehrten konnte sich in dem Bild
eines Subjekts wiedererkennen, das als Ingenieur aufgrund von selbst formulierter Gesetze der Mechanik ein Werkzeug erfindet, mit dem es den Lauf der
Himmelskörper zu ändern vermag. Die Archimedes-Metapher weist vor diesem
Hintergrund eine performative Komponente auf: wenn sie im kosmologischen
Metaphernfeld gegen das Motiv der unbekannten/unsicheren Grundlage ausgespielt wird (also gegen den durch das ‚Schildkröten'-Motiv besetzte Pol des
Feldes),[211] kommt dieser ‚konstruktivistische' Aspekt deutlich zum Ausdruck.
Im Vordergrund steht hier der Mensch, der etwas Großes vollbringt, der eine
Stellung außerhalb des Alten, Gegebenen und Überlieferten einzunehmen imstande ist und von dort aus Dinge in Bewegung setzt.

Eingang in den Grundlagendiskurs als Metapher des absoluten Neuanfangs
fand der ‚archimedische Punkt' mit Renè Descartes. Descartes spielt auf Archimedes in den berühmt gewordenen Anfangspassagen der „Meditationes de prima philosophia, in qua Dei existentia et animæ immortalitas demonstratur" an
(1641, französische Übersetzung 1647). Es ist das gleiche Werk, das Steven Shapin als eines der bedeutendsten Zeugnisse der frühmodernen Forderung nach
Neuanfang bezeichnet. Das Paradoxe dieses Neufangs war, dass es gerade der
radikale, allumfassende Zweifel war, der die neue feste Grundlage liefern sollte.
Descartes inszeniert sich zu Beginn seiner Meditationen zu einem Archimedes
der Gegenwart:

> Die gestrige Betrachtung hat mich in so gewaltige Zweifel gestürzt, daß ich sie nicht
> mehr vergessen kann, und doch sehe ich nicht, wie sie zu lösen sind, sondern ich bin
> wie bei einem unvorhergesehenen Sturz in einen tiefen Strudel so verwirrt, daß ich weder auf dem Grunde festen Fuß fassen, noch zur Oberfläche emporschwimmen kann.
> Dennoch will ich mich herausarbeiten und von neuem eben den Weg versuchen, den
> ich gestern eingeschlagen hatte: nämlich alles von mir fernhalten, was auch nur den
> geringsten Zweifel zuläßt, genau so, als hätte ich sicher in Erfahrung gebracht, daß es

---

210 Michel Authier: Archimedes: das Idealbild des Gelehrten, in: Serres (hg.): Elemente
einer Geschichte der Wissenschaften, S. 177-227, insbesondere S. 183.
211 Ausführlicher behandle ich diesen ‚Kampf der Metaphern' am Beispiel eines
Schlüsseltextes von Fichte in dem entsprechenden Kapitel dieser Arbeit.

durchaus falsch sei. Und ich will so lange weiter vordringen, bis ich irgend etwas Gewisses, oder, wenn nichts anderes, so doch wenigstens das für gewiß erkenne, daß es nichts Gewisses gibt. Nichts als einen festen und unbeweglichen Punkt verlangte Archimedes, um die ganze Erde von ihrer Stelle zu bewegen, und so darf auch ich Großes hoffen, wenn ich nur das geringste finde, das sicher und unerschütterlich ist.[212]

Die „Meditationes" beginnen mit der Erfahrung des Überdrusses an allem überlieferten diskursiven Wissen und mit der Entscheidung, den Tisch zu räumen und nach einem radikalen Neuanfang zu suchen, der sich nun als Bruch mit dem Vertrauen in überlebte Wahrheiten versteht und sich nur auf die nackte Erfahrung dessen stützen soll, was dem Geist unmittelbar, ohne jegliche Vermittlung als klar und fest erscheint. Bekanntlich fand diese Erfahrung von Descartes in der Formel *cogito ergo sum* ihren Niederschlag, was eigentlich als ‚ich zweifle, also bin ich' ausgelegt werden muss. Betrachten wir das Zitat näher, erblicken wir einen Schwimmer, welcher verzweifelt nach einem festen Punkt sucht, auf den er seinen Fuß setzen könnte. Das sprechende Ich stürzt sich ins unruhige Wasser, in einen „tiefen Strudel". Es macht dies absichtlich – es handelt sich um keinen zufälligen Unfall, sondern, trotz der ganzen Schwindelerfahrung, um eine Selbstuntersuchung, man möchte nahezu sagen: um ein Experiment, denn die Erfahrung des Sprunges in den Strudel des Zweifels ist demonstrierbar und wiederholbar.[213] Sie wird unermüdlich auf die gleiche Weise wiederholt, bis das

---

212 René Descartes: Meditationes de prima philosophia In quibus Dei existentia et animae Humanie a corpore distinctio demonstrantur / Meditationen über die Grundlagen der Philosophie in denen das Dasein Gottes und die Verschiedenheit der menschlichen Stelle vom Körper bewiesen werden, Auf Grund der Ausgaben von Artur Buchenau neu herausgegeben von Lüder Gäbe. Durchgesehen von Hans Günter Zekl. Mit neuem Register und Auswahlbibliographie versehen von George Heffernan, Lateinisch-deutsch, Hamburg 1992, S. 41 und 43. Im lateinischen Original ist von einem „gurges profundus" [tiefem Wirbel/Strudel] die Rede. „In tantal dubitationes hestera meditatione coniectus sum, ut nequeam amplius larum oblivisci nec videam tamen, qua ranione solvendae sint; sed tamquam in profundum gurgitem ex improviso delapsus ita turbatus sum, ut nec possim in imo pedem figere nec enatare ad summum. Enitar tamen et tentabo rursus eandem via, quam heri fueram ingressus, removendo scilicet illud omne, quo vel minimum dubitationis admittit, nihil secius quam si omnino falsum esse comperissem; pergamque porro donec aliquid certi vel, si nihil aliud, saltem hoc ipsum pro certo nihil esse certi cognoscam. Nihil nisi punctum petebat Archimedes, quod esset firmum et immobile, ut integram terram loco dimoveret; magna quoque speranda sunt, si vel minimum quid invenero, quo certum sit et inconcuccum." (Ebd., S. 40 und 42.)
213 In der Descartes-Forschung wird auf die Nähe der Gedankenexperimente in den „Meditationes" zu der Tradition des meditativen Gebets oder gar der

sprechende Ich zu seinem Ergebnis kommt, und der Leser wird durch den detaillierten Bericht nicht nur Zeuge des Verfahrens, sondern er wird auch dazu eingeladen, die gleiche Erfahrung an sich selbst auszuprobieren, um sich von der Evidenz der Thesen von Descartes unmittelbar zu überzeugen.[214] Ein in der Denkfigur des archimedischen Punktes schlummernder Paradox macht sich allerdings bei diesem Experiment bemerkbar: weil das Subjekt selbst, konkret: das Selbstbewusstsein zum archimedischen Punkt, d.h. zur neuen, festen Grundlage gegen alles das, was als überlebt und ungewiss fallen gelassen werden soll, wird das Subjekt innerlich gespalten. Das Ich ist – das ist der Preis, der für diese neue, selbstgesetzte Gewissheit gezahlt werden muss – einerseits in das tätige Ich, das denkt und zweifelt, andererseits das beobachtende (und das Experiment in Schrift festhaltende) Ich geteilt. Dieses Doppelgängertum, in dem sich das moderne Ich wiedererkennen kann, wird von einer neuen Einsamkeit des Menschen in der Welt begleitet. „Der cartesische Stolz, sich selbst als *res cogitans*, als

---

religiösen Exerzitien eines Ignatius von Loyola hingewiesen. Ulrich Nolte interpretiert die „Meditationes" als ‚philosophische Exerzitien' im Kontext der Kultgeschichte: „Hier wurde Philosophie in der Form religiöser Übungen als eine Art Lese- und Denkmysterium dargeboten." Nolte verfolgt diese Tradition der Exerzitien bis in die Antike und nennt die Experimente von Descartes ein philosophisches Privatmysterium, weil sie der individuellen Einsicht des Subjekts in seinen Vernunftcharakter dienen. Dabei wird die meditative mystische Tradition mit der neuen szientifischen Methode auf interessante Weise verbunden. Descartes „[…] geht es nicht um Seelenleitung, sondern um die Suche nach einem Fundament der wissenschaftlichen Erkenntnis. Nur mittelbar hat dies, wie noch zu zeigen sein wird, seelenleitende Funktion. In der Übertragung des psychagogischen Selbstgesprächs auf die Metaphysik ist Descartes ohne Vorgänger." (Ulrich Nolte: Philosophische Exerzitien bei Descartes: Aufklärung zwischen Privatmysterium und Gesellschaftsentwurf, Würzburg 1995, S. 9. und S. 89.)

214 Die Unmittelbarkeit und Evidenz dieser Ich-Erfahrung ist seit Descartes mehrmals widerlegt worden, sei es von Nietzsche oder Heidegger, sei es von der Psychoanalyse oder von marxistisch inspirierten Denkströmungen, auch wenn es immer wieder den Ton in der Moderne angab und Theorien inspirierte, die das Selbstbewusstsein als unhintergehbar sahen, wie etwa Edmund Husserl. Gernot Böhme bemerkt, dass es bereits Lichtenbergs Einwand war, dass einem die Gedanken eigentlich ‚kommen' und es deshalb viel angemessener wäre, statt ‚Ich denke', lieber ‚es denkt' (in uns) zu sagen. Im Anschluss an diese Fragestellung entwickelt Böhme einen interessanten Vorschlag einer ‚Philosophie des Mir' statt ‚des Ichs'. (Gernot Böhme: Über eine notwendige Veränderung im europäischen Denken, in: Gernot Böhme: Philosophieren mit Kant. Zur Rekonstruktion der Kantischen Erkenntnis- und Wissenschaftstheorie, Frankfurt/Main 1986, S. 229-239, hier S. 235-236.)

denkende Substanz, erkannt zu haben, ist gepaart mit dem Entsetzen darüber, mit nichts mehr in Zusammenhang zu sein [...]."[215] Insofern ist der archimedische Punkt ein Sinnbild, oder zumindest eines der tiefgreifenden Sinnbilder der Moderne, die sich zum entscheidenden Teil unter dem Zeichen des gespaltenen Subjekts abspielt: in der Wissenschaft, in der Philosophie und in der Literatur. Michel Foucault beschrieb den modernen Menschen als ‚un doublet empirico-transcendantal': sein Wesen besteht in einer grundsätzlichen Spaltung, da er sich selbst einzuholen sich bemüht, was eine unendliche Aufgabe ist.[216] Der archimedische Punkt enthüllt, wenn er als Metapher genommen wird, ein Spektrum von Stimmungsvarianten: er kann entweder den Optimismus des die Natur und sich selbst beherrschenden Subjekts ausdrücken (eine Stimmung, die, wie es scheint, in der frühen Phase der Moderne eher dominant war), oder die Tragik des in sich zerrissenen und gespaltenen Ichs bildhaft vor Augen führen.

Wir haben es in Descartes Text mit einer paradigmatischen Anfangserfahrung und mit der Kreation einer Anfangserzählung zu tun. Die Stelle in den „Meditationes" ging als Inbegriff einer solchen Erfahrung in die Geschichte ein. Christian Wohlers brachte die Ausrichtung auf Neuanfang als denkerisches Profil von Descartes in den Worten zum Ausdruck:

> In Renè Descartes findet man einen Denker, der wohl wie kaum ein anderer sich den Neubeginn auf die Fahnen geschrieben hat und dem ein solcher Neuanfang wie kaum einem anderen auch gelungen ist. Descartes aber propagiert diesen Neuanfang nicht nur, er vollzieht ihn in seinem Denken – mehr noch: sein Denken ist nichts anderes als eben dieser Vollzug eines Neuanfangs im Denken.[217]

Descartes bedient sich bestimmter Praktiken, um seinem Text den Charakter einer unmittelbaren Neuanfangsvermittlung zu geben. Er wählt die Form der Meditation, d. h. des Selbstgesprächs, und greift nach Strategien, welche in philosophischen Texten damals recht unüblich waren:

> Descartes verfaßt ein Werk von etwa einhundert Seiten, in dem es nicht einen einzigen Quellennachweis, Verweis oder irgendeine Erläuterung gibt, die Geschichte der Philosophie nicht aufgearbeitet wird und es keine Auseinandersetzung mit seinen Zeitgenossen gibt. Descartes veraßt dabei aber auch keine Abhandlung, in der er die Ergebnisse

---

215 Hartmut Böhme / Gernot Böhme: Das Andere der Vernunft. Zur Entwicklung von Rationalitätsstrukturen am Beispiel Kants, Frankfurt/Main 1985, S. 239.
216 Vgl. die Thesen Michel Foucaults in: Die Ordnung der Dinge. Eine Archäologie der Humanwissenschaften, Frankfurt/Main 2003.
217 Christian Wohlers: Vision und Illusion eines Neuanfangs, in: Descartes: Meditationes, S. VII-XLIX, hier S. XXVIII.

seiner Forschung bloß darstellte, sondern einen Text, der den Leser in den Prozeß des Philosophierens hineinzieht [...].[218]

Die Übungen haben zum Zweck, sich von den Denkgewohnheiten zu befreien. Auch wenn der Substanzbegriff im Denken von Descartes immer noch eine führende Rolle spielt, ist es diese innovative Erfahrung mit dem zwischen Zweifel und Gewissheit schwebenden Subjekt, die einen wirklichen Anfangscharakter aufweist. Sie schiebt sich daher auch in den Vordergrund. Alles Denken an Substanzen ist nur von sekundärem Charakter, denn es ist das Subjekt, das an allem zweifelt.

Die sich in dieser Textstelle spiegelnde Suche nach einem Neuanfang hat vor kurzem Albrecht Koschorke behandelt. Er schmiedete für derartige Motive den Begriff ‚Gründungsnarrativ'. Im Nachwort zu seiner erzähltheoretischen Studie „Wahrheit und Erfindung" schreibt er über die wesentlichen Merkmale von Gründungsnarrativen:

> In ihrer narrativen Struktur haben solche Texte eine doppelte Aufgabe zu bewältigen. Erstens sollen sie das Ins-Sein-Kommen der Welt, des Menschen, des Denkens, von Staat und Gesellschaft begründen. [...]. Zweitens müssen Gründungsnarrative sich performativ selbst in Geltung setzen – in einer paradoxen Operation, weil sie ja erst die Codes etablieren, auf Grund derer solche Validationen erfolgen können. Deshalb sind mit solchen Ursprungsszenarien höchst artistische Volten und Manöver verbunden.[219]

Koschorke behauptet, dass solcherart Anfangsnarrative aufs Performative ausgerichtet sind und zudem dass sie „eine erzählerische Binnenperspektive herstellen, von der aus es den Moment *vor* dem Ursprung (die Welt vor Erschaffung der Welt, das Denken vor dem Einsetzen des Denkens [...] usw.) nicht gibt."[220] Dieses ist erzähltechnisch schwer, denn der Anfang verdoppelt sich, in einen „inneren" der „sich als *ursprungslogischer Nullpunkt* behauptet" und einen „äußeren", erzähltechnischen, der „als *Schwelle* erscheint".[221] Descartes' Erzählung vom Ich, das sich selbst zur Grundlage wird, gehört in die Repositorium der abendländischen Anfangsnarrative, Koschorkes Vokabular folgend: zu den epistemischen Anfangsnarrativen, die erkenntniskritische Erfindungen stiften. Verkürzt und

---

218 Ebd., S. XXVIII-XXIX.
219 Albrecht Koschorke: Wahrheit und Erfindung: Grundzüge einer Allgemeinen Erzähltheorie, Frankfurt/Main 2012, S. 396.
220 Ebd. Zum Motiv des Anfang siehe auch: Monika Tokarzewska: Die Kategorie des Anfangs bei Fichte, Schelling, Novalis und Arendt, in: Ulrich Wergin und Timo Ogrzal (hg.): Romantik: Mythos und Moderne, Würzburg 2013, s. 95-109.
221 Koschorke: Wahrheit und Erfindung, S. 396. Alle Hervorhebungen von Koschorke.

auf ein Bild gebracht ist dieses die Moderne fundierende Anfangnarrativ in der Metapher des archimedischen Punktes.

Wie erwirbt die Anekdote vom archimedischen Punkt auf der Ebene des bildhaften Ausdrucks die Fähigkeit, Anschluss an das kosmologische Bildfeld zu finden? Mit Sicherheit ist sie in den antiken Quellen nicht als eine solche verzeichnet worden. Da Archimedes versprach, den Planeten zu bewegen, bot sich die Anekdote als Sinnbild dem Kontext um *primum mobile* bzw. des unbewegten Bewegers. Diese aus der Antike stammende Erklärung der Bewegung der Himmelssphären beschrieb Johann Gelert Bode folgendermaßen:

> Jenseits aller kristallnen Himmelssphären der Planeten, deren Zahl an sieben ging (Sonne und Mond mit eingerechnet) setzten die Alten die achte Sphäre, an welcher die Fixsterne befestigt sein sollten. Dann über diese noch zwei Sphären, um gewisse besondre Bewegungen der Fixsterne zu erklären. Endlich die erste Sphäre, oder das sogenannte *primum mobile*, welche alle übrigen in 24 Stunden von Osten gegen Westen herumtreiben musste.[222]

Einen – wenngleich indirekten und erst aufgrund einer intertextuellen Lektüre sich erschließenden – Bezug zur Kosmologie kann man in der bildhaften Ausstattung des Textes von Descartes entdecken. Archimedes versprach, die Erde von der Stelle zu bewegen. In den „Meditationen" sehen wir das sich zu einem neuen Archimedes stilisierende Subjekt jedoch in einem tiefen Wasser schwimmen. Es hat wohl viel mit der Symbolik des tiefen Zweifels zu tun. Der Strudelcharakter des Wassers erinnert zugleich an Descartes eigene kosmologische Wirbeltheorie, der zufolge die Himmelskörper im Äther ‚schwimmen'.

Zu einer engen Verknüpfung der Anekdote vom ‚archimedischen Punkt' mit der Astronomie kam es im Zuge der Rezeption der kopernikanischen Wende. Die von Kopernikus und dessen Nachfolgern aufgeworfene neue heliozentrische Universumssicht wurde über Jahrzehnte als Hypothese diskutiert. Sie hatte ihre Anhänger und Gegner. Zum Durchbruch verhalf dem kopernikanischen Modell nicht zuletzt die Evidenz, die die Teleskope produzierten. Sie schienen die These des Kopernikus zu beweisen.

Auf dem Frontispiz des Buches „Projet d'une nouvelle mécanique" (1687) des Physikers, Mathematikers und Ingenieurs Pierre de Varignon befindet sich ein Stich, auf dem eine Gelehrtengestalt in antikem Gewand zu sehen ist, die mit

---

222 Fontenelle: Dialogen über die Mehrheit der Welten, S. 27-28 (Fußnotenkommentar). Siehe auch das schöne Buch von Bruno Binggeli: Primum mobile. Dantes Jenseitsreise und die moderne Kosmologie, Zürich 2006, insbesondere das Kapitel „Das Primum mobile" (S. 56-68.)

einer Hand einen langen Hebel hält. Am anderen Ende des Hebels ist der Planet Erde befestigt. Das *fulcrum*, also den archimedischen Punkt außerhalb der Erde, stellt Gott zur Verfügung, dessen Hand oben aus der Wolke auftaucht und eine Art Haken hält. Der Hebel, an den Haken gehängt, sieht aus wie zwei Arme einer Waage. Auf einem Sprechband über der Szene ist die lateinische Sentenz zu lesen: „*Tange, movebis*" [Berühre, und wirst sie bewegen]. Michel Authier interpretiert diese Szene als Wiederbelebung der alten Anekdote im Dienste des neuen Zeitaltergeistes. „Am Ende des siebzehnten Jahrhunderts, als die Erregung über Galileis >>Und sie bewegt sich doch<< noch kaum abgeklungen war, illustriert dieser Stich in vollkommener Weise die Funktion eines absoluten >>Fixpunkts<<. Die Welt und der Gelehrte befinden sich an den beiden Enden des >>Hebels der Vernunft<<, der von der Hand Gottes gehalten wird."[223] Interessanterweise wird der ‚archimedische Punkt' als ein Punkt außerhalb der Erde, also außerhalb der menschlichen Fähigkeiten, als Punkt der Transzendenz durch die Hand Gottes symbolisiert. Aber bereits Descartes zeigt, dass man diesen ‚Punkt' zunehmend im Subjekt selbst zu suchen sich bemüht, um zu einem kohärenten System zu gelangen, anstatt sich auf eine transzendente Autorität Gottes zu verlassen. Das alte Motiv des *primum mobile* verzahnte sich mit der sich über Jahrzehnte aufbauenden Sicht auf Nikolaus Kopernikus als den Theoretiker-Revolutionär, der in der Tat die Erde bewegte (und die Sonne aufhielt).[224] Wie Hans Blumenberg zeigt, war ein derartiges revolutionäres Kopernikusbild keineswegs bereits kurz nach 1543 präsent, es ist ein Ergebnis eines langen Rezeptionsprozesses.[225] Die Potentiale der Mechanik beeindruckten sogar die Generation der Romantiker,

---

223 Authier: Archimedes: das Idealbild des Gelehrten, S. 194, dort auch die Abbildung.
224 Es konnte um so leichter geschehen, als neben der Anekdote über den ‚Punkt' auch andere Überlieferungen vorlagen, in denen Archimedes als Mechanikus und Astronom auftrat. Cicero berichtet in den „Gesprächen in Tuskulum" und in „Vom Gemeinwesen" von einer Kugel, die Archimedes angefertigt haben sollte und die Bewegungen der Planeten, der Sonne und des Mondes erstaunlich anschaulich demonstrierte. Dies archimedische Modell stellte den Kosmos als geozentrisch dar. (Vgl. Authier: Archimedes: das Idealbild des Gelehrten, S. 220-221, oder: Grundriss der Geschichte der Philosophie, Begründet von Friedrich Überweg, völlig neubearbeitete Ausgabe, hg. von Hellmut Flashar, Bd. II/1 (Die Philosophie der Antike), Basel 1998, S. 399.)
225 Vgl. Blumenberg: Die Genesis der kopernikanischen Welt, insbesondere das Kapitel „Die Eröffnung der Möglichkeit eines Kopernikus", S. 147-299 und „Typologie der frühen Wirkungen", S. 301-502.

denen das übliche literaturhistorische Vorurteil nachsagt, gegen alles Mechanische und anstelle dessen für das Organische gewesen zu sein.[226]

Mit dem in das revolutionäre Gewand gekleideten Kopernikusbild ist eine Denkfigur verbunden, die Hans Blumenberg ‚Theoretiker als Täter' nennt,[227] weil Kopernikus keine Technik hatte, um seine Theorie durch Beobachtungen zu bestätigen und somit allein durch Denken und Berechnen das Weltbild änderte. Kopernikus wurde für die Nachfolger derjenige, welcher die Erde Kraft der Vernunft in Bewegung setzte. Die Popularität des archimedischen Punktes wurde durch diese Rezeption entschieden befördert. Blumenberg erwähnt in diesem Kontext eine Stelle aus der einst bekannten Schrift von John Wilkins „Tractate of a New World in the Moon" (1638), die 1713 eine Übersetzung ins Deutsche erfuhr.[228] Wilkins bringt Kopernikus und Archimedes zusammen. Am einprägsamsten ist in dieser Hinsicht aber wohl Gottscheds Bezug in der Gedächtnisrede auf den Frauenburger Gelehrten.[229] Gottsched skizziert in seiner Rede voller Pathos 1743 folgende Vision:

> Copernicus hatte noch nichts davon geschrieben, nichts herausgegeben. Allein das Gerücht davon drang aus dem kleinen, und sonst sehr unbekannten Frauenburg, in alle

---

226 Vgl. Holland: Schlegel, Hardenberg, and the Point of Romanticism, S. 98ff.
227 Blumenberg: Der Theoretiker als Täter, in: Die Genesis der kopernikanischen Welt, S. 310-340. Zu Beginn des Kapitels erinnert Blumenberg an die Inschrift, die sich auf dem Sockel des Kopernikus-Denkmals in Thorn befindet: Terrae Motor Solis Caelique Stator. Die Sentenz zeugt davon, dass der Topos eines „intellektuellen Täters" noch im Bewusstsein des 19. Jahrhunderts fest verankert war. „Aber die Formel gehört nicht dem Pathos des 19. Jahrhunderts. Die Tätermetaphorik läßt sich bis nahe an die Zeit des Kopernikus [...] zurückverfolgen." (Ebd., S. 310.) Anfänglich war diese Metaphorik allerdings, wie Blumenberg anmerkt, nur eine gelegentlich gegen Kopernikus gerichtete rhetorische Geste; mit dem Bild der bewegten Erde konnte er diffamiert werden, denn eine sich bewegende Erde müsste ja eine reale Unruhe des Bodens unter den Füßen der Menschen bedeuten. (Ebd., S. 312-313.) Die tatsächliche Entfaltung dieses Motivs beginnt jedoch mit der Zeit Galileis.
228 Ebd., S. 335-336.
229 „Gedächtnißrede auf den unsterblich verdienten Domherrn in Frauenburg Nicolaus Copernicus, als den Erfinder des wahren Weltbaues" in: Johann Christoph Gottsched: Ausgewählte Werke, hg. von P. M. Mitchell, Band IX, Teil I: Gesammelte Reden, Berlin 1976, S. 87-114. Hans Blumenberg führt die Rede Gottscheds an, ohne sie jedoch weiter zu interpretieren, als Ausdruck des Gedenkens an den großen Astronomen. (Blumenberg: Der Theoretiker als Täter, in: Die Genesis der kopernikanischen Welt, S. 336.) Eine sehr interessante Wendung gab dem archimedischen Topos demgegenüber Lichtenberg, dessen Reflexionen Blumenberg einige Seiten widmet. (Ebd., S. 336ff.)

Landschaften von Europa, wo die Gelehrsamkeit blühete; ja bis in den Sitz der Wissenschaften, nach Rom. Man vernahm die Zeitung: der scharfsehende Copernicus hätte gleichsam auf dem Thurme seiner Domkirche, wo er den Himmel zu beobachten pflegte, den festen Punkt außer der Erde gefunden, welchen sich Archimedes gewünschet hatte; um aus demselben, durch seine Hebezeuge, die ganze Erdkugel von ihrer Stelle zu bewegen. Er hätte mit kühner Hand die kristallenen Himmelskreise zerschmettert, um allen Planeten eine freye Bahn durch die dünne Himmelluft anzuweisen.[230]

Die Architektur-Metaphorik gibt der Unsicherheit Ausdruck, die Gottsched allerdings im seiner Lobeshymne auf die Leistung des ‚theoretischen Täters' ins Positive wandelt. Indem Kopernikus den virtuellen, geistigen festen Punkt fand, machte er die „Wohnung der Menschen" unsicher. Der archimedische Punkt befindet sich nicht außerhalb der Erde, nicht im All, sondern auf dem Domturm in Frauenburg. Der Punkt muss gar nicht physisch außerhalb der Erde gesetzt werden, denn in der Wahrheit ist er ein innerer Punkt: ein geistiger. Die Funktion des Jenseits, die auf dem Bild Verignons die Hand Gottes verkörperte, übernimmt der menschliche Geist, der imstande ist, zu wahren Erkenntnissen zu gelangen, auch wenn diese unseren Sinnen sich entziehen und wenn der altbekannte Grund unter unseren Füßen schwankt. Hans Blumenberg machte anhand einer Beobachtung Lichtenbergs über die Entwicklung der Chemie klar, dass „[…] [d]ie Figur des Theoretikers als Täter […] ihren Ansatzpunkt nicht außerhalb der Welt, die sie aus ihrer Ruhelage bewegt, finden [muß], sondern kann ihn ebenso innerhalb einer Wirklichkeit haben, auf die sich die zur Tathandlung disponierende Theorie bezieht."[231]

Das Ich tritt als Konkurrent zu alten Grundlagenkonstrukten auf. Ausgedrückt wird der Wandel mit Hilfe kosmologischer Metaphern, denn parallel dazu vollzieht sich – wegen der medialen Langsamkeit verspätet – der grundlegende Wandel des Universumsbildes. Die ‚Schildkrötenbilder' stehen bei John

---

230 Gottsched: Gedächtnißrede, S. 103-104. Das Bild von Kopernikus, der die alten Vorstellungen zerstört und die Erdkugel mit Schwung ins All schleudert, damit sie sich bewegt, gibt es bei Fontenelle, den Gottsched ins Deutsche übersetzte. Fontenelle schreibt: „Stellen Sie sich vor, dass ein Deutscher, namens Kopernikus all jene unterschiedlichen Kreisbahnen und all jene festen Himmel, die man im Altertum ersonnen hatte, ohne jede Schonung behandelt. […] Von der edlen Raserei eines Astronomen ergriffen, nimmt er die Erde und schleudert sie weit fort vom Mittelpunkt des Weltalls, wo sie sich festgesetzt hatte, und in diesen Mittelpunkt stellt er die Sonne […]." (Fontenelle: Gespräche über die Vielzahl der Welten, S. 27.) Nach Fontenelle wiederholt Francesco Algarotti in seinen „Dialogen über die Optik Newtons" diesen Topos. (Algarotti: Dialoge über die Optik Newtons, S. 165.)
231 Blumenberg: Der Theoretiker als Täter, S. 338.

Locke und anderen Denkern für eine Grundlage, die nicht dem Menschen zu verdanken ist, die sich ihm als fremd entzieht. Der archimedische Punkt steht demgegenüber für ein Anfangsdenken aus der Spontaneität heraus. Die Metapher des archimedischen Punktes als Denkfigur des absoluten, spontanen Anfangs aus dem Nichts heraus sollte sich jedoch mit einer weiteren Metaphern verbinden: mit Newtons Gravitationskraft.

Die Geburt der Freiheit aus dem Geiste der „Newtonischen Anziehung" bei Kant

Abheben wider die ganze Natur: die Freiheit als der einzig mögliche archimedische Punkt

In dem Artikel „Von einem neuerdings erhobenen vornehmen Ton in der Philosophie", der in der „Berlinischen Monatsschrift" 1796 erschien, gibt Kant einen Überblick über den Zustand der zeitgenössischen Philosophie. Es ist zugleich auch Rückblick eines Denkers, der die entscheidenden Wenden und Werke seiner intellektuellen Biographie bereits hinter sich gebracht hat. In diesem Artikel findet sich folgende Reinterpretation der Anekdote vom ‚archimedischen Punkt':

> Hier ist nun das, was Archimedes bedurfte, aber nicht fand: ein fester Punkt, woran die Vernunft ihren Hebel ansetzen kann, und zwar, ohne ihn weder an die gegenwärtige, noch eine künftige Welt, sondern bloß an ihre innere Idee der Freiheit, die durch das ‚unerschütterliche' moralische Gesetz als sichere Grundlage darliegt, anzulegen, um den menschlichen Willen selbst beim Widerstande der ganzen Natur durch ihre Grundsätze zu bewegen.[232]

Diese Metapher ist an dieser Stelle kein heuristisches Tappen nach einem neuen Gedanken; sie ist ein Punkt, der mit allem Nachdruck nach einer These gesetzt wird.[233] Kant bedient sich der Archimedes-Anekdote, weil sie für das

---

232 AA VIII, S. 403. Alle Hervorhebungen in den Zitaten von Kant, sofern nicht anders angegeben.

233 Immanuel Kant überschätzte die bildhafte Rede, die im Gegensatz zu den Begriffen, die vom Leser oder Zuhörer diskursives Verstehen erfordern, an das intuitive Verständnis appelliert, keineswegs. Vorrang gab er dem begrifflichen Diskurs. In der Vorrede zu der ersten Ausgabe der „Kritik der reinen Vernunft" (1781), dem Werk, das er innerhalb von weniger als einem halben Jahr – nachdem er sich über ein Jahrzehnt mit seinen Gedanken trug – nahezu hektisch zu Papier gebracht hatte, rechtfertigte er sich wegen der Trockenheit seines Stils: „Was endlich die Deutlichkeit betrifft, so hat der Leser ein Recht, zuerst die discursive (logische) Deutlichkeit, durch Begriffe, dann aber eine intuitive (ästhetische) Deutlichkeit, durch Anschauungen, d. i. Beispiele oder andere Erläuterungen, in concreto zu fordern. Vor die erste habe ich hinreichend gesorgt. Das betraf das Wesen meines Vorhabens, war aber auch die zufällige Ursache, daß ich der zweiten, obzwar nicht so strengen, aber doch billigen Forderung nicht habe Gnüge leisten können." (Kant: Kritik der reinen Vernunft, AA IV, S. 12. Bis auf die Vorrede zur ersten Ausgabe, verwende ich den Text der zweiten Ausgabe der „Kritik der reinen Vernunft".) Und dennoch stößt man in Kants

Lesepublikum als etwas Bekanntes vorausgesetzt werden kann. Es fällt auf, wie hier nahezu kategorisch behauptet wird, dass es einen solchen ‚Punkt' gäbe, den Archimedes nicht fand. Jetzt sei aber dieser Punkt tatsächlich gefunden worden. Die Passage erzählt von einer „sicheren Grundlage" und einem „unerschütterlichen Gesetz", was recht pathetisch klingt. An Kants archimedischer Metapher ist jedoch – wie es sich bei wiederholtem Blick auf den Text erweist – der Aspekt der Bewegung wichtiger als das Bild einer „Grundlage"; dieser ‚performative' Aspekt bleibt zunächst hinter dem statisch anmutenden Grundlagen-Vokabular im Hintergrund, dann wird aber immer klarer, worauf die Betonung liegt: die Vernunft soll an die „innere Idee der Freiheit" ihren „Hebel" anlegen, um den menschlichen Willen zu bewegen, selbst wenn die ganze Natur dem widerspricht. Gerade der Aspekt des ‚In-Bewegung-Setzens' interessiert Kant an der Anekdote und, indem er diesen Teil der Überlieferung ausbaut, legt er auf ihn den Akzent und nicht auf den festen Grund, auf dem man Fuß fassen könnte, so wie es etwa René Descartes in seiner Interpretation dieser Geschichte getan hatte. Wichtig an Kants Deutung ist darüber hinaus eine besondere Dialektik von Innen und Außen: Archimedes verlangte nach einem Punkt außerhalb der Erde, denn nur von einem solchen könnte sie mit Hilfe eines Hebels bewegt werden. Kant verbietet dagegen seinen Zeitgenossen die Suche nach einem außerweltlichen ‚Punkt', er verweist demgegenüber auf die Idee der Freiheit, die eine „innere" ist. Nicht außerhalb, sondern innerhalb der Welt kann ein Punkt gefunden werden, mit dem es sich zugleich so verhält, als ob er doch außerhalb läge. Man kann hier an Kants unveröffentlicht gebliebenen Notizen des „Opus postumum" erinnern, wo es mehrmals von dem Menschen heißt, er sei in der Welt und doch außerhalb ihrer, weil er an zwei Realitäten Anteil habe, d. h. auch ein geistig-moralisches Wesen sei. Kant notierte in den Entwürfen zu seinem geplanten Spätwerk, es

---

Texten nicht so selten auf Metaphern, die keineswegs schmückendes Beiwerk des Begriffs sind, sondern für ästhetischen Mehrwert und somit für Vertiefung und Appellkraft des Gedankenganges sorgen. Man denke an die bekannte Metapher des Gerichtshofs. (Vgl. z. B. Eckert Förster: Die Vorreden, in: Immanuel Kant: Kritik der reinen Vernunft, hg. von Georg Mohr und Marcus Willaschek, Berlin 1998, S. 37-55, hier S. 41.) Der Richter richtet über sich selbst, denn die Vernunft ist „sich selbst Anklägerin, Angeklagte und Richterin". (Ebd.) Zu Kants Lieblingsmetaphern gehört auch das Bild von einem Schiff und der Seefahrt, wobei der grenzenlose Ozean oft die nebulösen Fernen der metaphysischen Verlockungen versinnbildlichen und die Insel, das kleine feste Land der möglichen Erkenntnisse, das zunächst zu erkunden ist, bevor man in die weite See aufbricht. Auch die Wege, Bahnen und Strassen gehören zu Kants metaphorischen Vokabular. Vgl. dazu: Manfred Geier: Kants Welt. Eine Biographie, Reinbek bei Hamburg 2003, S. 121 und S. 167ff.

gäbe „Gott, die Welt u.[nd] Ich das denkende Wesen in der Welt welches sie verknüpft".[234] In seiner Version der Archimedes-Anekdote, die sich in die Metapher für die Freiheit verwandelt, übernimmt das In-Bewegung-Setzen die Rolle des Außerhalb.

Wie sehr Kant an einer solchen Verlegung des einzig möglichen archimedischen Punktes in das Innere des Menschen im Sinne der Freiheit und folglich an der Zerstörung der falschen Transzendenzvorstellung, lag, bezeugt eine andere Verwendung der Metapher: in der Schrift „Über die von der Königlich Akademie der Wissenschaften zu Berlin für das Jahr 1791 ausgesetzte Preisfrage: Welches sind die wirklichen Fortschritte, die die Metaphysik seit Leibnitzens und Wolf's Zeiten in Deutschland gemacht hat?"[235] Dort rechnete er mit den Wegen der zeitgenössischen Metaphysik ab. Große Aufmerksamkeit widmete er dem kosmologischen Beweis des Daseins Gottes, bei dem aus der Existenz der Dinge und der Welt auf die Existenz Gottes geschlossen wird. Ein derartiger Beweis sei eine Täuschung, der dennoch viele verfallen. Der kosmologische Gottesbeweis

> [...] ist ein Fortschritt der Metaphysik durch die Hinterthüre. Sie will *a priori* beweisen, und legt doch ein empirisches Datum zum Grunde, welches sie, wie *Archimedes* seinen festen Punkt außer der Erde (hier ist er aber auf derselben) braucht, um ihren Hebel anzusetzen, und das Erkenntniß bis zum Übersinnlichen zu heben.[236]

Die Denker tun so, als ob sie den außerirdischen archimedischen Ansatzpunkt hätten, und übersehen, dass sie sich von der Erdoberfläche gar nicht entfernt haben.

In Kants Archimedes-Zitat von 1796 fungiert die Idee der Freiheit demgegenüber in der Rolle des Stützpunktes für den Hebel. Es ist nicht nur die Versetzung des Angelpunktes ins Innere (das geschah bereits bei Descartes, der hierfür paradigmatisch ist), sondern eine Übersetzung des außerhalb der Welt Liegenden (also des Unbedingten) in das Praktische: die Bewegung. Die Vernunft spielt die Rolle von Archimedes, aber bewegt werden soll nicht die Erde, sondern der menschliche Wille. Der Wille und die Freiheit werden hier der Natur entgegengesetzt, den Vorstellungen von Transzendenz wird eine besondere Immanenz entgegengestellt, die sich als Tätigsein repräsentiert. Das Bild ist eine Denkfigur des ‚Abhebens'; es soll einen Ansatz zum Tätigsein vermitteln. Wenn man das kosmologische Metaphernfeld bei Kant rekonstruieren will, vor dessen Hintergrund dieses Bild gelesen werden müsste, muss man zunächst eine der Fußnoten

---

234 AA XXI, S. 36.
235 Herausgegeben aus dem Nachlass 1804 von Friedrich Theodor Rink.
236 AA XX, S. 303-304.

in der Vorrede zur zweiten Ausgabe der „Kritik der reinen Vernunft" in den Blick nehmen.

Zwei Vorreden und ihre Metaphern; die Frage der kopernikanischen „Umänderung der Denkart"

In diesem Text spricht Kant von der kopernikanischen „Umänderung der Denkart"; eine Formel, die Geschichte machen sollte. Diese Phrase und auch die anderen kosmologischen Gleichnisse, die sie begleiten, fehlten noch im Vorwort zur Erstausgabe dieses Werkes.[237] Zwischen den Vorreden zu der ersten und der zweiten Ausgabe der „Kritik der reinen Vernunft" liegen sechs Jahre. Vergleicht man die beiden Texte von 1781 und 1787 miteinander, fallen nicht nur erhebliche inhaltliche Unterschiede auf. Kant hat die zweite, etwas erweiterte Fassung mit einer völlig neuen, viel längeren Vorrede versehen und es erfolgte auch ein Wechsel der – zwar spärlich, dafür aber mit großer Überlegung eingesetzten – bildhaften Ausdrücke. In beiden Texten geht es im Grunde genommen um die gegenwärtige Krise der Metaphysik, und darauf ist der Diskurs sowohl hier als auch dort angelegt. In der ersten Vorrede wird der Leser jedoch vor allem mit einer politisch anmutenden Metaphorik konfrontiert. Kant bezeichnet 1781 die Metaphysik, um deren Neuformulierung es in seinem Vorhaben geht, als traditionsgemäße „Königin" aller Wissensbereiche.[238] Die Herrschaftsformen-Metaphern ziehen sich wie ein roter Faden durch den Text. Wir lesen von „despotischer" Herrschaft der Dogmatiker, welche die frühe Phase dieser Wissensart, als die Sätze der Metaphysik noch als Dogmen behandelt wurden, bestimmte. Für die späteren Zeiten seien „Kriege" und Anarchie, die das Werk der Skeptiker waren, charakteristisch gewesen. Die letzteren hätten nämlich als „Nomaden", die nicht wissen, wie „der Boden anzubauen ist, die traditionelle Verwaltung verwüstet".[239]

Die Kurzfassung der Metaphysikgeschichte sieht in Kants verfassungspolitischem Gewand folgend aus:

---

237 Bei Eckert Förster lesen wir: „Kant hat seine Werke immer im buchstäblichen Sinne als organa betrachtet, als ‚Werkzeuge', [...] mit denen er auf sein Publikum zu wirken gedachte. In besonderem Maße gilt das natürlich für die Vorreden zu seinen Schriften, in denen es darum geht, den Leser auf das, was kommt, vorzubereiten, ihn von der Wichtigkeit des Anliegens zu überzeugen und nach Möglichkeit schon etwaigen naheliegenden Missverständnissen vorzubeugen." (Förster: Die Vorreden, S. 37.)
238 AA IV, S. 7.
239 Ebd., S. 8.

> Anfänglich war ihre Herrschaft, unter der Verwaltung der Dogmatiker, despotisch. Allein, weil die Gesetzgebung noch die Spur der alten Barbarei an sich hatte, so artete sie durch innere Kriege nach und nach in völlige Anarchie aus und die Skeptiker, eine Art Nomaden, die allen beständigen Anbau des Bodens verabscheuen, zertrennten von Zeit zu Zeit die bürgerliche Vereinigung.[240]

Die Gegenüberstellung von bürgerlicher Vereinigung und dem (alten und immer noch latenten) Zustand der Barbarei entspricht dem vormodernen, in der Aufklärug üblichen Verständnis der ‚bürgerlichen Gesellschaft'. Freie Bürger vereinigen sich und bestimmen die Regeln des öffentlichen Zusammenlebens, sie bilden also eine Gesellschaft, um nicht in dem ursprünglichen Zustand der Unzivilisiertheit zu leben, in dem, so wie wir das von Hobbes kennen, jeder gegen jeden kämpft. Kant überträgt dieses Schema auf die Wissensgeschichte, sofern sie die Metaphysik betrifft.[241] Nachdem die so aufgebaute Ordnung durch die Tätigkeit der Skeptiker angeschlagen worden ist, kamen Versuche, die Metaphysik und deren Herrschaft zu retten. Gleich nach dem angeführten Zitat wird der Name John Lockes genannt. Dieser habe sich bemüht, mit seiner „gewissen Physiologie" die „Geburt der Königin" aus dem „Pöbel der gemeinen Erfahrung" abzuleiten.[242] Er wird somit zum Retter stilisiert, welcher der Herrscherin, die ihre Legitimation verliert, zu einer neuen Begründung ihrer Herrschaft verhelfen wollte, diesmal auf eine verzweifelt revolutionäre Art, denn die neue Machtlegitimation schuf das gemeine Volk. Dies jedoch stellte sich jedoch als äußerst zweideutig heraus, da die neue Begründung dem „Pöbel" zu verdanken sei. In der Wahl der Ausdrücke spiegelt sich Kants Unzufriedenheit mit Lockes Empirismus wider, der völlig auf Wahrnehmung und Erfahrung setzte und dem Verstand bloß die Aufgabe der Verarbeitung und Rekombinationen von Daten überließ. Wie wir sehen, spricht Kant von der Krise, in der sich die Metaphysik seines Erachtens befand, in der Sprache einer politischen Krise.

In der Vorrede zur zweiten Auflage aus dem Jahre 1787 verschwindet die politische Metaphorik. Die wieder seltenen, jedoch umso einprägsameren Bilder verweisen jetzt auf das Problemfeld ‚Wissenschaft'. Den roten Faden bildet die

---

240 Ebd.
241 Siehe hierzu die grundlegenden Artikel von Manfred Riedel: Stichwort „Bürgerliche Gesellschaft" sowie „Gemeinschaft/Gesellschaft", in: Geschichtliche Grundbegriffe. Historisches Lexikon zur politisch-sozialen Sprache in Deutschland, hg. von Otto Brunner, Werner Conze und Reinhart Koselleck, Bd. II, Stuttgart 1975, S. 719-800 und S. 801-872.
242 AA IV, S. 8.

häufigste Metapher der zweiten Vorrede: die des „sicheren Weges",[243] der manchmal noch ein „königlicher"[244] genannt wird, ohne aber etwas von dem alten Bild der Herrschaftsformen beizubehalten. Verschiedene Zweige des menschlichen Wissens hätten zu verschiedenen Zeiten den sicheren Weg der Wissenschaftlichkeit betreten. Der Logik, als Wissenschaft a priori, gelang dies bereits in der Antike, auch die Mathematik habe sich im antiken Griechenland verwissenschaftlicht. Die Physik, welche eine Verbindung zwischen mathematischen und empirischen Vorgehensweisen und Daten darstellt, habe diesen entscheidenden Schritt in jüngster Zeit getan, dank der neuen experimentellen Methode, welche solch epochemachenden Ergebnisse hervorbrachte, wie die eines Galilei oder Toricelli. Der Metaphysik stehe die Auffindung des Weges der Wissenschaft aber noch bevor. Mit besonderem Nachdruck akzentuiert Kant den Anfang eines solchen Weges zur wissenschaftlichen Sicherheit: nachdem ein Wissensbereich einmal den sicheren Weg für sich entdeckt, ergibt sich aus diesem ersten Schritt eine in Richtung Zukunft offene Bahn.[245]

Die Richtung ist gegeben und der Weg kann ins Unendliche führen, der richtige erste ‚Schritt' wird weitere ermöglichen. Das Bedeutendste ist also, einen Anfang zu machen. Der Anfang ist mit einem Perspektivenwechsel wesentlicher Art verbunden, der von Kant als „Revolution der Denkart" bezeichnet wird. Das Gegenteil zum „sicheren Weg" heißt „Herumtappen".[246] Über die Mathematik, die erste Wissenschaft, die zur sicheren Wissenschaft wurde, lesen wir:

---

243 AA III, S. 8.
244 Ebd., S. 9.
245 Die Bahn scheint ein nicht unwichtiges Motiv bei Kant zu sein. In der Abhandlung „Gedanken von der wahren Schätzung der lebendigen Kräfte und Beurteilung der Beweise, deren sich Herr v. Leibniz und andere Mechaniker in dieser Streitsache bedient haben, nebst einigen vorhergehenden Betrachtungen, welche die Kraft der Körper überhaupt betreffen, durch Immanuel Kant" (1747) lesen wir: „Ich habe mir die Bahn schon vorgezeichnet, die ich halten will. Ich werde meinen Lauf antreten, und nichts soll mich hindern, ihn fortzusetzen." (AA I, S. 10.) Die Stelle gehört zu den bekanntesten und oft zitierten Bildern in Kants Schriften. In dem Motiv der Bahn sind zwei Aspekte vereinigt, die miteinander kaum zu versöhnen sind: das Unabweichliche der Planetenbahnen und der Weg in die Zukunft (also eine Bewegung, die nicht auf dem Kreis erfolgt). Der Begriff der Bahn existiert in der Astronomie erst seit Kepler. Siehe: Krafft: Einleitung, S. LI.
246 AA III, S. 9. Das ‚Herumtappen' gehört zu Kants Lieblingsmetaphern. Er übernahm es möglicherweise von Bacon, der im „Novum Organum" vom ‚bloßem Herumtappen' spricht. (Vgl. Förster: Die Vorreden, S. 47.)

> Die Mathematik ist von den frühesten Zeiten her, wohin die Geschichte der menschlichen Vernunft reicht, in dem bewundernswürdigen Volke der Griechen den **sichern Weg** einer Wissenschaft gegangen. Allein man darf nicht denken, daß es ihr so leicht geworden, wie der Logik, wo die Vernunft es nur mit sich selbst zu tun hat, jenen **königlichen Weg** zu treffen, oder vielmehr sich selbst zu **bahnen**; vielmehr glaube ich, daß es lange mit ihr (vornehmlich noch unter den Ägyptern) beim **Herumtappen** geblieben ist, und diese Umänderung einer Revolution zuzuschreiben sei, die der glückliche Einfall eines einzigen Mannes in einem Versuche zu Stande brachte, von welchem an **die Bahn**, die man nehmen mußte, nicht mehr zu verfehlen war, und **der sichere Gang** einer Wissenschaft für alle Zeiten und in unendliche Weiten eingeschlagen und vorgezeichnet war. Die Geschichte dieser Revolution der Denkart, welche viel wichtiger war als die Entdeckung des Weges um das berühmte Vorgebirge, und des Glücklichen, der sie zu Stande brachte, ist uns nicht aufbehalten.[247]

Die Revolution der Denkart beruht darauf, Einsicht in die apriorische Tätigkeit der Vernunft zu gewinnen. Sie bildet die Quelle aller Gesetzmäßigkeit in der Wissenschaft. Ohne diese Tätigkeit hätten wir es bloß mit einem Herumtappen in einer Menge von Sinnesdaten zu tun. Den ersten Schritt auf dem sicheren Wege verbindet Kant nicht mit nüchterner Kalkulation oder fleißigem Beobachten und Sammeln von Daten, sondern mit einem „glücklichen Einfall". Die entscheidende Rolle in der Wissenschaft wird dem genialen Individuum zugeschrieben, welches allerdings nicht einfach aufgrund seiner besonderen Qualitäten die erwähnte „Revolution" zu vollziehen imstande ist, denn es teilt die gleiche geistige Ausstattung mit allen anderen Menschen, sondern aufgrund der Fähigkeit, von festgefahrenen Gewohnheiten abzusehen.[248] Der Perspektivenwechsel lässt sich also nicht aus dem bisherigen „Herumtappen" des Wissens ableiten, er stellt einen wegweisenden Neuanfang und neue Qualität dar.

In der zitierten Passage über die Mathematik nimmt auch ein Gedankengang den Anfang, der von Kant konsequent weiterverfolgt werden. E sollte dem Text die Richtung auf die berühmte und sprichwörtlich gewordene Stelle über die „kopernikanische Hypothese"[249] vorgeben. Meistens wird diese vielzitierte Stelle, die als ‚kopernikanische Wende' bekannt geworden ist (obwohl Kant das Wort ‚Wende' in diesem Kontext gar nicht benutzt) aus dem Kontext gerissen, was

---

247 AA III, S. 9. Hervorhebungen im Zitat von mir – M. T.
248 Dieser These geht auf überzeugende Weise Gernot Böhme nach; vgl. Gernot Böhme: Geschichte der Natur, in: Böhme: Philosophieren mit Kant, S. 34-41.
249 AA III, S. 14.

vergessen läßt, dass sie Kant nicht zufällig formuliert hat, sondern Teil eines wissenschaftsgeschichtlichen und astronomischen Bildfeldes ist.[250]

Kosmologische Analogien in der Vorrede von 1787: Perspektivenwechsel, leerer Raum und die Kraft der newtonschen Anziehung

Von Kopernikus hin zu Newton: eine Sequenz aus der Astronomiegeschichte als Metapherngenerator

Man muss den wenigen Interpreten Recht geben, die bemerkt haben, dass Kopernikus in Kants Text nicht einer der vielen ist, der für die Entdeckung der Gesetzmäßigkeit der Natur und somit für die Leistung, die Erkenntnis der Natur als Wissenschaft zu etablieren, steht. Kopernikus' berühmteste Leistung, nämlich der Übergang vom ptolemäischen zum heliozentrischen Universumsmodell, sei eine Metapher für jene ‚Glücksfälle' des Perspektivenwechsels, die all die vorher genannten Wissenschaftler als vorwissenschaftliche Voraussetzung erfahren mussten, um ihren Disziplinen eine Wende überhaupt geben zu können. Kopernikus fungiert in Kants Vorrede als Autor einer Denkfigur auf einer Metaebene: eines Symbols für erkenntniskritische ‚Umänderung der Denkweise'. Blumenberg drückte dies präzise so aus:

---

250 Der ‚kopernikanischen Wende' und deren Bedeutung bei Kant ist eine breit gefächerte Forschungsliteratur gewidmet. Es sei hier auf einige Studien mit weiterführenden Angaben verwiesen: Norwood Hanson: Copernicus' Role in Kant's Revolution, in: „Journal of the History of Ideas" 20/1959, S. 274-281; James Willard Oliver: „Kant's Copernican Analogy: An Examination of a Re-Examination, in: „Kant-Studien" 55/1964, S. 505-511; Karl Dienst: Artikel „Kopernikanische Wende", in: Historisches Wörterbuch der Philosophie, hg. von Joachim Ritter, Bd. IV, Basel 1976, S. 1094-1099; Volker Gerhardt: Kants kopernikanische Wende. Friedrich Kaulbach zum 75. Geburtstag, in: „Kant-Studien" 78/1987, S. 133-152; Murray Miles: Kant's „Copernican Revolution": Toward Rehabilitation of a Concept and Provision of a Framework for the Interpretation of the Critique of Pure Reason, in: „Kant-Studien" 97/2006, S. 1-32; Tilo Knapp: Die Kopernikanische Wende. Kants Neubegründung der Metaphysik in der reinen Vernunft, Tübingen 2005. Den Studien ist eine Fokussierung auf den Kopernikus-Vergleich gemeinsam, sie lassen aber das Metaphernfeld, zu dem er gehört, außer Acht. Zur Sekundärliteratur siehe auch: Robert Hahn: A Brief Survey of the Secondary LIterature on the Expression „Kant's Copernican Revolution", in: Robert Hahn: Kant's Newtonian Revolution, Illinois 1988, S. 48-60.

Deshalb ist Kopernikus für Kant nicht einer jener realen Veränderer der Wissenschaft. Im Text der Vorrede ist er derjenige, der eine Metapher erzeugt für die Art der Veränderungen, die von den Revolutionen der Wissenschaftsgeschichte realisiert werden, in denen die Gesetzmäßigkeit der Gegebenheiten im Einfluß des erkennenden Subjekts ihren Ursprung hat.[251]

Kopernikus wird von Kant in dem Augenblick erwähnt, in dem er auf sein Kernthema zurückkommt: auf das Schicksal der Metaphysik, die sich auf dem Scheideweg zwischen Untergang und einem Behauptungsversuch in dem aufgeklärten Zeitalter befindet und von der Kant noch vor seiner kritischen Wende in den „Träumen eines Geistersehers" (1766) als von einer Disziplin schrieb, in die er verliebt sei.[252] Mit der Abwendung von den ‚Träumen der Metaphysik', die er dort vollzog, wird ihm die überlieferte Metaphysik gleichgültig. Was ihm seit dieser Abrechnung vorschwebt, sind die praktische Philosophie, die Moral und das Interesse an dem Menschen. So war er enttäuscht, als er an der Universität Königsberg 1770 zwar endlich im Alter von 46 Jahren eine Professur erhielt, aber nicht für Moralphilosophie, wie er hoffte, sondern ‚nur' für Logik und Metaphysik.[253] Die Entscheidung der Behörden und des Schicksals erlaubte ihm also nicht, das Thema Metaphysik fallen zu lassen. Er ging es aber, wie es sich herausstellen sollte, auf eine neuartige Art und Weise an.

Kopernikus eröffnet in der Vorrede 1787 eine eigene, neue Reihe, welche nicht eine Fortsetzung der bisherigen ist, sondern die auf Isaac Newton hin zielt und sich insgesamt als eine ausgebaute, komplizierte Metapher erweist. Kant fragt sich, ob und wie die einstige Königin der Wissenschaften, die Metaphysik,

---

251 Blumenberg: Der kopernikanische Komparativ, in: Die Genesis der kopernikanischen Welt, S. 607-713, hier S. 697.
252 AA II, S. 367.
253 Manfred Geier schreibt, Kants Mitteilungen an Herder vom Mai 1768 zitierend: „Das Interesse am Weltganzen hat zunehmend moralphilosophischen Reflexionen Platz gemacht. Der Mensch auf Erden ist wichtiger als das System des Himmels. [...] So hofft der nicht mehr ganz junge Magister also auf eine Professur für Moral, in der seine philosophische Bestimmung und sein universitäres Berufsziel glücklich zusammenfallen." (Geier: Kants Welt, S. 133.) Das Interesse an Moral und dem menschlichen Zusammenleben sowie dessen praktischen Problemen und dessen Erkenntnis lässt sich bis zur Kants 1762 einsetzenden Rousseau-Lektüre verfolgen, die u.a. für die Reflexionen zum Schönen und Erhabenen von Bedeutung war. Durch Rousseau wurde Kant – seinem eigenen Zeugnis zufolge – von einer ihm drohenden Überheblichkeit bewahrt, die er dem Pöbel gegenüber hegte, weil sich die Durchschnittmenschen nicht für die Erkenntnis der physikalischen Welt interessieren. (Ebd., S. 228-229.)

die angesichts der spektakulären Fortschritte der Naturwissenschaften verblasst wirkt, an Wissenschaftlichkeit im modernen Sinne gewinnen könne. Es scheint ihr nichts anderes übrig zu bleiben, als die Produktion von Erkenntnisgegenständen, die sich als Schein erweisen, aufzugeben. Das Gebiet der Metaphysik ist traditionell das Unbedingte. Sie fragt nach dem Ursprung der Welt und nach deren einfachsten Bestandteilen, d.h. nach den Substanzen, nach Gott, dem Himmel, der Unsterblichkeit und der Seele – nach Dingen also, in die das menschliche Erkenntnisvermögen im Lichte von Kants Kritik gar keine theoretische Einsicht haben kann. In der bereits zitierten Zusammenfassung der Fortschritte der Metaphysik seit der Zeit von Leibniz und Wolff schrieb Kant: „In Raum und Zeit ist das Unbedingte nicht anzutreffen, was die Vernunft bedarf, und es bleibt dieser nichts, als das immerwährende Fortschreiten zu Bedingungen übrig, ohne Vollendung desselben zu hoffen."[254]

Will die Erkenntnis über die sinnlichen Phänomene hinausgreifen, muss sie sich notwendig in Aporien verirren und ‚Gespenster' produzieren, da sie das Übersinnliche und Unbedingte in die dem Menschen eigenen Erkenntniskategorien kleidet. Metaphysische ‚Gegenstände' sind sozusagen nicht von dieser Welt, wenn die Welt Inbegriff dessen ist, was in Raum und Zeit existiert und worauf sich die Kategorien des Verstandes beziehen. In diesem Augenblick des völlig entfalteten Krisenbewußtseins nennt Kant Kopernikus und seinen Perspektivenwechsel:

> Man versuche es daher einmal, ob wir nicht in den Aufgaben der Metaphysik damit besser fortkommen, daß wir annehmen, die Gegenstände müssen sich nach unserem Erkenntniß richten, welches so schon besser mit der verlangten Möglichkeit einer Erkenntniß derselben a priori zusammenstimmt, die über Gegenstände, ehe sie uns gegeben werden, etwas festsetzen soll. Es ist hiemit eben so, als mit den ersten Gedanken des Copernicus bewandt, der, nachdem es mit der Erklärung der Himmelsbewegungen nicht gut fort wollte, wenn er annahm, das ganze Sternheer drehe sich um den Zuschauer, versuchte, ob es nicht besser gelingen möchte, wenn er den Zuschauer sich drehen, und dagegen die Sterne in Ruhe ließ.

Hierauf folgt die Übertragung dieser Idee auf die Metaphysik:

> In der Metaphysik kann man nun, was die Anschauung der Gegenstände betrifft, es auf ähnliche Weise versuchen. Wenn die Anschauung sich nach der Beschaffenheit der Gegenstände richten müßte, so sehe ich nicht ein, wie man a priori von ihr etwas wissen könne; richtet sich aber der Gegenstand (als Objekt der Sinne) nach der

---

254 AA XX, S. 291.

Beschaffenheit unseres Anschauungsvermögens, so kann ich mir diese Möglichkeit ganz wohl vorstellen.[255]

Welche Folgen traten jedoch ein, als Kant seinen Perspektivenwechsel vornahm?

Die Hypothese als Leitmotiv

Der Perspektivenwechsel, den Kant als „Kritik der reinen Vernunft" vorschlug, führte bekanntlich zu der Abschaffung der Metaphysik in ihrer traditionellen überlieferten Gestalt, da ihre Gegenstände nichts anderes bieten können, als mehr oder weniger fabulöse Zeugnisse des menschlichen Strebens nach Übersinnlichem. Kant stellt fest, dass die Kritik der reinen Vernunft im Hinblick auf die Metaphysik zunächst eine negative Aufgabe geleistet habe, als diesen alten Wissenszweig wortwörtlich verschwinden zu lassen. Der Vorschlag zum weiteren Vorgehen, den Kant zunächst als vorsichtige Hypothese für den Leser formuliert, lautet:

> Nun bleibt uns immer noch übrig, nachdem der speculativen Vernunft alles Fortkommen in diesem Felde des Übersinnlichen abgesprochen worden, zu versuchen, ob sich nicht in ihrer praktischen Erkenntniß Data finden, jenen transzendenten Vernunftbegriff des Unbedingten zu bestimmen, und auf solche Weise, dem Wunsche der Metaphysik gemäß, über die Grenze aller möglichen Erfahrung hinaus mit unserem, aber nur in praktischer Absicht möglichen Erkenntnisse a priori zu gelangen. Und bei einem solchen Verfahren hat uns die speculative Vernunft zu solcher Erweiterung immer doch wenigstens Platz verschafft, wenn sie ihn gleich leer lassen musste, und es bleibt uns also noch unbenommen, ja wir sind gar dazu durch sie aufgefordert, ihn durch praktische Data derselben, wenn wir können, auszufüllen.[256]

Der leere Raum, der infolge der Abschaffung der Metaphysik entstanden ist, soll nun ins Positive gewendet werden: als Platz, der für potentielle weitere Entdeckungen frei gemacht wurde. Bisher war er mit unnützem Zeug verstellt. Der Diskurs des Perspektivenwechsels wird in einer Fußnote fortgesetzt, in welcher Newton und dessen Gesetz der allgemeinen Gravitation als Folge der kopernikanischen ‚Umänderung' genannt werden:

> So verschafften die Centralgesetze der Bewegungen der Himmelskörper dem, was Copernicus anfänglich nur als Hypothese annahm, ausgemachte Gewißheit, und beweisen zugleich die unsichtbare den Weltbau verbindende Kraft (der Newtonischen Anziehung), welche auf immer unentdeckt geblieben wäre, wenn der erstere es nicht gewagt hätte, auf eine widersinnische, aber doch wahre Art, die beobachteten Bewegungen

---

255 AA III, S. 12.
256 Ebd., S. 14.

nicht in den Gegenständen des Himmels, sondern in ihrem Zuschauer zu suchen. Ich stelle in dieser Vorrede die in der Kritik vorgetragene, jener Hypothese analogische, Umänderung der Denkart auch nur als Hypothese auf, ob sie gleich in der Abhandlung selbst aus der Beschaffenheit unserer Vorstellungen vom Raum und Zeit und den Elementarbegriffen des Verstandes, nicht hypothetisch, sondern apodiktisch bewiesen wird, um nur die ersten Versuche einer solchen Umänderung, welche allemal hypothetisch sind, bemerklich zu machen.[257]

Kant entwirft hier eine Analogie zwischen der Abfolge Kopernikus-Newton und dem eigenen Verfahren in Sachen der Metaphysik. Kopernikus' Perspektivenwechsel eröffnete den Weg zu weiteren Fortschritten in der Astronomie, welche sich in einer immer größeren Klemme befand. Die Mathematisierung der Himmelsmechanik durch Newton gab den Bewegungen der Himmelskörper die Gestalt von Gesetzen und bestätigte so den Bau des Sonnensystems, den Kopernikus Kant zufolge als Hypothese entworfen hatte. Die ‚Hypothese' ist in der Verwendung Kants nicht nur etwas, was noch einen Beweis erfordert, sondern vielmehr eine notwendige Annahme. Bevor wir einen festen Beweis für etwas haben, sollten wir versuchen, ob wir mit Hilfe eines Perspektivenwechsels besser vorankommen können. An diese Tradition anknüpfend, wird später Novalis mit romantischer Radikalisierung und Zuspitzung des Vorhabens ausrufen: „Hypothesen sind Netze, nur der wird fangen, der auswirft. Ist nicht selbst Amerika durch Hypothese entdeckt worden?"[258] Kant hat den Hypothesen in der Wissenschaft ein Kapitel in der „Kritik der reinen Vernunft" gewidmet. Die Astronomie war eine wahre Wissenschaft von Hypothesen. Den historischen, vor allem aber symbolischen (im Sinne des Blumenbergschen „kopernikanischen Komparativs") Wert von Kopernikus für den Gebrauch von Hypothesen brachte Georg Christoph Lichtenberg zum Ausdruck, der in seinen Vorlesungen gesagt haben soll:

> Das schönste Beispiel von dem großen Nutzen der Hypothesen gibt die Astronomie. Nun ist das kopernikanische System fast ganz außer allen Zweifel gesetzt. Es ist gleichsam das Paradigma, nach welchem man alle übrigen Entdeckungen deklinieren sollte.[259]

---

257 Ebd., S. 14-15.
258 NW, Bd. II, S. 434.
259 Gottlieb Gamauf: Erinnerungen aus Lichtenbergs Vorlesungen, Wien/Triest 1808, Bd. I, S. 36. Zitiert nach: Hans Blumenberg: Paradigma, grammatisch, in: Ästhetische und metaphorologische Schriften, S. 172-176, hier S. 173. Zum Gebrauch von Hypothesen sowie zum Verhältnis zwischen Hypothese und Konjunktiv als Stilmerkmal bei Lichtenberg siehe: Albrecht Schöne: Aufklärung aus dem Geist der Experimentalphysik: Lichtenbergsche Konjunktive, München 1993.

Es mag erstaunlich scheinen, dass die Präsenz von Kopernikus über zweihundert Jahre nach dem Erscheinen seines Werkes „De revolutionibus orbium coelestium" noch so lebendig bleiben konnte, dass Kant und anderen der Perspektivenwechsel derart einprägsam vor Augen schwebte. Trotz der Erfolge auf dem Gebiet der Astronomie, die solche Größen, wie Tycho de Brahe, Kepler und Galilei geleistet haben, wurde Kopernikus nicht vergessen; er blieb als Auslöser dieser Reihe von neuen Überlegungen und Entdeckungen im Gedächtnis, deren Zuspitzung die Blütezeit der Wissenschaften in der Aufklärung darstellte. Wie Karl Richter schreibt: „Die Aufklärung kam also nicht nur der Phase einer letzten und allgemeinen Anerkennung des heliozentrischen Systems zugute, sondern sie fand in der kopernikanischen Erkenntnis zugleich eine verhüllte Selbstbestätigung."[260]

Die Rezeption des kopernikanischen Modells vollzog sich darüber hinaus langsam, nicht zuletzt auf dem deutschen Sprachgebiet. Wie Reiner Baasner zeigte, hat die deutsche Diskussion um Newton im Wesentlichen erst in der ersten Hälfte des 18. Jahrhunderts eingesetzt. Bis dahin war das kopernikanische Weltbild noch nicht allgemein und vorbehaltlos anerkannt. Noch um 1700 schreiben zahlreiche Autoren in einer Art, in der sie sich getrauen, die Leser mit der „widersinnigen" kopernikanischen Betrachtungsweise nur vorsichtig bekannt zu machen. John Wilkins' „Discovery of a new World in the Moone" erschien in deutscher Übersetzung 1713 als „Vertheidigter Kopernikus" und nicht die Frage der eventuellen Bewohnbarkeit des Mondes stand im Zentrum dieser Übersetzung, sondern erst einmal das kopernikanische Weltbild.[261] Baasner charakterisiert die Fronten dieser späten Rezeption, und weist darauf hin, dass nicht zuletzt die Praktiker, die Astronomen selbst, immer noch eines eindeutigen Beweises für das kopernikanische Modell entbehrten und es als eine sehr nützliche Hypothese betrachteten:

> Jenes Ereignis, das in der Philosophie als ‚kopernikanische Wende' gefeiert wurde, vollzieht sich in der alltäglichen Wirklichkeit schleppend – und für Philosophen und Astronomen mit unterschiedlichem Erfolg. Während erstere das kopernikanische Modell als Sieg des Verstandes über die Sinneswahrnehmungen würdigen, leiden letztere daran, dass es seinen hypothetischen Charakter vorerst beibehalten müsse, solange die beigebrachten Beweise nicht zu einer empirischen Bestätigung ausreichen.[262]

---

260 Richter: Literatur und Naturwissenschaft, S. 135.
261 Rainer Baasner: Das Lob der Sternkunst. Astronomie in der deutschen Aufklärung, Göttingen 1987, S. 70.
262 Ebd., S. 70. Zu der recht späten Einbürgerung des kopernikanischen Weltbildes in der alltäglichen Lebenswelt siehe das Casanova-Zitat im Novalis-Kapitel dieser

Der Göttinger Astronom Tobias Mayer klagte z.B.:

> Wo hat man denn jemals [...] einen gründlichen Beweis über den wahren Copernischen Weltbau gegeben? Überall wird derselbe entweder schon als eine Wahrheit vorausgesetzt, oder als ein willkürlicher Satz angenommen [...]. Soll denn eine solche Abhandlung der Sternkunde deutlich heißen, wenn der vornehmste Satz der Grund aller astronomischer Wahrheiten unbewiesen bleibet?[263]

Die Aura eines hypothetischen Charakters begleitete Kopernikus' Entdeckung also lange, trotz der neuen Augenzeugenschaft dank der Teleskope. Bekanntlich begann die Einschätzung des kopernikanischen Modells als Hypothese, d.h. als Annahme zur besseren Erklärung der Sachverhalte ohne apodiktischen Wahrheitsanspruch, bereits im 16. Jahrhundert und fand einen expliziten Ausdruck in Andreas Osianders Vorrede zu der Erstausgabe von „De revolutionibus..."; kurz nach dem Tod des Autors. Osiander nimmt aus strategischen Gründen von der These des Buches vorsichtigen Abstand. Kopernikus selbst, wie dem Duktus seines Werkes zu entnehmen ist, war von der Richtigkeit seines Modells überzeugt und zog sich keineswegs in das strategische Vokabular der Hypothesenbildung zurück.[264]

Arbeit. Auch die Forschung zur deutschen Dichtung ergibt, dass sich diese Rezeption schleppend vollzog. Karl Richter schreibt sich dem Urteil Christof Junkers anschließend, dass „das Bekenntnis zu Kopernikus in der Epoche des Barock die Ausnahme, nicht die Regel war [...] und das dichterische Bild des Weltenraumes weit häufiger die aristotelisch-ptolemäischen Vorstellungen weiterträgt." (Richter: Literatur und Naturwissenschaft, S. 22.) Mit der Lyrik der Aufklärung beginnt eine zunehmende Begeisterung, oft auf der Welle des Newton wird Kopernikus mitgetragen.

263 Tobias Mayer: Vorlesungen über Sternkunde (zu Lebzeiten unveröffentlicht). Zitiert nach: Baasner: Das Lob der Sternkunst, S. 77. Zu dem langsamen Vollzug der Anerkennung des Kopernikanischen Systems als Tatsache vgl. Rienk Vermij: Stichwort „Copernicanism", in: Encyclopedia of the Scientific Revolution From Copernicus to Newton, S. 158-162. Vermij schildert, wie die Entwicklung der Mathematik und deren wachsende Rolle in der Wissenschaft, der definitive Untergang der Aristotelischen Autorität und Philosophie durch das mechanistische Paradigma, sowie die neuen astronomischen Beobachtungsmethoden Kopernikus zum endgültigen Durchbruch verholfen haben.

264 In der bezeichnenderweise „Über die Hypothesen dieses Werkes" betitelten Vorrede Osianders lesen wir: „Nicht im Zweifel bin ich darüber, dass bestimmte Gelehrte angesichts der Tatsache, dass Kunde von der Unerhörtheit der Grund-Annahmen (hypotheseon) dieses Werks sich schon verbreitet hat – welches nämlich die Erde als beweglich, die Sonne dagegen als in der Weltmitte unbeweglich feststellt –, heftig aufgebracht sind und meinen, die edlen, schon vor langen Zeiten zutreffend gegründeten Wissenschaften

Das Rätsel der *causa gravitatis* und der Saltus „zum Behuf eines Systems"

Die durch Newtons „Principia" ausgelöste Diskussion über die Ursache der Gravitationskraft hatte in Bezug auf den Aspekt des Hypothetischen einen in mancher Hinsicht ähnlichen Charakter. Die Annahme war aber von grundsätzlicherer

> dürften nicht in Verwirrung gebracht werden. Dagegen, wenn sie die Bereitschaft aufbringen, die Sache genau zu erwägen, werden sie finden, dass der Verfasser dieses Werks nichts, was getadelt zu werden verdiente, begangen hat. Ist es doch eigentümliche Aufgabe des Sternforschers, wissenschaftliche Kunde von den Bewegungen am Himmel mithilfe sorgfältiger und kunstfertiger Beobachtung (a) zu sammeln; hierauf (b) deren Gründe – oder doch wenigstens Grundannahmen, wenn er nämlich die wahren Gründe auf keine Weise ermitteln kann, irgendwelcher Art dafür auszudenken und zu ersinnen, unter deren Voraussetzung eben diese Bewegungen aus Grundsätzen der Geometrie ebenso für Zukunft wie für die Vergangenheit richtig berechnet werden können. Beides davon hat dieser meisterhafte Mann hervorragend gewährleistet. Es ist nämlich gar nicht notwendig, dass diese Voraussetzungen wahr sein müssen, nicht einmal, dass sie wahrscheinlich sind, sondern es reicht schon dies allein, wenn sie eine mit den Beobachtungen zusammenstimmende Berechnung darstellen [...]. Und niemand soll, was jedenfalls die Erklärungsannahmen angeht, von der Sternkunde etwas Gewisses erwarten, da sie für sich nichts derartiges gewährleisten kann, damit er nicht, wenn er zu anderem Zweck ersonnene Annahmen für wahr ergreift, törichter von dieser Wissenschaft von hinnen geht, als er zu ihr gekommen ist." (Andreas Osiander: An den Leser. Über die vorausgesetzten Annahmen dieses Werks, in: Nicolaus Copernicus: Das neue Weltbild. Drei Texte. Commentariolus, Brief gegen Werner, De Revolutionibus I. Im Anhang eine Auswahl aus der Narratio prima des G. J. Rheticus. Übersetzt, herausgegeben und mit einer Einleitung und Anmerkungen versehen von Hans Günter Zekl. Lateinisch-deutsch, Hamburg 1990, S. 60-63, hier S. 61 und 63.) Hans Blumenberg vermutet, dass Kant das Hypothesenmotiv direkt Osianders Vorrede entnahm. (Blumenberg: Der kopernikanische Komparativ, S. 691.) „Erhebt das Gesamtergebnis dieser fast lebenslangen Beobachtungs-, Berechnungs- und Konstruktionsanstrengung einen Wahrheitsanspruch, oder ist es nur unter dem Titel einer Hypothese ausgegeben? In dem Buch selbst, jedenfalls in der Nürnberger Erstausgabe, scheint es zunächst so, wenn man die praefatio ad lectorem sich vornimmt. Im Widerspruch dazu wird im Werk selbst durchgehend und mit ruhiger Sicherheit entschieden Anspruch auf Gültigkeit, nicht nur Vorläufigkeit des Errechneten und Behaupteten erhoben." (Hans Günter Zekl: Einleitung, in: Nicolaus Copernicus: Das neue Weltbild, S. VII-LXXXIV, hier S. XXII.) Osianders Prägung der Rede von Hypothesen hat die Rezeption beeinflusst. Immerhin hat Denis Diderot seinen Artikel in der „Enzyklopädie" noch „System oder Hypothese des Kopernikus" betitelt, und sich darüber lange ausgelassen, dass es in Italien verboten sei, Kopernikus zu verteidigen. (Denis Diderot: Stichwort „Kopernikus, System oder Hypothese des Kopernikus", in: Diderots Enzyklopädie, S. 260-261.)

Natur, weil es nicht um (noch) fehlende Evidenz ging, sondern um die unbekannte Ursache der Gravitation.[265] Um das Potential und die Grundlagen der Kantschen Fußnoten-Analogie aus der Vorrede 1787 in der ganzen Breite und in ihren Konsequenzen zu verstehen, muss man die äußerst frappierende Position eines Fremdkörpers berücksichtigen, welche die Gravitation vor dem Hintergrund des mechanistischen Wissensparadigmas des 17. und zum überwiegenden Teil noch des 18. Jahrhunderts einnahm. Thomas Kuhn schreibt hierzu:

> Nach der Zeit von Galilei und Kepler, die oft auf einfache mathematische Regelmäßigkeiten verwiesen, wurden nur noch mechanische Erklärungen anerkannt. Die einzigen zulässigen Formen waren Gestalt und Ort der letzten Bausteine der Materie. Jede Veränderung, sei es des Ortes oder einer Qualität wie Farbe oder Temperatur, mußte als Ergebnis der physikalischen Einwirkung einer Gruppe von Teilchen auf eine andere erklärt werden. So erklärte Descartes das Gewicht der Körper durch die Einwirkung von Ätherteilchen auf ihre obere Begrenzungsfläche. Die bewirkenden Ursachen des Aristoteles, Zug und Druck, standen jetzt bei der Erklärung von Veränderungen im Vordergrund. Selbst das Werk Newtons, das weithin so verstanden wurde, daß es nichtmechanische Wirkungen zwischen Teilchen zulasse, trug wenig dazu bei, die bewirkende Ursache in den Hintergrund zu drängen. Es machte aber der streng mechanistischen Einstellung ein Ende, und Newton wurde häufig von denjenigen angegriffen, die die Einführung der Fernwirkung als einen Rückfall hinter die damaligen Erklärungsgrundsätze betrachteten.[266]

---

265 Die Ursache der Gravitation bleibt bis heute nicht klar.
266 Thomas S. Kuhn: Verschiedene Begriffe der Ursache in der Entwicklung der Physik, in: Die Entstehung des Neuen. Studien zur Struktur der Wissenschaftsgeschichte, Frankfurt/M 1992, s. 72- 83, s. 77. Vgl. hierzu zu der Stellung Newtons auch: Daniel Garber: Beyond the mechanical philosophy: Newton, in: Garber: Physics and Foundations, S. 66-69. „Newton's world was thus an active world composed of bodies with active principles, including but not limited to gravitation, that are central to the formation of the world we see around us." (Ebd. S. 67.) Ähnlich äußert sich auch Panajotis Kondylis zu Newton und dem mechanistischen Paradigma: „Die fernwirkenden Kräfte sind das neue Prinzip, das Newton in die Welt des Vakuums und der Korpuskeln einführt, um die kinetische Atomistik in die dynamische überzuleiten. [...] Denn in der Korpuskularphilosophie dient das bewegte Teilchen als letztes Erklärungsprinzip, bei Newton aber, dessen physikalische Realität ebenfalls aus bewegten Korpuskeln besteht, kommt diese Funktion der die Bewegung der Korpuskeln bestimmenden Anziehungskraft zu. Newton bleibt Mechanizist, und trotzdem trägt er zur Unterminierung des Mechanizismus wesentlich bei, indem er die Anziehungskraft, also ausgerechnet sein oberstes physikalisches Prinzip, mechanizistischer Erklärung entzieht." (Panajotis Kondylis: Die Aufklärung im Rahmen des neuzeitlichen Rationalismus, Hamburg 2002, S. 218.)

Das zu erforschende Phänomen war die Schwere, die ja auch für einen naiven Alltagsbeobachter allgegenwärtig ist. Sie weckte seit der Antike ein großes Interesse, das sich in der Lehre von den vier Elementen oder den universellen Sympathien und Korrespondenzen zwischen den Dingen des Universums äußerte, mit der man u. a. das Phänomen der Anziehung eines Magneten zu erklären versuchte. Die Sympathienlehre wurde u.a. von Galen vertreten, der über Jahrhunderte in Europa eine Autorität blieb. Innerhalb dieses Paradigmas wurde die Anziehung, die ‚Attractio' gesehen. Die Lehre von Korrespondenzen gehörte zum zentralen Wissensdiskurs der Renaissance. Als okkulte und magische Idee wurde sie erst im Laufe des 17. Jahrhunderts durch das neue mechanistische Denken abgelöst, oder besser: an den Rand gedrängt.[267] Die Frage der (universellen) Attraktion lebte aber in der Forschung zur Elektrizität und vor allem zum Magnetismus weiter. Da jedoch die magnetischen und elektrischen Kräfte nicht mathematisch erfasst werden konnten, wurden sie nicht derart zentral für das neue Weltbild. Die Gravitation ist demgegenüber als universales Gesetz formuliert worden, es ließ sich mit mathematischer Genauigkeit bestimmen, die betroffenen Phänomene konnten errechnet und vorausgesagt werden, obwohl man die Frage nach deren Ursache nicht zu beantworten vermochte. Es ist ein Phänomen von allgegenwärtiger Präsenz, das durch die Sinne zwar nicht direkt, lediglich nur mittelbar als Effekte wahrnehmbar ist. Plötzlich wurde es zu einer wissenschaftlichen Tatsache, die in einer mathematischen Formel festgehalten wurde.

Es kann nicht wundern, dass sich rational gesinnte Geister, wie Gotthold Ephraim Leibniz, über die Erklärungsversuche der Schwere durch Anziehung zutiefst empörten. Leibniz erkannte in der ‚Anziehungskraft' eine verkappte Gnose wieder.[268] Auch der deutsche Universalgelehrte und Aufklärungs-Koryphäe Christian Wolff lehnte die newtonsche Lehre ab.[269] Heftig wurde sie von dem Mathematiker Leonhard Euler verworfen. 1743 veröffentlichte er anonym eine lateinische Schrift, in der er sich über die Mutmaßungen zur Ursache

---

267 Vgl. Michel Forucault: Die Ordnung der Dinge, insbesondere das Kapitel „Die prosaische Welt".
268 Zu der Kontroverse zwischen Leibniz und Newton (wobei sich Newton selbst nicht zu Wort meldete und seine Partie stellvertretend von Roger Cotes ausgefochten wurde), siehe: Koyré: Von der geschlossenen Welt, S. 200ff. Lebniz kritisierte Newtons Konzept in der „Theodizee" und in einem Brief an die Prinzessin von Wales, den er 1715 an diese richtete und der einer langen Briefdebatte mit Clarke den Anfang gab. Der Streit war im Kern ein theologisches; es ging um die Macht Gottes in der Welt.
269 Vgl. hierzu: Gunter Lind: Physik im Lehrbuch 1700-1850, Berlin 1992, S. 119.

der Gravitation recht spöttisch ausließ.²⁷⁰ Die Schrift ist eine regelrechte Anklage der Anziehungshypothese. Andreas Kleinert hat Eulers Kritik auf den Punkt gebracht: „Wer behaupte, die Anziehung sei die Ursache der Gravitation, der gebe alle Grundsätze einer gesunden und vernünftigen Philosophie auf. Das heißt: Wer Newtonsche Physik betreibt, verrät die Ideale der Aufklärung."²⁷¹ Euler wiederholte seine Kritik noch 25 Jahre später, erneut in einer anonymen Schrift.²⁷² „Die Newtonsche Physik, von vielen als Triumph der Aufklärung gefeiert, ist also für den bedeutendsten Mathematiker des 18. Jahrhunderts soviel wie Zauberei."²⁷³ Die Reaktion beträchtlicher Kreise der gelehrten Welt fiel, wie man solcherart Reaktionen entnehmen kann, äußerst skeptisch aus. Eine ähnliche Skepsis vertraten nicht wenige Physiker. Noch „[....] 1791 äußerte Lichtenberg große Sympathie für die Bemühungen, das >>Phänomen jener wechselseitigen Näherung<< irgendwie auf Druck und Stoß einer eigens dazu erfundenen Gravitationsmaterie zurückzuführen."²⁷⁴

Heute, im posteinsteinschen Zeitalter und dem Zeitalter der Quantenmechanik gilt uns Newtons Physik als Schulbeispiel einer mechanischen Physik. Im 17. und lange noch im 18. Jahrhundert stellte dessen Konzeption aber eher einen potentiellen Durchbruch im Rahmen des mechanistischen Weltbildes dar, wie Károly Simonyi darlegt:

> In der Newtonschen Welt haben wir es mit Kraftzentren und mechanischen Bewegungen zu tun, die unter dem Einfluß der Kräfte ablaufen. Nach der heute verbreiteten Darstellung wollte Newton alle Vorgänge auf die Mechanik zurückführen und das Newtonsche Weltbild wird als vollkommen mechanisches Weltbild dargestellt. Wir müssen jedoch anmerken, daß Newtons Zeitgenossen – und hier haben wir vor allem die scharfsinnigsten und kritischsten Zeitgenossen wie Huygens und Leibniz im Auge – unter einer mechanischen Deutung etwas ganz anderes verstanden haben, denn nach ihrer

---

270 Andreas Kleinert: Aufklärung durch Physik, in: Innovation und Transfer. Naturwissenschaft, Anthropologie und Literatur im 18. Jahrhundert, hg. von Walter Schmitz und Carsten Zelle, Dresden 2004, S. 11-19, hier S. 16.
271 Ebd.
272 Ebd., S. 17. Es handelt sich um folgende Schriften Eulers: Leonhard Euler: De causa gravitatis, in: Opera omnia. Series II/31, Basel 1996, S. 373-378, sowie Euler: Briefe an eine deutsche Prinzessin über verschiedene Gegenstände aus der Physik und Philosophie, S. 60.
273 Kleinert: Aufklärung durch Physik, S. 17.
274 Ebd. Lichtenberg wird von Kleinert zitiert nach: Johann Christian Polycarp Erxleben: Anfangsgründe der Naturlehre. 5. Auflage, mit Zusätzen von Johann Christoph Lichtenberg, Göttingen 1791, S. 85-87. Zur durchaus unterschiedlichen Rezeption Newtons in der Aufklärung vgl. Kleinert: Aufklärung durch Physik, S. 14.

Meinung konnte eine Wechselwirkung nur durch unmittelbare Berührung zustande kommen. Die Einführung fernwirkender Anziehungskräfte durch Newton haben sie als retrograden Schritt angesehen, mit dem die alten okkulten Qualitäten wie z. B. Affinität, Drang und Liebe wieder in die Physik hineingeschmuggelt werden sollten.[275]

Newton, der auf die ungeklärte Begründung der Gravitation mit Zurückhaltung reagierte, meinte, es sei das Wichtigste, sich mit dem Gravitationsgesetz selber zu befassen, denn es lasse sich auf unerschütterlich sichere Weise beschreiben. Bekannt ist seine distanzierte Stellungnahme zu dem Problem der *causa gravitatis* in der zweiten Ausgabe der „Principia", in der er konstatierte, dass er keine Hypothesen erfinde. Als Naturwissenschaftler lässt er die Ursache offen, er erarbeitet dafür mathematisch strenge Gesetze, wie er in seinen „Principia" verkündete:

> Ich habe noch nicht dahin gelangen können, aus den Erscheinungen den Grund dieser Eigenschaften der Schwere abzuleiten, und Hypothesen erdenke ich nicht. Alles nämlich, was nicht aus den Erscheinungen folgt, ist eine *Hypothese* und Hypothesen, seien sie nun metaphysische oder physische, mechanische oder diejenigen der verborgenen Eigenschaften, dürfen nicht in die Experimentalphysik aufgenommen werden. [...] Es genügt, dass die Schwere existiere, dass sie nach den von uns dargelegten Gesetzen wirke, und dass sie alle Bewegungen der Himmelskörper und des Meeres zu erklären im Stande sei.[276]

---

275 Simonyi: Kulturgeschichte der Physik, S. 267.
276 Isaac Newton: Philosophiae Naturalis Principia Mathematica, übersetzt von J. Ph. Wolfers, Berlin 1872, S 511. Hervorhebung im Original. Zugleich aber erwägt Newton in seinem Werk durchaus zahlreiche Hypothesen und überlegt woanders doch die mechanische Erklärung durch die Atome der Materie. „Aber schon der unmittelbare Kontext jenes gestrengten Diktums läßt erkennen, daß es ganz buchstäblich auch wieder nicht gemeint war. In seiner Nachbarschaft finden sich nämlich ausgreifende Abhandlungen zur Natur Gottes, welche mit der Rechtfertigung schließen, die Behandlung Gottes anhand der Phänomene gehöre durchaus zu den Aufgaben der empirischen Wissenschaft. Ebenso benutzt Newton an anderen Stellen des gleichen Buches wie selbstverständlich explizit als solche bezeichnete Hypothesen. Eine genauere Betrachtung des berühmten Diktums zeigt denn auch, daß es lediglich eine vorläufige Absage an Erklärungen der Wirkungsweise der Gravitation enthielt; eine Absage zudem, die Newton kurze Zeit später in der >>Optik<< schon wieder zurücknahm." (Martin Carrier: Passive Materie und bewegende Kraft: Newtons Philosophie der Natur, in: Naturauffassungen in Philosophie, Wissenschaft, Technik, hg. von Lothar Schäfer und Elisabeth Ströker, München 1993, Band II, S. 217-241, hier S. 217-218.) Zu Newtons *actio in distans* als notwendiger wissenschaftlichen Fiktion und zum Einfluss dessen Hypothesendiskurses auf die Zeitgenossen, u. a. Kant und Goethe bis Vaihingers ‚als-ob-Denken' vgl. Karl F. Fink: Actio in Distans,

Newton schlug mit einem Wort eine neue Vorgehensweise vor: die ersten Ursachen und Grundlagen müssen nicht bekannt sein, um entsprechende Phänomene zu erforschen. Das war ein Methodenbruch im mechanistischen Paradigma.[277] Die Exaktheit der mathematischen Beschreibung und die Erfassung von eiserner Gesetzesmäßigkeit lassen dann Kant in der Vorrede 1787 schreiben, dass Newtons Gesetze der Himmelsmechanik dem kopernikanischen System „ausgemachte Gewißheit" verliehen. Indem dem kopernikanischen System Gewissheit verschafft wurde, konnte noch etwas „bewiesen" werden: nämlich die „unsichtbare den Weltbau verbindende Kraft (der Newtonischen Anziehung)". Wirklich „ausgemachte Gewißheit" für Kant kann aber nur das haben, was apriorisch erkannt wird. So wird die – übrigens bis heute – nicht entschiedene Diskussion um die *causa gravitatis* Kant eher wenig enttäuscht haben. Die Kraft der Anziehung muss vielmehr notwendig angenommen werden, so wie es Newton getan hat. Natürlich bedeutete es keinen kontinuierlichen Übergang von der Ursache zu den Phänomenen, sondern es war ein „Sprung", wie Kant es noch Jahre später im „Opus postumum" bezeichnete:

> [...] die Gravitation welche zwar aus der Erfahrung geschöpft aber von der daß sie Anziehung sey wie *Newton* zuerst behauptete doch nur problematisch war wo doch ein *Saltus* gemacht werden mußte nämlich zum Behuf eines Systems etwas anzunehmen.[278]

Zwar „tut die Natur keine Sprünge", aber im Falle der Gravitationskraft war es unumgänglich, eine Leerstelle zum „Sprung" offen zu lassen. In diesem „Sprung" offenbart sich der Beitrag des menschlichen Geistes zur Erkenntnis.

Repulsion, Attraction. The Origin of an Eighteenth Century Fiction, in: „Archiv für Begriffsgeschichte" 25/1982, S. 69-87.)
277 Vgl. Reill: The Legacy of the „Scientific Revolution", S. 27. Diese Entscheidung Newtons bildete die eigentliche Quelle der Kontroversen, die über dessen Lehre herrschten. Gunter Lind schildert die Diskussionen zwischen deutschen Gelehrten in der zweiten Hälfte des 18. Jahrhunderts: „Während die Gravitationslehre für die Newtonianer das Musterbeispiel einer Theorie überhaupt war, war sie für die Mechanisten eigentlich gar keine Theorie, jedenfalls keine physikalische, sondern >>bloß<< eine der angewandten Mathematik, eine bloße Beschreibung der Phänomene ohne Erklärungswert und innerhalb einer philosophischen Naturlehre relativ peripher. Nicht Newtons Gravitationsgesetz war das Skandalon, sondern daß es als Erklärung ausgegeben wurde; denn damit wurde die gesamte mechanistische Erklärungspraxis in Frage gestellt. [...] Der Dissens war grundlegend. Es ging nicht um rivalisierende Theorien, sondern um alternative Arten, Wissenschaft zu betreiben." (Gunter Lind: Physik im Lehrbuch, S. 127.)
278 AA XXII, Opus postumum. Elftes Convolut, S. 454-455.

Diese lässt sich nicht bloß mit rezeptiven Fähigkeiten erklären bzw. betreiben, sondern braucht ein grundlegendes schöpferisches Moment. Die notwendige, man möchte mit Kant sagen: apriorische Annahme der Gravitationskraft ist unentbehrlich, um dem ganzen System der Himmelsmechanik einen ‚Anfang' in der Situation zu geben, wo dafür kein ‚Fundament' geschaffen werden kann. Nur dieser eine „Sprung" ist notwendig; ist er getan, ordnet sich der Rest von selbst.

Newton verstand, als er sich von Hypothesenbildung distanzierte, unter ‚Hypothese' natürlich etwas anderes als Kant, welcher an eine heuristische bzw. notwendige Entscheidung dachte. Der Engländer „[…] versteht hier unter Hypothese eine Annahme, die nicht von Beobachtungen gestützt und nicht aus ihnen hergeleitet werden kann. Nach Newton sind die kartesischen Wirbel derartige hypothetische Begriffe, während das Gravitationsanziehungsgesetz nicht als Hypothese, sondern als Fakt anzusehen sei."[279] Es ist diese newtonsche Annahme von der Anziehungskraft als Faktum, die Kants Verständnis der ‚Hypothese' entspricht. Kant muss dies aufs tiefste angesprochen haben, denn er wiederholt diesen ‚Sprung' Newtons bereits in der „Allgemeinen Naturgeschichte und Theorie des Himmels" von 1755. Noch nach all seinen ‚kopernikanischen Wenden' wird er bis ans Lebensende von einem „*Factum*"[280] sprechen. Solch ein „Factum" ist nicht eine beliebige Annahme eines beliebigen ungeprüften Inhalts, sondern die notwendige Annahme von etwas, was ein ganzes System fundiert. Hier im Falle der Anziehung ging es um nichts weniger als um das ganze Weltgebäude.

Debatte um die Ursache der Gravitation: Umrisse einer Leerstelle

Die Debatte um die Ursache der Gravitation war eine der grundlegendsten im 17. und 18. Jahrhundert. Es war zu beunruhigend, die Ursache einer solch wesentlichen Kraft nicht zu kennen.[281] Das mechanische Weltbild, dessen bestes

---

279 Simonyi: Kulturgeschichte der Physik, S. 267.
280 AA XXI, Opus postumum. Erstes Convolut, S. 35-36.
281 Die Newtonsche Theorie war vielen eine Zumutung. „Unabhängig davon, was Newton selbst geschrieben oder gedacht hatte, unterstellte man ihm und seinen Nachfolgern einen Rückfall in die finstersten Zeiten der aristotelischen Physik. So wie Aristoteles gelehrt habe, Ursache der Schwere sei der dem Körper innewohnende Drang, zu seinem natürlichen Ort zu gelangen, schreibe Newton den Körpern eine ‚verborgene Eigenschaft' zu, wenn er von Anziehung spreche. Wie sollte unbelebte Materie durch den leeren Raum hindurch ‚merken', daß anderswo auch Materie vorhanden ist, und was sollte räumlich weit getrennte Massen dazu bringen, sich aufeinander zu bewegen? Diese Frage wird in fast jedem Physikbuch des 18. Jahrhunderts ausführlich erörtert […]." Kleinert: Aufklärung durch Physik, S. 15-16.

Beispiel Descartes' Philosophie der *res extensa* darstellte, ging bei der Erklärung der Bewegung von Impulsen aus. Die Körper konnten bewegt werden, indem sie Impulse erhielten, aber hier sollte es plötzlich um eine ‚Zugkraft' gehen, die wie aus sich selbst andere Körper zu sich anzog. Die damalige Bewegungslehre kannte Impulsübertragungen, aber keine Zugkräfte.[282] In der Sekundärliteratur wird inzwischen manchmal die These vertreten, dass Newton seine Offenheit für eine nicht-mechanische Denkweise der zu seinen Lebzeiten bereits als unwissenschaftlich geltenden Beschäftigung mit der Alchemie zu verdanken hätte.[283] Er ist aber nicht den Schritt gegangen, die Anziehung als der Materie innewohnende Kraft zu betrachten. „Es ist bekannt – oder sollte es sein –, daß Newton die Anziehungskraft nicht für eine reale physikalische Kraft hielt. Ebensowenig wie Descartes, Huygens oder Henry More konnte er zugeben, daß die Materie fähig sei, über eine Entfernung hinweg zu wirken, oder daß ihr eine selbsttätige Tendenz innewohne."[284] Die Gründe dafür waren nicht zuletzt theologischer Natur: Newton stand den rationalistischen Naturkonzepten eines Descartes und Leibniz kritisch gegenüber, denn diese sahen das Universum als ein Uhrwerk an, das nach dem Schöpfungsakt Gott nicht mehr braucht:

> Will man demnach sein Seelenheil bewahren, so muß man annehmen, daß die Materie durch die ihr eigenen Eigenschaften, durch ihre >>inhärenten<< oder >>essentiellen<< Merkmale nicht imstande ist, den Naturablauf aufrechtzuerhalten. Diese Annahme drückt sich in Newtons These der *Passivität* der Materie aus. [...] Es ist daher erforderlich, daß Bewegung *neu geschaffen* wird. Die Quellen dieser Bewegung sind nichtmechanisch und nicht-materiell, es sind *aktive Prinzipien* [...].[285]

Die Idee von den aktiven Prinzipien stammt aus der hermetischen Tradition. Newton übernahm und modifizierte dieses alte Konzept, er sprach allerdings nicht von Prinzipien, sondern von Kräften. Eine dieser Kräfte ist die Gravitation. Sie schafft eine neue Bewegung, was an der Beschleunigung von fallenden

---

282 Baasner: Das Lob der Sternkunst, S. 81.
283 Vgl. das Newton-Kapitel in: Lioba Wagner: Alchemie und Naturwissenschaft. Über die Entstehung neuer Ideen an der Reibungsfläche zweier Weltbilder. Gezeigt an Paracelsus, Robert Boyle und Isaac Newton, Würzburg 2011.
284 Koyré: Von der geschlossenen Welt zum unendlichen Universum, S. 161. In der Abhandlung über die Optik schreibt Newton, er fasse „die Schwerkraft nicht als eine wesentliche Eigenschaft der Körper" (Isaac Newton: Optik oder Abhandlung über Spiegelungen, Brechungen, Beugungen und Farben des Lichts, übersetzt von W. Abendroth, Braunschweig 1983, S. 4.)
285 Carrier: Passive Materie und bewegende Kraft, S. 220-221. Hervorhebungen bei Carrier.

Körpern zu sehen ist.[286] Gelegentlich neigte Newton auch dazu, in der Gravitation das Wirken Gottes in der Welt zu sehen:

> In seiner mittleren Periode, die insbesondere die Zeit der Abfassung der >>Principia<< umgreift, ging Newton davon aus, daß die Gravitation [...] ein unmittelbarer Ausfluß der Präsenz Gottes ist. Gott ist buchstäblich omnipräsent, und durch seine Gegenwart im Raum bewegt er Materie, gerade so wie die Seele durch ihre Gegenwart im Gehirn die Glieder des Leibes bewegt. Diese Vorstellung ersetzte Newton in seiner späteren Lebensperiode durch ein Äthermodell.[287]

Newton schwankte zwischen der Distanzierung zur Hypothesenbildung und den Versuchen, die Anziehung doch in das mechanische Weltbild physikalisch zu integrieren, was hieß, eine mechanische Erklärung der Gravitation zu geben. Die zu diesen Zwecken benutzte Äther-Hypothese führte allerdings auch nur noch zu weiteren unbeantworteten Fragen. Es gab heftige Diskussionen und Auseinandersetzungen, bei denen zwar keine endgültige und den Streit abschließende Antwort über die *causa gravitatis* gefunden wurde, doch das Praktische siegte und man behandelte die Gravitation ungeachtet der unbekannten Gründe für Zwecke der Beschreibung so, als wäre sie praktisch eine mechanische Kraft.

Die Widerspiegelung der Debatte um die Anziehungskraft in deutschsprachigen Lexika

Die Lexika und Wörterbücher spiegeln den Streit um die Natur und die Ursachen der Gravitation wieder, so wie den langen Weg zur Etablierung der neuen wissenschaftlichen Tatsache in Form einer notwendigen Annahme ohne Beweis. Für den deutschen Sprachraum finden wir in Zedlers Lexikon in der ersten Hälfte des 18. Jahrhunderts unter dem Stichwort „Gravitas, die Schwere" eine allgemeine Definition. „Gravitas" ist nach Zedler:

> [...] die Qvalität eines Cörpers, Vermöge welcher solcher niederwärts gegen die Erde zu bewegen sich bemühet, auch sich würcklich niederwärts beweget, wenn nichts vorhanden ist, so ihm daran Einhalt tut [...].[288]

Der Artikel ‚Gravitas' ist recht lang und ein wahres Sammelsurium von Erzählungen über Phänomene, die alle auf unterschiedliche Weise mit der Schwere

---

286 Ebd., S. 221.
287 Ebd., S. 223.
288 Zedlers Lexicon: Stichwort „Gravitas, die Schwere", in: Grosses vollständiges Universal-Lexicon Aller Wissenschaften und Künste, Welche bishero durch menschlichen Verstand und Witz erfunden und verbessert worden, Halle und Leipzig: Verlag Johann Heinrich Zedlers 1731-1754, Bd. XI (1735), Sp. 651-696, hier Sp. 651.

zu tun haben: von der Schwere der irdischen Dinge, die uns als Alltagsphänomen bekannt ist, über die Luftpumpe und die Waage bis zu den Bewegungen der Himmelskörper. Zugleich skizziert das Lexikon die Geschichte der Erforschung der Schwere seit Aristoteles, wobei der Schwerpunkt auf die Astronomie und Physik des 17. Jahrhunderts gelegt wird. Newton wird sehr spät erwähnt und erscheint als einer unter vielen. Am interessantesten sind für den Verfasser dessen Thesen zur Zentripetal- bzw. „Centrifugal-Krafft", während dessen Formel für die Gravitationskraft nur am Rande erwähnt wird.[289] Zu Beginn des Artikels wird eingeräumt, dass wir die ‚Gravitas' nicht als solche, sondern lediglich Effekte empfinden können, die diese verursacht. Trotz solcher Autoritäten wie Newton will der Verfasser die Gravitation als allgemeines, universelles, ins Unendliche wirkendes und auf eine Ursache zurückgehendes Phänomen nicht einfach annehmen, sondern versucht, dies dem Leser zuerst zu beweisen, indem er über sehr viele verschiedene Erscheinungen und Beobachtungen berichtet. Gegen Ende des Artikels stellt er die Frage, ob die verschiedenen Effekte tatsächlich einer und derselben Kraft zugeordnet werden können:

> Was wir bishero von der Schwere angeführt haben, ist aus denenjenigen Phaenomenis, so wir hier auf der Fläche unserer Erden wahrnehmen, hergeleitet worden. Dahero bleibt die Frage noch übrig: ob denn diese Eigenschaft derer Cörper nur lediglich an der obern Fläche der Erden Stat finde […].[290]

Der Verfasser stellt Vermutungen an, inwieweit die Schwere nicht nur auf der Erdoberfläche, sondern auch im Innern der Erde und in großer Entfernung wirkt, ob sie auch auf dem Mond präsent ist und – wenn ja – ob es sich dann um die gleiche Kraft handelt, die auch auf unserem Planeten für die Schwere der Dinge sorgt. Er neigt dazu und will den Leser davon überzeugen, dass die gleichen Wirkungen nach der in der Wissenschaft praktizierten Regel auf die gleiche Ursache zurückgeführt werden müssen.[291] Was die Natur dieser Ursache betrifft, beschränkt er sich darauf, die populärsten Theorien zu referieren:

> Indessen haben sich viele Philosophen bemüht, eine physicalische Erklärung von der Ursache der Schwere zu geben, davon wir einige Meynungen bereits unter dem Titel: Bewegung derer schweren Cörper i. c. angeführt haben, die wir hier nicht wiederholen wollen, Massen diese Ursache, Vermöge des vorhergehenden der Gestallt eingerichtet seyn muß, dass sich aus selbiger die Phaenomena in dem ganzen Welt-Gebäude erklären

---

289 Ebd., Sp. 662ff.
290 Ebd., Sp. 670.
291 Ebd., Sp. 671.

lassen, weil wir zur Gnüge dargethan, dass die Schwere ein allgemeines Prinzipium sey [...].[292]

In dem erwähnten Artikel zum Stichwort „Bewegung derer schweren Cörper" werden die gängigen Hypothesen zur *causa gravitatis* kurz dargestellt, von denen die Ätherhypothese („schwermachende Materie") am einflussreichsten zu sein scheint. Sie stößt jedoch auf die Skepsis des Verfassers, denn sie erkläre nicht, woher diese „schwermachende Materie" ihre Schwere hat. Es fehle deshalb auch nicht an solchen, die Gott selbst für die Ursache der „Gravitas" verantwortlich machen. „Mit einem Wort, alle die bisher erzehlten hypotheses und noch viel mehrere [...] thun denen phaenomenis der Bewegung derer schweren Cörper noch keine Gnüge."[293] Und unter dem Stichwort „Attractio" findet sich bei Zedler nach wie vor die Beschreibung der alten Attraktionslehre unter Berufung auf Galen und Paracelsus:

[...] eine Anziehung, heisset überhaupt diejenige Art der Bewegung, wenn nemlich eine Sache, von einem Orte, vermittelst einer gewissen bewegenden Krafft eines andern an sich ziehenden Dinges, beweget, und zu diesen gezogen wird. Diese Bewegung kann eingeheilet werden in eine offenbare, wenn der an sich ziehende Theil, zugleich mit der Art der Anziehung in die Sinne fallet; und ist entweder natürlich oder künstlich [...], Und in eine verborgene oder innerliche, dergleichen nicht nur dem Leibe und dessen Theilen zugeeignet wird, [...] sondern auch von einigen Arzneyen, besonders von purgirenden und andern Sachen, als dem Magnete, Agtstein gesagt wird.[294]

Dem Stichwort „Attractio" folgt bei Zedler ein Artikel zum „Attractivum", einem Terminus aus der Lehre von Paracelsus. Man bekommt den Eindruck, dass die neuen Theorien dem Verfasser noch fundierungsbedürftig scheinen. Johann Georg Walch schreibt demgegenüber 1775 über „Anziehen der Körper", es:

Ist eine Eigenschaft der Körper, da sich dieselben gegen einander nahen. Die Ursache dieser Eigenschaft ist unbekannt; ob wohl die Sache an sich aus der Erfahrung ihre Richtigkeit hat. Man kann nicht sagen, daß sich die Körper selbst gegen einander treiben, oder daß es durch die Berührung und Antreibung anderer Körper geschähe. Vielleicht rühret das von einigen Ausdünstungen anderer Körper her; oder es liegt was in dem innern Wesen der Körper, davon diese Wirkung kommt. Issac Newton hat diese Lehre zuerst angegeben.[295]

---

292 Ebd., Sp. 682-683.
293 Zedlers Lexicon: Stichwort: „Bewegung derer schweren Cörper", Bd. III (1733), Sp. 1625-1629, hier Sp. 1629.
294 Zedlers Lexicon: Stichwort: „Attractio" Bd. I (1731), Sp. 2087-2088.
295 Johann Georg Walch: Stichwort „Anziehen der Körper", in: Johann Georg Walchs philosophisches Lexicon, worinnen die in allen Theilen der Philosophie vorkommende

Eine längere und professionelle Erklärung des Stichworts findet sich in Johann Samuel Traugott Gehlers „Physikalischem Wörterbuch", welches seit Mitte des 18. Jahrhunderts im deutschsprachigen Gebiet als Nachschlagewerk in diesem Bereich führend war. Unter dem Stichwort „Gravitation, Schwerkraft, allgemeine Schwere, Gravitatio, Gravitas universalis, Gravitation" wird berichtet:

> Das Phänomen der Körperwelt, da entfernte Körper sich einander nähern, oder zu nähern streben, ohne daß man eine äußere Ursache davon gewahr wird – die Attraction entfernter Körper, s. Attraction. [...] Welchen Namen man aber auch wählen mag, so muß man nie vergessen, daß derselbe bloß das Phänomen bezeichnen, nicht die physische Ursache desselben angeben soll, welche uns noch bisher gänzlich unbekannt ist.[296]

Gehler gibt in seinem Wörterbuch von 1789 auch den Wortlaut des newtonschen Gesetzes an:

> Die Gravitation des Körpers A gegen B verhält sich direct, wie die Masse von B, und umgekehrt, wie das Quadrat der Entfernung beyder Körper A und B [...].[297]

Darauf ergänzt er einiges zum Problem der *causa gravitatis* und nimmt dabei Newton vor dem Okkultismusvorwurf in Schutz:

> Newton ist nie so weit gegangen, daß er die Schwere nebst diesem ihren Gesetze als eine wesentliche Eigenschaft der Materie angesehen hätte. Er verbietet dies vielmehr (Prinzip. L. I. Sect. II.), und macht in seinen der Optik beygefügten Fragen [...] sogar einen Versuch, die Schwere aus den Stößen des Aethers herzuleiten [...]. Man hat ihn daher mit Unrecht beschuldiget, daß er durch die Attraction eine von den verborgnen Qualitäten der Scholastiker wieder einführe.[298]

Materien und Kunstwörter erkläret, aus der Historie erläutert, die Streitigkeiten der ältern und neuern Philosophen erzehlet, beurtheilet, und die dahin gehörigen Schriften angeführet werden, mit vielen neuen Zusätzen und Artikeln vermehret und bis auf gegenwärtige Zeiten fortgesetzt, wie auch mit einer kurzen kritischen Geschichte der Philosophie aus dem Bruckerischen großen Werke versehen von Justus Christian Henings. Vierte Auflage in zween Theilen, Leipzig 1775, Bd. I, S. 180-181, Zitat S. 180-181.

296 Johann Samuel Traugott Gehler: Stichwort „Gravitation, Schwerkraft, allgemeine Schwere, Gravitatio, Gravitas universalis, Gravitation", in: J. S. T. Gehler: Physikalisches Wörterbuch oder Versuch einer Erklärung der vornehmsten Begriffe und Kunstwörter der Naturlehre mit kurzen Nachrichten von der Geschichte der Erfindungen und Beschreibungen begleitet in alphabetischer Ordnung, Bd. II, Leipzig 1789, S. 517-537, Zitat S. 517-518.
297 Ebd., S. 526.
298 Ebd.

Über Newtons „Principia" und die komplizierte Rezeptionsgeschichte des epochemachenden Werkes im kontinentalen Europa, wobei er wohl vor allem den deutschen Raum meinen dürfte, äußert sich Gehler wie folgt:

> Dieses vortreffliche Buch fand auf dem festen Lande anfänglich nicht den verdienten Beyfall; man hatte noch kaum die sinnlosen Erklärungen der Scholastiker verlassen, und sich in dem Systeme der cartesianischen Wirbel, das doch wenigstens mechanisch und verständlich war, festgesetzt; es schien also hart, dieses so bald wieder verlassen zu müssen.[299]

Der Streit um die *causa gravitatis* war nicht zuletzt auch ein Streit um die Namen, d. h. um die sprachliche Repräsentation des unbekannten Gegenstandes bzw. der unbekannten Kraft. Ist die Gravitationskraft eine Zugkraft, d.h. tatsächlich eine Anziehung? Sollte die Gravitation doch mechanische, nur noch nicht entdeckte Ursachen haben, dann wäre der Zugkraftcharakter nur Schein. In Wirklichkeit handelte es sich dann um keine Zugkraft, sondern wieder um Stöße und Impulse winziger Partikel. Deshalb weigerten sich manche Autoren, von der ‚Anziehung' zu sprechen. Der bereits erwähnte Johann Georg Walch distanziert sich daher von dem Namen „attractio" („Anziehung"):

> Es erinnert Musschenbroeck in epitom. Elementor. Physico mathematicorum, so 1726, zu Leyden herausgekommen, das latainische Wort, dessen man sich davon zu bedienen pflege, attractio sey nicht bequem, und man thäte besser, wenn man solches acceffum mutuum nennte. Von der Sache selbst handelt er auch, und findet man einen Auszug seiner Gedanken in den deutschen actis eruditorum part. 119. P. 783.[300]

Und Euler, der des mechanistischen Wissensparadigma wegen die Äthertheorie unterstützte, schrieb im Jahre 1760:

> Das Factum kann nicht geleugnet werden; aber nun fragt sich ob man es eine Impulsion oder eine Attraction nennen soll; ob es durch einen Stoß oder durch ein wirkliches Anziehen geschehe.[301]

Der Weg, Anziehung als wahre Anziehung, d. h. eine der Materie als solcher innewohnende Kraft anzunehmen, mutete nicht nur okkult, sondern auch atheistisch an, denn es bedeutete, dass sich die Materie verselbstständigte. Georg Christoph Lichtenberg gehörte zu jenen, die die Annahme einer solchen

---

299 Ebd., S. 524.
300 Johann Georg Walchs philosophsiches Lexicon, S. 180-181. Walch beruft sich auf das Werk „Epitome Elementorum Physico-Mathematicorum, Conscripta In Usus Academicos" (1726) von Petrus van Musschenbroek.
301 Euler: Briefe an eine deutsche Prinzessin, S. 186. Vgl. Baasner: Das Lob der Sternkunst, S. 96.

ursprünglichen, der Materie eigenen Attraktion am heftigsten ablehnten. Er kritisierte 1784 Johann Christian Polykarp Erxleben, der ein Anhänger der Anziehung war. (Erxlebens Werk „Anfangsgründe der Naturlehre" spielte für Kant eine wichtige Rolle). Lichtenberg meinte, dass die Gründe für die Verirrung eines Erxleben in der metaphorischen Sprache liegen; die Namen, mit denen man die Ursache der Schwere bezeichnet, seien irreführend. Er spottete unverblümt über durch Metaphern verursachte Irrtümer:

> So wie die Bildersprache Aberglaube erzeugt, so erzeugen oft Metaphern bey dem unbehutsamen Denker ähnliche Irrthümer, die der Philosophie so schädlich seyn können, als jene der Religion. Was würde nicht mancher daraus gefolgert haben, wenn *Newton* diese Erscheinung *Sehnsucht* genannt hätte![302]

Die Heftigkeit, mit der der Streit um die *causa gravitatis* geführt wurde, läßt sich jedoch nicht nur damit erklären, dass die Hintergründe des Phänomens unbekannt blieben. Im Falle der Gravitation handelt es sich um eine erstrangige Kraft: die „Newtonische Anziehung" verbindet den ganzen Weltbau, was sogar bei dem in der Wortwahl zumeist kargen Kant der kritischen Zeit einen Hauch von erhabener Poesie anklingen lässt, wenn er sich darüber äußert. Es kommen einem Goethes Worte von „dem, was die Welt im Innersten zusammenhält" in den Sinn. Die Stelle über die alles verbindende Kraft der Anziehung in der Vorrede 1787 klingt wie ein entferntes Echo des höchst poetischen Vokabulars, welches in Kants vorkritischen Abhandlungen zu vernehmen war. Dort scheute sich Kant nicht, Dichter reichlich zu zitieren und mit stilistisch anspruchsvollen Bildern nicht zu sparen. Der „Erste Teil" der „Allgemeinen Naturgeschichte und Theorie des Himmels" beginnt mit einem Motto aus Alexander Popes „Essay on Man": „Seht jene große Wunderkette, die alle Teile dieser Welt/Vereinet und zusammenzieht und die das große Ganz' erhält"[303] Bei dem „Weltbau" handelt es sich natürlich nicht mehr um die kopernikanische geschlossene sphärische und um die Sonne herum konzentrisch angeordnete Welt, sondern um das ganze

---

302 Lichtenbergs Zusatz zu §113 von Erxlebens „Naturlehre", zitiert nach: Konstantin Pollok: Kants „Metaphysische Anfangsgründe der Naturwissenschaft": Ein kritischer Kommentar, Hamburg 2001, S. 295 (Fußnote). Hervorhebungen im Original.
303 AA I, S. 241. Die Übersetzung ins Deutsche stammt von Brockes. Kant war Liebhaber solcher Dichtung, auch die Hallers gehörte dazu. „Unter den deutschen Dichtern beziehen sich außer Haller beispielsweise auch Drollinger, Triller, Gottsched, Mylius, Creuz, Dusch, Kästner und Wieland auf die Gravitationstheorie." (Richter: Literatur und Naturwissenschaft, S. 84.)

unendliche Universum. Ein entfernter Nachklang einer solchen Begeisterung schwingt in der Analogie aus der Vorrede 1787 noch mit.[304]

Allerdings liegt der Akzent in der Fußnoten-Analogie nicht mehr wie in der „Allgemeinen Naturgeschichte..." auf dem Bau des Universums, der auf solch wundervolle Weise an der unsichtbaren Kraft der Anziehung hängt. Diese Begeisterung und das ganze intellektuelle und ästhetische Potential des Himmelbaus und der Fortschritte der Astronomie sind 1787 plötzlich der rhetorisch ‚schwächere' Teil der Analogie. So wundervoll und geheimnisvoll sie auch sind, sind sie doch bekannter und erforschter als das, wofür sie in Kants Fußnote 1787 stehen: für die neue Art von Metaphysik, deren Gestalt sich genau dort abzeichnen soll, wo der ‚leere Raum' im Zuge der Amputation der alten ausgedienten Metaphysik entstand. Dieser Raum soll aber nicht wieder mit ‚wunderbaren Gegenständen' ausgefüllt werden, sondern mit „praktischen Daten". Die unsichtbare Gravitationskraft soll *per analogiam* etwas sichtbar machen, was ebenso, und vielleicht noch unsichtbarer ist als sie selbst: die Freiheit, der in Kants neuer Konzeption der praktischen Philosophie die Schlüsselrolle des einzig wahren und möglichen ‚archimedischen Punktes' zufällt.

„Platz verschaffen": leerer Raum als *tertium comparationis* zwischen Astronomie und Moral

Die Frage nach der *causa gravitatis* verband sich in der Physik aufs engste mit einer anderen grundlegenden Diskussion – über die Möglichkeit des leeren Raumes. Wenn die Anziehungskraft als eine Zugkraft aufgefasst wird, handelt es sich um eine *actio in distans*, d. h. um die Wechselwirkung von Teilen der Materie durch den leeren Raum, ohne Übertragung der Bewegung mittels eines Mediums. Beim Äther ist dagegen ein leerer Raum nicht zulässig. Es bildeten sich zwei Parteien heraus: die Cartesianer leugneten den leeren Raum, wie sie

---

304 „Kant ist dagegen das keineswegs singuläre, doch besonders symptomatische Beispiel dafür, daß es umgekehrt auch keinen Enthusiasmus des Erkennens gibt ohne Literarisierung der wissenschaftlichen Sprache. Teilnehmer an den kosmologischen Vorlesungen Kants berichten noch in den 60er Jahren von dem begeisterten Feuer beim Vortrag seines Weltsystems nach Newtonschen Grundsätzen, der regelmäßig begleitet wurde durch Zitate von Pope, Haller u. a. Doch ist dies Kant zunehmend peinlich geworden." (Hartmut Böhme / Gernot Böhme: Das Andere der Vernunft, S. 173.) Die Autoren berücksichtigen jedoch nicht die Symbollehre, die Kant im Zusammenhang mit der kritischen Wende entwickelt (vgl. hierzu: Heiner Bielefeldt: Kants Symbolik: ein Schlüssel zur kritischen Freiheitsphilosophie, München 2001.)

überhaupt Raum und Materie miteinander identifizierten, die Newtonianer gingen vom leeren Raum aus.[305] Der leere Raum spielt nicht zufällig auch in Kants kosmologischer Vorrede-Metapher eine wichtige Rolle.

Kant arbeitet in seinem Vorwort mit der Formulierung „Platz verschaffen", welche er zweimal wiederholt und die einer der Angelpunkte der Analogie, die er zwischen der kritischen Philosophie und der Astronomie darstellt. Die „speculative Vernunft" habe „zu solcher Erweiterung immer doch wenigstens Platz verschafft, wenn sie ihn gleich leer lassen mußte [...]",[306] schreibt er, bevor er zu seinem Kopernikus-Newton-Vergleich kommt. Die neue Erkenntniskritik zeigt, dass das Unbedingte nicht Gegenstand des Wissens werden kann. Diese Selbsteinschränkung der Vernunft „verschafft Platz". Der Raum ist nun leer, da die trügerischen Scheingegenstände der alten Metaphysik im Zuge der Erkenntniskritik weggeräumt wurden.

Die Geschichte der neuzeitlichen Astronomie war nicht zuletzt auch eine Geschichte des ‚Platz-Verschaffens'. Das erste große ‚Platz-Verschaffen' war die Zerstörung der Kristallsphären, die der Antike entstammen und an die Kopernikus noch geglaubt hatte. An diesen Sphären, ideal kreisförmig, durchsichtig und sich bewegend, konzentrisch um die Erde (oder, in der kopernikanischen Variante, um die Sonne) gelegen, hafteten die Planeten. Die Sphären hatten die Form idealer Kreise, da im platonischen Sinne der Kreis die natürlichste und vollkommenste Form war, die es gab. Noch bei Kopernikus sind sie rund, obwohl das zu immer mehr Unkompatibilität mit der Beobachtung führte. Es war Keplers Verdienst, von dem philosophisch-ästhetischen Erbe abzusehen und die Planetenbahnen erstmals als Ellipsen zu beschreiben, und die Vermutung anzustellen, dass nicht die Sphären, sondern magnetische Kräfte für die Bewegungen

---

305   „Um 1710 lagen mehrere Hypothesen zur Erklärung der Planetenbewegung, der Wärme, des Lichts, des Magnetismus, der Kohäsion und etlicher anderer physikalischer Erscheinungen vor. Die Newtonsche Theorie, nach der der interplanetarische Raum effektiv leer war, faßte in England Fuß. In Frankreich dagegen hatten für die meisten Denker die Einwände gegen den ‚völlig leeren Raum' mehr Gewicht, und man neigte zur Cartesischen Theorie eines interplanetarischen Äthers mit Wirbeln, die die Bewegung der Planeten um die Sonne verursachten." In Frankreich und folglich im kontinentalen Europa hat Voltaire die Newtonsche Lehre popularisiert. (Stephen Toulmin: Kosmopolis, S. 176; zur Rolle Voltaires: Renate Wahsner: „Ich bin der Apostel und Märtyrer der Engländer gewesen": Die Repräsentation Newtons durch Voltaire, in: Schäfer und Ströker: Naturauffassungen in Philosophie, Wissenschaft, Technik, Bd. II, S. 243-271.) Voltaire hat somit sehr zum Untergang des kontinentalen Cartesianismus beigetragen (Ebd., S. 244.)
306   AA III, S. 14.

der Himmelskörper verantwortlich sind.[307] Bei der Vernichtung der Kristallsphären spielten die Beobachtungen von Kometen die entscheidende Rolle, da man sah, dass sie sich anders als die Planeten bewegen: sie schossen durch den Himmel und viele machten vor der Sonne scharfe Kurven. Dies war mit der Sphärentheorie nicht zu vereinbaren. Auch bei dem darauffolgenden Modell von Descartes, mit den durch riesige Wirbel der kosmischen Materie getragenen Himmelskörpern, entstanden Probleme, die Kometenbahnen zu erklären: diese müssten ja verschiedene Wirbel durchkreuzen.[308] Dank der immer schärferen Teleskope konnte man die Kometen und ihre Bahnen besser ins Auge fassen, so dass sie zum Lieblingsgegenstand der astronomischen Forschung wurden. Sehr anschaulich schildert Fontenelle das Problem, indem er die Dame ihren Gesprächspartner, den aufgeklärten Philosophen, nach der alten Vorstellung von den Kristallsphären fragen lässt. Warum hat man die Sphären sich als Kristallgerüste vorgestellt, möchte sie wissen, worauf sie die folgende Antwort erhält:

> [...] das Licht mußte sie durchdringen und andererseits mußten sie fest sein. Das war unbedingt notwendig. Aristoteles hatte ja gefunden, daß die Festigkeit etwas sei, das untrennbar zur Erhabenheit ihrer Natur gehöre, und da er es gesagt hatte, hütete man sich, es anzuzweifeln. Man hat jedoch Kometen beobachtet, die sich in größerer Höhe befinden, als man es früher glaubte, und deshalb würden sie das ganze Kristall der Himmel zerbrechen, die sie durchziehen, und das ganze Weltall zerschlagen; und man mußte sich nun entschließen, die Himmel aus einem leichbeweglichen Stoff gleich der Luft zu machen.[309]

Die Annahme, der kosmische Raum würde von einer dünnen Himmelsmaterie erfüllt sein, ließ sich mit den Beobachtungen der durch den Himmel wandernden Kometen besser vereinbaren. Das kartesianische Modell feierte lange Triumphe, nicht zuletzt weil es ausgezeichnet in das anerkannte mechanistische Weltbild passte. Die Diskussionen um die Ursache der Gravitationskraft, in denen immer wieder, auch von Newton selbst, die Vermutung aufgestellt wurde,

---

307 Vgl. hierzu die Zusammenfassung zu Astronomiefortschritten in der Einleitung der Arbeit.
308 Baasner: Das Lob der Sternkunst, S. 78ff.
309 Fontenelle: Gespräche über die Vielzahl der Welten, S. 26. Der dänische Astronom Tycho Brahe hat 1577 einen Kometen beobachtet und den Schluss gezogen, er müsse sich durch die Sphären hindurch bewegen. Ihn haben andere Astronomen unterstützt, eine Debatte um die Sphären begann, in der Mitte des 17. Jahrhunderts hat so gut wie niemand mehr an die Sphären geglaubt. (Vgl. William H. Donahue: Stichwort „Celestial Sphäres" in: Encyclopedia of the Scientific Revolution From Copernicus to Newton, S. 133-135.)

sie habe wohl auch eine mechanische Ursache, die, mangels wissenschaftlichen Möglichkeiten, noch nicht entdeckt worden sei, diente der Eliminierung des beunruhigenden Gedankens an den leeren Raum.[310] In Deutschland akzeptierte „[...] die leibniz-wolffisch vorgeprägte Fachwelt [lieber] Newtons Physik in dieser Form als in der des ‚leeren Raumes'". Auf diese Weise „konnte der Deismus gerettet und die Providenz aus dem Geschäft der Physiker verbannt werden."[311] Und Herder schrieb rückblickend noch zu Beginn des 19. Jahrhunderts:

> Wie Copernikus den Himmel der Alten, Kepler des Copernikus Epizyklen niederwarf: so jagte Newtons einfaches Gesetz Descartes Wirbel aus dem leeren Äther. Freilich brauchte es dazu, zumal in Frankreich, wo Descartes in großem Ansehen stand, fast bis zur Mitte des achtzehnten Jahrhunderts Zeit; endlich überwand doch das einfache Gesetz der im Anschein selbst schlichten Wahrheit.[312]

Kant schrieb 1763 in der Abhandlung „Der einzig mögliche Beweisgrund zu einer Demonstration des Daseyn Gottes": „Newton war der große Zerstörer aller dieser Wirbel, an denen man gleichwohl noch lange nach seinen Demonstrationen hing [...]."[313] In der so genannten vorkritischen Periode seines Schaffens hat sich Kant mit großem Eifer dem Problem der Kosmogonie und des Weltalls zugewandt.[314] In der „Allgemeinen Naturgeschichte und Theorie des Himmels"

---

310 Hartmut und Gernot Böhme sehen in der Ätherkonzeption ein Übergangsstadium vor dem endgültigen Durchbruch der Vorstellung vom leeren Raum. Sie verringerte die Angst vor der unendlichen Leere. „Die Äthertheorie scheint darum eine Art philobatische Ausrüstung jener Physiker gewesen zu sein, die die Konfrontation mit einem infiniten Raum wagten." Der Äther besitze in der psychoanalytisch inspirierten Deutung der beiden Böhmes eine schützende, tragende Qualität. „Der Äther ist eine konkretistische Fassung des unendlichen Raums, der Weite und Erhabenheit erleben lässt, ohne auf das Gefühl des Getragenseins verzichten zu müssen." (Hartmut Böhme / Gernot Böhme: Das Andere der Vernunft, S. 184-185.)
311 Baasner: Das Lob der Sternkunst, S. 96.
312 Johann Georg Friedrich Herder: Adrastea (Auswahl), Band III, 6. Stück, in: Johann Gottfried Herder: Werke in zehn Bänden, hg. von Günter Arnold u. a., Bd. 10, Frankfurt/Main 2000, S. 493.
313 In der Abhandlung „Der einzig mögliche Beweisgrund zu einer Demonstration des Daseyn Gottes", AA II, S. 144.
314 Gerd Irrlitz schildert die allgemein anerkannte Periodisierung des Schaffens von Kant zusammenfassend wie folgt: „Die Unterscheidung von kritischer und vorkritischer Periode stammt in der Sache, nicht dem Wort nach, von Kant selbst. Die Wende setzte er in das Jahr der Inauguraldissertation „Über Form und Prinzipien der sinnlichen und der intelligiblen Welt" (1770). Bereits in den Schriften der 50er Jahre suchte Kant eine Verbindung der Methode der Metaphysik mit den Methoden der mathematischen

lesen wir, es sei mit vollkommener Gewissheit erwiesen – Kant hat die Leistung Newtons im Sinn –, dass die harmonische Mechanik der aufeinander abgestimmten Bewegungen der Planeten des Sonnensystems im leeren Raum und somit ohne die Bewegung vermittelnde Himmelsmaterie sich vollzieht:

> Wenn wir andern Theils den Raum erwägen, in dem die Planeten unsers Systems herum laufen, so ist er vollkommen leer und aller Materie beraubt, die eine Gemeinschaft des Einflusses auf diese Himmelskörper verursachen, und die Übereinstimmung unter ihren Bewegungen nach sich ziehen könnte. Dieser Umstand ist mit vollkommener Gewißheit ausgemacht, und übertrifft noch, wo möglich, die vorige Wahrscheinlichkeit.[315]

Nach der ‚kritischen Wende' wird es heißen, nur apriorische Begriffe können eine vollkommene Gewissheit haben bzw. stiften. Kant wird nun den leeren, unendlichen mathematischen Raum als Anschauungskategorie des menschlichen Verstandes der transzendentalen Ästhetik zuordnen, womit er zugleich viele wissenschaftliche und weltanschauliche Probleme zu lösen vermochte, indem er die Sache umkehrte und die Probleme vom Tisch fegte. Bereits in der Himmels-Abhandlung aus dem Jahre 1755 wird der leere Raum von ihm als regulativer Begriff betrachtet. Es heißt dort, der kosmische Raum müsse nicht unbedingt tatsächlich vollkommen leer sein, Hauptsache sei, dass er sich fast in einem solchen Zustand befände und für Zwecke der Forschung er als leer betrachtet werden kann.[316]

Naturwissenschaften und suchte auch die naturalistische Methodik der sog. moral sciences in eine neu gefasste Metaphysik zu integrieren. (Gerd Irrlitz: „Kant-Handbuch. Leben und Werk", zweite Ausgabe, Stuttgart/Weimar 2010, S. 47.) Noch zur Zeit dieser Dissertation suchte Kant nach einer Gesamttheorie, die Metaphysik und die Naturwissenschaft verbinden würde. „Kants geistige Bewegung von der >>vorkritischen<< zur >>kritischen<< Methode der Philosophie konzentrierte sich in der zunehmenden Einsicht, dass eine Theorie auf der Basis von Begriffen des Aktual-Unendlichen keinen Erkenntniswert besitze. [...] Der Umgestaltungsprozess des ganzen Begründungsprogramms der neuzeitlichen europäischen Philosophie zog sich von der zweiten Hälfte der 60er Jahre bis zur Niederschrift der KrV hin (die ersten durchgehenden Teile etwa 1778). Danach setzte im Zusammenhang der Durchführung des transzendentallogischen Begründungsprogramms ein Präzisierungsprozess zur KU (1790) und im Grunde darüber hinaus bis zum Manuskript des Opus postumum (ca. 1796-1803) ein. Die Schriften und Aufsätze der 80er und 90er Jahre realisieren die Transzendentalphilosophie im Bezug auf die spezifischen Kulturfelder (Recht, Religion, Geschichte uwf.)." (Ebenda, S 48-49.)

315 AA I, S. 262.
316 Ebd. in der Fußnote.

Das Motiv des ‚leeren Raumes', das als umstrittene wissenschaftliche Tatsache zur Astronomiegeschichte gehört, tritt in der „Kritik der reinen Vernunft" in metaphorischer bzw. nach kantschem Wortgebrauch symbolischer Funktion auf. Neben der bereits angeführten Stelle aus der Vorrede von 1787, in der das Motiv als Denkfigur des Aufräumens mit dem überlieferten metaphysischen „Rumpelzeug" fungiert, gibt es in der Einleitung zur „Kritik der reinen Vernunft" ein Bild, in dem das Hinausgehen der Vernunft in die Räume der Metaphysik, das Begehren des Wissens nach Unendlichem als Sehnsucht nach „luftleerem Raum" metaphorisch ausgedrückt wird:

> Durch einen solchen Beweis von der Macht der Vernunft aufgemuntert, sieht der Trieb zur Erweiterung keine Grenzen. Die leichte Taube, indem sie im freien Fluge die Luft theilt, deren Widerstand sie fühlt, könnte die Vorstellung fassen, daß es ihr im luftleeren Raum noch viel besser gelingen werde.[317]

Der leere Raum erweist sich hier als treffende Metapher für die Fernen der Metaphysik: für den metaphysischen Raum jenseits jeder sinnlichen Erfahrung und dessen wunderbaren unermesslichen Weiten. Der ‚leere Raum' ist der Ort des Unbedingten, ein Raum wortwörtlich außerhalb der Welt. Im Unterschied zu der Vorrede-Analogie wird in der Tauben-Metapher nicht von der in diesem Raum agierenden unsichtbaren Gravitationskraft gesprochen. Hier handelt es sich um eine Warnung vor zwar allzu menschlichen, aber Kant zufolge in die Irre führenden Sehnsüchten; der Taube der Vernunft vorschwebende angeblich zum Fliegen so bequeme Raum ist gleichsam tot, frei von Kräften. Demgegenüber symbolisiert die Anziehungskraft in der Vorrede die Gesetze der Freiheit. Für die Taube ist der ‚leere Raum' die Fortsetzung des irdischen, mit Luft erfüllten Raumes, nur eben ‚leer', also die Hoffung aufkommen lassend, dass es der Erkenntnis dort leichter sein wird, fortzuschreiten, denn empirische Data (die ‚Luft') würden dort keinen Widerstand (als Gegen-Stände, mit denen sich die Erkenntnis auseinandersetzten muss) entgegensetzen. Der Flug in die Bereiche des ‚leeren Raumes' ist als ein negativ besetztes Bild zu verstehen, das die irreführende metaphysische Sehnsucht veranschaulicht. Eine solche Sehnsucht war der Menschheit immer bekannt. In der Fortsetzung des Bildes nennt Kant Plato als den für dieses Aufbegehren paradigmatisch stehenden Denker:

> Ebenso verließ Plato die Sinnenwelt, weil sie dem Verstande so enge Schranken setzt, und wagte sich jenseits derselben, auf den Flügeln der Ideen, in den leeren Raum des reinen Verstandes. Er bemerkte nicht, daß er durch seine Bemühungen keinen Weg gewönne, denn er hatte keinen Widerhalt, gleichsam zur Unterlage, worauf er sich

---

317 AA III, S. 32.

steifen, und woran er seine Kräfte anwenden konnte, um den Verstand von der Stelle zu bringen.[318]

Wir haben es hier erneut mit einer Paraphrase der Anekdote von dem archimedischen Punkt zu tun. Im ‚leeren Raum' fern von der Sinnenwelt konnte Plato keine Stütze finden, also keinen ‚archimedischen Punkt', um von ihm aus die Erkenntnis in Gang zu setzten. Dazu ist der Widerstand der empirischen Welt notwendig.

Der leere Raum für den Glauben

Die Denkfigur des „Platz-Schaffens" findet sich in der Vorrede 1787 noch einmal an einer anderen, übrigens auch, wie der Kopernikus-Bezug, vielzitierten Stelle. Einige Zeilen weiter stoßen wir auf den bekannten Satz über das Verhältnis von ‚Wissen' und ‚Glauben'. „Ich mußte also das Wissen aufheben, um zum Glauben Platz zu bekommen […]".[319] Es handelt sich bei diesem Satz um eine Wiederholung in verkürzter Form des ersten Teils der zitierten ausgebauten Analogie zwischen den Fortschritten der Metaphysik und der Astronomie. Das menschliche Erkenntnisvermögen beschränkt sich auf das, was im Lichte der Erkenntniskritik erkannt werden kann, indem es die Träume der alten Metaphysik für Schein erklärt und sie abschafft, dafür wird jedoch im gleichen Zug Platz für den ‚Glauben' gewonnen. Das Ergänzende an dieser Variante der Denkfigur vom „Platz-Verschaffen" sind die beiden einander entgegengesetzten Substantivformen. Das, was den leer gewordenen Platz einnehmen und ausfüllen soll, heißt nun ‚Glauben', und für den ‚Glauben' steht der newtonsche Anziehungskraft-Komparativ.

In der Forschung wird diese Stelle von ‚Wissen' und ‚Glauben', ähnlich wie auch die Vorrede von 1767, vorwiegend als Reaktion auf Missverständnisse, denen sich Kant nach der Publikation der ersten Ausgabe der „Kritik der reinen Vernunft" ausgesetzt sah, interpretiert, sowie nicht zuletzt als Absicherung gegen Atheismusvorwürfe, die Kant mit Verwunderung wahrnahm und die bekanntlich nicht ganz ungefährlich waren. Tatsächlich stützen sich solche Auslegungen auf überzeugende Indizien. Die ersten unmittelbaren Reaktionen auf die „Kritik der reinen Vernunft" von 1781 ließen auf sich warten, und die Rezensionen – mit einem Zentrum in Göttingen – drehten sich um das „scholastisch" schwer Zugängliche an dem Werk. Es gab den Vorwurf eines erkenntniskritischen

---

318 Ebd.
319 AA III, S. 19.

Idealismus.[320] Lutz-Henning Pietzsch charakterisiert die frühe Rezeption folgendermaßen: „In den ersten vier Jahren nach Erscheinen der >>Kritik der reinen Vernunft<< war es in der Diskussion um Kants neue Philosophie hauptsächlich um methodische Grundannahmen und erkenntnistheoretische Prämissen gegangen [...]."[321]

Der Streit um die religiöse Bedeutung der „Kritik..." entbrannte Mitte der achtziger Jahre und wurde von dem so genannten Pantheismusstreit befördert, vor dessen Hintergrund Kants Neuformulierung des Verhältnisses von Wissen und Glauben nun gesehen wurde. Moses Mendelssohn und Friedrich Heinrich Jacobi stellten die entgegengesetzten Pole dieses Streites dar, welcher nun auch Kant in seinen Bann zog. Es ging um das Verhältnis von Vernunft und Glauben. Mendelssohn vertrat den Standpunkt, dass man den Glauben und dessen Inhalte vernünftig beweisen könne. Kant erklärte in der „Kritik..." jedoch alle Gottesbeweise für nichtig, was den Verdacht nahe legte, Kants Kritik vernichte die Grundlagen der Religion. Mendelssohns Gegenpart Jacobi und dessen Gesinnungsgenossen nahmen demgegenüber Kant als Stütze für ihren Standpunkt, wobei sie ihn aber wider dessen Absicht interpretierten: dass man nämlich überall glauben kann, wo keine Beweise möglich sind. Kant gründete seinen kategorischen Imperativ aber gerade auf die Vernunft als Instanz und wollte weder für die Vernunftskepsis noch für die „Schwärmerei" plädieren.[322]

Kant hatte also Gründe, die Missverständnisse zu klären und in Form der neuen Vorrede Klarheit zu schaffen. Jedoch zeugt die Verlagerung des Diskurses über Kopernikus und Newton und der kosmologischen Analogie in die Fußnote meines Erachtens davon, dass gerade diese Analogie über eine Eigenständigkeit verfügt und etwas anderes als die im Haupttext geführte Argumentation darstellt. Sie ist ein neuer Faden, der in Ansätzen skizziert wird, als ‚Hypothese', die aber auf eine Fortsetzung in Form von einer unabhängigen Erzählung hinweist. Darüber hinaus dürfte die Mobilisierung gerade der newtonschen Physik und insbesondere dessen Gravitationskraft nicht das beste Argument gewesen sein, da die Gravitation als in ihrer Natur umstritten galt. Eine solche Analogie, die neue praktische Metaphysik mit Newtons Gravitationsgesetzen zu vergleichen, konnte also keine besonders verlässliche argumentative Waffe darstellen, zumal

---

320 Siehe dazu die detaillierte Schilderung in: Lutz-Hennig Pietsch: Topik der Kritik. Die Auseinandersetzung um die Kantische Philosophie (1781-1788) und ihre Metaphern, Berlin 2010, insbesondere das Kapitel „Die Auseinandersetzung um die Kantische Philosophie 1781-1788 in ihrem historischen Verlauf".
321 Ebd., S. 77.
322 Ebd., S. 77ff.

sie für das breite Publikum schwer verständlich gewesen sein musste. Eher konnte beim Leser der Eindruck erweckt werden, hier erkläre Kant Unbekanntes durch Unbekanntes. Es ist viel überzeugender, anzunehmen, dass Kant von Newtons Leistung: der Aufstellung eines Systems von mathematischen Prinzipien der Naturlehre und zwar trotz der fehlenden Kenntnis der *causa gravitatis* – als solcher frappiert gewesen war.

Die Vorgeschichte des kantschen Gravitations-Gleichnisses in den „Träumen eines Geistersehers"

Kants ausgebauter Komparativ mit Kopernikus und Newton ist, wie gesagt, nicht auf Verteidigungstaktik zurückzuführen. Diese Metapher Kants hat ihre Geschichte, die wesentlich länger ist als die beiden Ausgaben der „Kritik der reinen Vernunft". Bereits in der frühen Abhandlung „Versuch den Begriff der negativen Größen in die Weltweisheit einzuführen" (1763) postulierte er, bestimmte mathematische und naturwissenschaftliche Begriffe und Verfahren für die „Gegenstände der Weltweisheit"[323] zu nutzen, wobei er einige Male auch auf Newton eingeht. In den „Träumen eines Geistersehers" formulierte Kant die Gravitationskraft-Analogie zum ersten Mal ähnlich, wie in der Fußnote von 1787. Dort lenkt die nicht-repräsentierbare und unbekannte Anziehungskraft seine Gedanken auf die Notwendigkeit, die Sphäre des Moralischen und Praktischen auf ihre Repräsentierbarkeit hin zu untersuchen. Statt der falschen schwärmerisch-geisterseherischen Metaphorik biete sich die unsichtbare Kraft als etwas an, was auf etwas ebenso schwer Darstellbares hindeutet.[324]

Die 1766 erschienene Abhandlung „Träume eines Geistersehers, erläutert durch Träume der Metaphysik" gilt in der Forschung zumeist als Abrechnung mit den Hirngespinsten der Schwärmerei, sie stelle daher einen wichtigen Schritt auf dem Weg zu der ‚kritischen Wende' dar. Äußerst zugespitzt interpretieren die Bedeutung dieser Schrift Hartmut und Gernot Böhme. Aus der Auseinandersetzung mit der Schwärmerei und den mystisch-phantastischen Visionen eines Swedenborg ließe sich den beiden Autoren zufolge Kants strenge Forderung, die Erkenntnis nur auf das Vernünftig-Rationale, sich auf den empirischen Daten Stützende, einzuschränken, viel tiefsinniger erklären als sonst in der Forschung. Die Kant-Forschung führe Kants kritische Wende zumeist auf die Suche nach einem Ausweg zwischen den dominierenden Strömungen des

---

323 AA II, S. 189.
324 Interessanten Vergleich mit Wittgenstein bezüglich der Wendung „auf etwas hindeuten" gibt Manfred Geier (Geier: Kants Welt, S. 247.)

Leibniz-Wolffschen Realismus einerseits und des englischen Sensualismus andererseits, zurück. Demgegenüber müsse man den beiden Böhmes zufolge die Geisterseher-Abhandlung als viel bedeutender für die Erarbeitung des kritischen Programms sehen, ja nahezu als unmittelbaren Anstoß dazu. Kant errichte hier die gepanzerte Festung der Vernunft gegen Gespenster, indem er alles Sinnliche und Irrationale ausschließt. Das seitdem als unvernünftig, schwärmerisch, ja krank Geltende werde verdrängt. Nur durch die Geste einer solchen Verdrängung, meinen die Autoren, kommt eine aufgeklärte bürgerliche Vernunft überhaupt zustande; insofern sei Kants Geste nur Symptom des Zeitalters als solches. Das Verdrängte: die Geisterseher und Schwärmer, müssen draußen bleiben, sie gehören seit der Aufklärung – schreiben die beiden Forscher, sich auf den Spuren Michel Foucaults bewegend – nur noch ins Irrenhaus. In reale und symbolische Irrenhäuser werden die Unvernünftigen um so lieber eingesperrt, als sie das immer noch bedrohliche, nun im Dunkel des Unbewussten lauernde Andere verkörpern, das mit der aufgeklärten Vernunft aufs Engste verschwistert sei.[325]

Es scheint tatsächlich, dass die mit sowohl negativem als auch positivem Enthusiasmus verfassten „Träume eines Geistersehers" im Vergleich zu anderen Abhandlungen Kants zu oft als Gelegenheitsschrift angesehen werden. Eine solche Interpretation wie die von Hartmut und Gernot Böhme ist jedoch einseitig, denn das Verhältnis Kants gegenüber den „Geistersehern" ist ambivalent: er lässt sich zuvor mit großer Empörung und bissigem Spott über Swedenborgs Visionen aus, in denen der Schwede berichtet, mit Engeln und allerlei Geistern der Verstorbenen kommuniziert zu haben. Diese Kommunikation habe vor allem durch unmittelbare Einsicht in die Gedanken und Gefühle der anderen Wesen funktioniert. Kant gibt jedoch zu, dass er sich nicht unterstehe „so gänzlich alle Wahrheit an den mancherlei Geistererzählungen abzuleugnen, doch mit dem gewöhnlichen obgleich wunderlichen Vorbehalt, eine jede einzelne derselben in Zweifel zu ziehen, allen zusammen genommen aber einigen Glauben beizumessen."[326] Nicht zufällig schienen sich manche frühen Rezensenten nicht entscheiden zu können, ob Kant letztlich die Geisterseher verbannt oder

---

325 Diese Linie, die Kantsche Erkenntnistheorie bzw. seine radikal nicht-psychologisch begründete Ethik als leere Form unter Ausschluss der Sinnlichkeit anzuklagen, ist eine in sich spannende Frage. Die Diskussion setzt bereits zu Kants Lebzeiten ein, um nur seine Widersacher Hamann und Herder zu nennen. Zu den berühmten entschiedenen Kritikern seiner Denkweise gehört Friedrich Nietzsche.
326 AA II, S. 351.

sie auch doch an manchen Stellen verteidigt habe.[327] Kants Geständnis klingt tatsächlich etwas befremdend; warum sollte man eine jede konkrete Geisterseherzählung als Unfug ablehnen und zugleich in dem Phänomen als solchem doch ein bemerkenswertes Problem erblicken? Es kann Kant nicht einfach um das bloß Negative dabei gegangen sein, d.h. um die Demonstration, dass solche „Träume" verdienen, aus dem Bewusstsein der Menschheit verjagt zu werden, denn Kant würde nicht von „einigem Glauben" schreiben, der dem Phänomen bei aller negativen Kritik beizumessen sei.[328] Es geht ihm hier um die Frage der „Geistergemeinschaft".[329] Was bei solcherart Lektüremuster wie die Böhmesche übersehen wird, ist, dass es bei Irrengestalten wie Swedenborg (oder der „Ziegenprophet" Jan Komarnicki, für den sich Kant auch lebhaft interessierte und der ihm Anlass gab, die Abhandlung „Über die Krankheiten des Kopfes" zu verfassen) nicht nur um deren „Geistererzählung"[330] geht, sondern auch um die geistige Gemeinschaft. Die Frage nach Wahnvorstellungen bzw. nach den Traumbildern beinhaltet schließlich auch die Frage nach der Möglichkeit von Intersubjektivität. Hier liegt desgleichen ein Maßstab vor, Wahn bzw. Traum von der Wissenschaft zu unterscheiden, nicht nur an der Übereinstimmung mit den Dingen an sich: die Natur, welche die wissenschaftliche Vernunft aus den ihr chaotisch sich bietenden empirischen Reizen und aus spontanen Gesetzen schafft, ist ebenfalls eine Welt von Erscheinungen, aber eine von strengster Intersubjektivität und Allgemeinheit. Sonst würde ja keine Naturwissenschaft möglich sein.[331] Wie sieht es aber mit einer „Geistergemeinschaft" aus? Die Geisterseher wollen ja mit Geistern kommuniziert haben. „Gemeinschaft"[332]

---

327 Vgl. Friedemann Stengel: Kant – „Zwillingsbruder" Swedenborgs? in: Friedemann Stengel (hg.): Kant und Swedenborg. Zugänge zu einem umstrittenen Verhältnis, Tübingen 2008, S. 35-98. „Den frühen Rezensionen aus den 1760er und 1770er ist [...] die Wahrnehmung der Schrift als missverständlich, ambivalent oder sogar widersprüchlich gemeinsam." (Ebd., S. 61.)
328 Manfred Geier beschreibt sehr eindrucksvoll, wie Kant – bei aller Kritik – doch die alten und allgegenwärtigen Mythen und Märchen der Menschheit, in denen stets von Geistern und Gespenstern die Rede war und ist, mit allem Ernst als Ausgangspunkt betrachtet. Auch wenn sie als solche Schein sind, so steckt eine ernstzunehmende Sehnsucht darin, die ja auch der modernen Geisterseherei – der Metaphysik nicht fremd ist. (Geier: Kants Welt, S. 106ff.)
329 AA II, S. 337.
330 Ebd., S. 351.
331 Geier: Kants Welt, S. 119-120.
332 AA II, S. 336.

bzw. „Sozietät" oder gar „geistige Republik"³³³ gehören zu den Schlüsselworten des Textes von Kant und sind nicht nur ironisch gemeint. Hinter den Narrationen der „Geisterseher" verbirgt sich ein wirkliches Problem: es gibt tatsächlich eine geistige bzw. moralische Intersubjektivität und Allgemeinheit; eine Wechselwirkung zwischen den Menschen, die aus der (materiellen) Natur nicht ableitbar und erklärbar ist. Bei den meisten „Krankheiten des Kopfes" könne man auf eine materielle Ursache als Störung verweisen. Kant versucht, in Anlehnung an Swedenborgs Geständnisse über dessen Atem- und Körperübungen, die Visionen auf körperliche Prozesse zurückzuführen. Aber darüber hinaus gibt es „unter den Kräften, die das menschliche Herz bewegen",³³⁴ auch solche, wo wir uns nicht nach der Selbstsucht richten, sondern uns in andere hineinversetzen, auf andere Menschen Rücksicht nehmen, an dergleichen „geistige" Wesen wie das Gemeinwohl denken – und diese „bewegenden Kräfte" gehören nicht in die Schublade der „Krankheiten des Kopfes". Es existiert eine Allgemeinheit, die über den Solipsismus des Einzelnen hinausgeht; die aus der Fähigkeit und Neigung, über sich selbst hinauszugehen, entspringt: nämlich „[…] in der Welt aller denkender Naturen eine moralische Einheit und systematische Verfassung nach bloß geistigen Gesetzen"³³⁵ zu schaffen. Es gibt also ein tatsächliches „Geisterreich": ein Reich von Gefühlen, moralischen Maximen und Handlungen und von „geistiger" Kommunikation. Die Geisterersehergeschichten tragen jedoch nicht dazu bei, dass wir zu einem besseren Verständnis einer solchen geistigen Wechselwirkung und Erzeugung von Allgemeinheit kommen, im Gegenteil.

Das Vermögen, aus sich heraus und doch mit Einbezug der anderen Menschen etwas zu wollen, nennt Kant „das sittliche Gefühl"³³⁶ und er bedient sich hier – allem Anschein nach – zum ersten Mal des Gravitationskraft-Gleichnisses für das Moralische. Das, was „in uns wirklich vorgeht",³³⁷ die „Ursache"³³⁸ für diese Art Intersubjektivität, ist uns unbekannt, so wie die Ursache der Gravitation unbekannt ist. Trotzdem habe es Newton nicht gehindert, weiter an seinem System zu arbeiten:

> So nannte Newton das sichere Gesetz der Bestrebungen aller Materie, sich einander zu nähern, die Gravitation derselben, indem er seine mathematische Demonstrationen nicht in eine verdrießliche Theilnehmung an philosophischen Streitigkeiten verflechten

---

333 Ebd. in der Fußnote.
334 Ebd., S. 334.
335 Ebd., S. 335.
336 Ebd.
337 Ebd.
338 Ebd.

wollte, die sich über die Ursache derselben eräugnen könnten. Gleichwohl trug er kein Bedenken, diese Gravitation als eine wahre Wirkung einer allgemeiner Thätigkeit der Materie ineinander zu behandeln, und gab ihr daher auch den Namen der Anziehung. Sollte es nicht möglich sein, die Erscheinung der sittlichen Antriebe in den denkenden Naturen, wie solche sich auf einander wechselweise beziehen, gleichfalls als die Folge einer wahrhaftig thätigen Kraft, dadurch geistige Naturen ineinander einfließen, vorzustellen, so dass das sittliche Gefühl diese empfundene Abhängigkeit des Privatwillens vom allgemeinen Willen wäre und eine Folge der natürlichen und allgemeinen Wechselwirkung, dadurch die immaterielle Welt ihre sittliche Einheit erlangt [...]?[339]

Sich Newtons Verfahren zum Vorbild nehmend, postuliert hier Kant, eine unsichtbare, geistige Kraft anzunehmen, die für die Möglichkeit der gemeinsamen sittlichen Welt sorgen würde.

Die Passage über Newtons Gravitation und das sittliche Gefühl, welches das Gefühl der zwischenmenschlichen Wechselwirkung ist, stimmt fast genau mit der Newton-Metapher in der Vorrede von 1787 überein, nur ist der Vergleich in der Vorrede verkürzt, weil Kant die genaue Darlegung des Gedankens dem Leser in der weiteren Lektüre verspricht. Er hat offensichtlich am Faden dieses Vergleichs lange nachgedacht und es muss für ihn eine heuristische Bedeutung besessen haben. Das spätere Paradoxon zeigt sich hier bereits in voller Deutlichkeit: die Sphäre von moralischen Wechselwirkungen entzieht sich einer Repräsentation, soll aber durch Unsichtbares repräsentiert werden. Was Kant zum Spott über Swedenborg verleitet, ist nicht zuletzt dessen freudige Produktivität von Repräsentationen: Swedenborg beschreibt Engel, Geister, phantasiert von verschiedenen überirdischen Wesen, von dem Himmel und idealen Sprachen. Die Gravitations-Analogie ist demgegenüber zugleich eine negative und eine positive Repräsentation für das vermutete und gesuchte sittliche Gesetz. Die Kraft entspricht als selbst undarstellbar (es sei denn in einer mathematischen Formel) der negativen Bestimmung der geistigen Wechselwirkung. Von dieser können wir nur sagen, dass sie sich der Erkenntnis (zumindest einer solchen, die sich infolge der wissenschaftlichen Revolution als naturwissenschaftliche Erkenntnis herausbildete), entzieht. Das „Principium dieses Lebens [...] d.i. die geistige Natur, welche man nicht kennet. Sondern vermutet", könne „niemals positiv [...] gedacht werden, weil keine Data hiezu in unseren gesamten Empfindungen anzutreffen" sind, sinniert Kant.[340] In der Tat fasst er zusammen, ihm sei bei der Beschäftigung mit den Geistersehern klar geworden, dass es so viele Dinge gibt,

---

339 Ebd.
340 AA II, S. 351. Manfred Geier spricht hier von einem „sokratischen Nichtwissen" als wesentlichem Moment bei Kant. (Geier: Kants Welt, S. 121ff.)

die er nicht brauche, und er rechne mit den phänomenalen Geistern ab, die in einer empirischen Psychologie bzw. gar Pathologie ihren Platz haben. Es zeichnet sich aber auch etwas für einen neuen Bereich ab, der mit Georg Simmel „Wie ist Gesellschaft möglich?" heißen könnte. Die Frage nach dem sittlichen Gesetz bedeutet auch die Frage nach der Möglichkeit menschlicher Wechselwirkung und menschlicher „Sozietät"; oder wie es Kant nennt, die Frage nach „pneumatischen Gesetzen"[341] der Verknüpfung mit „meiner Art Wesen".[342] Kant vermutet, von der „Kraft der Anziehung an der Materie" werde man sich „niemals einigen ferneren Begriff [...] machen können", „weil sie eine Grundkraft zu sein scheint",[343] also unhintergehbar sein muss. Hier erkennt man, dass ihn die heftigen, unentschieden gebliebenen Debatten um die Ursache der Gravitation im Grunde wenig interessierten, unabhängig davon, welche Erklärung die einander bekämpfenden Parteien jeweils vorschlugen. Es war die grundsätzliche Unmöglichkeit, eine Ursache zu nennen, die ihn hätte überzeugen können.

Der Verweis auf die Gravitationskraft ist ein Verweis sowohl auf eine wissenschaftliche Hypothese wie auch auf ein neues Symbol. Anstelle der falschen Repräsentation tritt ein nicht-bildhaftes Symbol für das Nicht-Repräsentierbare. Insofern unterscheidet sich die Gravitationskraft-Metapher von anderen Metaphern, die Kant benutzt; etwa von der Schiffsreise oder vom Gericht. Wenn die Gravitationskraft eine Grundkraft ist, so ist diese Metapher für Kant eine Grundmetapher. Da nahezu alle Symbole bei ihm auf eine abstrakte Analogie hin angelegt sind und an den Intellekt appellieren,[344] haben wir es hier zugleich

---

341 AA II, S. 336.
342 Ebd., S. 370. Manfred Geier, der im Gegensatz etwa zu Hartmut und Gernot Böhme auf den Aspekt der Intersubjektivität in den „Träumen eines Geistersehers" hinweist, spricht von den „Grenzen der intersubjektiven Welterfahrung" sowohl in Bezug auf die Naturwissenschaft als auch auf die intelligible, moralische Welt. Die Geisterseherei eines Swedenborg sei nicht ernst zu nehmen, auch weil sie sich der intersubjektiven Welterfahrung entzieht. Die Frage der „Geisterseherei" ist aber nicht nur die Frage des Wissens, es ist auch eine Frage der menschlichen Wechselwirkung. (Geier: Kants Welt, S. 123ff.)
343 AA II, S. 371.
344 Mit der Entwicklung seiner kritischen Philosophie seit Mitte der 1780er Jahre, vor allem der „Kritik der praktischen Vernunft" und der „Kritik der Urteilskraft", kam Kant allmählich zu der Überzeugung, dass er auf die bildhafte Sprache nicht verzichten kann, denn es gäbe Inhalte, die sich zwar nicht klar ausdrücken lassen, aber dennoch nicht verschwiegen werden dürfen. Die Verwendung von Bildern oder wie es bei Kant heißt: Symbolen, ergibt sich aus der Verschränkung von Bedingtheit und Unbedingtheit im Menschen, und sie hat vor allem in der praktischen Philosophie

mit einer Metapher zu tun, die auf einem raffinierten Spiel von Darstellbarkeit und Undarstellbarkeit beruht.³⁴⁵

Platz, deren ‚Gegenstände' moralisch-geistiger Art sind und sich nicht wie die Natur durch einen strengen wissenschaftlichen Diskurs repräsentieren lassen. (Vgl. Bielefeldt: Kants Symbolik, S. 15.) Sie entziehen sich der üblichen Logik der Sprache, die mit Schemata Begriff und Ding arbeitet, d. h. dafür sorgt, dass den Dingen bestimmte Namen zugeordnet werden. „Die Symbolik", konstatiert Heiner Bielefeldt, „hat einen wichtigen Stellenwert in Kants Philosophie. Sie ist nicht nur gelegentlich eingesetztes Darstellungsmittel und auch nicht nur ein Sachthema neben anderen. Vielmehr bietet sie einen Schlüssel zum Verständnis eines zentralen Anliegens von Kants praktischer Philosophie überhaupt, nämlich der Vermittlung des unbedingten Anspruchs der Sittlichkeit mit den unüberholbaren Bedingtheiten der conditio humana." (Ebd., S. 15.) Obwohl es Arbeiten gibt, in denen sich die Autoren mit der Vorliebe für bestimmte Metaphern bei Kant beschäftigen, kommt Heiner Bielefeldt zufolge die besondere Rolle der Symbolik im Kontext der praktischen Philosophie bei Kant trotz alledem nicht genügend zum Tragen. (Ebd., S. 16.) Seiner Forderung nach einem größeren Interesse für diesen Aspekt im Kantschen Werk ist zuzustimmen. Kants Symbole darf man jedoch nicht mit dem Symbolverständnis von Moritz, Goethe oder den Romantikern verwechseln (zum Symbolbegirff vgl. Tzvetan Todorov: Symboltheorien, Tübingen 1995.) Es geht Kant nicht um Vieldeutigkeit und den Verweis auf etwas verschwommen Tieferes, schwer in Worte zu Kleidendes, sondern um eine im Bild gefasste intellektuelle Analogie, die der Leser reflektiv zergliedern muss. Die Grundlage der Analogie, das tertium comparationis, ist meistens abstrakt; das Vermögen, an das solche Symbole primär appellieren, ist die Reflexion und nicht das Gefühl. (Bielefeldt: Kants Symbolik, S. 44.) Wenn ein despotischer Staat mit einer Maschine verglichen wird, ist die Maschine nicht ein Abbild des Staates, sondern verkörpert das gleiche Prinzip, das auch das Prinzip des Despotismus ist. (Ebd., S. 45.) Kant meint, dass die Sprache „voll von dergleichen indirecten Darstellungen nach einer Analogie [ist], wodurch der Ausdruck nicht das eigentliche Schema für den Begriff, sondern bloß ein Symbol für die Reflexion enthält." (Ebd., S. 44-45. Dort auch das Kant-Zitat aus der „Kritik der Urteilskraft", AA V, S. 352.) Annemarie Pieper vermerkt: „Durch Analogie werden mithin nicht die anschaulichen Momente der Symbole auf etwas Unanschauliches übertragen, sondern übertragen wird das durch die Symbole bloß veranschaulichte Verhältnis bzw. die Form, das Prinzipielle dieses Verhältnisses." (Annemarie Pieper: Kant und die Methode er Analogie, in: Gerhard Schönrich / Yasushi Kato (hg.): Kant in der Diskussion der Moderne, Frankfurt/Main 1996, S. 92-112, hier S. 106., vgl. Bielefeldt: Kants Symbolik, S. 44.)

345 Rodolphe Gasché ist der Meinung, dass das – in der Rhetorik sehr gut bekannte – Verfahren einer *ars inveniendi* durch heuristische Vergleiche, um das, was schwer bzw. nur negativ zu repräsentieren ist, zu Kants gern benutzten Figuren gehört. Die Kritik der praktischen Vernunft beruhe laut Gasché auf einer Darstellung mit Hilfe

Von der Anziehungskraft als Anfangskraft hin zum moralischen Reich: die Anziehung als heuristische Metapher für die Möglichkeit der Gesellschaft

Anziehungskraft als Anfangskraft („Allgemeine Naturgeschichte und Theorie des Himmels")

Newton war für Kant seit seiner Studienzeit ein wichtiger Autor. Man kann sagen, er ist mit den „Principia" philosophisch aufgewachsen. Sein Lehrer in Königsberg, der junge Professor Martin Knutzen, der sich u.a. intensiv mit Kometen beschäftigte, hatte ihm, dem zwanzigjährigen Studenten, dieses Werk ausgeliehen.[346] Bereits in der „Allgemeinen Naturgeschichte und Theorie des Himmels" kommt der Gravitationskraft die Funktion und Bedeutung einer Ursprungskraft zu. Kant beabsichtigte damals, die Genese des Universums und der Bewegungen der Himmelskörper „aus dem einfachsten Zustande der Natur bloß durch mechanische Gesetze"[347] zu erklären, ohne auf die Intervention Gottes zurückgreifen zu müssen, so wie es Newton hinsichtlich der Frage nach dem Ursprung und dem Weiterbestand der Bewegung der Himmelskörper getan hatte. Kant äußerte sich hierzu:

> Newton, durch diesen Grund [den leeren Raum – M.T.] bewogen, konnte keine materialische Ursache verstatten, die durch ihre Erstreckung im Raume des Planetengebäudes die Gemeinschaft der Bewegungen unterhalten sollte. Er behauptete, die unmittelbare Hand Gottes habe diese Anordnung ohne die Anwendung der Kräfte der Natur ausgerichtet.[348]

Newton vermutete eine Intervention Gottes, der die Planeten auf ihren Bahnen in Bewegung setzt, die dann dank dem Gleichgewicht der Zentralkräfte kontinuierlich fortgesetzt wird. Auf die Weise konnte das ‚In-Ggang-Setzen' des Weltsystems erklärt werden. Die Kreisbewegungen der Himmelskörper ergeben sich aus dem Gleichgewicht zwischen der Zentripetalkraft (der Gravitation), die für die gegenseitige Anziehung sorgt, und der Zentrifugalkraft, die als Schwungkraft die

---

der Analogie mit der Kritik der reinen Vernunft. Siehe dazu: Rodolphe Gasché: Das Vergnügen an Vergleichen. Über Kants Ausarbeitung der Kritik der praktischen Vernunft, in: Michael Eggers (hg.): Von Ähnlichkeiten und Unterschieden. Vergleich, Analogie und Klassifikation in Wissenschaft und Literatur (18./19. Jahrhundert), Heidelberg 2011, S. 167-182.
346   Geier: Kants Welt, S. 42.
347   AA I, S. 234.
348   Ebd., S. 262.

Wirkung der Anziehung ausgleicht und so verhindert, dass die Planeten auf die Sonne fallen. Während die Gravitation kontinuierlich wirkt, konnte sich die ihr entgegengesetzte Schwungkraft nur aus einem ursprünglichen Impetus, einer Art göttlichen Wurfs, ergeben. „Obwohl Newton bestrebt war, selbst seine sehr allgemeinen Prinzipien auf eine naturwissenschaftlich rationale Basis zu stellen, war er zutiefst religiös und hat in den >>Principia<< – vor allem in den späteren Ausgaben – an mehreren Stellen auf die Notwendigkeit einer göttlichen Einflußnahme hingewiesen [...]. Ohne diesen göttlichen Anstoß bleibt für ihn nämlich sonst eine Reihe von Beobachtungen unverständlich, so z. B. die Tatsache, daß alle Planeten des Sonnensystems im gleichen Drehsinn die Sonne umkreisen und daß ihre Bahnebenen nahezu zusammenfallen."[349]

Kant bemühte sich 1755 in der Abhandlung „Allgemeine Naturgeschichte und Theorie des Himmels, oder Versuch von der Verfassung und dem mechanischen Ursprunge des ganzen Weltgebäudes, nach Newtonischen Grundsätzen abgehandelt", diesen Rückgriff auf die Intervention Gottes, den Newton bedurfte, zu eliminieren und über den Anfang des Universums ausschließlich unter Berufung auf mechanische Kräfte zu mutmaßen. Er nahm deshalb an, dass der Raum am Anfang nicht leer, sondern mit überall chaotisch verstreuter Materie, die Kant „Urstoff"[350] nennt, ausgefüllt war. Der Anfang der Ordnung sei dem Zufall zu verdanken, der aber zugleich in der Natur der Materie vorprogrammiert war: eine zufällig etwas größere Zusammenballung von Materie an einem zufälligen Ort bildete den Anfangspunkt des Universums, d.h. von diesem Punkt aus verbreiteten sich Ordnung und Form, und das Zufällige verwandelte sich in das nach der Gesetzmäßigkeit der Natur Geordnete. Kant schildert diese Verbreitung von Gesetzmäßigkeit und Ordnung, welche, da der Raum unendlich ist, ins Unendliche reicht, auf folgende erhaben-ästhetische Weise:

> Wenn demnach ein Punkt in einem sehr großen Raume befindlich ist, wo die Anziehung der daselbst befindlichen Elemente stärker als allenthalben um sich wirkt: so wird

---

349 Simonyi: Kulturgeschichte der Physik, S. 268. Das Wirken Gottes in der Welt beschränkt sich für Newton nicht auf diese anfängliche Intervention, er agiert ununterbrochen in der Natur, die ohne diese göttlichen Eingriffe nicht ihren harmonischen Gang gehen könnte. „Newtons Argument ist die Störung der Planetenbahnen durch gegenseitige gravitative Wechselwirkung. Diese Störungen, so Newton, werden sich im Laufe der Zeit immer weiter vergrößern, bis schließlich durch einen direkten göttlichen Eingriff Ordnung und Bewegungsmenge im Kosmos wieder restauriert werden." (Carrier: Passive Materie und bewegende Kraft, S. 235.) Diese Thesen Newtons gehören jedoch nicht mehr in den Kontext unserer Interpretation.
350 AA I, S. 228.

der in dem ganzen Umfange ausgebreitete Grundstoff elementarischer Partikeln sich zu diesem hinsenken. Die erste Wirkung dieser allgemeinen Senkung ist die Bildung eines Körpers in diesem Mittelpunkte der Attraction, welcher so zu sagen von einem unendlich kleinen Keime, in schnellen Graden fortwächset, aber in eben der Maße, als diese Masse sich vermehret, auch mit stärkerer Kraft die umgebenden Teile zu seiner Vereinigung beweget.[351]

Weil der Materie die Anziehungskraft eigen sei, begann sie sich von selbst zu bewegen und sie in größere Körper zu organisieren, welche sich dann um noch größere Materienklumpen drehten, bis das Ganze zu der uns heute bekannter Gestalt evolvierte.[352] Kant sucht nach dem ersten Glied einer Kette von Ursachen und Folgen, wobei er in dem Rahmen des Mechanismus-Denkens verbleiben wollte. Allerdings mussten in diesem Falle die Anziehungskraft und die Materie als gegeben angenommen werden, denn ihr bloßes Vorhandensein wird durch einen solchen Ursprung nicht erklärt. Die Materie ist in diesem Kantschen – um einen späteren Titel zu travestieren – „mutmaßlichen Anfang der Universumsgeschichte" am Anfang bereits da: in der Vorrede zur „Allgemeinen Naturgeschichte und Theorie des Himmels" kann er daher die Worte von Archimedes zitieren: „[…] gebet mir Materie, ich will euch zeigen, wie eine Welt daraus

---

351 AA I, S. 265.
352 Diese Vision, obwohl sich Kant von den jüngsten naturwissenschaftlichen Theorien inspirieren lässt, ist als Kosmogonie gar nicht so neu. So imaginiert Montaigne, der sich hier von der alten Elementenlehre führen lässt, einen Anfang vom Universum, bei dem die natürliche Schwere bzw. Leichtigkeit der Elemente Erde, Luft, Feuer und Wasser die entscheidende Rolle spielt. Das Universum ist „[...] aus dem Chaos oder *Hyle* entstanden, und zwar durch die Entmischung der vier Elemente *terra*, *aqua*, *aer* und *ignis*. Das schwerste dieser Elemente ist *terra* und das leichteste ist Feuer, das Element *ignis*. Entsprechend ihrer Schwere haben sich die Partikel des Elements *terra* im Zentrum des Universums zusammengezogen, immer mehr Erdpartikel um sich gruppiert, und es sei auf diese Weise in Form eines konzentrischen Zusammenflusses aller Partikel des Elements *terra* das Schwerezentrum des Universums entstanden, in dem sich die Kugel des Elements *terra* angesammelt habe." Die leichteren Elemente Wasser, Luft und Feuer haben sich dann um dieses Zentrum in konzentrischen Sphären angesammelt. (Krüger: Die ‚Kopernikanische Wende', S. 107. Hervorhebungen von Krüger. Krüger interpretiert Montaignes Essay „De l'institution des enfants".) Allerdings musste eine solche der antiken Elementenlehre folgende Kosmogonie notwendig die Erde als Zentrum des Universums ergeben. Im Falle des auf Newtons Gravitationsgesetz basierenden Modells von Kant haben wir es mit unendlich vielen Sternsystemen zu tun.

entstehen soll."³⁵³ Gott als Schöpfer wäre nur für das Vorhandensein des Baustoffes zuständig gewesen, wenngleich einzig im Schöpfungsakt. Dieser Frage geht Kant jedoch nicht nach.

Am Anfang muss auch die Gravitationskraft gegeben gewesen sein, die für Kant als bewegendes und ordnungbringendes Formprinzip eine wichtigere Rolle als die Materie spielt, die nur Stoff ist. Er gesteht apodiktisch, dass er die Gravitation als Voraussetzung annimmt: „Ich werde die allgemeine Gravitation der Materie nach dem Newton oder seinen Nachfolgern hiebei voraussetzen."³⁵⁴ Dank der der Materie eigenen Kräfte ist sie notwendig an die Gesetze gebunden, durch die es zu einem schönen, immer systematischeren Ganzen kommt. Es gibt zwar zwei Grundkräfte: die ‚Anziehungskraft' und die ‚Zurückstoßungskraft', jedoch widmet Kant der Gravitation deutlich mehr Aufmerksamkeit; es ist die Gravitation, die er „die allgemeine Bewegungsquelle der Natur" nennt.³⁵⁵ Die Anziehungskraft erklärt er zur Quelle allen Anfangs des Universums:

> Der Antrieb selber, der die Vereinigung der Massen zuwege brachte, die Kraft der Anziehung, welche der Materie wesentlich beiwohnt, und sich daher, bei der ersten Regung der Natur, zur ersten Ursache der Bewegung so wohl schickt, war die Quelle derselben.³⁵⁶

In der einige Jahre nach der „Allgemeinen Naturgeschichte…", 1763 erschienenen Schrift „Der einzig mögliche Beweisgrund zu einer Demonstration des Daseyns Gottes" heißt es dann von den Himmelskörpern: „Die Kraft dadurch sie gezogen werden ist allem Ansehen nach eine der Materie eigene Grundkraft, darf also und kann nicht erklärt werden."³⁵⁷

Exkurs: Herders Spott über die kosmologischen Sucher
nach der „ersten Schildkröte"

Die Art, einen Anfang des Universums entwicklungsgeschichtlich zu erklären, wie sie unter anderem Kant in der „Naturgeschichte und Theorie des Himmels" unternahm, stieß auf Herders Kritik, der sich seit den 1760er Jahren mit einer

---

353   AA I, S. 230. Das Zitat hat Kant jedoch in dem Werk Maupertuis „Versuch einer Kosmologie" (1751 erschien in Berlin eine deutsche Übersetzung) gefunden bzw. über Maupertuis von Archimedes übernommen. Vgl. Geier: Kants Welt, S. 79.
354   „Der einzig mögliche Beweisgrund zu einer Demonstration des Daseyns Gottes", AA II, S. 139.
355   „Allgemeine Naturgeschichte und Teorie des Himmels", AA I, S. 286, 308.
356   AA I, S. 340.
357   AA II, S. 138.

anderen Anfangskonzeption befasste: mit dem Alten Testament, insbesondere mit dem Buch Genesis als der „ältesten Urkunde" der Menschheitsgeschichte. Seine Abhandlungen zu diesem Thema, zu denen die Texte „Vom Geist der Ebräischen Poesie", „Über die ersten Urkunden des Menschlichen Geschlechts. Einige Anmerkungen" sowie „Älteste Urkunde des Menschengeschlechts" gehen von einem völlig anderen Anfangsgedanken aus als die durch die moderne Naturwissenschaft inspirierten Erzählungen. Nach dem Zeugnis von Herders Frau Caroline, trug er sich bereits zu seiner Studienzeit in Königsberg mit dem Gedanken, ein Werk über das Buch Genesis zu verfassen.[358] In den Büchern des Alten Testaments erblickte er die älteste Form der Poesie und das älteste Zeugnis von dem, wie die Menschen die Offenbarung Gottes vom Anfang aller Dinge auf ihnen eigene, d. h. urpoetische Weise, festhielten. Deshalb vertieft sich Herder in eine philologisch-symbolische Analyse der Bibeltexte, die an manchen Stellen überaus esoterisch anmutet. Die Arbeiten zum Alten Testament sollten ihm ursprünglich als Vorarbeit zur eigenen Übersetzung der biblischen Schriften dienen.[359] Sie werden meist vor dem Hintergrund der philologischen bzw. theologischen Diskussion der Zeit gelesen, dem aufmerksamen Leser wird aber nicht entgehen, dass sie auch eine Positionierung den neuen wissenschaftlichen Anfangsnarrativen gegenüber enthalten. Diese Bibelschriften Herders stellen zwar keine direkte Polemik mit Kants ‚mutmaßlichem Anfang des Universums' dar, Herder rechnet jedoch indirekt mit den Anfangsideen wie der Kantschen ab. Herder zeigt sich in diesen Texten mehrmals von den Anfangsspekulationen irritiert, die aus dem „trockenen Physischem Verstande"[360] geboren werden. So lesen wir in der Abhandlung „Über die ersten Urkunden des Menschlichen Geschlechts. Einige Anmerkungen", an der Herder Ende der 1760er Jahre in Riga arbeitete:[361]

---

358 Rudolf Smend: Über die ältesten Urkunden des menschlichen Geschlechts. Einige Anmerkungen. Entstehung und Überlieferung, in: Johann Gottfried Herder: Schriften zum Alten Testament (Werke in zehn Bänden, Bd. 5.), hg. von Rudolf Smend, Frankfurt/Main 1993, S. 1328-1331, hier S. 1328.
359 Ebd., S. 1319.
360 Johann Gottfried Herder: Über die ältesten Urkunden menschlichen Geschlechts. Einige Anmerkungen, in: Herder: Schriften zum Alten Testament, S. 9- 178, hier S. 111.
361 Das Manuskript ließ Herder allerdings nicht mehr erscheinen, da er die Ideen der Abhandlung so weit entwickelte, dass er sie den beiden Bänden der „Ältesten Urkunde des Menschengeschlechts" einverleibte.

Eine andere Mode des Jahrhunderts ist weit heftiger, gelehrter und ansteckender gewesen: die Wut >>*Physischer Systeme*<< über die Mosaische Geschichte. Wie viel Schöpfungsgeist haben alle die *Cartesianer* bewiesen, wenn sie die Welt aus Atomen, *Burnet* durch die Gesetze der Schwere, *Whiston* durch seinen dienstfertigen Kometen erbauet! Ein Schöpfer warf die Welt des Andern über den Haufen [...].[362]

Gegen Anfangskonzepte dieser Art schreibt er:

Im Anfang schuf Elohim die Himmel und die Erde.) Wer kann sich bei dem prächtigen Anfange über das Wort ‚Anfang' Metaphysisch, Chronologisch, und Kabbalistisch den Kopf zerbrechen, und Zeit und Ewigkeit scheiden wollen! [...] Wer kann bei der großen, sichtbaren, weit um sich blickenden Benennung ‚Himmel und Erde' das Chaos des Ovids, oder die ewige Materie finden, oder nachforschen, wie es denn mit dem Planeten und Fixsternesystem hiebei stehe? – [...] Selbst der Begriff ‚von würksamer Kraft' muß sehr innerhalb des Bildes bleiben, und sich nicht unter die Newtonischen Bewegungskräfte verlieren: denn hier sind ‚leere, wüste Finsternisse, und ein lebendiger webender Hauch Gottes auf der Fläche flutender Meere' die uns durchschauernden Bilder.[363]

Die wichtigste dieser Schriften Herders, die „Älteste Urkunde des Menschengeschlechts", erschien 1774-76. Sie war, ähnlich wie die Studien, die ihr vorausgingen, „[...] scheinbar >>nur<< eine Auslegung des Anfangs der Genesis, in Wahrheit der lange vorbereitete, mit ständig wachsendem Anspruch ins Werk gesetzte Versuch, durch die Kenntnis einer auf den allerersten Anfang zurückgehenden, in allen uns bekannten Dokumenten aus allen Völkern bereits vorausgesetzten Ur-Kunde [...] den Schlüssel zu aller Wissenschaft von Gott, Mensch und Welt in die Hand zu bekommen."[364] Auf den ersten Seiten der Abhandlung greift Herder die Frage der naturwissenschaflichen Anfangsnarrative wieder auf: „Von *Des-Kartes*, *Keplers* und *Newtons* Zeiten hats jedem Philosophen gebührt, eine neue Welt zu schaffen, und jedem Theologphilosophen, den alten Moses zum neuen Schüler dieses neuen Lehrers zu machen [...]."[365] Herder geht auf jene Denker ein, die das Buch Mose unwissenschaftlich finden, weil dort nicht nach ersten Prinzipien und deren Begründung, also nicht nach der „ersten Schildkröte" gefragt wird:

---

362 Herder: Über die ältesten Urkunden menschlichen Geschlechts, S. 42. Hervorhebungen im Original.
363 Ebd., S. 49 und 51. Hervorhebungen im Original.
364 Rudolf Smend: Herder und die Bibel, in: Herder: Schriften zum Alten Testament, S. 1311-1322, hier S. 1319.
365 Herder: Älteste Urkunde des Menschengeschlechts, in: Herder: Schriften zum Alten Testament, S. 179-659, hier S. 185. Hervorhebungen im Original.

Im Anfange schuf Gott! aber auch alle Mystische Deuteleien in die Worte hineingelegt, die man will — hast du nun mehr Metaphysik über die Begriffe *Anfang! schuf! Zeit! Ewigkeit! Unding! Werde!* als wenn du sie nicht gehöret hättest? Wer sieht nicht offenbar, daß eben mit ihnen der *dunkelste Vorhang niederfalle! Am Anfange schuf Gott!* Siehe alles was dir auf deine Fragen wie ward Anfang? wie begreif ichs, daß er schuf! zu Theil wird. Was ist die Welt? was war sie in ihrem Anbeginn? wie ward sie? *Im Anfang schuf Gott Himmel und Erde!* für Welt selbst kein Wort? *Die Erde war wüste und leer!* Für Metaphysisches Ding und Unding selbst kein Wort! Kein Begriff! (ich zweifle, ob ihn jemand habe?) *Gott schuf und die Erde war!* **Worauf? worauf steht die große Schildkröte?** Moses kehrt alle dem den Rücken zu, läßt dich mit offnem Munde, und noch thust du ihm die Ehre an, all deine Metaphysik seiner schlichten, planen Urkunde anzuhängen! Lieber ein Aristoteles ewiger Erde und du thust ihm wahrhaftig nicht mehr Unrecht![366]

Kant führte im Frühling 1774 über diese Schrift Herders einen Briefaustausch mit Hamann über dessen Absicht und Vorgehensweise. Kant sah in der Abhandlung vor allem die Intention, das Buch Mose allegorisch zu lesen und es mit Hilfe von anderen alten „Archiven" des Menschengeschlechts, etwa den altägyptischen und hermetischen, zu erklären; in allen diesen Urkunden spiegele sich allegorisch in den Kategorien der jeweiligen Kultur der Unterricht, den Gott dem ersten Menschen über die Schöpfung erteilte, wobei die alttestamentarische Fassung einen solchen Unterricht am besten und vollständigsten wiedergebe. Herder beabsichtige, aus der Übereinstimmung der alten Zeugnisse der Völker mit dem Buch Mose einen Beweis für die Richtigkeit des Letzteren zu statuieren. Hamann wendet sich wie Kant „gegen ein beweisendes Verfahren im Blick auf die Urkunde".[367] verteidigte aber die Interpretationen seines Freundes als eine tiefgreifende Lektüre der ältesten Urkunde „über die Kindheit unseres Geschlechts".[368] Interessant ist in unserem Kontext die ‚newtonsche' Metapher, die Hamann in seiner Argumentation einsetzt. Er kombiniert Archimedes bzw. den archimedischen Punkt mit Newton, um seiner Distanz gegenüber einer (vermeintlichen) Übertragung der naturwissenschaftlichen beweisenden Methode auf das Alte Testament Ausdruck zu verleihen:

Was den zweiten Punct des vermeintlichen Beweises aus der Correspondentz mit den Archiven der Völker betrifft: so gelingt es vielleicht nur einem großen Newton Gesandschaften um den Erdball zu einem Beweise seiner Vernunftgründe aufzuwiegeln, unter

---

366 Ebd., S. 194. Die kursiven Hervorhebungen im Zitat von Herder, die fetten von mir.
367 Ulrich Moustakas: Urkunde und Experiment. Neuzeitliche Naturwissenschaft im Horizont einer hermeneutischen Theologie der Schöpfung bei Johann Georg Hamann, Berlin 2003, S. 44.
368 Hamann an Kant, Brief vom 7. April 1774, in: AA X (Briefwechsel), S. 156.

deßen es dem armen Archimedes immer an einem Standort gefehlt die Zeichen und Wunder seines Hebels sehn zu laßen.[369]

Newton gelingt es tatsächlich, mit seiner experimentell-induktiven Methode, einen universellen Standpunkt zu erreichen, d. h. seine Ergebnisse sind ungeachtet des Standpunktes und des Beobachters auf die gleiche Weise beweisbar und reproduzierbar.[370] Moustakas erklärt zu Recht: „Solches Kriterium für Fundierung von Objektivität, dies beinhaltet Hamanns Kritik, darf nun keinesfalls verabsolutiert werden."[371]

Anziehungskraft als apriorische Anfangskraft („Metaphysische Anfangsgründe der Naturwissenschaft")

Wäre Kant den Weg der Aufwertung der Materie weiter gegangen, hätte er wohl einen Begriff von Materie vertreten, der uns an die Romantiker erinnern würde. Panajotis Kondylis interpretiert die innere Dynamik der Aufklärung als Aufwertung der Materie, die zunehmend als mit immanenten Kräften ausgestattet betrachtet und im immer größerem Maße für ‚beseelt' und verselbständigt gehalten wurde. Eine solche Sicht der Materie war mit dem Geist-Stoff Dualismus des Descartes natürlich nicht zu vereinbaren. Kondylis vertritt die These, dass – nach einer anfänglichen Dominanz der Ideen von Descartes – ab einem gewissen Zeitpunkt „die Aufklärung als Ganzes im Zeichen der Ablehnung cartesianischer Grundpositionen steht."[372] Seit einem gewissen Moment verlief die Aufklärung, zumindest deren Mainstream, unter dem Zeichen des Aufstiegs der Materie und der Sinnlichkeit, wozu eine nicht unbedingt korrekte, aber popularisierende Newton-Rezeption massiv beitrug.[373] Die Materie verselbstständigt

---

369 Hamann an Kant, Brief vom 8. April 1774, AA X (Briefwechsel), S. 163.
370 Moustakas: Urkunde und Experiment, S. 39.
371 Ebd.
372 Kondylis: Die Aufklärung im Rahmen des neuzeitlichen Rationalismus, S. 172.
373 Kondylis zufolge brachte „Descartes [...] die erste große Phase des langen Kampfes gegen die alte Weltanschauung zur Vollendung und zugleich zum Abschluß, die vornehmlich im Zeichen der mathematisch verfahrenden Naturwissenschaft stand. Nicht aber die mathematisch-naturwissenschaftliche, sondern die antiasketisch verstandene Rehabilitation der Sinnlichkeit behält im 18. Jahrhundert die Oberhand." (Ebd., S. 173.) Eine solche Lektüre der ‚Aufklärung' wie sie Kondylis vertritt verstößt natürlich, was die kulturhistorische Periodisierung betrifft, gegen die anerkannte Nomenklatur. Die organizistischen und vitalistischen Strömungen, die gewöhnlich der Schublade ‚Romantik' zugeordnet werden, gehören in Kondylis' Verständnis zu der Aufklärung, bzw. zu deren Dialektik. Wenn man aber die übliche Periodisierung

sich allmählich und als dessen Folge verschwindet die Frage nach dem ersten Beweger; er wird unnötig, weil die Natur die Bewegung und folglich auch das Leben von Anfang an bereits in sich birgt.[374] Vor dem Hintergrund eines solchen Wandels ist wohl auch Goethes Reaktion auf Kants „Metaphysische Anfangsgründe der Naturwissenschaft" (1786) zu lesen. Goethe, der sonst kein großer Freund von Kants abstrakt anmutenden kritischen Theorien war, gibt zu, dass er dessen Interpretation des Materiebegriffs inspirierend empfunden habe. Er interpretiert dabei offensichtlich etwas hinein, was Kant in dieser Abhandlung nicht mehr behauptet hat: nämlich dass die Grundkräfte der Materie reell innewohnen:

> Ich hatte mir aus Kants Naturwissenschaft nicht entgehen lassen, dass Anziehungs- und Zurückstoßungskraft zum Wesen der Materie gehören und keine von den andern im Begriff der Materie getrennt werden könne; daraus ging mir die Urpolarität aller Wesen

---

nicht verselbstständigt und die entsprechende Namensgebung nicht allzu idealtypisch oder dogmatisch betrachtet, sollte Kondylis' epochenterminologische Strategie kein Problem darstellen.

374 Kant, dem Kondylis in seinem Buch ein kurzes Kapitel widmet, erscheint vor dem Hintergrund dieses generellen Trends als Fremdkörper, weil er streng zwischen der Natur und der intelligiblen, moralischen Welt trennte. Das brachte Kondylis Kritik mancher Kantforscher ein, welche diese Stellungnahme als Abwertung von Kants Leistung interpretierten. Gerd Irrlitz schreibt in Bezug auf Kondylis, bei diesem „[…] wurde die Bedeutung der transzendentalphilosophischen Wendung der Aufklärung verkannt durch eine Geringschätzung des Eintritts des Kantianismus in die Bewegung – so als wäre alles Wesentliche der Aufklärung in den englischen und französischen Debatten der ersten Jahrhunderthälfte bereits gesagt worden. P. Kondylis' materialreiches und theoretisch intensives Werk >>Die Aufklärung im Rahmen des neuzeitlichen Rationalismus<< (Stuttgart 1981) zeigt im Schlusskapitel solche Auffassung." (Irrlitz: Kant-Handbuch, S. 49.) Tatsächlich entwickelt Kondylis einen ziemlich ungewöhnlichen Aufklärungsbegriff, vor allem für den deutschen Kontext, wo er nicht so sehr den Rationalismus, sondern den Antiintellektualismus als prägend ansieht. Unter dem Antiintellektualismus versteht er die Bewegung zum Abschaffen einer transzendenten (nicht zuletzt auch religiösen) Wirklichkeit und die allmähliche Verlagerung der Attribute einer solchen Wirklichkeit in die Natur, die dann nicht nur Erkenntnisgegenstand ist, sondern auch ein Lebendiges und ein Träger von Werten. Die Kritik an ihm beruht eher auf einem Irrtum: das, was wir als romantische Naturauffassung bezeichnen, erwächst bei Kondylis (ohne dass er es explizite sagt) direkt aus der ‚Aufklärung' und wird nicht mit einem weiteren Terminus bezeichnet und abgegrenzt. Kant ist vor einem solchen Hintergrund tatsächlich ein Einzelgänger. Zu sagen, Kondylis beachte Kant aus Geringschätzung zu wenig, entspricht jedoch seinen Thesen mit Sicherheit nicht.

hervor, welche die unendliche Mannigfaltigkeit der Erscheinungen durchdringt und belebt.[375]

Der Weg einer solchen Aufwertung der Materie war aber nicht der Weg, den Kant letztendlich gegangen ist. Er begann Mitte der 1780er Jahre stattdessen zu überlegen, wie wir als denkende und erkennende Subjekte eigentlich unseren Materiebegriff in der modernen, lies: newtonschen Physik, konstruieren. Die mechanische ‚Selbstbegründung' der Natur in der frühen „Allgemeinen Naturgeschichte…" erkaufte er mit der *de facto* Verschiebung Gottes aus der Geschichte an einen absoluten, völlig aus dem Blickpunkt entfernten Anfang: den Augenblick der Schöpfung. Dafür nahm die Anziehung einen ganz besonderen Platz in seinem Konzept ein. Sie übernahm zum Teil den Ort Gottes, weil sie als Anfangskraft kontinuierlich für die Harmonie des Alls und die sich allmählich mit Unendlichkeit als Horizont formierende Ordnung sorgt. (Dies betrifft zwar die beiden Grundkräfte; die Repulsion bleibt aber, was die Textgestaltung und die Rhetorik der Abhandlung betrifft, im Hintergrund.) Durch diese ‚Konkurrenzstellung' zu Gott, ihren Bezug zum Ursprung und ihre ungeklärte Ursache, infolgedessen nichts weiter erklärt werden muss, tritt die Gravitationskraft bereits in den vorkritischen Schriften Kants in eine besondere Beziehung zu metaphysischen Fragen. Das ändert sich mit der „Kritik der reinen Vernunft" im Grunde genommen nicht, nur die Betrachtungsweise des Problems wird eine andere. Die Notwendigkeit der Annahme von Grundkräften wird dadurch radikalisiert, dass es sich jetzt um eine apriorische Annahme handelt. An die Stelle eines genetischen und historischen Anfangs tritt das Apriori.

In der von Goethe so gelobten Studie „Metaphysische Anfangsgründe der Naturwissenschaft" setzte sich Kant, wie gesagt, erneut mit Newton und dessen Kräften auseinander,[376] diesmal suchte er nicht mehr nach einer entwicklungs-

---

375 Johann Wolfgang von Goethe: Campagne in Frankreich 1792, in: Johann Wolfgang von Goethe: Werke, Bd. X (Autobiographische Schriften II), S. 188-363, Zitat S. 314. Vgl. die Interpretation des Goethe-Zitats bei: Hartmut Böhme / Gernot Böhme: Das Andere der Vernunft, S. 111 (Das Kapitel „Goethes Entdeckung: das leibliche Fundament von Attraktion und Repulsion"). Böhmes Interpretation, Kants Materiebegriff sei sublimiertes Körpergefühl, möchte ich hier nicht folgen.

376 Es heißt Naturwissenschaft, ist aber im Grunde mit Newtons Physik identifizierbar. Kant „grenzt […] den in seiner Schrift zu begründenden Teil der Naturwissenschaft auf die Wissenschaft von den körperlichen Gegenständen und näherhin auf die Physik ein. Zweifellos hat Kant dabei die von Newton dargestellte Physik im Blick." (Pollok: Einleitung, S. XXXVIII-XXXIX.) Diese Einschränkung entspricht auch dem Zeitgeist. Das, was über das Newtonsche Weltbild hinausgeht, etwa eine Theorie

geschichtlichen Erklärung des Universums und fragte nicht mehr nach den Eigenschaften der Materie, sondern beabsichtigte, Newtons Physik zu begründen, indem er deren Grundbegriffe: den vollen und leeren Raum, die Materie und den Begriff der Kräfte, auf Prinzipien *a priori* zurückzuführen dachte.[377] Der transzendentale Standpunkt ersetzt hier die geschichtliche Ursprungsvorstellung von 1755. Die Attraktion wird (neben der Repulsion, wobei jedoch nur die Attraktion eine Fernkraft ist) nun für den Begriff der Materie konstitutiv. Materie zu denken, sei ohne Annahme einer ursprünglichen Anziehung gar nicht möglich, weil diese verhindert, dass sich die Materie ins Unendliche ausdehnt und somit verschwindet. Die Anziehungskraft muss „jeder Materie überhaupt und zwar ursprünglich beigelegt werden."[378] Es ist schwieriger, sich eine solche Kraft als konstitutiv für Materie zu denken, als die ihr entgegengesetzte Repulsion, d.h. Ausdehnungskraft, denn die erste sei als ‚Solidität' der Körper spürbar.

---

der Elektrizität oder des Magnetismus, beginnt die Wissenschaftler erst etwas später intensiv zu beschäftigen (siehe ebd.) Gernot Böhme ist gar der Meinung, dass sich Kants Wissenschaftstheorie „als Voraussetzung eines ganz eingeschränkten Wissenschaftstyps, der newtonschen Mechanik, erwiesen" hat. Es bedeutet für Böhme, dass man mit Kants Theorie nicht universell operieren könne und sich auf deren kulturell-historischen Kontext besinnen müsse. (Gernot Böhme: Kants Theorie der Gegenstandskonstitution, in: Philosophieren mit Kant, S. 113-150, hier S. 115.) Böhme gibt auch eine interessante Kritik des kantschen Erkenntnissolipsismus; heutzutage sehen wir die Wissenschaft nicht als Werk eines, wenn auch nach universellen Gesetzen arbeitenden Menschen, sondern als sozial und materiell vermittelte Netzwerke von Problemen und Lösungen, die kollektiven, im Grunde genommen anonymen Ursprungs sind, auch wenn berühmte Namen ihnen ein Gesicht verleihen (siehe ebd.)

377 Kant schrieb in der Vorrede zu dieser Abhandlung: „Eine rationale Naturlehre verdient also den Namen einer Naturwissenschaft nur alsdenn, wenn die Naturgesetze, die in ihr zum Grunde liegen, a priori erkannt werden, und nicht bloß Erfahrungsgesetze sind." (AA IV, S. 468.) Die „Beschäftigung Kants mit der Philosophie überhaupt ging aus von Problemen der Naturphilosophie und der Naturwissenschaften. Mit ihnen beschäftigte er sich über ein halbes Jahrhundert hinweg bis in die letzte Phase seines Denkens, welche in seinem >>Opus postumum<< dokumentiert ist." Die Abhandlung „Metaphysische Anfangsgründe der Naturwissenschaft" liegt „zeitlich also zwischen der ersten Auflage der >>Kritik der reinen Vernunft<< von 1781 und deren im Wesentlichen Stücken umgearbeiteten zweiten Auflage von 1787. Sie [...] [steht] damit im Kontext der kritischen Werke im Schaffen Kants, wenn gleich an vielen Stellen das physikalische Interesse der vorkritischen Schriften deutlich wird." (Pollok: Einleitung, S. X und XVII.)

378 AA IV, S. 509.

Demgegenüber ist die Anziehung für uns viel schwerer zu begreifen und sie will „uns als Grundkraft so schwer in den Kopf", weil sie uns „an sich entweder gar keine Empfindung, oder doch keinen bestimmten Gegenstand derselben geben kann".[379] Sie entzieht sich völlig jeglichem Empfinden:

> Anziehung, wenn wir sie auch noch so gut empfänden, würde uns doch niemals eine Materie von bestimmten Volumen und Gestalt offenbaren, sondern nichts als die Bestrebung unseres Organs, sich einem Punkte außer uns (dem Mittelpunkt des anziehenden Körpers) zu nähern.[380]

Die Anziehung ist mithin im Vergleich zur Repulsion eine reine Kraft ohne jegliche Spur von Sinnlichem, sie ist reine Dynamik, unsichtbar, und – was sie von der Abstoßungskraft unterscheidet – keine Flächenkraft, d.h. sie wird nicht durch Berührung übertragen, sondern durch den leeren Raum. Ohne die Annahme von Anziehungskraft könnten wir Materie gar nicht denken, d. h. wir könnten überhaupt keine Physik betreiben. Eine solche Sicht auf die Gravitationskraft als notwendige Annahme, ohne die keine Naturwissenschaft möglich ist, vertritt Kant 1786. En Jahr später sollte er in der Vorrede zur zweiten Ausgabe der „Kritik der reinen Vernunft" diese unsichtbare Kraft erneut als Metapher für die moralische Welt verwenden.

Ein moralisches Reich „an nichts geknüpft, durch nichts gestützt"

Die einzig mögliche Idee vom Anfang, oder: Die Frage, wie Gesellschaft möglich ist

Vergleicht man die Art und Weise, wie Kant in der „Allgemeinen Naturgeschichte…", in „Der einzig mögliche Beweisgrund zu einer Demonstration des Daseyns Gottes" bis zu seinem kritischen Versuch in den „Metaphysischen Anfangsgründen der Naturwissenschaft" die Gravitation beschreibt und deutet, ergibt sich aus dieser Betrachtung ein recht kontinuierliches Bild. Trotz aller Wenden fällt der Gravitation die Funktion eines Anfangs und Axioms zu, mag es geschichtlich oder apriorisch gemeint sein. In jedem Sinne handelt es sich um einen radikalen Ursprung, der durch nichts weiter zu begründen oder zu erklären ist. Vergleicht man es dann mit der Beschreibung und der Funktion der Freiheit in Kants Moralphilosophie der praktischen Vernunft, fallen erstaunliche Ähnlichkeiten auf, so dass man sich fragt, inwiefern die vorkritische Faszination

---

379 Ebd., S. 510.
380 Ebd., S. 509.

für die newtonsche Physik und für das Phänomen Gravitation die Entstehung Kants eigene originelle Idee der Freiheit als einzig möglichen archimedischen Punktes beeinflusst haben kann.

Seit Kants kritischer Wende haben wir es mit einer dualistischen Konstruktion zu tun: mit der den notwendigen Gesetzen folgenden Natur einerseits und mit der auf der Idee der Freiheit als eines Anfangs gestützten praktischen Moralwelt. In der Fußnoten-Analogie von 1787 werden die beiden Sphären: die auf der unsichtbaren Gravitation gestützte Himmelsmechanik und die mit „praktischen Data" ausgefüllte Moralwelt als zwei miteinander kompatible und analoge Bereiche dargestellt; die einst so von Kant beliebten astronomischen Motive werden jetzt aber nicht wegen der Begeisterung für die Mechanik des Universums, sondern um der neuen praktischen Metaphysik willen zitiert. Ein umso größeres Gewicht fällt dieser Analogie zu, da sie sich noch von dem Eifer Kants für Himmelsfragen zu nähren scheint, um dieses nun auf die neue Idee der praktischen Philosophie zu übertragen.

Kant soll seit langem daran interessiert gewesen sein, eine Moralphilosophie zu schreiben, er legte jedoch diese erst Mitte der achtziger Jahre vor, nachdem er die erste Ausgabe der „Kritik der reinen Vernunft" bereits hinter sich gebracht hatte. Bemerkenswerterweise ist die im April 1785 erschienene „Grundlegung der Metaphysik der Sitten" die erste Schrift, die sich „ausschließlich moralphilosophischen Fragen widmet."[381] Bernd Kraft und Dieter Schönecker fügen ergänzend hinzu:

> Welche Entwicklung Kants ethische Auffassungen durchlaufen haben und in welchem Zusammenhang sie mit der Entwicklung seiner kritischen Philosophie stehen, sind schwierige Fragen [...]. Kant hat bereits in den 60er und 70er Jahren über eine ‚Metaphysik der Sitten' nachgedacht – schon 1768 hat er beabsichtigt, ein Werk unter diesem Titel herauszubringen. Zwischen 1773 und 1781 schweigt Kant über seine ethischen Vorhaben. Erst in der „Kritik der reinen Vernunft" erscheint wieder die Idee einer ‚Metaphysik der Sitten', und zwar im Rahmen der ‚Architektonik der reinen Vernunft'. [...] Die erste diesbezügliche Nachricht aus der Zeit nach der Veröffentlichung der KrV [deren erster Ausgabe – M.T.] ist ein Brief Johann Georg Hamanns vom 11. Januar 1782, gerichtet an Johann Friedrich Hartknoch [...].[382]

Innerhalb der sechs Jahre, welche die erste und die zweite Ausgabe der „Kritik der reinen Vernunft" und somit auch die beiden Vorreden trennen, hatte

---

381 Bernd Kraft / Dieter Schönecker: Einleitung, in: Immanuel Kant: Grundlegung zur Metaphysik der Sitten. Mit einer Einleitung herausgegeben von Bernd Kraft und Dieter Schönecker, Hamburg 1999, S. VII-XXXIX, hier S. VII.
382 Ebd., S. VII-VIII.

Kant seine zweite Kritik, die der „praktischen Vernunft", ausgearbeitet. Die zweite Ausgabe der „Kritik der reinen Vernunft" erfolgte im Frühjahr 1787, Ende des gleichen Jahres lag die „Kritik der praktischen Vernunft" vor. Als er die neue Vorrede verfasste, hatte er seine Kritik der praktischen Vernunft bereits vor Augen.[383] Die Kopernikus-Newton-Metapher ist Zeugnis einer neu gesehenen Konstellation zwischen der Natur und deren Erkenntnis einerseits und der verwandelten Metaphysik andererseits, die jetzt als ‚Metaphysik der Sitten' mit ihren praktischen Data den zuvor leer gewordenen Raum ausfüllt. Manchem frühen Leser von Kants Moralphilosophie erschien diese auf empörende Weise unbegründet, in der Luft hängend. Hier werde Wirkung ohne Ursache und ein Theoriegebäude ohne Fundament und Halt angeboten, meinte Gottlob August Titel, der abwertend urteilte: „Am Ende dieser ganzen Deduktion mußte sich nun freilich finden, daß auf solche Weise es dem obersten Begrif der ganzen Sittenlehre – so ganz an nichts geknüpft, durch nichts gestüzt, durchaus an Haltung mangeln müsse [...]."[384] Titel hatte offensichtlich wenig Verständnis für ein derartig ‚unbegründbare', aus der Freiheit heraus sich ergebende System.

Freiheit als *Factum* der moralischen Welt

Charakteristischerweise erscheint jetzt – und zwar nicht nur in Kants „Kritik der reinen Vernunft", obwohl die dortigen Passagen besonders auffällig sind – das Wort ‚Anfang' mehrmals in nächster Nachbarschaft zur Freiheit. Es ist ein Unterschied zum Vokabular der Natur, wo eher über ‚Ursachen' gesprochen wird. Es scheint, dass Kant das Wort ‚Anfang' für den besonderen Kontext der praktischen Vernunft vorbehalten wollte. Mit ‚Anfang' meint er eine erste Ursache, mit der eine Kette von Ereignissen beginnt, die aber als solche nicht wieder eine höhere oder grundlegendere Ursache hat. Für das menschliche Denkvermögen ist die Vorstellung einer solchen wirklich ersten Ursache – zumindest im Lichte von Kants erkenntniskritischem Denken – als Verkörperung des Unbedingten kein reell existierender Gegenstand und somit auch kein Erkenntnisgegenstand. Es handelt sich bei solchen ‚Gegenständen' um eine Idee der Vernunft, und zwar um eine ‚kosmologische'. Während der Verstand die Sinnesdata im Raum und Zeit sowie unter die Kategorien ordnet, verfügt die Vernunft als höheres Vermögen

---

383 Förster: Die Vorreden, S. 38.
384 Zitiert nach: Heiner F. Klemme: Einleitung, in: Immanuel Kant: Kritik der praktischen Vernunft. Mit einer Einleitung, Sachanmerkungen und einer Bibliographie von Heiner F. Klemme, herausgegeben von Horst D. Brandt und Heiner F. Klemme, Hamburg 2003, S. IX-LXIII, hier S. XI-XII.

über Ideen, welche für das Begehren nach Vervollkommnung unserer immer notwendig fragmentarischen Erkenntnis verantwortlich sind. Die Vernunft will, dank der kosmologischen Ideen, die sie mitbringt, immer ein Ganzes dort, wo nur vereinzelte Erkenntnisse vorliegen. Sie fordert eine Totalität, eine Synthese, welche die empirischen Data und die besonderen Erkenntnisse allein natürlich nicht bieten können. So wird etwa bei der Frage nach der Teilung bzw. der Zusammensetzung der Materie zumeist nach den allerelementarsten Bestandteilen gefragt, und die Frage nach der Ursache bestimmter Naturereignisse kann zur Frage nach einer allerersten Ursache führen. Gäbe es nicht die Vernunft samt ihrer Ideen, würde unsere Neugier in Sachen Erkenntnis anders aussehen: wir würden es bei bescheidenen und unmittelbar fassbaren Antworten belassen müssen. Es wäre z. B. die gegenwärtige Forschung nach einer allgemeinen Theorie der Natur in der Physik nicht möglich, welche die Quantenphysik mit der Physik der riesigen Himmelskörper zu verbinden sucht, oder es könnte keine Suche nach dem Elementarteilchen, dem so genannten ‚Gottesteilchen', zustande kommen, so wie sie in dem gegenwärtig veranstaltet wird und als Suche nach einer Art ‚Grundlage' der Universumsarchitektur bzw. einer ‚Weltformel' viel Widerhall in den Medien gesehen wird. Die Vernunft richtet sich Kant zufolge ihrer Natur nach auf das Unbedingte. Sie will, entsprechend den jeweiligen Kategorien, eine absolute Vollständigkeit: eine der Teilung, der Zusammensetzung, der Abhängigkeit oder der Entstehung. Sie sucht ein absolut Erstes in einer Reihe von Kausalitäten, oder das absolute Ziel, das Einfachste der Welt, von dem aus es keine Teilbarkeit mehr gibt, oder mit einem Wort die absolute Weltgrenze. Diese Eigenschaft der Vernunft beflügelt uns, sie kann aber – so zumindest nach Kants Auffassung – auch gefährlich sein, denn allzu oft sind wir geneigt, die Ideale, welche sie uns vorschweben lässt, für bare Münze zu halten. Wir glauben, das Unbedingte wirklich erkennen zu können, wenn wir nur weit genug fortschreiten, anstatt die Idee einer absoluten Vollkommenheit nur als wegweisend anzusehen. Weil die kosmologischen Ideen keine Dinge sind, die sich auf dem Wege der Erkenntnis greifen lassen, können die sie betreffenden Fragen nie gelöst werden. Die Vernunft verwickelt sich nur in Antinomien, wenn sie diesen, wie Kant es nennt, unvermeidlichen Schein zu ergreifen sucht. Man könne ohne Widerspruch, mit Hilfe von Begriffsgymnastik scholastischer Art sowohl beweisen, dass die Welt einen Anfang hat und endlich ist, wie auch dass sie ewig und unendlich ist. Ebenso können weitere kosmologische Antinomien sowohl als Thesen wie auch als Antithesen ‚bewiesen' werden, ohne dass jemals ein sinnlicher Beweis gefunden werden kann, um solche Fragen, wie die nach der allerersten Ursache, nach der notwendigen Existenz Gottes, nach der unendlichen Teilbarkeit der Materie oder nach der absoluten Welt- und Raumgrenze eindeutig zu entscheiden.

Die Vorstellung eines wirklichen ‚Anfangs', also einer spontan aus sich selbst oder aus dem Nichts handelnden Ursache ist mithin – sofern sie in unserem Gehirn als intellektuelle Vorstellung erscheint, ohne ‚Deckung' durch Sinnesdata, und sie wird nie eine solche erfahren. Nichtsdestoweniger passt sie vollkommen auf die Freiheit, so wie sie Kant in seiner Morallehre formuliert, denn die Idee, welche wir von der Freiheit haben, sofern wir sie zu denken suchen, ist gerade die einer Spontaneität. Wenn eine Entscheidung von etwas anderem determiniert und gelenkt wird, sind sie für uns nicht frei. Frei nennen wir eine Entscheidung, wenn sie nicht determiniert, also spontan erfolgt; dann stellt sie einen wirklichen Anfang dar. Zu dem Vokabular, das wir bei Kant in der Nachbarschaft der Freiheit finden, zählen solche Formulierungen, wie „schlechthin anfangen",[385] er spricht auch von „absoluter Spontaneität",[386] oder „von selbst anfangen".[387] Mit der nach Gesetzen zu beschreibenden Natur ist eine solche Idee nicht zu verbinden, denn die Natur existiert in Zeit und Raum. Es führt ins Absurde, wenn man sich hier ‚Anfang' als tatsächlich vorhandenes Unbedingtes denken will. Sofort verwickelt sich das Denken in Aporien: ist der Anfang einer Reihe von Ursachen noch in der Zeit oder außerhalb derer? Ist ein solcher Anfang die Grenze der Welt und befände es sich dann auf der anderen Seite der Grenze? Nichts oder doch etwas? Kant vermerkte hierzu: „Das Prinzip die Caussalverhältnisse in der Welt mit der Freyheit zu vereinigen ist schlechterdings unmöglich: denn das wäre Wirkung ohne Ursach."[388]

Während also in der Erkenntnis der ‚Anfang' nur eine die Forschung beflügelnde Idee, welche bloß regulativ zu verwenden ist, stellt ein solcher ‚Anfang' ein Faktum der praktischen Moral dar, d. h. es ist als Faktum unseres Zusammenlebens in der Gesellschaft das ‚wirklich' Unbedingte. Als solches entzieht er sich in Wirklichkeit unserem Denken und Vorstellen, denn wir können es nur in erkenntnisdominierten Kategorien erfassen: unter den Prinzipien der Kausalität, der Zeit und des Raumes, der Bewegung, der Folge – als „Wirkung ohne Ursach", also als Paradox. Aber als Voraussetzung unseres Zusammenlebens in der Gesellschaft ist die Freiheit Kant zufolge ein Faktum, d. h. eine für das Bestehen der Gesellschaft grundlegende Annahme, genauso wie er vorher mehrmals, Newton folgend, von der Gravitation als von einer unentbehrlichen Annahme sprach. Zwar sind unsere Gefühle, unser Wille, unsere Absichten, Entscheidungen und

---

385 AA III, S. 309.
386 Ebd., S. 310, vgl. auch: „Die Freyheit [...] der Wahl der Maximen der Handlungen ist absolute Spontaneität" (AA XXI Opus postumum. Viertes Convolut, S. 470.)
387 Ebd., S. 312, 368, 369, 374.
388 AA VIII Opus postumum, S. 16.

Handlungen in der Tat oft von verschiedensten Faktoren abhängig und in vieler Hinsicht determiniert. Trotzdem gehen wir sowohl in unseren Moralauffassungen, im alltäglichem Umgang miteinander wie bei der Gesetzgebung überall von der Annahme der Freiheit und Spontaneität unserer Absichten und Taten aus. Auch wenn wir immer wieder – sei es als mildernde, sei es als erklärende Zustände – eine Art Determiniertheit des menschlichen Verhaltens berücksichtigen, etwa wenn wir ein Verbrechen als Folge erfahrenen Leids zu verstehen suchen – so wird stets die Freiheit des menschlichen Willens schweigend vorausgesetzt. Eine solche Voraussetzung stellt eine der grundlegendsten Komponenten der Kultur unseres Zivilisationskreises dar. Es gäbe sonst keine Ethik, keine Justiz, keine Religion und in vieler Hinsicht auch kein Zusammenleben im Alltag wie wir es kennen möglich. Es wäre folglich auch kein Urteilen möglich.[389] Niemand könnte bestraft oder gelobt, kritisiert oder bewundert werden, denn die ganze Gesellschaft würden wir auf die gleiche Weise wie die Natur erklären können: durch völlige Determiniertheit im Rahmen einer mathematisch beschreibbaren Gesetzesmäßigkeit. Undenkbar ist eine solche Anschauung nicht, es würde aber unser Bild von der Gesellschaft und – mehr noch – unser Leben als soziale Wesen vollständig verändern. Bei Kants kategorischem Imperativ: dass „Der kategorische Imperativ, der überhaupt nur aussagt, was Verbindlichkeit sei, ist: handle nach einer Maxime, welche zugleich als ein allgemeines Gesetz gelten kann!"[390] handelt es sich im Kern um die Möglichkeit eines Miteinanders, das sich selbst nicht wieder aufhebt. Zwar gibt es immer wieder Menschen, die für sich andere Rechte beanspruchen wie für den Rest der Gesellschaft, wenn jedoch alle das tun würden, gäbe es kein Miteinander mehr. Diese notwendig vorauszusetzende Freiheit darf man nach Kant natürlich wiederum nicht als einen fassbaren und erkennbaren Gegenstand verstehen. Es ist eine Freiheit des „als ob"[391] –

---

389 „Kants Begriff der Urteilskraft bezieht sich auf jene Fähigkeit, welche die Bildung von richtigen, sachangemessenen Urteilen ermöglicht; sie ist das Vermögen, unter Regeln zu subsumieren, d. h. zu unterscheiden, ob. etwas unter einer gegebenen Regel steht oder nicht. Der epistemologischen Dimension des Begriffs korrespondiert eine ethische [...]." (Hans Jörg Sandkühler: Idealismus in praktischer Absicht. Studien zu Kant, Schelling und Hegel, Frankfurt/Main 2013, S. 57.)
390 AA VI, S. 225 („Metaphysik der Sitten").
391 Vgl. Hartmut Böhme / Gernot Böhme: Das Andere der Vernunft, S. 340. Heiner Bielefeldt beklagt, dass in sehr vielen Kant-Darstellungen der Verweis fehlt, dass dessen Ethik eine genuine Ausrichtung auf die Gemeinschaft innewohnt; diese Ausrichtung werde allzu oft übersehen und die Kantsche Ethik als eine solipsistische Ethik interpretiert. Bielefeldt setzt sich deshalb zum Ziel, in seinem Buch diesen Mangel zumindest im Ansatz auszugleichen. Er vermerkt etwa: „Mit der Pflege

so wie Newton, um das Theoriegebäude seiner Physik aufzustellen, bezüglich der Anziehung vorgegangen ist.

In Bezug auf die Freiheit benutzt Kant recht häufig die beiden Verben: ‚anheben' und ‚handeln'. Von der Idee der Freiheit heißt es etwa: die Vernunft „schafft sich […] die Idee von einer Spontaneität, die von selbst anheben könne zu handeln […]".[392] Oder: „Die Freiheit wird hier nur als transzendentale Idee behandelt, wodurch die Vernunft die Reihe der Bedingungen in der Erscheinung durch das Sinnlichunbedingte schlechthin anzuheben denkt […]."[393] Im Kontext der Fundierung der moralischen Welt auf dem ‚Nichts' erklärt Kant in einem späteren Essay noch einmal die Bedeutung der Begriffe ‚Glauben', ‚Annahme' und ‚Hypothese' – die nun Synonyme bilden:

> Die Bedeutung dieses, vom Meinen und Wissen, als eines auf Beurteilung in theoretischer Absicht gegründeten Fürwahrhaltens, kann nun in den Ausdruck *Glauben* gelegt werden, worunter eine Annehmung, Voraussetzung (Hypothesis) verstanden wird, die nur darum notwendig ist, weil eine objektive praktische Regel des Verhaltens, als notwendig, zum Grunde liegt […].[394]

Mit den Begriffen ‚Glauben', ‚Annahme' und ‚Hypothese' gelangen wir in die unmittelbare Nachbarschaft der Beschäftigung Kants mit der newtonschen Theorie. Wichtig ist dabei – was Kant später in der Schrift „Über das radikal Böse in der menschlichen Natur" (1792) erörtern wird –, dass die Annahme sowohl gute, als auch böse Maximen und Verhaltensregeln nach sich ziehen kann. Es gibt „radikal" böse Menschen, die nicht aus Laster oder Schwäche Böses treiben, sondern bewusst das Böse wollen.[395] Gerade das macht eine solche Wahl des

---

ziviler Umgangsformen und dem kritischen Rechtsgehorsam des Staatsbürgers sind die sozialen Pflichten noch nicht erschöpft. Die Menschen sollen sich darüber hinaus zu einer genuin ethischen Gemeinschaft zusammenfinden. Da die schlimmsten Laster – Neid, Missgunst, Schadenfreude – nicht der menschlichen Natur, sondern der Gesellschaft entspringen, wie Kant mit Rousseau betont, kann der Mensch als Einzelner ihre Überwindung nicht erfolgreich leisten." (Bielefeldt: Kants Symbolik, S. 101.) Bielefeldt übersieht jedoch eine noch grundlegende, in der Formel des kategorischen Imperativs selbst liegende Ausrichtung auf Gemeinschaft bzw. Gesellschaft: sie ist gerade in dessen universalistisch-gesetzesmäßigen Anspruch zu erkennen und somit elementarer als die konkreten Schwierigkeiten bzw. Möglichkeiten, die Laster zu bekämpfen und sich in Tugenden zu üben.

392 AA III, S. 363.
393 Ebd., S. 377.
394 AA XX, S. 297.
395 Vgl. die Interpretation bei Geier: Kants Welt, S. 262ff.

Bösen radikal. Manfred Geier betont die Unerklärbarkeit und Unbegreiflichkeit einer solchen notwendigen Annahme, die Kants Moraldenken zugrunde liegt:

> Streng genommen lässt sich die Idee der Sittlichkeit, sofern Kant sie von allen erfahrungsorientierten Beimischungen säubern wollte, überhaupt nicht begreifen und sprachlich ausdrücken. An der äußersten Grenze aller praktischen Philosophie, die nichts mit der empirischen Seelenlehre verbinden soll, taucht das Unerklärbare und Unbegreifliche auf.[396]

Auch die Gravitationskraft taucht in der newtonschen Physik an der Grenze der empirischen Lehre auf: als ein unsichtbares, unbegreifliches Phänomen ohne weitere Ursache. Geier zitiert anschließend einen Denker, der auf den ersten Blick von Kant ziemlich weit entfernt ist, nämlich Ludwig Wittgenstein, der sich hier auf den Spuren Kants zu bewegen scheint. Auf das Undarstellbare und Unbedingte kann nur indirekt hingedeutet werden, gerade weil es sich um etwas für die Menschen ganz Wesentliches handelt. Wittgenstein meinte vom Guten, dass es gewiss und gerade deshalb auch radikal undefinierbar sei; wir können es nicht begreifen, sondern es lediglich andeuten:

> Es ist apriori gewiß: Was immer man für eine Definition zum Guten geben mag – es ist immer nur ein Missverständnis, das Eigentliche, was man in Wirklichkeit meint, entspreche sich im Ausdruck. Aber die Tendenz, das Anrennen, *deutet auf etwas hin*.[397]

Man könnte hinzufügen: in der Natur deutet alles auf die Anziehungskraft, die selbst unsichtbar ist, und in der Gesellschaft so wie wir sie kennen, alles auf die Freiheit hin.

Die beiden kategorischen Imperative in der Erkenntnis und in der Moral sowie eine Spur Gottes als ersten Bewegers

Es war Hans Blumenberg, der – seinerseits auch in einer Fußnote – im Kontext der Metapher von der ‚kopernikanischen Revolution' auf die kurze Notiz aus Kants „Opus postumum" verwies: „Die Newtonische Attraction durch den leeren Raum und die Freyheit des Menschen sind einander analoge Begriffe sie sind categorische Imperative *Ideen*".[398] Blumenberg zufolge ist das *tertium*

---

396 Ebd., S. 246.
397 Ebd., S. 247. Wittgenstein-Zitat bei Geier nach: Ludwig Wittgenstein: Wittgenstein und der Wiener Kreis, Frankfurt/Main 1967, S. 117. Hervorhebung im Original.
398 AA VIII (Opus postumum), S. 35. Das Manuskript des „Opus postumum" entstand in den Jahren 1796-1803, vgl. Irrlitz: Kant-Handbuch. Leben und Werk, S. 49.

comparationis dieser Analogie zwischen Freiheit und Gravitation die Undarstellbarkeit beider.[399] Er erwähnt diesen Vergleich bei Kant jedoch nur am Rande.

Als Kraft im leeren Raum ohne Medium und bekannte Ursache, dafür aber in ehernen mathematisch erfassbaren Gesetzen fundierend, musste die Annahme der Anziehung vor dem Hintergrund des mechanistischen Paradigmas wie ein Anfang anmuten. Für das mechanistische Denken gehen Bewegungen auf Kräfte zurück, die ihren Anstoß in anderen Körpern haben, welche die bewegende Kraft wiederum mechanisch mittels anderer Körper auffangen. Ein solches Denken veranlasste natürlich zu Fragen nach den Bewegungsketten und Impulsreihen so wie nach den ersten Ursachen der Bewegung. Für den endgültigen, wirklichen Anfang in der Natur, also für einen Anstoß, der eine Bewegungskette initiieren kann, ohne selbst jedoch von etwas initiiert worden zu sein, kam nur Gott in Frage; zumindest war das im 17. Jahrhundert, vor der Abwertung des Cartesianismus und der Aufwertung der Materie noch üblich. „To set passive matter in motion in the first place, some principle external to nature was required; In the seventeenth century this could only be God."[400] Dieses Bild des ‚ersten Bewegers' hat Kant an einer Stelle seiner Nachträge zur „Kritik der reinen Vernunft" vortrefflich skizziert:

> Der cosmologische Beweis vom Daseyn eines nothwendigen Wesens ist der vom ersten Beweger, oder noch allgemeiner, von dem der zuerst anfängt. Bey diesem muß nun auch die Caußalität anfangen, weil der Begriff eines Anfangs immer eine Zeit voraussetzt,

---

399 Blumenberg: Was ist an Kants Wendung das Kopernikanische? in: Die Genesis der kopernikanischen Welt, S. 700 (in der Fußnote). An anderer Stelle bemerkt Blumenberg zur außergewöhnlichen Stellung, die die Freiheit bei Kant einnimmt: „Ein Metaphernverdikt gilt auch für das, was mit dem Ausdruck ‚Freiheit' bezeichnet wird. Weil sei nur als *notwendige Voraussetzung der Vernunft* erschlossen werden könne, sagt Kant, sei Freiheit eine Idee. Nicht nur von der Realität der Freiheit gibt es keine Erfahrung, sondern auch zu ihrer Idee keine mögliche Veranschaulichung. Für sie allein wird von Kant ausdrücklich die Möglichkeit der Symbolisierung – in dem Sinne, in dem er den Begriff des ‚Symbols' nahe dem der absoluten Metaphorik gebrauchte – bestritten, *weil ihr selbst niemals nach irgendeiner Analogie ein Beispiel untergelegt werden mag.*" (Blumenberg: Ausblick auf eine Theorie der Unbegrifflichkeit, S. 208. Hervorhebungen im Original.)
400 Richard S. Westfall: Stichwort „Mechanical Philosophy" in: Encyclopedia of the Scientific Revolution From Copernicus to Newton, S. 408-414, hier S. 409-10. Vgl. hierzu auch: Daniel Garber: The mechanical philosophy: God and final causes, in: Garber: Physics and Foundations, S. 63-66.

darin die Reihe nicht war. In dieser Zeit konnte er die Causalität noch nicht haben, also mußte sie allererst anfangen zu handeln.[401]

Gott wird jedoch nach dem Verfahren der Kritik als ‚Ursache' oder ‚erster Beweger' ausgeschlossen: „Die Verknüpfung der Wirkungen und Ursachen paßt gar nicht auf Dinge außer der Sinnenwelt; denn wie kann Gott Ursache sein, Wesen sein?" – fügt Kant hinzu.[402]

Der Begriff der ersten Bewegers stammt aus der Antike, aus dem Arsenal der Ursachen von Aristoteles, wurde aber durch die neue Mechanik und Bewegungslehre neu interpretiert. Kants Ethik gilt nicht zuletzt deshalb als erste moderne säkulare Ethik, weil sie eine Ethik ist, die im Grunde genommen ohne Gott auskommt. Die Moral stützt sich auf keine Offenbarung oder Autoritäten mehr, und die Idee von Gott entspringt sekundär der an sich undarstellbaren Freiheit. Gerade aber an der Analogie zwischen Gravitationskraft und Freiheit sieht man, dass Kants Ethik die alte Idee des ersten Bewegers in veränderter und anthropologisierter Form in die Moderne überträgt: in der Gestalt der Spontaneität, ohne die weder der Mensch noch die zwischenmenschlichen Beziehungen in der uns gut bekannten Form nicht zu denken wären. Es ist – trotz aller Fokussierung auf die Vernunft – in der grundlegenden Denkfigur der Moralphilosophie Kants ein Echo von Versuchen zu vernehmen, Gott als Schöpfer und absoluten, selbstbegründeten Anfang als Stütze der Welt zu denken. Bei Spinoza war Gott nicht nur der erste (und einzige) ‚Baustein' des Universums, sondern auch der Anfang für alles andere, der Ursprung der Welt und er selbst ist sein eigener Ursprung, ohne irgendetwas Vorhergehendes. Deshalb ist nur Gott – die einzige Substanz – wirklich frei und fähig zu handeln: „Dasjenige Ding heißt frei, das allein aus der Notwendigkeit seiner Natur heraus existiert und allein von sich her zum Handeln bestimmt wird [...]."[403] An der Ähnlichkeit der Definition Spinozas mit der Kantschen Idee der Freiheit als spontaner Annahme – einer Ähnlichkeit, die zugleich die ganze Distanz veranschaulicht, welche die beiden Denkwelten trennt, ist zu sehen, wie die alte Idee Gottes als des wahren Anfangs und ersten Bewegers in der Fundierung der Moral bei Kant noch wiederzuerkennen ist, wenn man nur genau hinschaut. Es ist eine verwischte Spur; in ihr ist Gott in Kants säkularisierten Ethik viel authentischer präsent, als wenn er – neben der Unsterblichkeit – als der Freiheit sekundäre Idee postuliert wird, an die zu glauben es vernünftig wäre. Mit dieser verwischten Spur des ersten Bewegers

---

401 AA XXIII, S. 40.
402 Ebd., S. 41.
403 Spinoza: Ethik, S. 7.

befinden wir uns wieder mitten im kosmologischem Metaphernfeld: sie ist nämlich das versteckte *tertium comparationis* des Bildes, das den Ausgangspunkt dieses Kapitels bildete: nämlich der Freiheit als des archimedischen Punktes, von dem aus der ganze Planet bewegt werden kann.

Der bestirnte Himmel und das moralische Gesetz – eine Analogie als Achse in Kants Schaffen

Dieser anthropophane, weil nach innen verlegte erste Beweger: die Freiheit, hat nur in der moralischen Welt Platz, als deren grundlose Grundlage. In Kants Auslegung des archimedischen Punktes wird der menschliche Wille, gestützt auf Freiheit, selbst gegen den Widerstand der ganzen Natur in Bewegung gesetzt. Im Angesicht der Fortschritte der Naturwissenschaften gehen Natur und Gesellschaft auseinander, was bleibt, ist die ästhetisch vermittelte Analogie zwischen dem „bestirnten Himmel" und dem „moralischen Gesetz". Ihr Verhältnis zueinander kann nur ein metaphorischer sein, denn sie stellen andere Wirklichkeiten dar. Kants Gravitationskraft-Analogien aus der „Kritik der reinen Vernunft" finden deshalb ihre Ergänzung im „Beschluß": dem Ausklang der „Kritik der praktischen Vernunft". Es handelt sich um jenen Text, der mit der vielzitierten Passage beginnt:

> Zwei Dinge erfüllen das Gemüth mit immer neuen und zunehmenden Bewunderung und Ehrfurcht, je öfter und anhaltender sich das Nachdenken damit beschäftigt: Der bestirnte Himmel über mir, und das moralische Gesetz in mir.[404]

Tatsächlich kann man in dem Aufbau des „Beschlusses" die Struktur und die Gedanken aus der zweiten Vorrede erkennen: auch hier führt Kant eine Parallele zwischen der Erkenntnis des Himmels und der der moralischen Welt durch, um mit dieser Analogie sein Werk ausklingen zu lassen. Die Erkenntnis des Himmels steht stellvertretend für die ganze wissenschaftliche Erkenntnis, d. h. für eine solche, die sich auf die sinnliche Welt richtet. Erneut sieht man, dass Kant in der Astronomie die führende Disziplin der Naturwissenschaften und in der Auseinandersetzung mit ihr die Auseinandersetzung mit der Spitzenleistung der modernen Wissenschaft erblickt. Ähnlich wie in der Vorrede von 1787 wird aus den Erfolgen der Astronomie optimistisch auf Möglichkeit ähnlicher Erfolge in der Moralwissenschaft geschlossen, welche sich bisher leider allzu sehr in die Bereiche reiner Spekulationen verirrte:

---

404   AA V, S. 161.

> Die Weltbetrachtung fing von dem herrlichsten Anblicke an, den menschliche Sinne nur immer vorlegen, und [so gut] unser Verstand, [sie] in ihrem weiten Umfange zu verfolgen, nur immer vertragen kann, und endigte – mit der Sterndeutung. Die Moral fing mit der edelsten Eigenschaft in der moralischen Natur an, deren Entwickelung und Cultur auf unendlichen Nutzen hinaussieht, und endigte – mit der Schwärmerei oder dem Aberglauben.[405]

Die klare Einsicht in den Bau des Universums, die der Naturwissenschaft gelang, läßt hoffen, dass auch die Ethik eine analoge Gewissheit werde erlangen können. Was den „Beschluß" von der Anziehungskraft-Metapher in der zweiten Vorrede unterscheidet, ist die hier sehr ausgebaute ästhetisch-moralische Komponente des Himmelsbildes. Die Mechanik des Universums, wo der „Fall eines Steins, die Bewegung einer Schleuder"[406] so wie andere derartige Phänomene sich auf einfache, mathematisch erfassbare Kräfteverhältnisse zurückführen lassen, dient als Vorbild für die Klarheit der Erkenntnis. Im Vordergrund steht das erhabene Bild des Sternenhimmels.

Der Gedanke der Parallelität der beiden Sphären: der Natur und der ‚moralischen' Welt, wird zum immer wiederkehrenden Thema in Kants zu Lebzeiten nicht veröffentlichten Notizen und Entwürfen der späten Jahre, in dem „Opus postumum". Die „Attraction" und die Freiheit stiften jeweils eine Einheit, indem sie ihre beiden Welten – die kosmische und die moralische – fundieren:

> Sie sind beyde nicht (empirisch) gegeben sondern (*a priori*) gedacht und zwar in realer Beziehung zu Begründung eines Systems idealer Anschauungen nicht die Existenz ihrer Objecte sondern nur subjectiv die Vorstellung derselben als bloße Gedankendinge (*entia rationis*) in einem Lehrsystem postulirt wird beyde stellen einzeln und Zusammengenommen ein *Maximum* darum aber auch ein absolut Einzelnes (*vnicum*) dar: es kann wenn Gott ist nur Ein Gott seyn und wenn außer meinen Gedanken eine Welt ist (daß aber eine Welt ist nicht hypothetisch, sondern categorisch gegeben) nur Eine Welt (*vniuersum*) gedacht werden.[407]

---

405 Ebd., S. 162.
406 Ebd., S. 163.
407 AA XXI, S. 35. Die Anziehung ist nicht der einzige apriorische Begriff, den Kant in den Notizen des „Opus postumum" erwägt und analysiert; er spricht von zwei „Grundkräften", (wie das bereits in der „Allgemeinen Naturgeschichte und Theorie des Himmels" der Fall war), auch von dem Begriff des Äthers. Interessanterweise erfährt aber keiner dieser anderen Begriffe derartige Vergleiche mit der Freiheit wie die Gravitationskraft, die als einzige von allen Grundbegriffen außer ihrer Funktion im Vorhaben, den Übergang von der Naturmetaphysik zur Physik zu leisten, auch als Metapher für etwas anderes auftritt. Zu „Opus postumum" als Theorie der Physik

Die beiden verbindet auch die Tatsache, dass sie sozusagen nicht von dieser Welt sind; man könnte sagen: sie stellen außerweltliche archimedische Punkte dar:

> Die Attraction durch den leeren Raum (nach *Newton, actio in distans*) die Freyheit die ein Princp der Causalität in der Welt (als Wirkung ohne Ursache) Postulirt blos durch sein *veto* im categorischen Imperativ: sind ausser der Welt liegende und auf sie einfließend.[408]

In diesen späten Notizen, aus denen ein Werk hervorgehen sollte, das Kant nicht mehr niederzuschreiben schaffte, endet ein Faden, der sich, wie wir uns zu zeigen bemühten, durch dessen Schriften kontinuierlich zieht: allen ‚Wenden' und ‚Revolutionen' zum Trotz. Die Faszination für die poetische Einbildungskraft entfesselnde newtonsche Physik der unsichtbaren Kräfte, mit ihrer kühnen Annahme der Gravitation als Faktum ohne materiellen Beweis, führte Kant nicht nur zu frühen Reflexionen wie es um den Anfang des Universums steht. Diese frühe Faszination ließ ihn in der Auseinandersetzung mit den ‚Geistersehern' den Gedanken an eine unsichtbare ‚Republik der Geister' fassen, die zwar mit der Schwärmerei eines Swedenborg nicht gleichzusetzen war, für diese unsichtbare Welt der moralischen Kräfte brauchte er aber neue Metaphern; vor allem eine, die nicht nur die Unsichtbarkeit der die moralische Welt bewegenden Kräfte wiedergeben, sondern von der fundamentlosen, spontanen Fundierung der moralischen Welt zeugen könnte. Es verwundert nicht, dass er dafür die Gravitationskraft fand. Ein besseres Bild gab es kaum.

Forschung zum Problem der Gravitationskraft als Metapher bei Kant

Im Verhältnis zu der kaum mehr überschaubaren Sekundärliteratur zur Kants Erkenntniskritik, seiner Moralphilosophie und auch seinen naturwissenschaftlichen Studien, sowie zu dem mehr oder weniger über das oben skizzierte Konsens hinausgehenden Wiederaufgreifen der Parole der ‚kopernikanischen Wende', finden sich jedoch nur sehr vereinzelt Texte, in denen auf die Bedeutung der Analogie zwischen Gravitationskraft und Freiheit hingewiesen wird, und noch wenigere, die nicht nur die ausgebaute Metapher aus der Vorrede 1787 zur Kenntnis nehmen, sondern das mit ihr zusammenhängende kosmologische Metaphernbild textnah und konsequent analysieren. Dabei deutet erstaunlich

---

und insbesondere zum Ätherbegriff vgl. Hansgeorg Hoppe: Kants Theorie der Physik. Eine Untersuchung über das Opus postumum von Kant, Frankfurt/Main 1969.
408 AA XXI, S. 35.

viel, was ich hier zu erörtern versuchte, darauf, dass die sehr intensive Beschäftigung mit der frappierenden Grundkraft für Kant die Rolle einer ‚Uridee' auf dem Weg zur Formulierung des sich auf der unhintergehbaren Freiheit ‚stützenden' kategorischen Imperativs spielte. Die Bezeichnung ‚Uridee' stammt aus dem Werk des Wissenschaftstheoretikers Ludwik Fleck und bedeutet eine Metapher, eine Vorstellung (oft gar nicht als zu dem eigentlichen Forschungsbereich zugehörig), die an der Herausbildung einer wissenschaftlichen Tatsache wesentlich mitwirkt.[409] Da Kant seine Morallehre als Kritik der praktischen Vernunft, d.h. als Wissenschaft, verstand, kann man hier meines Erachtens von einer Präidee sprechen.

Hans Blumenberg widmete in seinem monumentalen Werk „Die Genesis der kopernikanischen Welt" dem Kopernikus-Bezug von Kant ein kleines Unterkapitel. Dessen These lautet, man habe die vermeintliche Rede Kants von der „kopernikanischen Wendung" derart zum Gemeinplatz gemacht, dass vergessen worden ist, was tatsächlich in Kants Text – er meint die zweite Vorrede zur „Kritik der reinen Vernunft" – steht. Blumenberg konstatiert den enormen Aufstieg, welchen das Stichwort seither gemacht hat. Der wichtigste Grund für diese seiner Auffassung nach Verselbständigung der Formel und deren Eigenleben war der Bedarf nach einer trefflichen Formel für Kants Leistung in der Philosophie:

> Verständlich wird die Wirkung dieser Formel nur, wenn man an ihr das Bedürfnis wahrnimmt, für die Radikalität und Eigenart dieser Philosophie nicht nur einen adäquaten, sondern vor allem auch anschaulichen Ausdruck zu finden. Die Wirkungsgeschichte hat, wie so häufig in ähnlichen Fällen, die Beiläufigkeit der genuinen Prägung mit einem Bedeutungsgewicht versehen, das ihr ursprünglich nicht zukam.[410]

Das kurze Unterkapitel bildet eher eine Marginalie im Werk Blumenbergs, schon deshalb, weil er ohnehin der Auffassung ist, dass Kants Kopernikus-Vergleich von der Nachwelt allzu hochgespielt worden sei. Das „Kopernikanische" sei bei Kant recht bescheiden gemeint. Blumenberg endet mit der Feststellung, Kant hätte das ganze Potential des kopernikanischen Vergleichs eigentlich noch viel weiter denken können, was er aber nicht getan habe. Vor allem geht Blumenberg davon aus, dass man die zwei Kopernikus-Bezüge in der Vorrede 1787 auseinanderhalten müsse. Bei dem ersten Bezug sei der berühmte Perspektivenwechsel gemeint: es würde um den Fortschritt der Metaphysik vielleicht besser stehen,

---

409 Siehe: Ludwik Fleck: Entstehung und Entwicklung einer wissenschaftlichen Tatsache, Frankfurt/Main 1980, insbesondere das Kapitel „Über Urideen als Richtlinien der Entwicklung einer Erkenntnis".
410 Blumenberg: Was ist an Kants Wendung das Kopernikanische? S. 691.

wenn man annimmt, dass sich die Gegenstände nach dem Erkenntnisvermögen richten, und nicht umgekehrt. Blumenberg wirft den zahlreichen Interpretatoren vor, dass sie Kants Worte von „den ersten Gedanken des Copernicus"[411] nicht berücksichtigt haben. Aus dem Kontext dieser Stelle ließe sich schlussfolgern, dass Kant die Achsendrehung der Erde im Sinne hatte. Der erste Kopernikus-Bezug in der Vorrede unterscheide sich von dem zweiten, welcher in einer Fußnote erfolgt. An dieser zweiten Stelle ist unverirrbar die Heliozentrik gemeint, denn nur so lasse sich die Verbindung zu Newton herstellen. Das bringt Blumenberg dazu, darauf zu verweisen, dass die Sequenz Kopernikus-Newton das Verhältnis zwischen theoretischer und praktischer Vernunft versinnbildliche:

> Der für die transzendentale Wendung prototypische Zuschauer dreht sich zwar mit der Erde anstelle des Sternheers, aber nicht mit ihr um die Sonne. Das wird nur in der Kopernikus-Newton-Analogie der späteren Anmerkung in der ganz anderen Absicht auf das Verhältnis von theoretischer und praktischer Vernunft, von Gravitation und Freiheit, thematisch.[412]

Blumenberg geht es vor allem darum, die Frage des „kopernikanischen Komparativs" bei Kant richtig zu stellen: zuerst musste eine „kritische Wende" stattfinden, um solche Entdeckung wie die der Gesetze der Freiheit zu ermöglichen, so wie die Heliozentrik für die newtonsche Entdeckung der Gravitationsgesetze eine notwendige Voraussetzung war. Blumenberg erörtert dies jedoch nicht weiter und er hatte auch kaum Nachfolger, welche die von ihm aufgespürte Analogie metaphorologisch weiterverfolgt hätten.

Dass Kant die Gravitationskraft mit der Freiheit, bzw. das Gravitationsgesetz mit dem kategorischen Imperativ vergleicht, ist auch Reinhard Brandt aufgefallen, der bei dieser Gelegenheit einige Punkte berührt, die Blumenberg bereits angedeutet hatte. Brandts Interesse für die kosmologische Analogie ergibt sich darüber hinaus nur nebenbei; das Kapitel „Kopernikus und Newton, Hypothese und Gewissheit" die er in seine Studie „Die Selbstbestimmung des Menschen bei Kant" integrierte, situiert sich eher am Rande des eigentlichen Themas. Sein Buch widmet er dem Selbstbestimmungsgedanken;[413] vor dem Hintergrund dieses Problems kommt Brandt auf die Bezüge zu Kopernikus und Newton bei Kant zu sprechen und versucht die Frage zu beantworten, ob Kant mit seinen Worten über die kopernikanische Revolution die Rotation der Erde um ihre Achse oder eher deren Kreislauf um die Sonne meint, um zu dem Schluss zu gelangen, dass

---

411 Ebd., S. 703. Vgl. AA III, S. 12.
412 Blumenberg: Was ist an Kants Wendung das Kopernikanische? S. 705.
413 Reinhard Brandt: Die Bestimmung des Menschen bei Kant, Hamburg 2007.

Kant beide Bewegungen im Sinn hatte, jedoch – und hier ist Kants Hinweis auf die Gravitation behilflich – gehe es ihm vor allem um die Rotation der Planeten um die Sonne, da sie das Gravitationszentrum des Sonnensystems ist. Brandt interpretiert die Astronomierekurse in Kants Vorrede nicht systematisch, sondern geht nur auf einige Formulierungen näher ein, um bestimmte Probleme hervorzuheben. Seine Interpretation dreht sich zum einen um die Frage des Standpunktes und des Scheins: mit dem Standpunkt auf der Erde vermitteln die natürlichen Sinne dem erkennenden Subjekt nur den Schein, sich im Zentrum des Systems zu befinden und unbewegt zu bleiben.

Brandt verlässt jedoch recht schnell die konkreten Stellen in Kants Text, er sucht nach Verbindungen zu der ihn interessierenden Problematik der Bestimmung des Menschen. So ergänzt er Kants Formulierungen manchmal auf eine Weise, dass man seine Thesen zwar vor dem Hintergrund des breiten geisteswissenschaftlichen Kontextes akzeptieren kann, obwohl sie sich nicht aus den interpretierten Textpassagen Kants ergeben. So meint Brandt, die vorkopernikanische Weltsicht in der Astronomie, welche geozentrisch war und die Sterne samt der Sonne, gemäß der natürlichen Sinneswahrnehmung als sich bewegend betrachtete, entspreche einer Moral im alten Sinne, während die Heliozentrik die Vernunftmoral versinnbildliche:

> Folgt man der vorkopernikanischen, vornewtonischen Moral, dann spiegeln uns die Irrlichter der Dinge und die auf sie bezogenen Neigungen (Epikur) und vermeintlichen Erkenntnisse (Platon), was einzig gut und böse ist. Mit der kopernikanisch-newtonischen Sonnenwende wird das vorgestellte Gute und Böse durch die Willensbestimmung der reinen praktischen Vernunft ersetzt.[414]

Die Erkenntnisstufen in der Astronomiegeschichte entsprächen den Erkenntnisstufen in der Erkenntnisphilosophie. Brandt vermutet, dass der für Kants kritische ‚Wende' so wichtige Hume bezüglich der Gravitationsanalogie eine Rolle gespielt haben konnte. Hume hatte in „Treatise of Human Nature" von Kopernikus und von der Anziehung in der Natur als Entsprechung der psychischen Assoziation gesprochen:

> Hume parallelisiert [...] die Physik der äußeren Körper mit der Psychologie des mentalen Geschehens; dort die physische Gravitation, hier die psychische Assoziation einzelner Vorstellungen. Aus beiden Seiten wirken Gesetze [...]. Kant dagegen setzt die Physik der Raum-Zeit-Welt in eine Analogie mit einem *regnum morale* und konstruiert eine mentale Welt der Freiheitgesetze nach dem Vorbild der Newtonischen Gravitationsphysik. Hume, den Skeptiker und Psycho-empiristen, interessiert der Weltbegriff überhaupt

---

414 Ebd., S. 231.

nicht; Kant dagegen, den Neostoiker, interessiert die Parallelkonstruktion von Physik und Ethik als Gesetzeswissenschaften zweier Welten oder zweier Aspekte einer Welt.[415]

Brandt nennt in der Folge einige Beispiele aus Kants Schriften, in denen die Gravitationskraft mit der moralischen Welt verglichen wird (er konzentriert sich auf die Stellen aus dem „Opus postumum") und schließt daraus, Kant habe sich für die Parallelität zweier Welten interessiert, wobei ihm die Gravitationsphysik als Modell diente. Eine weitere Interpretation dieser Zitate und Rekonstruktion des ganzen Metaphernfeldes, das sich wie ein roter Faden durch Kants Werk zieht, ist für Brandts eigentliche Fragestellung – die Selbstbestimmung – jedoch ohne Bedeutung. Der Charakter dieser Analogien wird in der Interpretation noch dadurch verwischt, dass Brandt die Sonne hinzu nimmt. Aus dem ideenhistorischen Kontext heraus drängt sich ihm die Sonne-Erde-Polarisierung auf. So hatte Aristoteles bereits gemeint, dass die theoretische Vernunft göttlich sei, die praktische Vernunft und die Ethik dagegen irdisch. Brandt behauptet, Kant habe diese etablierte metaphorische Sonne-Erde-Hierarchisierung umgekehrt. Die Erde symbolisiere jetzt die theoretische Erkenntnis als Naturerkenntnis; hier täuschen uns die Sinne, wie müssen mit Hilfe der Vernunft die wahre Lage erkennen. Demgegenüber ist

> die eigentliche Moral völlig unabhängig von der menschlichen Natur. In der Moral haben wir ein göttlich-absolutes Wissen, weil es über den Sonnenstandpunkt der Gesetzlichkeit hinaus keinen privilegierten Ort des Willens gibt und es unmöglich ist, daß es etwas moralisch Gutes geben könnte, das nicht durch unser Sittengesetz bestimmt wäre. [...]. Die eigentlich metaphysische, sonnenhafte Tätigkeit des Menschen ist nicht das Philosophieren und nicht die Kunst, sondern seine Moral.[416]

So kehrt Brandt zu dem in der Ideengeschichte bekannten Faden der Sonnen- und Lichtmetaphorik zurück, wodurch er die Gravitation-Analogie aus den Augen verliert. Das Paar Erde-Sonne kommt aber als funktionalisiertes Bild in Kants Schriften kaum vor. Zu den Ausnahmen gehört die schöne, sehr an Goethe erinnernde Stelle in der späten Schrift „Von einem neuerdings erhobenen vornehmen Ton in der Philosophie" (1796), in der es von der Sonne wie auch vom Unbedingten heißt, man könne zwar nicht direkt in sie blicken, aber deren Reflexe nehme man doch wahr.[417]

---

415 Ebd., S. 234-235.
416 Ebd., S. 239-240.
417 Ebd., S. 240. Siehe auch: Reinhard Brandt: Zur Metamorphose der Kantschen Philosophie in der Romantik. Rhapsodische Anmerkungen, in: Kunst und Wissen. Beziehungen zwischen Ästhetik und Erkenntnistheorie im 18. und 19. Jahrhundert,

Die Funktion der Gravitationsmetapher bei Kant: die Gesellschaft vor naturwissenschaftlicher Repräsentation in Schutz nehmen

Kants Analogie zwischen der Gravitationskraft und der Freiheit ist sehr konsequent. Die aktuellen Diskussionen in der Physik finden in seinem Denken und bei seiner Suche nach Metaphern für die unbegründbare moralische Welt eine verblüffend exakte Widerspiegelung: um das Feld, in dem sich diese Suche bewegt, zu rekonstruieren, müssen wir uns die Debatten um die *causa gravitatis*, den leeren Raum, den Anfang im Sinne einer apriorischen Annahme (Hypothese) in Erinnerung rufen, sowie die Frage nach dem ersten Beweger und der Repräsentierbarkeit der sinnlichen, naturwissenschaftlichen und moralischen Data. Es scheint äußerst wahrscheinlich, dass die Gravitationskraft die Präidee im Fleckschen Sinne für Kant bei der Formulierung seiner Morallehre bildete. Die Analogie führt aber nicht zu einer Verschmelzung der beiden Sphären: der Natur und der Gesellschaft, sondern zu einer strengen Trennung. Eine Analogie als Analogie ernst zu nehmen, bedeutet ja nicht nur auf die Ähnlichkeit beider, durch die Brücke des Vergleichs verbundenen Sphären, sondern auch auf die Kluft zwischen den beiden, die die Brücke erst möglich macht, zu verweisen. Eine Verschmelzung ergäbe keine Metapher. Eine Reflexion über den tiefen Sinn dieser Trennung bei Kant bildet somit eine notwendige Ergänzung der Rekonstruktion der Rolle des kosmologischen Bildfeldes in seinem Werk.

Warum werden die stark ästhetisch besetzten Bilder: die Gravitation, der archimedische Punkt, der leere Raum nur in Bezug auf die moralische, also die zwischenmenschliche Welt des Miteinander, des Glaubens und des Handelns verwendet? Die Übertragung dieser Bilder auf die moralische Wirklichkeit, für die Kant seit langem Begeisterung hegte, war ihm überaus wichtig. Es ist meines Erachtens die Frage mit im Spiel gewesen, welch großen Risiken die zwischenmenschliche Welt ausgesetzt wäre, wenn man sie samt der Natur in das gleiche Paradigma eingeschlossen hätte. Im Zuge der wissenschaftlichen Revolution erzielte das neue naturwissenschaftliche Erkenntnisparadigma eine derartige Macht, dass es immer wieder Versuche gab, das gleiche Modell des Erkennens – und nicht zuletzt des Verwaltens – auf die Gesellschaft anzuwenden. Die Erfolge

---

hg. von Astrid Bauereisen, Stephan Pabst und Achim Vesper, Würzburg 2009, S. 85-102, wo Brandt noch einmal kurz auf die Analogie zwischen der Freiheit und dem Gravitationsgesetz eingeht, um zum Thema der romantischen Ästhetik überzugehen.

der *scientific revolution* brachten ja nicht nur neue Erkenntnisse, sie ermöglichten auch die Entwicklung neuer Technologien, mit denen die Natur immer besser instrumentalisiert werden konnte. Die Natur, die in der Aufklärung Gegenstand der Naturwissenschaften wird, ist nicht mehr die schöne, beseelte und vergöttlichte der älteren Zeiten. Sie wird zu einem System von Daten und Gesetzen, die in der abstrakten Sprache der Mathematik erfasst werden und die durch Experimente gezwungen wird, auf die Fragen der Forscher zu antworten. Die Versuchung, die Gesellschaft auf analoge Weise zu erforschen und zu verwalten – im Namen des Fortschritts und des Guten – lag äußerst nahe. Der Übergang in diesem Sinne von der Natur zur *polis* wird von bedeutenden Denkern und Machthabern oft erwogen. Die Vorstellung von einem solchen Übergang im Namen des Fortschritts deutet Stephen Toulmin gar als zum Gerüst der Moderne gehörend:

> Zwischen 1660 und 1720 interessierten sich nur wenige Wissenschaftler *ausschließlich* für die Erklärung mechanischer Erscheinungen in der physikalischen Welt. In den Augen der meisten war ebensoviel theoretische Untermauerung für die neuen Formen gesellschaftlicher Praxis und die damit zusammenhängenden Ideen über die *polis* vonnöten. So kamen verführerische neue Analogien in das Denken über Gesellschaft und Politik hinein; wenn von nun an die wichtigste positive Eigenschaft der gesellschaftlichen Organisation die ‚Stabilität' war, konnte man dann nicht vielleicht die politischen Ideen über die *Gesellschaft* nach denselben Grundsätzen organisieren wie die wissenschaftlichen Ideen über die *Natur*? Konnte nicht die Idee der gesellschaftlichen Ordnung, ebenso wie die der Naturordnung, nach dem Vorbild der ‚Systeme' in der Mathematik oder formalen Logik aufgebaut werden?[418]

Hinter all dem liegt der Gedanke, dass auch die Gesellschaft ein formales System sei. In gewisser Hinsicht fasst Kant diesen Gedanken (die moralische Welt ist zu betrachten, als ob sie auf eisernen Gesetzen beruhe) und grenzt beides doch radikal voneinander ab.[419] Durch seine kosmologischen Metaphern, die auf einen spontanen Anfang hin angelegt sind, bringt er indirekt zum Ausdruck, dass wir die auf Freiheit gestützte Gesellschaft verlieren würden, würden wir sie so wie die für unsere Forschungszwecke und Technologie zugerichtete Natur zu betrachten beginnen. Hinter dem kosmologischen Bildfeld verbirgt sich sowohl die Überzeugung, dass die Herausforderung seitens der neuen Naturwissenschaften

---

418 Toulmin: Kosmopolis, S. 177-178. Hervorhebungen von Toulmin.
419 In seiner ersten Schrift zur Moralphilosophie, „Der Metaphysik der Sitten", schreibt Kant, dass der „kategorische Imperativ, aus dem diese Gesetze dictatorisch hervorgehen, will denen, die blos an physiologische Erklärungen gewohnt sind, nicht in den Kopf [...]." (AA VI, S. 378.)

ernst zu nehmen ist, wie auch eine von der Notwendigkeit einer schützenden Geste, die die Gesellschaft vor dem Aufgehen in einer verwissenschaftlichten Natur retten könnte. Ein besonderes Problem ist, ob dies gelingen kann und ob Metaphern für einen solchen Schutz Kraft genug haben. Dem können wir hier jedoch nicht mehr nachgehen.

Fichtes Suche nach absolutem Grundsatz und der Kampf der Bildfelder: Architektur- versus Gravitationsmetaphern

„Die Wissenschaft sei ein Gebäude..."

Die erste Fassung von Fichtes ‚Wissenschaftslehre', die 1794 im Druck erschien, ist der nicht besonders lange Text „Über den Begriff der Wissenschaftslehre oder der sogenannten Philosophie".[420] Im Unterschied zu den späteren Texten, die Fichte der Wissenschaftslehre widmete, zeichnet sich diese erste Fassung, die aus dem mündlichen Vortrag im Hause Lavaters hervorgegangen war, durch einen relativ großen Anteil an bildhafter Rede aus, was man in anderen Texten Fichtes

---

420 J. G. Fichte: Über den Begriff der Wissenschaftslehre oder der sogenannten Philosophie, als Einladungsschrift zu seinen Vorlesungen über diese Wissenschaft, in: GA, Reihe I (Werke), Bd. 2, S. 109-192. Hervorhebungen in Zitaten stammen – sofern nicht anders angegeben – von Fichte. Die Schrift erschien Anfang Mai 1794 in Weimar. Fichte wollte mir ihr für seine bevorstehende Vorlesung Studenten gewinnen wie auch ihnen Grundkenntnisse seiner neuen Ideen vermitteln. Das Manuskript war aus den Privatvorlesungen hervorgegangen, die Fichte, als er sich in Zürich aufhielt, im Haus Johann Caspar Lavaters im Winter 1794 für eine Schar von Interessierten hielt. Die zweite Auflage der gleichen, als „Einladungsschrift" bekannten Abhandlung, erfolgte 1798. Vgl. hierzu: Kommentar zu „Über den Begriff der Wissenschaftslehre", in: GA, Reihe I, Bd. 2, S. 91-105. Fichtes Züricher Vorlesungen sind aus der Nachschrift Lavaters bekannt, dort findet sich aber keine Metaphorik. Dies würde entweder darauf hindeuten, dass Lavater das vermeintlich bloß ‚rhetorische' beim Aufschreiben wegließ oder dass Fichte sich für die „Einladungsschrift" entschied, auf Metaphern zurückzugreifen, um das Publikum besser anzusprechen, einen besseren Anschluss an seinen Wahrnehmungshorizont zu finden. (Siehe: Johann Gottlieb Fichte: Züricher Vorlesungen über den Begriff der Wissenschaftslehre Februar 1794, Nachschrift Lavater. Beiträge aus Jens Baggesens Nachlass: Exzerptseite aus der Abschrift von Fichtes Züricher Vorlesungen über Wissenschaftslehre, hg. von Erich Fuchs, Neuwied 1996.) Inhaltlich enthält die Abhandlung „Über den Begriff..." die ersten fünf Vorträge, die Fichte im Hause Lavaters gab. (Vgl. Manfred Kühn: Johann Gottlieb Fichte. Ein deutscher Philosoph 1762-1814. Biographie, München 2012, S. 194.)

aus diesem Bereich kaum antrifft.[421] Die Schrift erschien kurz vor Antritt der Professur in Jena, wo er als Lehrer die Generation der Frühromantiker prägte.[422]

---

421 Während seine Texte zu anderen Problemkreisen, etwa der Würde des Menschen, der Bestimmung des Gelehrten oder der Politik von Rhetorik und Metaphern in großem Ausmaß leben.

422 „Fichtes Denken hatte in den Jahren 1791 bis 1794 und bei der Ausbildung der nachkantischen Philosophie gewiß eine Bedeutung erster Ordnung. Mit der Veröffentlichung der Schriften Fichtes des Jahres 1794 war ein Bezugspunkt gesetzt, auf den sich alle folgenden Theorieversuche einzustellen hatten." (Dieter Henrich: Über Probleme der Methode bei der Erforschung der nachkantischen Philosophie, in: Konstellationen. Probleme und Debatten am Ursprung der idealistischen Philosophie (1789-1795), Stuttgart 1991, S. 7-26, hier S. 10.) Über Fichtes Einfluss schreibt Henrich: „Fichtes Entwicklung ist [...] relativ übersichtlich, wenn auch noch keineswegs verstanden. Wenn man sich dagegen dem Geschehen, das von der Wissenschaftslehre 1794 ausgelöst wurde, zuwendet, so findet man sich in einer Lage, die vergleichbar einem Dschungel mit seinem Dunkel und der Dichte seines sich verschlingenden Wachstums ist." (Dieter Henrich: Die Erschließung eines Denkraums. Bericht über den Forschungsprogramm zur Entstehung der klassischen deutschen Philosophie nach Kant in Jena 1789-1795, in: Konstellationen. Probleme und Debatten am Ursprung der idealistischen Philosophie (1789-1795), Stuttgart 1991, S. 215-263, hier S. 220.). Auf die Herausbildung eines kollektiven Denkraumes hinweisend, fügt Henrich hinzu: „Von einem einzigen Werk, auch von einem Lebenswerk eines Autors her, ist dieses Geschehen nicht zu erklären." (Ebd.) Es war ein Kollektiv von Interessierten, die Fichtes Ideen weitertrugen und entwickelten. Mit Fichte, der von 1794 bis 1799, bis zu der als Atheismusstreit bekannten Kontroverse, in Jena eine Professur bekleidete, hatte sich eine Reihe junger Denker und Dichter auseinandergesetzt: Hegel, Schelling, Hölderlin, Friedrich Schlegel, Novalis und viele andere. „Die Gravitationskraft Jenas im deutschen intellektuellen Leben erklärte sich zudem daraus, daß es Weimar benachbart war und auf dem Territorium des Herzogtums Sachsen-Weimar-Eisenach lag und daß die Lenkung der Universität, die den vier kleinen ‚Erhalterstaaten' oblag, von Weimar aus dominiert wurde. Im Geheimen Consilium des Herzogtums war Goethe Mitglied, wenn auch nicht direkt für die Universitätsangelegenheiten zuständig. Er hielt sich oft für längere Zeit in Jena auf." (Henrich: Grundlegung aus dem Ich, Bd. 1, S. 910.) Goethe hat Fichtes Berufung nach Jena wesentlich beeinflusst und sich auch Mühe gegeben, Vorbehalte gegenüber Fichtes angeblichen ‚Jakobinismus' zu zerstreuen. Auf der anderen Seite hielt Goethe Fichte, der sich für sein ganzes Leben der ‚Wissenschaftslehre', d. h. einer abstrakten Aufgabe verschrieben hatte, für einen eher engen Geist. Vgl. hierzu Serenella Iovino: >>Ich ist Nicht-Ich<< = >>Alles ist Alles<<. Goethe als Leser der „Wissenschaftslehre". Ein Beitrag zur Geschichte des Verhältnisses Fichte-Goethe, in: Fichte-Studien" hg. von Helmut Girndt / Klaus Hammacher, Bd. 19 (Fichte und die Literatur) /2002, S. 55-94, hier S. 56, S. 60ff.) Goethe, der Fichtes Frühschrift „Kritik

Zwar war Fichte ein leidenschaftlicher Denker und Redner,[423] in seinen Abhandlungen zur Wissenschaftslehre, die er als seine philosophische Lebensaufgabe betrachtete und immer wieder umschrieb,[424] mied er aber eher das Bildhafte, nicht zuletzt weil die Leser seinem, wie ihm schien, sonnenklaren und natürlichen Gedankengang oft nicht folgen konnten. In seiner Bemühung um Präzision und Klarheit versuchte er, sich der Sprache der Logik und der Algebra

---

aller Offenbarung" kannte, half auch, einen Verleger für die erste Jenaer Fassung der „Wissenschaftslehre" zu finden (diese Schrift folgte unter dem Titel im Juni 1794 (bogenweise bis Anfang August 1795) auf die Erstfassung der ‚Lehre‘: die Abhandlung „Über den Begriff der Wissenschaftslehre oder so genannten Philosophie"). (Ebd.) Zu Fichtes Wirken in Jena und zu dessen Einfluss auf die neue Generation vgl. auch die entsprechenden Kapitel der recht rege geschriebenen Fichte-Biographie von Manfred Kühn (Kühn: Johann Gottlieb Fichte, insbesondere die Kapitel „Der erste Auftritt in Jena" und „Fichte und eine neue Generation".)

423 Günter Zöller verweist darauf, dass der Bezug auf das Mündliche und auf die Zuhörer Fichtes Stil als solchen kennzeichnet: „Fichtes Texte sind in der Regel für den öffentlichen Vortrag konzipiert. In der Mehrzahl sollten sie im Kontext von akademischem Lehren und Lernen gehört und durchdacht werden. Ihre gedankliche und sprachliche Gestaltung ist deshalb wesentlich auf mündliche Mitteilung hin angelegt. Die spätere und zusätzliche Verbreitung durch den Druck ist ihnen äußerlich – und dies auch dort, wo Fichte selbst die Veröffentlichung vorgesehen oder vorgenommen hat. Durchweg fehlt ihnen die Festlegung auf fixe Termini und Theoreme. Statt dessen vollziehen sie eine mit Bedacht entwickelte und höchst anspruchsvolle Denkbewegung [...]." (Günter Zöller: Fichte lesen, Stuttgart-Bad Cannstatt 2013, S. 1.)

424 „In den nächsten zwanzig Jahren veröffentlichte Fichte drei verschiedene Versionen der Wissenschaftslehre: >>Grundlage der gesamten Wissenschaftslehre<< (1794), >>Versuch einer neuen Darstellung der Wissenschaftslehre<< (1797) und >>Die Wissenschaftslehre in ihrem allgemeinen Umrisse<< (1810) – alle in großer Eile verfasst und gedruckt. Daneben gab er zahlreiche Vorlesungen, wovon die wichtigsten die >>Wissenschaftslehre nova methodo<< (1796/97), >>Darstellung der Wissenschaftslehre<< (1801), >>Wissenschaftslehre. Zweiter Vortrag<< (1804) und >>Die Wissenschaftslehre<< (1812) sind. Ob oder wiefern sich diese Wissenschaftslehren fundamental voneinander unterscheiden, ist ein beliebtes Thema der Fichteforschung [...]." (Kühn: Johann Gottlieb Fichte, S. 209.) Daniel Breazeale hat mitsamt den unveröffentlichten „Eignen Meditationen / Practische Philosophie" und unter Berücksichtigung von kurzen pamphletartigen oder unbeendeten Texten „nicht weniger als siebzehn" verschiedene Versionen gezählt. (Daniel Breazeale: Thinking Through the Wissenschaftslehre. Themes from Fichte's Early Philosophy, Oxford 2013, S. 99.) Demgegenüber ist Günter Zöller auf dreizehn gekommen (Zöller: Fichte lesen, S. 47.)

zu nähern, was vor allem in der „Grundlage der gesamten Wissenschaftslehre" sichtbar ist. Demgegenüber ist diese erste Niederschrift, insbesondere der erste Teil, voller bedeutender Bilder. Fichte stellt hier verkürzt sein Vorhaben dar, bevor er zu einer detaillierteren Ausführung seiner Gedanken übergeht. Vermutlich hat diese, verglichen mit den späteren Versionen, unerwartet große Verwendung von Bildern mit dem Erstlings- und Programmcharakter seiner Schrift zu tun. Wie er an den Juristen Gottlieb Hufeland in Jena schrieb, beabsichtigte er hier ausdrücklich „[...] den Begriff der Philosophie auf eine ganz neue Art aufzustellen".[425] Er tut dies, indem er nach entsprechendem und überzeugendem Vokabular suchte.

Zwei Bildfelder spielen in der Abhandlung eine besonders große Rolle: die Architekturmetaphorik und die kosmologische Metaphorik, wobei vor dem Hintergrund der letzteren der Gravitationskraft eine besondere Funktion zufällt. Man kann hier nahezu aus nächster Nähe und *in vivo* beobachten, wie die Suche nach Rettung vor Bodenlosigkeit und nach Neuformulierung der Grundlagendiskurses Hand in Hand mit der Konkurrenz zwischen zwei Metaphernfeldern geht, von denen das eine (die Architekturmetaphern) zum Zentrum der abendländischen Denkens gehört und das andere (kosmologische Bilder, insbesondere newtonscher Prägung) etwas Neues darstellen. Die beiden Bildfelder überkreuzen sich in Fichtes Text mehrmals: es ist das Motiv der Erde, das sie gemeinsam haben und welches sowohl architektonisch, als auch kosmologisch ausgelegt werden kann. Das Bild der Erde wird in zwei Richtungen ausgespielt, die eine entgegengesetzte Wertung in dem Text erfahren: zum einen ist die Erde unser ‚Grund' unter den Füßen und somit der Grund auf dem etwas, z. B. ein Gebäude, errichtet werden kann. Sofern gehört dieses Motiv zum Spektrum der traditionsreichen Fundament- und Architekturmetaphorik, das seit der Antike in der

---

[425] Brief vom 8. März 1794. Vgl. den Kommentar zu „Über den Begriff der Wissenschaftslehre", S. 100. Zu dem Stil der Schrift gibt es Aussagen von Fichte. Ihm habe besonders daran gelegen, durch den Stil zu zeigen, daß er die schwere Materie spielend beherrsche und mit Leichtigkeit darüber schreiben könne. An Karl August Böttiger schrieb er, er wolle „von Sätzen einer Speculation, die wirklich um ein gutes tiefer geht, als die Kantische, mit einer Leichtigkeit des Tons rede[n], als ob es keine tiefsinnige Specualtion wäre." (Kommentar zu „Über den Begriff der Wissenschaftslehre...", S. 102.) Es finden sich jedoch nur äußerst vereinzelt Forschungsbeiträge, die Fichtes Stil bzw. seine Rhetorik zum Thema haben. Öfter werden Fichtes Phänomenologie behandelt und sein Begriff des ‚Bildes'. (Vgl. z. B. Monika Betzler: Ich-Bilder und Bilderwelt. Überlegungen zu einer Kritik des darstellenden Verstehens in Auseinandersetzung mit Fichte, Dilthey und zeitgenössischen Subjekttheorien, München 1994.)

Philosophie beheimatet ist, aber auch zu den wesentlichsten Metaphern unserer Alltagssprache gehört. Zum anderen ist die Erde ein Planet, und hier eröffnet sich der Zugang zum kosmologischen Metaphernfeld, von dem Fichte Gebrauch macht. Diese beiden Bildfelder betreffen Schlüsselpositionen in seiner Philosophie: sie werden genau dort eingesetzt, wo es um Kernprobleme geht, nämlich um die Fragen nach der absoluten Begründung des Wissens, die für Fichte nicht zuletzt auch die Frage nach der *conditio humana* bedeutete; schließlich suchte er nach einer gemeinsamen Wurzel für das Theoretische und das Praktische.

Fichtes Anliegen ist, die unhintergehbare Grundlage des Wissens zu finden, bzw. eine solche zu stiften.[426] Es fehle uns an einer solchen Grundlage. In Folge der Kantischen erkenntniskritischen Wende ist für Fichte ‚Wissen' gleichbedeutend mit ‚Bewusstsein' oder – wie er es von Anfang an auch nennt – mit dem ‚Ich'. Mit der Begründung des Wissens beschäftigt sich die ‚Wissenschaftslehre': eine Wortschöpfung, welche Fichte prägt, um sich von den traditionellen und überlieferten Konzepten der Philosophie abzugrenzen. Die Wissenschaftslehre

---

426 Die Grundlage von Fichtes Denken war somit bewusst radikaler als die von Kant. „Kant hatte auf einem neuen Grundlegungsgedanken und Methodenbegriff, die er nirgends zum eigentlichen Gegenstand seiner Untersuchungen gemacht hatte, ein gänzlich neues Universum von Theorieprogrammen und Begründungen ausgebildet. Fichtes Energie war dagegen vor allem auf den Grundlegungsgedanken als solchen konzentriert." (Dieter Henrich: Über Probleme der Methode bei der Erforschung der nachkantischen Philosophie, in: Konstellationen, S. 7-26, hier S. 10.) Sein Anliegen war, Kants Philosophie auf ein wirklich sicheres Fundament zu stellen, und zwar auf ein einziges und absolutes. Kants Grenzen, die dieser zwischen Moral und Natur, Erkennen und ästhetischem Erlebnis zog, ließen einen Rest übrig. Subjekt und Objekt, Theorie und Praxis, Denken und Handeln sollten nun Fichte zufolge in einem einzigen Prinzip vereinigt werden, die er oft als „Tathandlung" bezeichnete. „An dieser Stelle ist auf keine vorfindliche Tatsache, sondern auf eine der Spontaneität des Geistes entspringende Tathandlung zu rekurrieren. So kommt ein sich in seiner Existenz wie in seinem Wissen darum ursprünglich setzendes, also von nichts früher Gesetztem mehr abhängiges Ich zur Evidenz." (Rüdiger Bubner: Von Fichte zu Schlegel, in: Fichtes Wissenschaftslehre 1794. Philosophische Resonanzen, hg. von Wolfram Hogrebe, Frankfurt/Main 1995, S. 35-49, hier S. 44.) Diese Einheit nannte Fichte auch „Ich" oder „absolutes Ich", sie gehe jedem gegenständlichen Bewusstsein voraus: „Alles Wissen gründet so im Urwissen von sich, alles gegenständliche Bewußtsein im Ursprungsbewußtsein von sich." (Zöller: Fichte lesen, S. 22-23.) Ungeachtet dessen, ob Fichte mit seinem total abgemessenen Begründungstraum Recht hat, gilt mein Interesse nicht der Frage nach der Richtigkeit seiner Ideen, sondern den Metaphern, in denen sich dieses Denken, das viele beeinflussen sollte, niederschlug.

soll eine Grundlagenlehre sein, die allgemeiner und grundlegender verfährt als selbst die Logik. Eine Wissenschaft könne einen Grundsatz nicht entbehren. Manchmal sind es mehrere, am besten wäre jedoch wenn jede Wissenschaft ihre Begründung in einem einzigen Fundament hätte. Eine Wissenschaft bestehe auch nicht bloß aus einer Sammlung von Tatsachen oder Behauptungen, sondern sie müsse Zusammenhänge zwischen ihnen enthalten bzw. schaffen. Die Thesen einer Wissenschaft finden einerseits ihre Begründung in dem Grundsatz und hängen andererseits miteinander zusammen. Sonst hätte das Ganze keinen systematischen Charakter und würde den Namen einer Wissenschaft nicht verdienen. „Eine Wissenschaft soll Eins, ein Ganzes seyn", schreibt Fichte.[427] Nur ein Laie erkenne solche Zusammenhänge nicht und bleibe bei einzelnen Sätzen stehen, an die er wie an eine ausgemachte wissenschaftliche Gewissheit glaubt, ohne Begründung und Kontexte, und zwar immer elementarerer Art, zu verlangen:

> Der Satz, daß der Perpendikul auf einer Horizontallinie zwei rechte Winkel mache, oder daß Josephus zur Zeit der Zerstörung Jerusalems gelebt habe, ist für den, der keine zusammenhängende Kenntnis von der Geometrie, oder Geschichte hat, ohne Zweifel ein Ganzes, und in so fern eine Wissenschaft. Aber wir betrachten auch die gesamte Geometrie, und Geschichte als eine Wissenschaft, da doch beide noch gar manches andere enthalten, als jene Sätze, – wie und wodurch, werden nun eine Menge an sich höchst verschiedener Sätze zu *Einer* Wissenschaft, zu Einem und eben demselben Ganzen?[428]

In der Folge erklärt Fichte den Begriff des Grundsatzes näher. Es sei der Grundsatz, der aus den Sätzen einer Wissenschaft ein zusammenhängendes Ganzes bildet. Aber seine Funktion bestehe vor allem darin, dass richtige Grundsätze für das Ganze Gewissheit stiften. Beispiele von Wissenschaftssystemen, die Fichte in seinem Text zitiert, sind vor allem der Mathematik, Geometrie bzw. Logik entnommen. Auf sie passt die Rede von den Grundsätzen in Fichtes Sinn tatsächlich gut, denn diese Wissenschaften gehen von Axiomen aus, von denen sich dann alles Weitere ableiten lässt. Die Axiome bedürfen als solche keiner weiteren Begründung. Der Grundsatz sei ‚von sich aus' gewiss und könne deshalb auch der gewissheitsstiftende Grund des Ganzen sein. Die Gewissheit soll sich weiterhin aus der Selbstbegründungsfähigkeit des Grundsatzes ergeben und nicht etwa aus den Zusammenhängen, d.h. aus der Relation aller Teile zueinander, wie etwa im Sinne einer relationalen Wahrheitstheorie, was für Fichte einer Grundsatzlosigkeit gleichkäme:

---

427 Fichte: Über den Begriff, S. 114.
428 Ebd.

> Der *gewisse* Satz – wir haben jetzt nur *Einen* als gewiß angenommen – kann seine Gewißheit nicht erst durch die Verbindung mit den übrigen erhalten, sondern muß sie vor derselben vorher haben; denn aus Vereinigung mehrerer Theile kann nichts entstehen, was in keinem Theile ist. Alle übrigen aber müßten die ihrige von ihm erhalten. Er müßte vor aller Verbindung vorher gewiß und ausgemacht seyn.[429]

Einige Zeilen davor heißt es: „Wissenschaft hat systematische Form; alle Sätze in ihr hangen in einem einzigen Grundsatze zusammen, und vereinigen sich in ihm zu einem Ganzen […]."[430] Das klingt allerdings bereits etwas rätselhafter als der einfache Vergleich des systematisierten Wissens mit einem gut fundierten Gebäude. Denn neben der Relation des ‚Gründens' wird hier noch eine andere: die des ‚Zusammenhängens' aller Sätze in dem einen Grundsatz eingeführt. Es ist eine Relation, die sich nicht einfach mit der herkömmlichen Architekturmetaphorik ausdrücken lässt. Dies ist einer der Gründe, warum Fichte plötzlich nach ganz anderen Bildern greifen wird: nach der kosmologischen Metaphorik, die sich aus der Physik Newtons speist.

Die Suche nach absolutem Fundament

Dass es sehr viele Wissenschaften mit ihren Gegenständen und Grundsätzen gibt, reichte Fichte nicht aus, auch wenn eine jede von ihnen systematisch aufgebaut ist. Ihm schwebte eine Wissenschaft der Wissenschaften vor. Eine solche Wissenschaft hieße ‚Wissenschaftslehre'. Sie hat „alle möglichen Wissenschaften" wie auch „die Möglichkeit der Grundsätze überhaupt zu begründen".[431] Bei der Erklärung der Grundlagen dieser von ihm projektierten Wissenschaftslehre griff er zu einer ausgebauten architektonischen Metaphorik, die an mehreren Stellen in der Konkurrenz mit anderen Begriffen überhand nimmt. In „Über den Begriff der Wissenschaftslehre" schreibt er, dass die Wissenschaft ein ‚Gebäude' sei bzw. ruft den Leser dazu auf, sich diese als ein Gebäude vorzustellen:

> Die Wissenschaft sei ein Gebäude, der Hauptzweck derselben sei Festigkeit. Der Grund ist fest, und [/] so wie dieser gelegt ist, wäre der Zweck erreicht. Weil man aber im bloßen Grunde nicht wohnen, durch ihn allein sich weder gegen den willkührlichen Anfall des Feindes, noch gegen die unwillkührlichen Anfälle der Witterung schützen kann, so führt man auf demselben Seitenwände, und über diesen ein Dach auf. Alle Theile des Gebäudes werden mit dem Grunde, und unter sich selbst zusammengefügt, und dadurch wird das Ganze fest; aber man baut nicht ein festes Gebäude, damit man

---

429 Ebd., 114-115.
430 Ebd., S. 112.
431 Ebd., S. 120.

zusammenfügen könne, sondern man fügt zusammen, damit das Gebäude fest werde; und es ist fest, in so fern alle Theile desselben auf einem festen Grunde ruhen.[432]

Was bei der Lektüre dieser Passage auffällt, ist der Reichtum an Bildern und der Rückgriff auf Konkretes. Fichte schreibt so, als möchte er den in den abstrakten Begrifflichkeiten der Wissensdiskurse schlummernden Ding- und Alltagbezug wieder erwecken. Das Wortfeld ‚Begründen' spielt hier eine entscheidende Rolle, so wie dessen durchschimmernder direkter Bezug zu einer der elementarsten Alltagssituationen: nämlich zum ‚Grund unter den Füßen': er ist auf den ersten Blick sichtbar und hörbar. Dieser Bezug gehört übrigens zu den bekanntesten und primärsten in der Philosophie. Fichte hebt ihn durch einen ausgebauten Bildkontext noch stärker hervor, so dass der Bildwert des Begriffs dem Leser auf keinen Fall entgehen kann. Das verleiht dem Ganzen nicht zuletzt auch eine existentielle Aura. Darin liegt für Fichte einer der wichtigsten Unterschiede der neuen Wissenschaftslehre als absoluter Grundlagenlehre zur Logik, die bisher den Platz der Grundlagenwissenschaft beanspruchte. Es geht ihm nämlich nicht nur um das trockene Denkgerüst der logischen Regeln. Die Logik beschäftige sich nur mit der Form des Denkens, die Wissenschaftslehre soll aber nicht nur von der Form, sondern zugleich auch von dem „Gehalt" handeln.[433] Im Grunde genommen geht es Fichte um eine Verbindung des Denkens mit dem Leben. Beides – das Theoretische und das Praktische – soll aus einer gemeinsamen dem Menschen als Vernunftwesen angeborenen Anlage zum Selbstbewusstsein entspringen.

Bei der Weiterführung seiner Architekturmetaphern-Passage scheint Fichte von dem Primat des Grundsatzes allmählich abzuweichen. Der Grundsatz ist zwar der Grund, aber in ihm allein könne man nicht wohnen, man brauche etwas mehr. Er spricht von Zusammenfügen, von Seitenwänden und vom Schutz vor dem Feind und der Witterung, womit er plötzlich einen stark existentiellen Ton einschlägt. Das Ganze verschiebt sich auf das Zusammenfügen von Teilen, die ein bewohnbares Gebäude ergeben sollen. Wir lesen: „man baut nicht ein festes Gebäude, damit man zusammenfügen könne, sondern man fügt zusammen, damit das Gebäude fest werde".[434] Die Hervorhebung dieses Aspektes klingt zunächst etwas überraschend, da Fichte kurz zuvor eine relationalen Wahrheitsbegründung abgelehnt hatte. Das Zusammenfügen ist hier jedoch, wie es sich in der weiteren Lektüre ergibt, keine Rückkehr zur Kontexterzeugung von Gewissheit, denn Fichte versucht sowohl den ‚Grund', wie auch das ‚Zusammenfügen'

---

432 Ebd., S. 116.
433 Ebd., S. 137.
434 Ebd., 116.

als Eins zu betrachten, es sei miteinander verbunden. Die Gewissheit soll sich nämlich dem selbstbegründeten, evidenten ‚Grundsatz' verdanken und trotzdem in allen Elementen des Gebäudes präsent sein.

Die Wissenschaftslehre fragt, wie es mit der ‚Festigkeit' unseres Wissens beschaffen sei, sie hat jedoch auch eine existentiell-praktische Seite. Diese findet in der ausgebauten Metapher des Bauens und Wohnens Ausdruck. Sie kommt zum Einsatz, wenn sich eine solche Grundlagenwissenschaft als ‚Wissenschaft der Wissenschaften', die alles absolut fundieren würde, nicht formulieren oder finden lassen sollte:

> [...][W]enn ursprünglich eine Menge Fäden in unserm Geiste liegen, die unter sich in keinem Punkte zusammenhängen, noch zusammengehängt werden können, so vermögen wir abermals nicht gegen unsre Natur zu streiten; unser Wissen ist, so weit es sich erstreckt, zwar sicher; aber es ist kein *einiges* Wissen, sondern es sind *viele* Wissenschaften. – Unsre Wohnung stünde dann zwar fest, aber es wäre nicht ein einiges zusammenhängendes Gebäude, sondern ein Aggregat von Kammern, aus deren keiner wir in die andre übergehen könnten; es wäre eine Wohnung, in der wir uns immer verirren, und nie einheimisch werden würden. Es wäre kein Licht darin, und wir blieben bei allen unsern Reichthümern arm, weil wir dieselben nie überschlagen, nie als ein Ganzes betrachten, und nie wissen könnten, was wir eigentlich besäßen [...]. Wir müßten immer bereit seyn, uns irgendwo ein neues Häuschen anzubauen.[435]

Fichte unterscheidet hier zwischen dem ‚Grund', auf dem gebaut wird, und dem Gebäude selbst. Das gibt der von ihm aufgegriffenen architektonischen Metaphorik eine originelle Wendung. Denn Fichte zielt nicht einfach darauf ab, den Leser mit der Feststellung zu überraschen, dass man sich die Wissenschaft wie ein Gebäude vorstellen könne, bzw. sollte, sondern schreibt imperativisch: „die Wissenschaft sei ein Gebäude, deren Zweck sei Festigkeit".[436] Dies ist die Sprache des Setzens, des Annehmens. Annehmen auf eine solche Weise kann man aber

---

435 Ebd., S. 125. Es könnte sein, dass sich Fichte bei der Verwendung von „Anbauen" von Kant hat inspirieren lassen. Kant schreibt in der „Kritik der Urteilskraft": „Eine jede Wissenschaft ist für sich ein System; und es ist nicht genug, in ihr nach Prinzipien zu bauen und also technisch zu verfahren, sondern man muß mit ihr, als einem für sich bestehenden Gebäude, auch architektonisch zu Werke gehen, und sie nicht wie einen Anbau und als einen Teil eines anderen Gebäudes, sondern als ein Ganzes für sich selbst behandeln, ob man gleich nachher einen Übergang aus diesem in jenes oder wechselseitig errichten kann." (AA V, S. 381.) Kant fordert mithin keinen absoluten Grundsatz für alle „Gebäude"; er möchte demgegenüber betonen, dass man jede Wissenschaft als wertvolles Ganzes behandeln sollte, auch wenn es nur ein Wissensgebiet ist, welches einer anderen Wissenschaft dient.

436 Fichte: Über den Begriff, S. 116.

nur, wenn ein Konsens möglich ist; es keinen Widerspruch bei den Lesern hervorruft. Man nimmt etwas an, was man nicht in Frage stellen muss und, so dass man darauf weiter bauen kann. Und tatsächlich ist der bloße architektonische Vergleich zwischen dem Wissen und einem Bau nur der Ausgangspunkt. Die architektonische Metaphorik ist für die Leser absolut verständlich; sie stützt sich auf eine reiche Tradition stützt und aktiviert darüber hinaus unsere Alltagserfahrung. Es ist schwer zu sagen, ob Fichte bei der Wahl dieses Bildfeldes eher auf die Bildung seiner Leser baute (die Abhandlung ist aus den Gesprächen im Kreise von Gebildeten und Interessierten entstanden; er konnte eine entsprechende Bildung voraussetzen), oder er meinte, der Vergleich mit dem Gebäude werde aus der naheliegenden Alltagserfahrung bei den Lesern schneller Verständnis und sofortige Zustimmung finden. Nicht nur das Bild des ‚Grundes' überzeugt, denn eine Wissenschaft muss ‚begründet' sein. Die ‚Festigkeit' steht ebenso einem gut gebauten Gebäude wie auch einer gut aufrichteten Wissenschaftstheorie zu. Danach geht Fichte jedoch zu einer weniger eindeutigen Erweiterung des Bildes über. Der bloße ‚Grund', obgleich er für die Wissenschaften konstitutiv ist, erweist sich in der Konfrontation mit dem existentiellen Bedürfnis nach Haus und Wohnen als nicht ausreichend, auch wenn er ‚fest' ist, denn man könne „im bloßen Grunde [...] nicht wohnen".[437] Recht überraschend schließt Fichte seinem architektonischen Metaphernfeld ein weiteres Bild an: die Erde:

> Der Grund ist fest, und er ist auf keinen neuen Grund, sondern er ist auf den festen Erdboden gegründet. – Worauf wollen denn wir den Grund unsrer wissenschaftlichen Gebäude aufführen?[438]

Die Erde als Brückenbild zwischen Architektur und Kosmologie

Eine Architektonik von Elefanten und Schildkröten: Fichtes Aufnahme der ‚indischen' Kosmologie

Konsequent im Bild verbleibend, greift Fichte immer tiefer: das Gebäude wird auf der Erde errichtet, jedes der vielen Gebäude symbolisiert eine besondere Wissenschaft. Der Erdboden vereinigt sie alle als der gemeinsame und sie alle tragende ‚Grund'. Er gibt allen Gründen/Grundsätzen die gleiche primäre Festigkeit. Es ist eine Veranschaulichung dessen, worauf Fichte mit seiner

---

437 Ebd.
438 Ebd.

postulierten Wissenschaftslehre hinaus will. Nicht einfach ein nächstes Gebäude, wäre es auch so fest wie nur möglich und auf solidem Fundament errichtet soll sie sein, sondern die Erde als Ganzes, sie eignet sich besser zur Darstellung des Wissenschaftslehre-Gedankens. Worauf stützt sich jedoch die Erde? Mit der Hinwendung zur Erde als Sinnbild der elementaren Begründung öffnet sich sowohl der Übergang von architektonischen zu kosmologischen Bildern in den nächsten Teilen der Abhandlung, als auch zu der Figur des *regressus ad infinitum* als klassischer Schreckensvorstellung bei der Suche nach Letztbegründung. Sollte es kein System geben, das alles absolut fundiert, so ließen sich, schreibt Fichte,

> [...] nur zwei Fälle denken. Entweder, es sieht überhaupt nichts unmittelbar Gewisses; unser Wissen bildet mehrere oder Eine unendliche Reihe, in der jeder Satz durch einen höheren, und dieser wieder durch einen höheren u.s.f. begründet wird. **Wir bauen unsere Wohnhäuser auf den Erdboden, dieser ruht auf einem Elephanten, dieser auf einer Schildkröte, diese – wer weiss es auf was, und so ins unendliche fort.** – Wenn es mit unserem Wissen einmal so beschaffen ist, so können wir es freilich nicht ändern, aber wir haben dann auch kein festes Wissen: wir sind vielleicht bis auf ein gewisses Glied in der Reihe zurückgegangen, und bis auf dieses haben wir alles fest gefunden; aber wer kann uns dafür einstehen, dass wir nicht, wenn wir etwa noch tiefer gehen sollten, den Urgrund desselben finden, und es werden aufgeben müssen? Unsere Gewissheit ist erbeten, und wir können ihrer nie auf den folgenden Tag sicher seyn.[439]

Wenn es keinen absoluten Grundsatz gäbe, müssten wir darauf vorbereitet werden, dass wir zwar immer wieder ein weiteres ‚Häuschen' an die bereits bestehenden anbauen, d.h. wir können unser Wissen zwar systematisch auf beschränkten kleinen Fachgebieten ausbauen, wir aber keinen Zusammenhang zwischen diesen Fachwissengebäuden erkennen können. Oder es ist auch möglich, dass wir einen solchen gemeinsamen Grund finden (hier in dem Sinnbild der Erde als dem gemeinsamen Boden für alle Gebäude repräsentiert), aber trotzdem nicht sicher sein werden, ob der Grundsatz (die Erde) sich nicht auf eine unendliche Reihe von weiteren Grundsätzen (Elefanten und Schildkröten) stützt, welche wir mit den Fortschritten der Wissenschaft entdecken bzw. noch entdecken werden. Das bedeutet, dass wir uns nie vom Gefühl des Provisorischen werden befreien können. Hier zeigt sich erneut, ähnlich wie in Lockes Sprachanalyse, wie architektonisch das Bild der auf dem Rücken der mythologischen Tiere gestützten Erde ausgerichtet ist. Es fügt sich in Fichtes Abhandlung problemlos in das architektonische Bildfeld ein. Obwohl die Metapher an sich eine kosmologische ist, bricht sie nicht mit dem bisherigen Denkschema des Unterstützens und Aufrichtens. Fichte führt dieses Bild an, um Zweifel an diesem herkömmlichen

---

439 Ebd., S. 124. Hervorhebung von mir.

Begründungsschema entstehen zu lassen. Bei der Übernahme der Metapher verzichtet er völlig auf den Indien-Bezug, was ihn von der Mehrheit der anderen in dieser Arbeit angeführten Autoren unterscheidet.

Die Erde als Grund und als Baufundament: eine metaphorologische Tradition

„Das deutsche Wort Grund ist mehrdeutig: Boden und Ursache, *causa* und *fundamentum*. Was heißt gründen: aus einen Grund stellen oder den Grund herstellen, Grund legen? Die Philosophie ist die Suche nach den ‚ersten Gründen und Ursachen', schreibt Aristoteles. Die Philosophie will am Anfang anfangen, nicht unterwegs." – notiert Hannes Böhringer, der Autor des Stichwortes ‚Bauen' im „Wörterbuch der philosophischen Metaphern".[440] Die architektonischen Metaphern und die Grund-Metaphern gehören, wie mittlerweile zahlreiche Groß- und Kleinstudien zeigen, zu dem allerelementarsten Kern der abendländischen Denkdiskurse. Sie sind darüber hinaus auch produktive Denkbilder in außereuropäischen Traditionen, was von ihrer kulturübergreifenden Bedeutung und anthropologischer Verwurzelung zeugt. In der abendländischen Philosophie situieren sie sich wegen ihrer generatorischen Potenz neben dem Licht „als Metapher der Wahrheit"[441] und des Aufklärens (sowohl im Sinne der vernünftigen Aufklärung, als auch des mystischen Aufleuchtens), was heißt, ohne sie wäre eine Geschichte der wichtigsten Diskurse Europas nicht möglich.

Ähnliches gilt für die ‚Erde' als Generator von Denkbildern, wobei die Erde in ihrer Tragweite über die Grenzen der europäischen Kultur hinaus eine noch reichere Tradition als der ‚Grund' hat. Diese Tradition reicht in die vor- bzw. präphilosophische Zeit; sie ist noch mythologisch, ihre mythologisch-mythischen Wurzeln kommen immer wieder, auch gegenwärtig, zum Vorschein. In dem „Wörterbuch der philosophischen Metaphern" erfahren wir hierzu folgendes: „Erde ist ein Metapherngenerator ersten Ranges.",[442] sie „[...] ist die unhintergehbare Basis menschlicher Existenz und Evolution [...]."[443] Unterschieden werden mehrere Ebenen der bildgeneratorischen Macht der Erde,[444] in den

---

440 Hannes Böhringer: Stichwort „Bauen", in: Wörterbuch der philosophischen Metaphern, S. 34-46, Zitat S. 41.
441 Vgl. Blumenberg: Das Licht als Metapher der Wahrheit.
442 Olaf Briese: Stichwort „Erde, Grund", in: Wörterbuch der philosophischen Metaphern, S. 92-102, Zitat S. 94.
443 Ebd.
444 Es werden genannt: topologische Dimension, juristische Dimension, agrikulturell-stoffliche Dimension, geologische Dimension, ökonomisch-ökologische Dimension,

Vordergrund rücken hierbei einige bestimmte Bereiche, wie der Forschungsliteratur zu entnehmen ist. Vor allem nimmt die ‚Mutter-Erde' als Metapher einen wesentlichen Platz seit der Antike ein. Mit Hinweisen auf vorphilosophische Mythenerzählungen, auf Hesiod und die Vorstellungswelt der jonischen Philosophen Thales, Anaximander und Anaximenes spricht Olaf Briese von der „*Personifizierung* von göttlichen Wirkmächten" in Bezug auf die metaphorische Leistung der Erde.[445] Es gibt in der antiken griechischen Naturphilosophie aber auch kosmologische Vorstellungen, welche die Erde als Element oder Planet betrachten. Sie ist eines der Elemente, neben Feuer, Wasser und Luft. Man macht sich Gedanken darüber, wie sie als Ganzes aussieht und vor allem welche Gestalt sie hat und worauf sie sich stützt. Bei Thales schwimmt die Erde auf Wasser, sie ist in antiken Darstellungen flach oder halbrund. Demgegenüber befindet sich etwa

> Anaximandros zufolge [...] die Erde schwebend und ruhend im Mittelpunkt der Welt. Sie hat die Gestalt eines Zylinders, dessen Höhe ein Drittel seiner Breite einnimmt. Ihre bewohnte Oberfläche sei als ein nach oben ragender, gewölbter Säulenstumpf anzusehen.[446]

Man fragt sich allerdings, ob solche kosmologischen und teilweise zugleich kosmogonischen Vorstellungen der antiken Naturphilosophen tatsächlich als Metaphern angesehen werden können, auch wenn der Autor des Stichwortes „Erde, Grund" behauptet, dass sie hier gerade als Metaphern „eine klar-rationale Erkenntnisfunktion haben".[447] Die antiken Denker setzten diese Bilder m. E. nicht als bewusste Metaphern ein, sondern als Vorstellungen, die das tatsächliche Universum wiedergeben sollten. Metaphorisch muten sie erst in späteren Zeiten an, als sie infolge des Wissensfortschritts in den Bereich der Vorwissenschaftlichkeit gedrängt worden waren.

ästhetische Dimension und metaphysisch-philosophische Dimension. Schon diese Vielfalt der Systematisierungskategorien veranschaulicht, wie wesentlich die ‚Erde und Grund'-Metapher für unsere Denktradition ist. (Ebd., S. 95.)

445 Ebd, S. 93. Hervorhebung im Zitat von Briese.
446 Ebd., S. 95. ‚Schweben' bedeutet im allgemeinen das Unbestimmte bzw. den Zustand des Unbestimmt-Seins. So schrieb Fichte in „Grundlage des Naturrechts": „Also der Begriff desjenigen überhaupt, was zu beschützen ist, ist im Schweben: es ist ein unbestimmter Begriff [...]." („Grundlage des Naturrechts nach Prinzipien der Wissenschaftslehre. Zweiter Teil oder angewandtes Naturrecht", in: GA, Bd. I. 4 (Werke 1797-1798), S. 3-165, hier S. 13.)
447 Briese: Stichwort „Erde, Grund", S. 95.

Die Verbindung der Erde mit dem Wohnsitz der Menschen wird nicht notwendigerweise positiv gedeutet, was die populäre Assoziation mit ‚Mutter Erde' zunächst nahelegen könnte. Bei Plato sind die Menschen als Irdische nicht imstande, die Erde zu erschließen, denn sie wohnen in ‚Höhlen'. Die Erde ist für sie eine Art Gefängnis. Hier entsteht also eine Bedeutung von Erde, die den Gegensatz von Geist ausdrückt, weil sie mit Stumpfheit, Vergessenheit und Beschränktheit verbunden ist. Ein Echo dieser Tradition findet sich auch in Fichtes „Über den Begriff der Wissenschaftslehre". Dort lesen wir an einer Stelle ein Lob auf die „dunklen Gefühle".[448] Die „dunklen Gefühle" bedeuten die Intuition, die die Denker und Dichter brauchen, denn nicht alles ist sogleich klar und evident, vieles Wertvolle und Innovative wird zunächst nur als Schimmer wahrgenommen. Trotzdem gehören sowohl ‚dunkle' als auch ‚klare' Gefühle zum Leben des Geistes, sonst wären wir nur ein blindes Stück „Erde":

> Der menschliche Geist macht mancherlei Versuche; er kommt durch blindes Herumtappen zur Dämmerung, und geht erst aus dieser zum hellen Tage über. Er wird anfangs durch dunkle Gefühle (deren Ursprung und Wirklichkeit die Wissenschaftslehre darzulegen hat) geleitet; und wir hätten noch heute keinen deutlichen Begriff, und wir wären noch immer der Erdklos, der sich dem Boden entwand, wenn wir nicht angefangen hatten, dunkel zu fühlen, was wir erst später deutlich erkannten.[449]

Dem „Wörterbuch der philosophischen Metaphern" kann man weiterhin entnehmen, dass die Erde als Metapher vor allem materialistisch bezogene sowie lebensweltliche Diskurse miterzeugt und stützt. Einen Schwerpunkt bildet sie bei Autoren des 19. und 20. Jahrhunderts. Die wichtigsten Namen hierzu sind Marx, Husserl und Heidegger, die paradigmatisch für sehr verbreitete Tendenzen stehen. Für Marx wird die ‚Erde' zu einer Art ‚festen Basis', aber in einer sehr konkreten Bedeutung: er richtet sich gegen die Seinsverdoppelung und gegen das Abstrakte. Die Erde kann als ein sicheres Fundament dienen, weil sie eine Wendung hin zum Materiellen symbolisiert. Das Irdische stellt für den jungen Marx das Reelle dar, später wird sie auch zum Sinnbild für den Arbeiter und die Arbeitsgrundlagen der Existenz.[450] Der junge Marx postulierte eine Philosophie, die Kritik der Erde wäre, also eine „Kritik der wirklichen Verhältnisse und nicht des abstrakten >>Himmels<<".[451] Auch die ökonomisch-politische Dimension kommt in diesem Bildkontext zum Ausdruck. Nach Briese entfesselt „Marx […]

---

448 Fichte: Über den Begriff, S. 143.
449 Ebd.
450 Briese: „Erde, Grund", S. 97-98.
451 Ebd. Hier knüpft Marx an Feuerbach an.

einen wahren Erddiskurs [...]",[452] so in dessen „Einleitung zur Kritik der Politischen Ökonomie", wo es heißt, dass „die Erde die Quelle aller Produktion und allen Daseins"[453] sowie „ursprüngliches Arsenal von Arbeitsmitteln"[454] sei. Folglich diagnostiziert Briese mit Blick auf den breit verstandenen Marxismus für das 19. Jahrhundert einen generellen Erd-Enthusiasmus:

> Anders als in den Aufklärungsrhetoriken gab es, metaphernhistorisch gesehen, nun nicht mehr den Sturz ins Grundlose, ins Bodenlose. Vielmehr schien metaphorisch ein Pakt mit der Erde geschlossen. Würde man – Gegenbeispiele natürlich eingerechnet – ein verallgemeinerndes Fazit der Erdmetaphoriken um die Mitte des 19. Jahrhunderts ziehen, dann die eines progressiven oder utopischen Erd-Enthusiasmus. Noch die Revolutionsmetaphorik, die zur radikalen Umwälzung aller Verhältnisse auffordert, operiert im Zeichen dieses Pakts.[455]

Mit dem Bezug auf die Furcht der Aufklärung, ins Bodenlose abzustürzen, denkt Briese an die – auch diskursive – Erschütterung des ‚festen Bodens', welche durch das berühmte Erdbeben in Lissabon von 1755 ausgelöst worden war, der die Es hat einen bedeutenden Einfluss auf die Intensivierung geologischer und erdhistorischer Forschungen nach sich zog. Das Interesse an Explosionen, an Vulkanen, an den in der Erde schlummernden Kräften nahm zu, und man fragte zunehmend nach der Ordnung der Welt als Schöpfungswerk göttlicher Vernunft. Die ‚vernünftigen Theodizeen' der Frühaufklärung behaupteten, dass unsere Welt die beste aller Möglichen sei, wie es Leibniz formuliert hatte. Das Lissaboner Erdbeben erschütterte jedoch die theologischen Grundlagen dieser Denkrichtung. Die Erde wurde „zu einer problematischen Größe, denn nun verbreitete sich Eindruck, auf schwankendem Boden zu stehen."[456] Briese macht vor diesem Hintergrund auf Immanuel Kant Erdbebenstudien aufmerksam, der sich mehrmals zum Problem des Explosionspotentials der Erde äußerte.[457] Allerdings lässt Brieses Artikel den gesamten Problemkomplex der ‚kopernikani-

---

452 Ebd., S. 99.
453 Ebd, S. 98.
454 Ebd.
455 Ebd., S. 97.
456 Ebd.
457 Ebd., S. 98-99. Kant veröffentlichte drei Artikel zum Thema, alle im Jahre 1756. Es waren „Von den Ursachen der Erderschütterungen bei Gelegenheit des Unglücks, welches die westlichen Länder von Europa gegen das Ende des vorigen Jahres betroffen hat" und „Fortgesetzte Betrachtung der seit einiger Zeit wahrgenommenen Erschütterungen" (in der „Königsberger Zeitung") sowie die Monographie „Geschichte und Naturbeschreibung der merkwürdigsten Vorfälle des Erdbebens".

schen Wende' und deren Echo in der Wissenschaft und Kultur außer Acht. Der „schwankende Boden unter den Füßen" verbindet sich ja nicht zuletzt gerade mit den Auseinadersetzungen um das kopernikanische System und dessen Folgen. Die alte Erdmetaphorik reagierte seit Kopernikus auf die neue Astronomie und eignete sich die neuen Entdeckungen an.

Die Autoren des Wörterbuchs gehen von der Erdbebenproblematik unmittelbar zum 19. Jahrhundert über, als die Bedeutung der politischen und sozialen Diskurse zunahm. Fortgesetzt werde der neue Erd-Enthusiasmus des 19. Jahrhunderts im 20. Jahrhundert bei den Denkern, die die Lebenswelt als des Unhintergehbares annahmen. Paradigmatisch werden Edmund Husserl und Martin Heidegger genannt. Edmund Husserls berühmte Schrift „Die Krisis der europäischen Wissenschaften und die transzendentale Phänomenologie" erschien 1936; Husserl reflektiert dort über den Grund als Anfang von Wissen. Die gegenwärtige Krise, die er diagnostiziert, sei eine Krise der Fundamente und Grundlagen. Man müsse wieder ein sicheres Fundament gewinnen. Husserl entwickelt seine Grund- und Erden-Metaphorik im Zusammenhang mit der Architektur-Metaphorik, was an Fichtes Vorgehen erinnert. Die Kultur und das Wissen seien Gebäude, sie muss man auf etwas Sicherem als Fundament aufbauen.[458] Seine Antwort auf die Krise baut Husserl in Bildern von der Erde aus. Die Lebenswelt, die als Rettung vor der neuen Bodenlosigkeit bei ihm auftaucht, sei der Boden der Erfahrung, der Boden ursprünglicher Evidenzen in Form von elementaren Vorgegebenheiten, die keiner Begründung mehr bedürfen. Besonders gern wird vor dem Hintergrund der Architektur- und Wohnmetaphern auf Heideggers Schrift „Bauen Wohnen Denken" von 1951 Bezug genommen, die sich als Ganzes aus der lebensweltlich (wozu auch die Sprache gehört) erfassten Erdenmetaphorik speist. Bei Heidegger werden das Wohnen, das Anbauen das Bodens, das Irdische als Rückkehr zum Mythischen imaginiert; die Erde bedeutet Seinsvertrauen, die Erdnähe lässt sich vielfach ökologisch verstehen.

Während die – wie auch immer – ausgestaltete und gedeutete ‚Erde' in der Regel die Frage der Grundlagen, auch im Sinne von Vorgegebenheiten der Lebenswelt, mitzutragen scheint, beziehen sich die nahezu ebenso verbreiteten Architekturmetaphern auf das Aufbauen und Ausführen von Systemen. Bernhard H. F. Taureck widmete ihnen in seiner Studie über die Metaphern in der Philosophie einen eigenen Abschnitt im Kapitel: „Exemplarische Bilder in pragmatischer Deutung", in dem er, nach einer längeren theoretischen Ausführung, einige Beispiele anführt, welche er für besonders bedeutungstragend und

---

458 Briese: „Erde, Grund", S. 101.

diskursprägend hält. Architektonische Bilder werden dort neben der Metapher des ‚chain of being', der Wahrheitsmetaphorik, der Sonne, dem Buch und des Hirten samt seiner Herde behandelt. Leider handelt es sich nicht – wie der Autor auch vermerkt – um eine systematische Studie. Eine solche ist zwar wegen der Materialfülle schwer zu leisten, aber trotzdem bleibt ein Gefühl von Ergänzungsbedürftigkeit nach der Lektüre dieses Abschnitts zurück, denn es finden sich hier hervorragende Beispiele, die in dem Überblick über die Jahrhunderte leider nicht in ihrem ganzen Bedeutungsspektrum entfaltet werden. Sie werden notwendigerweise aus dem Zusammenhang gerissen, in den sie gehören.

Bereits bei diesen Beispielen liegt es auf der Hand, wie bedeutend Fundament, Grundlage, feste Basis als Bilder seit langem gewesen sind. Das Bauen und das Einstürzen werden von Taureck als Gegenpole des gleichen Bildfeldes problematisiert, auch wenn er den Terminus ‚Bildfeld' nicht gebraucht. Bei einigen Autoren, wie etwa bei Blaise Pascal, kommt das Bild des Turmes hinzu. Pascal sinniert:

> […] wir brennen vor Begierde, eine feste Grundlage (une assiette ferme) zu finden und eine letzte feste Basis (und dernière base constante), um dort einen Turm zu errichten, der sich ins Unendliche erhebt; doch unser gesamtes Fundament bricht (tout notre fondement craque), und die Erde öffnet sich bis zum Abgrund.[459]

Für die Aufklärungszeit schreibt Taureck folglich generell:

> In der Aufklärung kommt es zu einer architektonisch konstruktiven Bildlichkeit. Von Descartes' Architekturbildern wird später noch zu reden sein. Rousseau vergleicht den das Volk prüfenden Gesetzgeber mit dem den Boden prüfenden Architekten. […] Anders geht Kant mit der architektonischen Bildlichkeit um und widmet ihr gegen Ende seiner „Kritik der reinen Vernunft" sogar ein eigenes >>Die Architektonik der reinen Vernunft<< genanntes Kapitel.[460]

Taureck erwähnt auch die kantsche Architekturmetaphorik in den „Prolegomena zu einer jeden künftigen Metaphysik, die als Wissenschaft wird auftreten können". Er weist darauf hin, dass man bei Kant eine Anknüpfung und zugleich Umdeutung der alten Metapher von Gott als Architekten der Welt erkennen kann. Zum anderen sei bei Kant die Baulust der menschlichen Vernunft als anthropologisches Faktum in ihrem Optimismus stärker ausgeprägt als die

---

459 Zitat nach: Bernhard H. F. Taureck: Metaphern und Gleichnisse in der Philosophie. Versuch einer kritischen Ikonologie der Philosophie, Frankfurt am Main 2004, S. 143. Taureck zitiert in eigener Übersetzung die Ausgabe: Blaise Pascal: Les Pensées, hg. von Francis Kaplan, Paris 1982.)
460 Taureck: Metaphern und Gleichnisse, S. 144.

Gefahr des Einstürzens, für die etwa das Zitat von Pascal steht. Taureck betont die Architektonik von Basis und Überbau bei Marx und Engels und die Karriere, welche diese Sprechweise machte, sowie die architektonische Metaphorik bei Nietzsche, dessen „Über Wahrheit und Lüge im aussermoralischen Sinne" zitiert wird. Taureck führt schließlich Heideggers „Bauen, Wohnen, Denken" und Derridas Dekonstruktion an, wobei er das Dekonstruieren als eine Methode bezeichnet, welche darauf zielt, die Konstruktion von etwas bis hin zu den Fundamenten offenzulegen. Fichtes Wissenschaftslehre-Abhandlungen werden nicht genannt, obwohl deren Nähe zu den viel späteren Ausführungen Husserls frappierend ist.[461]

Kant: Architektonik der Vernunft und die Kosten eines Turmbaus

Im Kontext der Architekturmetaphorik innerhalb der Systeme des 18. Jahrhunderts wird in der Regel Kants Kapitel über die Architektonik der Vernunft in der „Kritik der reinen Vernunft" zitiert. Liest man die Ausführungen Kants genauer, werden Kontexte klar, die unmittelbar Fichte betreffen und die in den wörterbuchartigen Überblicken leider verlorengehen. Kant beginnt sein Kapitel mit der Feststellung: „Ich verstehe unter einer *Architektonik* die Kunst der Systeme."[462] Das ist gerade die Bedeutung, die für Fichte einen grundlegenden Wert hat: das Bauen und das Gebäude stellen auch für ihn die Veranschaulichung eines wohlgeordnetes Systems. Ein System hat bei Kant nicht zuletzt auch mit der Methode zu tun:

> Weil die systematische Einheit dasjenige ist, was gemeine Erkenntniß allllererst zur Wissenschaft, d. i. aus einem bloßen Aggregat derselben ein System macht, so ist Architektonik die Lehre des Scientifischen in unserer Erkenntniß überhaupt, und sie gehört also nothwendig zur Methodenlehre.[463]

---

461 Auf den Vergleich Fichte-Husserl mit einigem Augenmerk für den sprachlichen Ausdruck geht Marek J. Siemek ein. Siemek spricht von einer „tiefgehende[n] theoretische[n] und geistige[n] Verwandtschaft beider großen Denker", die „für den unbefangenen Leser so auffallend ist", jedoch „durch die philosophische Forschung so gut wie vollständig ignoriert wurde". (Marek J. Siemek: Fichtes und Husserls Konzept der Transzendentalphilosophie, in: Fichtes Wissenschaftslehre 1794. Philosophische Resonanzen, hg. von Wolfram Hogrebe, Frankfurt/Main 1995, S. 96-113, hier S. 96.) Siemek macht auf die Metaphorik des „Auges" als „Symbol des absoluten Wissens", sowie auf das „Sehen" als Metapher der Evidenz aufmerksam. (Ebd., S. 103-104.)
462 AA III, S. 538.
463 Ebd.

Architektonik ist somit Teil der Methodenlehre. Es handelt sich um eine Architektur des Geistes, bei der es darum geht, die Teile an die richtige Stelle zu bringen. Diese Sätze hätte auch Fichte schreiben können, und er teilt mit Kant natürlich die Kriterien und Prinzipien, denen zufolge die Wissenschaften einer Methodenlehre und einer Architektonik bedürfen. Im Kapitel „Transzendentale Methodenlehre" der „Kritik der reinen Vernunft" lesen wir:

> Wenn ich den Inbegriff aller Erkenntniß der reinen und spekulativen Vernunft wie ein Gebäude ansehe, dazu wir wenigstens die Idee in uns haben, so kann ich sagen, wir haben in der transcendentalen Elementarlehre den Bauzeug überschlagen und bestimmt, zu welchem Gebäude, von welcher Höhe und Festigkeit er zulange. Freilich fand es sich, daß, ob wir zwar einen Thurm im Sinne hatten, der bis an den Himmel reichen sollte, der Vorrat der Materialien doch nur zu einem Wohnhause zureichte, welches zu unseren Geschäften auf der Ebene der Erfahrung gerade geräumig und hoch genug war, sie zu übersehen; daß aber jene kühne Unternehmung aus Mangel an Stoff fehlschlagen mußte, ohne einmal auf Sprachverwirrung zu rechnen, welche die Arbeiter über den Plan unvermeidlich entzweien, und sie in alle Welt zerstreuen mußte, um sich, ein jeder nach seinem Entwurfe, besonders anzubauen.[464]

Das Kant-Zitat veranschaulicht glänzend den Kontext, aus dem heraus die Architekturmetaphorik in Fichtes Abhandlung gelesen werden kann. Das Turmmotiv, welches auch in dem von Taureck angeführten Pascal-Zitat enthalten ist, muss viel öfter mit der Architekturmetaphorik verbunden worden sein, zumindest in den Epochen, in denen Bibelkenntnisse noch ein wesentlicher Teil der kulturellen Codes gewesen waren.[465] Kant behauptet, dass wir in uns „wenigstens eine Idee" dazu haben, uns die Erkenntnis als ein Gebäude vorzustellen. Er geht hier noch einmal auf den Sinn und die weittragenden Konsequenzen der neuen Erkenntniskritik ein. Der traditionelle Anspruch des Menschen, das Unbedingte und Übersinnliche zu erkennen, wird mit der biblischen Erzählung über den Bau des Turms zu Babel verglichen. Dort war es der falsche Stolz und die Überheblichkeit der Menschen, die ihnen einen Turm erbauen ließen, welcher in den Himmel reichen sollte. Zu der Vernichtung dieses Werkes und zum Scheitern der Pläne kam es, weil Gott die Sprachen der Menschen vermischte und die Bauenden sich nicht mehr verständigen konnten. Bei Kant haben die Bauarbei-

---

464 Ebd., S. 465.
465 Es ist erstaunlich, dass Taureck dieses Zitat in den Kontext von Shakespeare und Montaigne stellt, bei denen sich die Bilder von Abgründen, in denen Paläste und Türme verschlungen werden, bzw. von der Welt als einer Schaukel finden, mit keinem Wort den doch offensichtlichen Bezug auf die Bibel, den Babelturm im Buch Genesis erwähnt. Es ist sicherlich nicht auf die Kürze des Überblicks zurückzuführen.

ter die Sprachverwirrung es nicht einmal nötig. Ihnen reicht das Baumaterial einfach nicht, um einen Turm daraus zu errichten, und das können sie gleich erkennen, weil sie das vorhandene Material „überschlagen". Die Erkenntniskritik erfüllt die Funktion des „Überschlagens" vom Bauzeug; es stellt sich heraus, dass die Erkenntnis nicht bis in den Himmel (der metaphysischen Dinge) reichen wird: nicht, weil es eine Unzulänglichkeit der Erkenntnis ist, sondern weil diese überhaupt nicht Gegenstände der Erkenntnis werden können. Interessant ist in diesem Kontext, dass es sich bei Kant auch um eine Anspielung auf die folgende Stelle aus dem Evangelium von Lukas über Christus' Worte an seine potentiellen Nachfolger handeln kann:

> Es ging aber viel Volks mit ihm; und er wandte sich und sprach zu ihnen: [...] Und wer nicht sein Kreuz trägt und mir nachfolgt, der kann nicht mein Jünger sein. Wer ist aber unter euch, der einen Turm bauen will, und sitzt nicht zuvor und überschlägt die Kosten, ob er's habe, hinauszuführen? auf daß nicht, wo er Grund gelegt hat und kann's nicht hinausführen, alle, die es sehen, fangen an, sein zu spotten, und sagen: Dieser Mensch hob an zu bauen, und kann's nicht hinausführen.[466]

In dem von Christus erzählten Gleichnis geht es um das Vermögen, entbehren zu können, also auf etwas zu verzichten, um einen wichtigeren Wert zu gewinnen. Bei einem solch schwierigen Vorhaben sollte jeder zunächst die Kosten überschlagen, damit er sehen kann, ob er sein Vorhaben wird ausführen können.[467]

Die Einschränkung der Erkenntnis auf die Erfahrung ist bei Kant im Motiv des „Wohnhauses" verkörpert. Um ein Wohnhaus, und nicht einen überstolzen Turm zu errichten reicht das Material vollkommen aus. Dieses Wohnhaus sei auch „unseren Geschäften auf der Ebene der Erfahrung" sehr gut angepasst. Daran schließt sich die Frage nach dem Bedürfnis einer Systematik, d.h. der Architektonik des Ganzen: nach der Art und Weise, wie die Teile zusammengesetzt sind, nachdem wir bereits wissen, dass unser Gebäude ein Wohnhaus und kein Turm ist. Wir müssen einen überschaubaren Plan entwerfen, um das Haus zu errichten:

---

466 Die Bibel oder die ganze Heilige Schrift des Alten und Neuen Testaments. Revidierte Fassung der deutschen Übersetzung Martin Luthers, Stuttgart 1912, Lukas 14, 25-35.
467 Das eher seltene Wort „überschlagen" wird in Adelungs Wörterbuch eben mit dem gleichen Zitat aus Lukas erläutert. Es hat die Bedeutung „Die Kosten zu einer Unternehmung überschlagen.", worauf das Evangelium angeführt wird: „Wer ist unter euch, der einen Thurm bauen will, und sitzt nicht zuvor, und überschlägt die Kost, (die Kosten,) ob ers habe hinaus zu führen?" Luc. 14, 28. (Johann Christoph Adelung: „Die Kosten", in: J. Ch. Adelung: Grammatisch-kritisches Wörterbuch der Hochdeutschen Mundart, Wien 1811, Bd. 2, Sp. 1730-1732, Zitat Sp. 1730.)

> Jetzt ist es uns nicht sowohl um die Materialien, als vielmehr um den Plan zu tun, und, indem wir gewarnet sind, es nicht auf einen beliebigen blinden Entwurf, der vielleicht unser ganzes Vermögen übersteigen könnte, zu wagen, gleichwohl doch von der Errichtung eines festen Wohnsitzes nicht wohl abstehen können, den Anschlag zu einem Gebäude im Verhältnis auf den Vorrat, der uns gegeben und zugleich unserem Bedürfnis angemessen ist, zu machen.[468]

Was Kant nicht schreibt und auch nicht schreiben würde, ist die Forderung nach einem absoluten Fundament für dieses sein Gebäude, wie es Fichte tut. Die Festigkeit ergibt sich bei Kant aus einer guten Berechnung, wofür das Baumaterial ausreicht und aus der Erkenntnis unserer Bedürfnisse, wie auch daraus, dass man einen durchdachten Plan hat. Es ist ein auffälliger Unterschied zu Fichtes Klage über das unvollkommene Wohnen auf der Erde – nahezu einer existentieller Obdachlosigkeit gleichkommend – wenn kein wahrlich absoluter Grundsatz gelegt worden ist. Reinhard Loock, der Autor des Stichwortes ‚Schweben' im „Wörterbuch der philosophischen Metaphern" bemerkt zu Kant, dass der Königsberger Philosoph durchaus auch ein Gefühl für das ‚Schweben', also für ein Hinnehmen einer gewissen Bodenlosigkeit gehabt habe. Kant hatte verstanden, dass sich unsere Vernunft „natürlicher Weise zu Erkenntnissen aufschwinge",[469] wobei Erkenntnisse, die über die Schranken der Sinnlichkeit hinausgehen, gemeint sind. Kant geht es aber nicht um einen solchen „leichten Flug", sondern um die Erkenntniskritik. Loock fasst zusammen: „Aus diesem Grund wird die Aufgabe der Vernunft für Kant nicht durch die Flugmetapher, sondern, in Erinnerung an die cartesische Suche nach einem *fundamentum inconcussum* der Erkenntnis, durch die Metaphern des Bauens und der Architektur bezeichnet [...]."[470] Was Loock jedoch übersieht, ist, dass es zwischen der Ablehnung des „leichten Flugs" in die „luftleeren Räume" und der „Architektonik der reinen Vernunft" noch ein drittes Metaphernfeld gibt: das kosmologische mit der zentralen Gravitationskraftmetapher für die Freiheit. Es ist vielsagend, dass Kant, bei seiner eindeutigen Präferenz für architektonische Bilder in der Erkenntniskritik, sich offensichtlich davor hütet, solche Bilder für den Bereich der praktischen Vernunft zu verwenden. Die einzige Ausnahme ist wahrscheinlich jene Stelle, wo er in der „Kritik der praktischen Vernunft" den kategorischen Imperativ mit einem gewissen Bauteil vergleicht. Es handelt sich aber auch um einen sehr

---

468 AA III, S. 465.
469 Reinhard Loock: Stichwort „Schweben", in: Wörterbuch der philosophischen Metaphern, S. 335-368, hier S. 357.
470 Ebd.

besonderen architektonischen Konstruktionsteil, nämlich um den so genannten Schlussstein:

> Der Begriff der Freiheit, so fern dessen Realität durch ein apodiktisches Gesetz der praktischen Vernunft bewiesen ist, macht nun den ‚Schlußstein' von dem ganzen Gebäude eines Systems der reinen, selbst der speculativen, Vernunft aus, und alle andere Begriffe (die von Gott und Unsterblichkeit), welche, als bloße Ideen, in dieser ohne Haltung bleiben, schließen sich nun an ihn an, und bekommen mit ihm und durch ihn Bestand und objective Realität [...].[471]

Der Schlussstein ist der Gegenpol des Fundaments: er ist ein keilförmiger Stein, „mit dem ein Bogen oder ein Gewölbe geschlossen wird".[472] Besonders verbreitet war die Verwendung des Schlusssteins in der Architektur der Gotik. Er schließt das Gewölbe eines Gebäudes von oben und sorgt für dessen Zusammenhalt, ohne ein von unten gelegtes Fundament zu sein.

Die Hypothese und der archimedische Punkt: ‚newtonsche' Metaphorik bei Fichte

In Fichtes Abhandlung „Über den Begriff der Wissenschaftslehre" sind einige Elemente enthalten, die an die zweite Vorrede zur „Kritik der reinen Vernunft" erinnern. Ähnlich wie Kant führt Fichte einige Beispiele von bedeutenden Leistungen aus der Mathematik bzw. der Naturwissenschaft an, bevor er zur genaueren Erläuterung seines eigentlichen Vorhabens übergeht, das Wissen auf ein neues, absolutes Fundament zu stellen. Kant präsentierte in der Vorrede von 1787 das kopernikanische Universumsmodell, der Tradition folgend, als Hypothese, die von Newton bewiesen worden ist. Die Sequenz Kopernikus-Newton funktionierte als Analogie zu dem eigenen Projekt der Kritiken der reinen und praktischen Vernunft. Auch in Fichtes „Über den Begriff der Wissenschaftslehre" finden wir Anspielungen auf die nachkopernikanische Astronomiegeschichte, die in der Rolle von Analogien bzw. Metaphern eingesetzt werden. Als das von Fichte konsequent verfolgte architektonische Metaphernfeld seine Grenzen aufzuzeigen begann: weil es immer klarer wurde, dass es den Forderungen bei der Suche nach einem trefflichen Ausdruck für sein Vorhaben nicht gerecht werden kann, wechselt der Diskurs zu kosmologischen Metaphern. Vor allem zwei Schlüsselbilder organisieren ab einem gewissen Augenblick Fichtes Text: der

---

471 AA V, S. 3-4. Hervorhebungen von Kant.
472 Adelung: „Der Schlussstein", in: Grammatisch-kritisches Wörterbuch, Bd. 3, Sp. 1550.

‚archimedische Punkt' und die Gravitationskraft bzw. die dank der Gravitation im All schwebende Erde.

In Fichtes Abhandlung wird gleich auf den ersten Seiten und durch einen entsprechenden Untertitel angekündigt, dass es sich hier um eine „hypothetische" Auffindung der postulierten Wissenschaftslehre (d. h. ihres Begriffs) handeln wird. Fichte beginnt seinen Vortrag in mancher Hinsicht ähnlich wie Kant: er stellt fest, die Philosophie sei „noch nicht zum Range einer evidenten Wissenschaft erhoben" worden.[473] Dann fügt er hinzu: „Die folgende Untersuchung hat auf keine andere Gültigkeit Anspruch zu machen, als auf eine hypothetische."[474] Man fühlt sich an das Motiv der Hypothese bei Kant erinnert. Fichte behauptet allerdings, dass man dies nicht als Verzicht auf einen Gültigkeitsanspruch lesen und somit nicht als zufällige Spekulationen ablehnen darf, im Gegenteil: ein anderes Vorgehen als das hypothetische, d.h. ein Vorgehen, welches mit einer Formulierung des Ziels als wegweisende Hypothese beginnt und diese dann verfolgt, sei hier überhaupt nicht möglich. Fichte verbindet diesen deklariert hypothetischen Charakter der Suche nach dem absoluten Grundsatz mit dem Aspekt des Tätigseins. Er will keine Lehre vermitteln, die man erlernen und akzeptieren bzw. ablehnen könnte, überhaupt liege ihm nicht daran, irgendwelche besonderen Inhalte oder Maximen zu formulieren und zu lehren. Seine Wissenschaftslehre, die ihm als eine „Wissenschaft der Wissenschaften"[475] vorschwebt, die als Grundlagenlehre die trockene Logik ersetzen werde, soll die beiden Sphären: die des Theoretischen und die des Praktischen, vereinigen. Dieses Vorhaben ist weder mehr noch weniger, als die Leser bzw. Hörer zum Denken im Sinne einer geistigen Tätigkeit zu erziehen. Der erste Schritt dazu sei das Reflektieren über sich selbst, d. h. das Selbstbewusstsein. Das Bewusstsein über sich selbst als (freies) Subjekt ist zwar jedem Menschen als Anlage gegeben, vorhanden sei es aber bei den wenigsten; deshalb sei das selbstbewusste Denken immer auch ein Hervorbringen vom ‚Ich'.

Die Wissenschaftslehre soll also nicht nur einen absoluten Grundsatz „finden", sondern ihn auch jedes Mal „erfinden", indem sie den Prozess des Reflektierens dem Leser *in vivo* vor Augen führt und ihn dazu anspornt, diesen Vorgang selbst zu durchlaufen. Für den aufmerksamen Leser wird bald klar, dass es sich bei Fichte um das Unbedingte, diesmal im Gewand des absoluten Grundsatzes bzw. des absoluten Ich handelt, und dieses kann nicht als ‚Gegenstand' unter

---

473 Fichte: Über den Begriff, S. 109.
474 Ebd., S. 110.
475 Ebd., S. 117.

anderen Gegenständen der Welt erfasst und erkannt werden. So kann es nicht wundern, dass Fichte, was die Sprache und den bildhaften Ausdruck betrifft, immer wieder mit Aporien kämpft: er sucht schließlich Worte und Bilder für das Undarstellbare. Der Text kann das Wichtigste nur andeuten, indem der Leser oder Hörer die beschriebenen Operationen des Selbstbewusstseins an sich selbst beobachten. Es wird auf sein eigenes Ich aufmerksam gemacht. Fichte liegt es daran, den experimentellen Charakter eines solchen Vorhabens hervorzuheben.

Der „Erste Abschnitt" der Abhandlung trägt den Untertitel „Hypothetisch aufgestellter Begriff der Wissenschaftslehre". Im zweiten Unterkapitel beruft sich Fichte auf zwei wissenschaftliche Experimente besonderer Art; das erste Experiment liegt relativ unweit zurück und mit ihm wird ein Bezug zur wissenschaftlichen Revolution hergestellt. Es handelt sich um Jacques Etienne Montgolfiers Versuch, einen Luftballon zu konstruieren. Bei dem anderen Experiment handelt es sich um das Versprechen von Archimedes, mit Hilfe eines Hebels die Erde von der Stelle zu bewegen. Die zeitliche Distanz, die die beiden Gelehrten trennt, ist enorm groß; es wundert nahezu, dass Fichte nach Montgolfier auf Archimedes Bezug nimmt. Die Denkfigur des archimedischen Punktes muss ihm so wichtig gewesen sein, dass er nach ihr griff und sie als paradigmatisch für eine gewisse Art von wissenschaftlichen Experimenten deutete: nämlich für Gedankenexperimente, wie es ihm vorschwebte. Die Anekdote über den archimedischen Punkt wird überraschenderweise vor dem Hintergrund der zeitgenössischen Physik von Fichte neu gedeutet.

Eingeführt werden die beiden Bezüge auf naturwissenschaftliche Experimente als Teil einer Reflexion über das Mitkonstruieren des Erkenntnisgegenstandes im Akte der Erkenntnis. Fichte radikalisiert diesen im Grunde genommen Kantischen Gedanken wie folgt:

> […] man soll bei einem Dinge, das selbst erst durch uns, nach einem davon gebildeten Begriffe, der den Zweck desselben ausdrückt, hervorgebracht werden soll, aus der Denkbarkeit dieses Zwecks noch nicht auf die Ausführbarkeit desselben in der Wirklichkeit schliessen: aber nimmermehr kann es heissen, man solle sich bei seinen geistigen oder körperlichen Arbeiten keinen Zweck aufgeben […].[476]

Um den Prozess einer solchen zweckorientierten Arbeit näher zu erläutern, kommt Fichte auf das Beispiel Montgolfier zu sprechen:

> Der Erfinder der Aërostatischen Bälle durfte wohl die Größe derselben, und das Verhältniß der darinn eingeschlossenen Luft gegen die Atmosphärische, und den Grad

---

476 Ebd., S. 119.

ihrer Schnelligkeit berechnen; auch noch ehe er wußte, ob er eine Luftart finden würde, die um den erforderlichen Grad leichter sey, als die Atmosphärische [...].[477]

Mit der Untersuchung Montgolfiers führt Fichte das Motiv der Luft bzw. der Atmosphäre in seinen Diskurs ein. An diesen Punkt schließt sich die Deutung des archimedischen Punktes an. Fichte setzt den Faden der irdischen Atmosphäre fort und macht dann einen Sprung zur Gravitation:

> [...] und Archimedes konnte die Maschine, durch welche er den Erdball aus seiner Stelle bewegen wollte, berechnen, ob er gleich sicher wußte, daß er keinen Platz ausserhalb der Anziehungskraft derselben finden würde, von welchem aus er sie könnte wirken lassen. – So unsere eben beschriebene Wissenschaft. Sie ist, als solche, nicht etwas, das unabhängig von uns, und ohne unser Zuthun existiere, sondern das erst durch die Freiheit unsers nach einer bestimmten Richtung hin wirkenden Geistes hervorgebracht werden soll [...].[478]

Die alte Anekdote über den archimedischen Punkt wird hier originell uminterpretiert und als ein modernes, aktuelles Bild eingesetzt. Den Bezug der Archimedes-Metapher zur Gravitationskraft treffen wir zwar bereits bei Kant an, dort wurde er jedoch über das Motiv der Freiheit vermittelt: für Kant war die Freiheit der wahre archimedische Punkt und konnte durch die Gravitationskraft als Metapher repräsentiert werden. Fichte macht die Gravitationskraft selbst zum Bestandteil der Metapher, was bei Kant in seiner Auslegung der Archimedes-Anekdote nicht der Fall war. Beiden Denkern liegt jedoch daran, die Unmöglichkeit eines wirklich ‚außerirdischen' archimedischen Punktes zu demonstrieren und den ‚Punkt' nach innen, in das Subjekt zu verlegen. Kant verbindet diesen Gedanken mit dem Untergang der Metaphysik als Gebietes der Erkenntnisse. Es ist nur Schein, wenn wir, unserer Sehnsucht nach der Erkenntnis des Übersinnlichen folgend, glauben, zu einem ‚archimedischen Punkt' gelangen zu können. Demgegenüber ist der einzig mögliche und um so wirklichere Punkt im Innern zu suchen: als die Idee der Freiheit.

Auch Fichte zeigt zunächst, dass ein Auffinden eines physischen, wirklichen ‚archimedischen Punktes' nicht zu bewerkstelligen ist; dann aber nimmt er eine Änderung vor. Weder Archimedes, noch jemand anderes verfügte über die Möglichkeit, sich außerhalb der Gravitationssphäre der Erde zu begeben, um den Planeten von dort aus zu bewegen. Die Kraft der Schwere binde jeden Körper, der auch die geringste Masse besitzt, an die Erdoberfläche. Und trotzdem sei Archimedes' Versprechen weder Betrug noch Phantasie gewesen; ihm sei der Griff

---

477 Ebd.
478 Ebd.

über die irdische Sphäre hinaus tatsächlich gelungen, wenngleich nicht physisch, sondern geistig. Obwohl Archimedes sich dessen bewusst war, dass er sein Experiment nie wird ausführen können, konnte er trotzdem die „Maschine" berechnen, mit Hilfe derer er den Erdball von der Stelle hätte reißen können. Und trotz der Unrealisierbarkeit, die in das Projekt von Anbeginn an eingeschrieben war, konnte er sicher sein, dass – wäre eine Ausführung möglich – die Maschine genau so funktionieren würde, wie es sich aus den Berechnungen ergab.[479]

Archimedes' Werkzeug ist der Hebel. Der archimedische ‚Punkt' als solcher wird bei Fichte nicht beim Namen genannt, er gehört aber dazu, weil er konstitutiver Bestandteil der erwähnten „Maschine" ist. Zu den Berechnungen gehört die Länge des Hebels und das *fulcrum*, auf das er gestützt werden könnte. Es handelt sich um eine mathematische Konstruktion und eine Leistung völlig intellektueller Natur: weil das Experiment nicht tatsächlich stattfindet, wird auch kein reeller Hebel gebraucht. Der Charakter des Gedankenexperiments verbindet die beiden von Fichte zitierten Beispiele aus den Naturwissenschaften bzw. der Mechanik: Archimedes und Montgolfier, dem Erfinder des Luftballons.

Die Gravitationskraft erscheint in Fichtes Archimedes-Metapher zunächst als das Störende, als ein negativ gefärbtes Phänomen, weil wir nicht dazu fähig sind, die Gewalt, mit der sie uns an die Erde fesselt, zu überwinden. Der archimedische Punkt wird also nicht wirklich ‚gefunden' – in dem Sinne, dass er weder von Archimedes, noch von irgendeinem anderen Menschen wirklich eingenommen und als *fulcrum* benutzt werden könnte. Jedoch wird er stattdessen ‚erfunden': als mathematische Operation wird ein solcher Punkt im Raume (oder sogar mehrere), der alle notwendigen Bedingungen erfüllt, postuliert und gesetzt. In dem unendlichen und leeren kosmischen Raum wäre ein solcher mathematischer Punkt sogar die einzig mögliche Bestimmung eines Ortes dieser Art. Fichte überträgt den Akzent in der Anekdote somit von der spektakulären Vision, die Erde zu bewegen, auf die weniger spektakuläre, aber revolutionäre Fähigkeit des menschlichen Geistes, Wahrheiten zu finden und großangelegte Projekte zu entwerfen, selbst wenn sie über jede Möglichkeit der Realisierung hinausgehen.

---

479 In Wirklichkeit wären die Länge des Hebels und die Zeit, die nötig wäre, um den Planeten nur um einen Zoll zu heben, enorm groß, so dass Archimedes' Experiment selbstverständlich absolut unausführbar ist. Die entsprechenden Größen zu errechnen, war für die Autoren von Lehrbüchern eine rein intellektuelle Übung. Siehe: James Ferguson: Astronomy Explained Upon Sir Issac Newton's Principles, and Made Easy to Those, Who Have Not Studied Mathematics, London 1756, S. 57-58, oder: Franz Joseph Ritter von Gerstner: Handbuch der Mechanik, Bd. 1 (Mechanik fester Körper), Prag 1833, S. 87.

Archimedes Leistung: das Erfinden der kosmologischen „Maschine", soll dem Leser veranschaulichen, was Fichte mit seinem eigenen Entwurf einer neuen Wissenschaft meint. Diese richtet sich auf das Unbedingte, das aber nicht als etwas Existierendes gefunden wird, sondern muss „gesetzt" werden. Das Absolute, das gesucht wird – scheint Fichte mit Hilfe der Metapher sagen zu wollen –, werden wir nie wirklich ergreifen können, das ist *per se* unmöglich. Und trotzdem sind wir imstande, so wie Archimedes es tat, im Gedankenexperiment auf dessen Spur zu gelangen, wenn wir nur analysieren, wie unser Selbstbewusstsein arbeitet. Der Symbolwert der Anziehung als der uns an die Erde bindenden Kraft wird in Fichtes Abhandlung durch dieses eine Bild jedoch noch nicht ausgeschöpft. Die Gravitation, die zunächst als das ewig Irdische an uns, das uns vom Absoluten trennt, eingeführt wird, erweist sich bald als die paradoxe Metapher für das Absolute selbst. Das zentrale Bild, das in „Über den Begriff der Wissenschaftslehre..." für den postulierten absoluten Grund entworfen wird, ist aus dem Geist der Himmelsmechanik Newtons geboren: die im All schwebende Erde.

Ein System, das durch eigene Kraft am Nichts hängt

Der von Fichte gesuchte Grundsatz soll ein absoluter sein, d. h. er muss sich selbst begründen und darf sich somit auf kein weiteres Fundament stützen. In der Sprache der Erkenntniskritik bedeutet das, dass er auch absolut evident sein muss, d. h. er muss und kann nicht erklärt werden, da er dem Subjekt sofort von selbst einleuchtet: er ist mithin unmittelbar gewiss. Erklären soll sich dieser Grundsatz lediglich durch sich selbst, auch seine Existenz verdankt er sich selbst – in Fichtes Vokabular heißt es, er bringt sich selbst hervor.[480] Bekanntlich verkündete Fichte den Satz der Identität „Ich bin Ich" als Formel eines solchen Grundsatzes: im Akt der Selbstreflexion seien das Objekt und das Subjekt nicht nur identisch, sondern sie werden in diesem Akt erzeugt. Natürlich müsse man zwischen dem Satz, also der Formel, und dem Denkakt selbst unterscheiden, die Formel ist nur das Zeichen für den Akt ursprünglicher Wiedererkennung, welcher seinerseits als solcher nie ins Bewusstsein gelangt, nur dessen Folgen: zunächst das Bewusstsein der Identität und dann die Identifizierung eines Nicht-Ich als das, was von mir unterschieden wird. (Welche Verkleidungsspiele und Spiegeleffekte mit diesen Operationen des Bewusstseins möglich sind, hat wohl niemand mit dergleichen bitterer Ironie gezeigt, wie es Heinrich von Kleist im

---

480   Fichte: Über den Begriff, S. 119.

„Amphitryon"[481], was wir hier aber nicht erörtern können.) Um eine solche Idee zu veranschaulichen, konnte Fichte jedoch nicht weiter in den Kategorien der Baumetaphorik vorgehen, von der er zunächst einen so großen Gebrauch gemacht hatte. Sie eignet sich nicht dazu, solch einen Grundsatz bildhaft zu repräsentieren. Verfolgt man die Metaphorik des Textes, insbesondere des Ersten Teils, stellt sich heraus, wie mit neuen ‚newtonisch' anmutenden Bildern neue Akzente gesetzt werden und die viel traditionellere im überlieferten philosophischen Diskurs etablierte Architekturmetaphorik an entscheidenden Stellen in den Hintergrund rückt, um Analogien aus dem kosmologischen Bildfeld Platz zu machen.[482]

Die von Fichte anfänglich exponierten Gebäude-Metaphern implizieren ein gewisses Denkschema: sie verlocken zur Suche nach immer tieferen ‚Fundamenten' und ‚Gründen', man fühlt sich gezwungen, immer ‚tiefer' zu bohren, in der Hoffnung, zu der letzten Grundlage zu gelangen. Fichte verhält sich so, als ihm eine Intuition eingegeben hätte, dieser Verlockung der architektonischen Bilder zu entgehen und gegen die Macht des gewohnten Metapherngerüstes plötzlich etwas Anderes zu setzen. Am Ende des „Ersten Abschnitts" der Abhandlung treffen wir auf das Bild des Erdballs, welches sich selbst aus eigener Kraft im kosmischen Raum hält. Die haltende Kraft heißt die Schwerkraft:

> [...] so müssen doch alle [diese Wissensreihen – M.T.] in einem einzigen Ringe festhangen, der an nichts befestigt ist, sondern durch seine eigene Kraft sich, und das ganze System hält. – **Wir haben nun, einen durch seine eigene Schwerkraft sich haltenden Erdball**, dessen Mittelpunkt alles, was wir nur wirklich auf dem Umkreise desselben, und nicht etwa in die Luft, und nur perpendikular, und nicht etwa schiefwinklich angebaut haben, allmächtig anzieht, und kein Stäubchen aus seiner Sphäre sich entreissen lässt.[483]

---

481 Vgl. Klaus Hammacher: Fichte in Berlin, in: „Fichte Studien" 19/2002 (Fichte und die Literatur), S. 37-54.
482 Zugleich kommt Fichte mit der Verwendung solch ‚moderner' Metaphern in die Nähe der vormodernen Definitionen bzw. Metaphern für Gott. Siehe hierzu die Definitionen und Vorstellungen in: Was ist Gott? Das Buch der 24 Philosophen. Erstmals übersetzt und kommentiert von Kurt Flasch, München 2013.
483 Ebd., S. 126. Hervorhebung von mir. Friedrich Karl Forberg wollte mit dem Nichts auf seine Weise fertig werden: im Kantschen Sinne hielt er es für eine notwendige Fiktion. Forberg schrieb 1797 einen Kommentar, der den Eindruck einer Anknüpfung an Fichtes Metapher des um ein Nichts herum organisierten „Ringes" macht: „Das absolute Ich wäre dann weiter nichts, als eine systematische Fiction, und nur so lange nöthig gewesen, als an dem Systeme gebauet wurde. Ist der Bau vollendet, was indessen wohl nie der Fall seyn wird, so hat es gethan, was es thun sollte,

Der Paragraph 2. des synthetisch-einführenden „Ersten Teils" wird mit den beiden Denkexperimenten von Montgolfier und Archimedes eröffnet und wie mit einer Klammer mit dieser ausgebauten ‚newtonischen' Metapher geschlossen. Dieses neue Erdbild tritt in Konkurrenz zu dem architektonisch aufgebauten ‚Elefanten und Schildkröten-Schema', bei dem die Erde in dem Gewand der altindischen Mythologie die existentielle Obdachlosigkeit des Menschen, dem der letzte ‚Grund' ungewiss bleiben muss, symbolisierte. Hier stoßen wir auf eine einfallsreiche Uminterpretation der Baumetaphorik. Die Änderungen mit Hilfe kosmologischer Motive newtonscher Prägung sind so radikal, dass ganz andere Denkschemata aktiviert werden. Weil es die Gravitationskraft gibt, können wir „auf dem Umkreise" bauen und brauchen dennoch nicht zu befürchten, dass unsere Gebäude in den Abgrund stürzen. Die Gravitationskraft enthüllt ihre andere, positive Seite im Vergleich zu dem Hindernischarakter, den Archimedes offenbarte: sie hat es zwar unmöglich gemacht, dass der Grieche jemals sein Experiment wirklich durchführen konnte, hier jedoch erweist sich gerade die allgegenwärtige Macht der Anziehung als etwas sehr Nützliches. Im traditionellen architektonischen Denkschema, das mit Kategorien ‚unten' und ‚oben', ‚Stützen' und ‚Daraufliegen' operiert, schien die Leistung des Fundaments darin zu liegen, dass es sich ‚unten' befindet und ein nächstes Element darauf waagerecht gelegt werden kann. In Wirklichkeit ist es aber nicht die räumliche Relation von ‚unten' und ‚oben', sondern die Schwerkraft, welche die Relation des ‚Unterstützens' erzeugt und die Dinge zusammenhält, ohne dass eine bestimmte Richtung im Raume von Bedeutung wäre. Man könnte hinzufügen, dass es die Masse ist, die entscheidet, welcher der Körper als intensiver angezogen empfunden wird. Es geht nicht mehr um das Unterstützen, sondern um das Zusammenhängen. Die ganze Konstruktion, die Fichte in der angeführten Metapher schildert, hält sich durch ihre „eigene Kraft" und ist „an nichts befestigt". Anstelle des alten Schema vom ‚Unterstützen' und ‚Aufbauen' zählt jetzt der Zusammenhang und der Mittelpunkt: d. h. das Gravitationszentrum. Wie sie zueinander im Raum situiert sind, hat keine primäre Bedeutung. Das typisch architektonische Schema wird

---

und es wir entlassen. Die Idee des absoluten Ich hätte ungefähr dieselbe Function in der Metaphysik, wie die Idee eines verständigen Urhebers der Welt in dem Studium der organisierten Natur: so wie diese zwar selbst keine Entdeckung, sondern bloß Fiction ist, aber doch uns zu Entdeckungen leitet; so wäre jene, ohne selbst erster Ring der Kette zu seyn, doch zum Zusammenhängen der Glieder sehr behülflich." (Friedrich Karl Forberg: Briefe über die neueste Philosophie, in: Aus der Frühzeit des deutschen Idealismus. Texte zur Wissenschaftslehre Fichtes 1794-1804, Würzburg 1987, S. 153-181, S. 168.)

durch eine Konstruktion ersetzt, die die Gestalt eines Punktes und unendlich vieler sich von ihm aus konzentrisch verbreiteten Kreise hat. Die durch Newtons allgemeines Gravitationsgesetz bestimmte moderne Physik lehrte die Zeitgenossen, dass hinter dem architektonischen Konstruktionsprinzip in Wirklichkeit die Schwerkraft steht: eine unsichtbare mächtige Anziehungskraft, die alles in der irdischen Sphäre durchdringt.

Es fällt auf, dass Fichte hier nicht das Sonnensystem als Ganzes oder zumindest die Sonne erwähnt, denn die newtonsche Himmelskörpermechanik sagt ja, dass der Erball das „Sich-Halten" nicht der „eigenen Schwerkraft" verdankt, sondern es Folge des Ausgleichs der Kräfte in Bezug des Systems auf die Sonne ist. Die Berücksichtigung der Sonne würde aber ein zweites, noch mächtigeres Zentrum als die Erde einführen und somit das Schema so verändern, dass es Fichtes ‚monozentrischem' Anliegen (er will ja nur einen Grund) nicht mehr entsprechen würde. Er spielt in „Über den Begriff der Wissenschaftslehre" konsequent die Erdmetaphorik durch. Die Betonung des Symbols Erde und des Irdischen ist ihm aus mehreren Gründen wichtig, wobei nicht zuletzt ein ‚Im-Bild-Bleiben' eine Rolle spielt, weil es dem Text einen immanenten Zusammenhang verleiht. Die von der neuen Physik inspirierten Metaphern setzen sich so deutlich von den traditionelleren architektonisch strukturierten Grund-Metaphern ab, weil beide Bildfelder einen Bezug auf den gleichen Metapherngenerator ‚Erde' haben. Fichte variiert den Erdbezug in verschiedene Richtungen und schafft somit auch ein inneres Konstruktionsprinzip für seine Abhandlung. Die Erde ist auch deshalb so wichtig, weil Fichte seine Philosophie zwar um einen Begriff des Absoluten herum organisiert, dieses jedoch nach Innen versetzt: in die Tiefenstrukturen des Bewusstseins. Die Erde passt in dieser Hinsicht zu der ‚Anthropologisierung' des Absoluten besser als andere, ferne Himmelskörper.

Das von der newtonschen Mechanik inspirierte Bild der Erde hat für Fichte noch eine Reihe von weiteren Vorteilen: unter dem Rückgriff auf die Gravitationskraft kann er ein Sinnbild für den paradoxen Charakter seines Grundsatzbegriffs finden: ein Sinnbild, das ebenfalls paradox ist. Der ‚Grundsatz' erscheint plötzlich nicht mehr als ein ‚Grund' im Sinne eines Fundaments, sondern er ist eine Art Anfang und zugleich ein Zusammenhängendes, welches nicht greifbar ist und dessen Wirkung sich trotzdem überall verbreitet. Das Gravitationszentrum, das in diesem Denkmodell das herkömmliche Bild des Fundaments ersetzt, ist zwar der Mittelpunkt einer Wirkungssphäre, aber es ist kein ‚Ding', sondern ein mathematischer Punkt. Das *centrum gravitatis* wird, um die Berechnungen zu ermöglichen und sie zu erleichtern, ein mathematischer Punkt. In diesem symbolischen Punkt, der als Massepunkt bezeichnet wird, konzentriert sich die gesamte Masse des Körpers, er besitzt jedoch keine anderen Qualitäten, vor allem keine Ausdehnung. Der Mittelpunkt der Schwerkraft ist also physisch ein ‚Nichts', und eignet sich somit besser für die Darstellung des Unbedingten im Sinne Fichtes als jede traditionelle Grund-Metapher.

Das Schweben

Mit der Einführung des „mit eigener Kraft" und ohne sichtbare Stütze sich im kosmischen Raum haltenden Erdballs gibt Fichte einer wichtigen Denkfigur des Zeitalters den Anfang: dem ‚Schweben'. Das ‚Schweben' gehört zu dem engsten Kern der Metaphernwelt, die das Selbstverständnis der Frühromantik organisierte. Es steht für das Schweben zwischen den Gegensätzen in der von inneren Widersprüchen bestimmten Welt der beginnenden Moderne und für den paradoxen Halt in der Haltlosigkeit, der dem frühromantischen Ich-Begriff zugrunde liegt. Fichte soll der Erste gewesen sein, der die Denkfigur des Schwebens geprägt hat. Bisher schaute die Forschung jedoch nur auf Begriffe, nicht auf Metaphern. Reinhard Loock berichtet zusammenfassend:

> Für kaum mehr als einen Augenblick rückt die Metapher des Schwebens in den Mittelpunkt des philosophischen Diskurses. Während das Erscheinen von Fichtes >>Grundlage der gesamten Wissenschaftslehre<< 1794/95 den eindeutig faßbaren Anfangspunkt markiert, kann dieser Diskurs mit guten Gründen im Jahr 1801 als weitgehend abgeschlossen gelten – zu dem Zeitpunkt, als Fichte die erste seiner ‚späten' Wissenschaftslehren ausarbeitet und Schelling sein Identitätssystem konstruiert. Nimmt man die wichtigen Beiträge Friedrich Schlegels und Novalis' hinzu, sie sich von Fichte ebenso herleiten, wie sie sich gegen ihn wenden, dann stellt das Schweben den Brennpunkt dessen dar, was man philosophische Frühromantik nennen kann.[484]

Die Metapher des ‚Schwebens' steht für eine Dazwischen-Situation; das Vermögen, das für diese neue Kompetenz des Subjekts zuständig ist, ist zumeist die Einbildungskraft. Das Schweben versinnbildlicht der Forschung zufolge auch das ewige Suchen und Streben ins Unendliche. Verbunden wird die Denkfigur bei den Romantikern mit der Ironie, die als romantische Ironie eine bestimmte existentielle Situation zum Ausdruck bringt. „Der Widerspruch, fortwährend zu erstreben, was sich immer schon und immer wieder entzogen hat, ist der

---

484 Loock: Stichwort „Schweben", S. 335. Dort auch weiterführende Forschungsliteratur zum ‚Schweben'.

romantischen Ironie strukturell eingezeichnet."⁴⁸⁵ Novalis vergleicht das ‚Schweben' mit dem ‚Leben' bzw. identifiziert beides als Synonyme.⁴⁸⁶

In „Über den Begriff der Wissenschaftslehre" fällt das Wort ‚Schweben' zwar noch nicht. Bevor aber Fichte auf den Begriff kam, setzte er bereits in der ersten Fassung seiner Wissenschaftslehre das Bild der im All schwebenden Erde ein, um seinen Schlüsselbegriff des neu gedachten absoluten Grundsatzes bildhaft zu vermitteln. Mit guten Gründen kann man behaupten, dass die für die Frühromantik so zentrale Denkfigur des ‚Schwebens' aus einer newtonisch inspirierten kosmologischen Metapher geboren wurde, auch wenn sich dieser ihr ursprüngliche Bezug später in der häufigen Verwendung bei den Frühromantikern verlor bzw. nicht mehr deutlich ist. Erneut erweist sich ein scheinbar abstrakter, ideengeschichtlich motivierter Begriff als in Wirklichkeit ein Stück konkreter, greifbarer Geschichte des astronomischen Wissens: eine wissenschaftliche Tatsache des frühen nach-newtonschen Zeitalters, versteinert zum scheinbar abstrakten Begriff wie ein Fossil.

Diese so bedeutende Metapher des ‚Schwebens' nahm keineswegs mit der Frühromantik ein Ende. Wie Jürgen Link in seiner Forschung zum Kollektivsymbolsystem um ‚Ballon' im 19. Jahrhundert zeigte, gehört ‚Schweben' zu den Hauptbausteinen des in diesem Jahrhundert dominanten Metaphernnetzes, nicht zuletzt war es eine Metapher, die für die Intellektuellen stand. Spuren davon lassen sich bis in das 20. Jahrhundert verfolgen, wie Link darzulegen versucht. „Im Zusammenhang mit dem Ballonsymbol ließe sich hier das Beispiel der ‚freischwebenden Intelligenz' bei Karl Mannheim anführen."⁴⁸⁷ Mittlerweile haben sich die Akzente aber verschoben und das ‚Schweben', das Link für die spätere Zeit signifikant findet, scheint zu einem anderen Bildfeld zu gehören, als es bei Fichte und den Frühromantikern der Fall war. Nicht mehr die Möglichkeit des freien Schwebens steht im Vordergrund, sondern der Verlust von Bodenhaftigkeit, womit es eine spöttisch-ironische Färbung gewinnt.⁴⁸⁸

---

485 Lore Hühn: Das Schweben in der Einbildungskraft. Eine frühromantische Metapher in Rücksicht auf Fichte, in: „Fichte-Studien" 12/1997 (Fichte und die Romantik), hg. von Wolfgang H. Schrader, S. 127-151, Zitat S. 128.
486 NW, Bd. II, S. 11. („Sollte es noch eine höhere Sfäre geben, so wäre es die zwischen Seyn und Nichtseyn – das Schweben zwischen beyden – Ein Unaussprechliches, und hier haben wir den Begriff von Leben.")
487 Link: Über ein Modell synchroner Systeme von Kollektivsymbolen, S. 65.
488 Belege finden sich im 19. Jahrhundert reichlich bei Marx oder bei Heine: „Indem Marx nun aber erklärt, daß die Ökonomie der wirkliche Boden sei, schreibt er sich immerhin in die gleiche epochale Kultur ein. Das Gleiche gilt für Heines sarkastische

Der Mittelpunkt und seine Sphären:
Unendlichkeit in alle Richtungen

Das Motiv des ‚Mittelpunktes' im Sinne des *centrum gravitatis*, das Bestandteil des Bildes von dem sich selbst haltenden Erdballs ist, bietet für Fichte einige interessante Merkmale, die traditionelle architektonische Metaphern nicht bieten können. In der Publizistik, mit der er debütierte und die in unmittelbarem Zusammenhang mit den Fragen der Französischen Revolution stand, finden wir u. a. eine Passage über die „Regelmäßigkeit". Es handelt sich in diesen Zeilen um Menschen, die sich emanzipieren wollen, die ein starkes Ich, also ein starkes Selbstbewusstsein, besitzen und bereit sind, an sich selbst zu arbeiten, um sich ethisch auf eine höhere Ebene emporzuschwingen. Solche Menschen überwinden sich selbst und wirken Fichte zufolge positiv auf ihre Mitmenschen, die von den starken Persönlichkeiten mitgerissen werden:

> Erst durch das Ich kommt Ordnung und Harmonie in die todte formlose Masse. Allein vom Menschen aus verbreitet sich Regelmäßigkeit rund um ihn herum bis an die Grenze seiner Beobachtung, – und wie er diese weiter vorrükt, wird Ordnung und Harmonie weiter vorgerükt. Seine Beobachtung weißt dem bis ins Unendliche verschiedenen, – jedem seinen Platz an, daß keines das andere verdränge; sie bringt Einheit in die unendliche Verschiedenheit. Durch sie halten sich die Weltkörper zusammen, und werden nur Ein organisierter Körper; durch sie drehen sich die Sonnen sich in ihren angewiesenen Bahnen. Durch das Ich steht die ungeheure Stufenfolge da von der Flechte bis zum Seraph; in ihm ist das System der ganzen Geisterwelt, und der Mensch erwartet mit Recht, daß das Gesetz, das er sich und ihr giebt, für sie gelten müsse [...].[489]

Es ist Fichtes Antwort auf den Revolutionsgedanken und auf die Situation im revolutionären Frankreich, die sich in seinen Augen eine allzu gewaltvolle Wende nahm. Da die Revolution in Gewalt umschlug, bemühte sich Fichte um eine Bildungs- und Selbstbildungsidee als Rezept und Mittelweg. Nicht jeder Mensch sei bereits frei und selbstreflexiv genug, um von sich selbst, ohne Vorbild und Ermunterung, eine solche Bildungsarbeit zu initiieren. Deshalb seien Vorbilder so wichtig. Eine Anlage zum Unendlichen sei aber jedem angeboren, denn das Ich sei potentiell unendlich. Erstaunlicherweise formulierte Fichte dieses frühe

---

Formulierung aus dem >>Wintermärchen<<: >>Franzosen und Russen gehört das Land / Das Meer gehört den Briten / Wir aber besitzen im Luftreich des Traums / Die Herrschaft unbestritten.<< (Ebd., S. 90, Heine-Zitat nach Link. Hervorhebung im Zitat von Link.)

489 Über die Würde des Menschen, in: GA, Bd. I.2 (Werke 1793-1795), S. 83-89, Zitat S. 87.

politisch-emanzipatorische Rezept, das zugleich ein pathetisches Lob auf den Menschen ist, in Metaphern, die Kants kosmologischer Dichtung in der „Allgemeinen Naturgeschichte und Theorie des Himmels" zum Verwechseln ähnlich sind. Während sich aber bei Kant das Universum um eine Ursonne herum organisierte und die Anziehung für die unendliche Verbreitung der Ordnung in der formlosen Materie zuständig war, sehen wir bei Fichte den Menschen im Zentrum seines Kosmos.

Der reflexive und emanzipatorische Umgang des starken, selbstbewussten Menschen mit sich selbst erzeugt eine „Ordnung und Harmonie", die sich um ihn herum verbreitet. Die „Regelmäßigkeit" und die „Harmonie", hier als ethische Ordnung und Emanzipationssphäre gedacht, erinnern eindeutig an die Gravitationskraft. Selbst der poetische Pathos lässt an Kants Himmelsgenese oder an die kosmologische Dichtung eines Alexander Pope denken. Pope, den Kant reichlich zur Belegung seiner Thesen zitierte, begeisterte sich für die unsichtbare, gestaltgebende Anziehung, der sich nichts im Universum zu entziehen vermag. Sie geht von einem Urmittelpunkt aus und verbreitet sich ohne Grenzen:[490]

> Schau sich die bildende Natur zu ihrem großen Zweck bewegen,
> Ein jedes Sonnenstäubchen sich zu einem andern Stäubchen regen,
> Ein jedes, das gezogen wird, das andere wieder an sich ziehn,
> Das nächste wieder zu umfassen, es zu formieren sich bemühn.
> Beschaue die Materie auf tausend Art und Weise sich
> Zum allgemeinen Centro drängen.[491]

Die auf der Gravitationskraft als Bewegungsprinzip sich stützenden Planetensystemmodelle gestalten die ethisch-praktische, die politische und die theoretische Seite von Fichtes frühem Denken in den Jahren vor 1800. Kosmologische Metaphern dieser Prägung stellen mithin eine Art Brücke dar, die für eine Kohärenz zwischen den verschiedenen Teilen von Fichtes Schaffen in dieser Phase sorgt.

Probleme der Forschung mit Fichtes Gravitationspoetik

Wenn Fichtes „Über den Begriff der Wissenschaftslehre…" nur rein philosophisch, ohne Berücksichtigung der bildhaften Denkmodelle gelesen wird, scheint sein Vorgehen auf der Ebene der Metaphern unverständlich und inkonsequent zu sein. Wenn man die Konkurrenz zwischen architektonischen und kosmologischen Modellen in diesem Text übersieht und außer Acht lässt,

---

490   Für Details siehe das Kant-Kapitel dieser Arbeit.
491   AA I, S. 259. Das Gedicht von Alexander Pope als Zitat auf der Titelseite von Kants „Allgemeiner Naturgeschichte und Theorie des Himmels".

wie die traditionelle Architekturmetaphorik hier an Schlüsselstellen durch die Einführung newtonisch inspirierter Motive umgewendet und gebrochen wird, muss die innere Logik der Bilder in diesem Text unsichtbar bleiben. Gaetano Rametta widmet in seinem Essay „Satz und Grund. Der Anfang der Philosophie bei Fichte" den Bildern eine besondere Aufmerksamkeit. Mit der Wahl eines solchen Themas gehört sein Artikel zu den wenigen Ausnahmen, die sich dem Stil des Philosophen widmen.[492] Rametta kommt zu dem Schluss, dass Fichtes Ich de facto ein Nichts ist. Er betont die große Bedeutung die die Sprache und die Metaphern für Fichte darstellen. Dieser benutze die philosophische Sprache oft so, dass er die materielle, bildhafte Seite der philosophischen Grundbegriffe durchschimmern lässt. Der Forschungsrichtung, die Rametta einschlägt, ist zuzustimmen, denn Fichte gehört unter diesem Aspekt zu den interessantesten philosophischen Schriftstellern der deutschen Sprache, auch wenn er nicht in allen seinen Texten einen gleich umfangreichen Gebrauch von Bildern macht. Die Konkretheit von scheinbar abstrakten Begriffen erreiche Fichte dadurch, dass er gezielt bestimmte Motive im sprachlichen Kontext einsetzt. So seien die Erd-Metaphorik und das Gebäude als Metapher der unmittelbare Kontext, in dem das philosophische Wort ‚Grund' seine ursprüngliche konkrete Bedeutung wiedererlangt. ‚Grundsatz' ist als ein Satz zu verstehen, der Begriff besteht aus ‚Grund' und aus ‚setzen', bemerkt Rametta.[493]

Allerdings übersieht Rametta, der sich zum Ziel setzt, darzulegen, wie Fichtes Grundlagendiskurs in „Über den Begriff der Wissenschaftslehre" durch architektonische Metaphern mitgestaltet und kodiert wird, dass sich Fichte nicht nur von traditionsreichen Architekturbildern hat inspirieren lassen, sondern sich von ihnen im entscheidenden Augenblick auch distanzieren musste. Er griff dann zu den newtonisch anmutenden Erdenbildern und zu der Anekdote vom archimedischen Punkt. Rametta ist von der traditionellen Gebäudemetaphorik allzu sehr befangen, so dass er sich von ihr nicht befreien kann. Sein Verdienst ist jedoch, dass er die Metaphern nicht einfach als ästhetisches Beiwerk zu den Begriffen betrachtet, sondern die bildhafte Sprache als das Medium des Diskurses begreift. Damit signalisiert er eine neue Tendenz in der Fichte-Forschung. Da er

---

492 Gaetano Rametta: Satz und Grund. Der Anfang der Philosophie bei Fichte mit Bezugnahme auf die Werke BWL und GWL, in: „Fichte-Studien" 9/1997, S. 128-139.
493 Dem ‚Satz' wird dabei seine Statik abgenommen, und ihm wird etwas von der Dynamik des ‚Setzens' zuteil. Folglich erscheint der Satz schließlich nicht so sehr als Formel, sondern als Produkt des Setzens, der Tätigkeit. Der ‚Grundsatz' ist etwas Gemachtes; vor allem ist er die Spur einer lebendigen Geistesoperation, er ist das Produkt der grundlegenden Tätigkeit des Ich.

jedoch die Bedeutung des neuen, sich durchsetzenden kosmologischen Denkfigurenmodells übersieht, muss ihm Fichtes Umgang mit der architektonischen Metaphorik als in sich widersprüchlich erscheinen. Er fasst seine Folgerungen hinsichtlich der Gebäude- und Grundmetapher zusammen:

> So stellt man hier eine gewisse Unstimmigkeit in der Metapher fest. Um welche art von Grund handelt es sich bei einem Grund, der nicht ausschliesslich als Grundlage fungiert, sondern in ein unmittelbares Verhältnis zu den verschiedenen Bauteilen tritt? Was für ein Fundament, das sich von dem Erdboden, wo es festliegt, bis in die höchsten Stockwerke erstreckt? Wenn es der Grund ist, worauf sich alle Gewißheit stützt, dann bedeutet das, daß er alle Teile durchströmen muß. Eder Teil überträgt auf die anderen nicht seine eigene Gewißheit, sondern die Gewißheit des Grundes. Sie sind gewiß nur, weil der Grund gewiß ist.[494]

Und er fügt hinzu:

> Das bedeutet, dass der Grund mit der Totalität des Ganzen und seiner Teile verschmelzen muß. Dann jedoch würden wir vor folgendem Paradoxon stehen, nämlich dem eines Fundaments, das seine Funktion als Fundament negieren muß, um ein Gebäude tragen zu können, und dem eines Gebäudes, das kein festes Fundament haben dürfte, um gerade Sicherheit und Festigkeit erlangen zu können.[495]

Tatsächlich ist es so, dass Fichte ein solches paradoxes Fundament im Auge hat. Dieses feste Fundament, das alles begründet und zugleich kein ‚Ding' ist, sondern alles Gegebene durchströmt, ist in der Bildlogik des Textes ab einem gewissen Augenblick in der Gravitationskraft verkörpert, welche Fichte zwar sparsam, aber an entscheidenden Stellen der Abhandlung einsetzt. Fichte will das Paradoxe seines Grundsatzprojektes nicht aufgeben, auch nicht um der Kohärenz der Architekturmetaphorik willen. Es bleibt ihm also nichts anderes übrig, als seine Bildersprache derart zu modifizieren, dass sie seinem Vorhaben gerechter wird. Dass er trotz des Wechsels zum kosmologischen Metaphernfeld noch architektonisch einigermaßen ‚im Bild' bleibt, weil kein Bauen ohne Gravitationskraft möglich ist,[496] macht den ganzen ‚Bilderkampf' nur noch spannender. Auch andere Paradoxien, die Rametta konstatiert, klären sich mit dieser neuen Metapher: das Ich ist keine Substanz, es hat keinen Ort. Zu Recht konstatiert

---

494 Ebd., S. 130.
495 Ebd., S. 131.
496 Dass seit dem 20. Jahrhundert Raumfahrten und entsprechende ‚Bauten' möglich sind, gehörte nicht zum Wissenshorizont eines Fichte.

Rametta: „[Das Ich ist] Mittelpunkt des Ganzen, hat es keinen Ort, und kann auch nicht Gegenstand irgendeiner Topologie sein."[497]

Der Rückgriff auf das um die Gravitationskraft herum organisierte Denkfigurenfeld geht in Fichtes Abhandlung Hand in Hand mit der Abkehr von der Substanz und begleitet die intensive Suche nach neuen Anfangsmodellen, welche nicht mehr substantiell sein sollen. Martin Oesch hat darauf hingewiesen (ohne allerdings enger auf das Problem von Fichtes Metaphern einzugehen), dass Fichte oft sehr labil mit seinen Hauptbegriffen umgeht, als ob er sich nicht endgültig festlegen könnte oder wollte. Selbst – oder vor allem – betrifft das dessen Schlüsselbegriffe: er meint eigentlich ‚Ursache' oder ‚Handlung' und spreche stattdessen stets vom ‚Grund', was recht statisch klinge, obwohl es Fichte um Dynamik gehe.[498] Derartige Inkonsequenzen sind meines Erachtens erst vor dem Hintergrund des ‚Bilderkriegs' zu verstehen, dessen Schauplatz Fichtes Texte sind. Sie spiegeln tief verlaufende Prozesse der Entstehung von neuen Diskursen, und entscheidende Momente, in denen gegenseitige Kräfte aufeinander stoßen, wieder. Sie sind am besten gerade an paradoxen und brüchigen Stellen zu beobachten.

Ob man aus der Anziehungskraft die Materie ableiten könne, oder: Das kosmologische Metaphernfeld im intellektuellen Denkkollektiv nach Kant und Fichte

Konstellation und Denkstil

Lutz-Henning Pietsch hat Recht, wenn er feststellt, dass der Kampf um eine neue Philosophie oder Theorie immer auch ein Kampf um Metaphern ist.[499] Dies hängt mit der einzigartigen Art und Weise zusammen, auf die neue Theorien, Fragen und Ansätze, die von Kants Kritikern ausgingen und in den Zentren Jena und auch Tübingen aufgenommen und weiter entwickelt wurden. Dieter Henrich, der in den 1990er Jahren ein breit aufgefächertes Projekt zur Erforschung dieser ersten und sehr produktiven „Inkubationsphase" der so genannten idealistischer Denkweise in den beiden Zentren durchführte, hat in interessanten programmatischen Texten zu Problemen dieser Forschung eine andere Optik als bisher vorgeschlagen, um dieses Phänomen näher zu untersuchen. Nicht

---

497 Rametta: Satz und Grund, S. 137-138.
498 Martin Oesch: Einleitung, in: Aus der Frühzeit des deutschen Idealismus. Texte zur Wissenschaftslehre Fichtes 1794-1804, Würzburg 1987, S. 11-50, hier S. 14.
499 Die Metaphern spielen oft eine wichtige Rolle bei der Bildung von intellektuellen Fronten. Siehe: Pietsch: Topik der Kritik, S. 8ff.

hervorragende Einzelwerke oder gar Schaffenswege einzelner Persönlichkeiten sollten im Zentrum der Forschung stehen, sondern der „Denkraum" als solcher und die „Konstellationen" von Personen und Themenkreisen, der Umlauf von Texten, Fragen und gar Motiven. Henrich betont, seine Ergebnisse zusammenfassend: „Die Arbeit ließ deutlich werden, daß die Dynamik des Gesamtprozesses der nachkantischen Entwicklung eine Erweiterung des Horizontes und eine, so mag man sagen, kopernikanische Einordnung der einzelnen Oeuvres, für die man sich primär interessiert, in diesen Gesamtprozeß verlangt. Das Werk einzelner kann ferner nicht als Fixpunkt angesehen werden [...]"[500] An die Stelle der Erforschung „des Werkes einzelner" sollte eine – wie Henrich es nennt – „Konstellationsforschung" treten. Dazu müsse u.a. die sehr breite Korrespondenz aus dieser Zeit berücksichtigt werden, denn „[...] es gibt wirklich die individuellen Leistungen derer, die eine maßgebliche Konzeption erarbeitet haben. Sie muß aber als solche auf die Konstellationen des Gesprächs durchgängig bezogen bleiben, von denen sie sich schließlich angehoben hat."[501] Das eigentliche Inkubationsmedium der neuen Diskurse war das Gespräch und der Austausch von Ansichten, bei dem individuelle Grenzen sich oft verwischten, d. h. Modelle und Begriffe kursierten, ohne dass man von individueller Autorschaft sprechen konnte. Man könnte hinzufügen, dass die Konstellationen-Optik im Sinne Henrichs auch darauf aufmerksam macht, dass derartiges – wie die Frühromantiker Novalis und Friedrich Schlegel es nannten – „Symphilosophieren" bzw. „Gesamtphilosophieren" auch Konsequenzen für die Sprache hat; es gibt einen Umlauf des Stils, der Begriffe und nicht zuletzt der Metaphern. Henrich spricht nur von Problemen. Das Ganze ergibt etwas, was der Wissenschaftstheoretiker Ludwik Fleck „Denkstil" nannte (auch wenn Fleck eher die uniformierende Seite des Denkstils hervorhob, und nicht so sehr die kollektiv-innovative).[502] Eine

---

500 Dieter Henrich: Über Probleme der Methode bei der Erforschung der nachkantischen Philosophie, in: Konstellationen, S. 7-26, hier S. 15. Zu der Denkraum-Forschung vgl. die umfangreichen Publikationen von Henrich, in der er vieles Unbekannte erschlossen hat.
501 Dieter Henrich: Konstellationsforschung, in: Konstellationen, S. 42-46, hier S. 44.
502 Siehe hierzu die Kapitel „Erkenntnistheoretisches zur Geschichte der Wassermann-Reaktion" sowie „Über den Denkstil", in: Fleck: Entstehung und Entwicklung, S. 109-164 und 165-190. Fleck definiert ‚Denkstil' als „gerichtetes Wahrnehmen, mit entsprechendem gedanklichen und sachlichen Verarbeiten des Wahrgenommenen [...]. Ihn charakterisieren gemeinsame Merkmale der Probleme, die ein Denkkollektiv interessieren; der Urteile, die es als evident betrachtet; der Methoden, die es als Erkenntnismittel anwendet. Ihn begleitet eventuell ein technischer und literarischer Stil des Wissenssystems." (Ebd., S. 130.)

Ergänzung der Forschungen Henrichs durch Flecks Reflexionen würde zu einer spannenden Problemstellung führen. Einige Beobachtungen, die bezeugen, inwieweit das kosmologische Bildfeld bzw. die Konkurrenz architektonischer und kosmologischer Bildfelder die Diskussion um das neue Denken gerade in der Anfangsphase bestimmte, zeigen, dass sich tatsächlich ein neuer Denkstil herausbildete.

Wenn man von der Konstellation-Perspektive ausgeht, müssten auch Fragen nach der Kant-Rezeption anders gestellt werden. Henrich bemerkt: „Man mußte Kant kennen und ihn immer im Blick haben; aber man konnte nicht mehr nur in Beziehung auf Kant diskutieren. Die nachkantische Diskussion hatte sich verselbstständigt; und sie war zugleich in ich selbst kontrovers geworden. Zu nennen sind hier wieder J. B. Erhard, der Jurist Anselm Feuerbach, Friedrich Carl Forberg, ab 1794 auch Fichtes Jugendfreund Friedrich August Weißhuhn und […] F. I. Niethammer."[503]

Im Kreise um Friedrich Immanuel Niethammer bediente man sich in der intensiven Korrespondenz über die neuen Denkansätze einer entsprechenden kosmologischen Metaphorik, als ob man sofort begriffen hätte, dass sie mit zur Sache gehört, nicht weniger als die neuen Begriffe und Probleme selbst; offensichtlich erkannten sie, dass Metaphern sowohl die Probleme als auch die Art und Weise, wie über diese kommuniziert wird, mitgestalten. Interessant ist unter diesem Gesichtspunkt der Brief von Johann Benjamin Erhardt an Niethammer vom 19. Mai 1794. Erhardt bezieht sich auf die jüngsten Versuche, alles aus einem einzigen absoluten Grundsatz abzuleiten. Er mag hier entweder Fichte oder Reinhold im Sinn gehabt haben,[504] denn das Prinzip des absoluten Grundsatzes verbindet beide.[505] Reinhard Loock fasst diese Versuche folgend zusammen:

---

503 Henrich: Die Erschließung eines Denkraums, S. 245. Niethammer habilitierte sich in Jena im August 1792 und wurde Adjunkt an der dortigen philosophischen Fakultät. (Henrich: Grundlegung aus dem Ich, Bd. 2, S. 945.)

504 „1789 veröffentlichte Reinhold seinen >>Versuch einer neuen Theorie des menschlichen Vorstellungsvermögens<<. Sie ist eine Theorie, die auf einem einzigen obersten Grundsatz, dem Satz des Bewusstseins, die ganze Theorie der Vorstellungen, der Erkenntnisse und auch der Vernunft, schließlich sogar des Begehrens und Wollens aufbauen will." (Henrich: Die Erschließung eines Denkraums, S. 240.)

505 Fichte war mit den Vorschlägen Reinholds nicht zufrieden. 1793 erklärte er in einem Brief an den Philosophieprofessor Johann Friedrich Flatt, die Philosophie habe auch nach Kant und Reinhold noch nicht den erwünschten Zustand der Wissenschaftlichkeit erreicht. Zugleich war es Reinhold, der Fichte in dessen Vorhaben stets sehr unterstützte. Vgl. das Vorwort der Herausgeber zu Fichtes „Über den Begriff der Wissenschaftslehre", S. 94.

Wenn es Fichte (wie anderen Philosophen nach Kant, etwa Karl Leonhard Reinhold) darum ging, zu den Prinzipien der drei Kritiken – der transzendentalen Apperzeption, dem kategorischen Imperativ und dem Prinzip der Zweckmäßigkeit – einen obersten Grundsatz zu finden, dann darf diese Aufgabe nicht als eine formale Verbesserung verstanden werden. [...] Kant hatte die Apperzeption als ein formproduktives Prinzip gefasst: ihre reine Spontaneität formiert das gegebene Material durch die kategorialen Verstandesformen so, dass das Ich alle seine Vorstellungen begleiten kann, wodurch ein Bewusstsein erst zustande kommt. [...] Soll das Ich tatsächlich den prinzipiellen Grund des Bewußtseins darstellen, so muß seine Spontaneität die Form und den Inhalt zugleich betreffen. [Fichte] [...] Verwandelt [...] somit die Formproduktivität der transzendentalen Apperzeption in die unbedingte Produktivität des Ich.[506]

Gerade auf diesen Hauptpunkt des Anliegens von Reinhold und Fichte: alles aus nur einem einzigen Grundsatz zu entwickeln, zielt Erhardts Kritik. Das Bestreben, einen Grundsatz zu finden, welcher nicht nur eine rein formale ‚Lösung' der angeblich von Kant hinterlassenen Risse wäre, sondern in dem Form und Inhalt, Subjekt und Objekt nicht nur miteinander identisch wären, sondern sich selbst auch noch hervorbringen würden, vergleicht er mit dem Versuch, in der Physik aus der Gravitation auch die Materie selbst zu deduzieren und hervorzubringen wollen:

> Lieber Freund!
>
> [...] Herbert hat über das *eine* Prinzip von einer Seite ganz Recht. Die Philosophie, die von Einem Grundsatz ausgehet, und sich anmaßt, alles daraus abzuleiten, bleibt auf immer ein sophistisches Kunststück, allein die Philosophie, die bis zum höchsten Grundsatz hinaufsteigt, und alles andere mit ihm in vollkommener Harmonie darstellt, nicht daraus ableitet, ist die wahre. Das höchste Prinzip ist die moralische Natur des Menschen, wer dies bewiesen haben will, für den gibt es keine Philosophie. **Das ganze System des menschlichen Geistes lässt sich auch wohl noch aufstellen, allein wenn man glaubt, dass man es durch ein Prinzip finden und daraus ableiten könne, so klingt es mir gerade so, als wenn man aus der Anziehungskraft, nach deren Gesetzen sich das ganze Weltsystem seinen *Bewegungen* nach erklären lässt, die Weltkörper insofern sie *Materie* besitzen, ableiten wollte.** Kants Philosophie ist noch gar nicht herrschend bei seinen Jüngern, denn sie wollen die Vernunft daraus *konstitutiv* haben. Die Ideen werden von uns als a priori *in uns* erkannt, aber sie werden von uns nicht a priori, sondern analytisch erkannt, und da sie als Ideen ein Gattungsmerkmal haben, so glauben wir, wir haben sie durch dies Merkmal, das wir von ihnen abstrahiert, sogar aufgefunden.[507]

---

506 Loock: Stichwort „Schweben", S. 357-358.
507 „Denkwürdigkeiten des Philosophen und Arztes Johann Benjamin Erhard", Herausgegeben von K. A. Varnhagen von Ense, Stuttgart und Tübingen 1830. Brief

Mit dem Vorwurf, dass die ‚Grundsatzdenker' die Materie aus der Gravitationskraft ableiten wollen, trifft Erhardt das Wesen des Problems: wie soll man denn Idee und Gegenstand miteinander zu einer derartigen Einheit verbinden? Er postuliert eine Rückkehr zu Kantscher Bescheidenheit und Selbsteinschränkung der Vernunft.[508] Hierin war Erhardt einer Meinung mit Niethammer.

Niethammer teilt in einem Brief aus Jena Anfang Juni des gleichen Jahres seinem Freund Franz Paul von Herbert den tiefen Zweifel mit, der ihn bezüglich des sich verbreitenden ‚Grundsatzdenken' plagt. Er meint damit Reinhold und Fichte, der nach Reinholds Weggang in Jena die Suche nach dem absoluten ersten Grundsatz mit erneuter Energie aufgenommen hatte. Bereits zuvor hatte Herbert Niethammer gegenüber seinem „Verdrusz"[509] und seiner Melancholie Ausdruck über die neuen Wege zu philosophieren gegeben. Niethammer griff diese Einschätzung Herberts auf, drehte sie aber um und versuchte, sich und den Freund zu trösten, indem er einen nahezu paradigmatischen Metapherndiskurs entwickelte. Er postulierte einen bescheidenen Pragmatismus und eine Rückkehr zu Kant. Den „Sucher[n] eines ersten Grundsatzes"[510] gelte zwar Hochachtung, aber sie seien nicht nötig, um das Leben der Menschen auf der Erde vernünftig und nützlich zu gestalten. Der Kant der „Kritik der reinen Vernunft" ist für ihn der, der die Vernunft in ihre Schranken verwiesen hat und über diese Schranken wieder hinausgehen zu wollen sei sowohl vergeblich wie auch unbrauchbar. In der „Kritik der praktischen Vernunft" habe Kant den wirklich

---

von Erhard an Niethammer vom 19. Mai 1794, S. 395-396. Erhardt war Kantianer und Gegner von Ideen Reinholdscher oder Fichtescher Prägung, die von einer Ein-Grundsatz-Philosophie ausgingen. Die fetten Hervorhebungen im Zitat stammen von mir, die kursiven von Erhardt.

508 In Bezug auf den „einen Grundsatz" befinden sich Kant und Fichte auf entgegengesetzten Positionen. „Von einem orthodoxeren Kantischen Gesichtspunkt aus ist es nur sehr schwer zu verstehen, warum die ‚Wahrheit' immer von einem höheren Grundsatz abgeleitet werden muss. Für Kant bestehen die meisten Wahrheiten in empirischen Erkenntnissen, die, obwohl sie nach Kant immer auch eine erfahrungsunabhängige Komponente beinhalten müssen, meistens nicht aus Grundsätzen abgeleitet werden können. Noch unverständlicher ist aus einer strikt Kantischen Perspektive Fichtes These, dass jede Wahrheit nur aus einem Grundsatze abgeleitet werden kann und muss." (Kühn: Johann Gottlieb Fichte, S. 202-203. Hervorhebung von Kühn.)

509 Brief von Niethammer an F. P. von Herbert vom 2. Juni 1794, zitiert nach: Dieter Henrich: Der Grund im Bewußtsein. Untersuchungen zu Hölderlins Denken (1794-1795), Stuttgart 1992, S. 828-834, hier S. 828.

510 Ebd.

wahren einzig wertvollen Grundsatz formuliert: „Ich wünsche ein moralisches Wesen zu sein!"[511] und man täte besser, dem mehr Aufmerksamkeit zu widmen, anstatt die einzige absolute Wurzel allen Wissens und Handelns zu suchen. Die allerersten Grundsätze des Wissens seien nichts als „Seifenblasen". Man müsse zwar den Anstrengungen der jüngsten Philosophie mit Hochachtung begegnen, denn es handele sich um Versuche, aus einer reellen Krise herauszukommen. Niethammer gönnt solchen Versuchen jedoch nur den Wert des Suchens als solchen, denn auf dem Weg zum unerreichbaren Ziel werden oft wertvolle Gedanken formuliert.

Wenn wir uns den Metaphern zuwenden, die Niethammer häufig verwendet, da ihm das Thema sehr am Herzen liegt, stellt man fest, dass er auf Herberts Bedenken gegenüber der Philosophie des einen absoluten Grundsatzes in der Sprache der Kosmologie antwortet, oder genauer gesagt: in der Sprache des Metaphernkampfes zwischen dem kosmologischen und dem architektonischen Bildfeld. Vor allem nimmt Niethammer das indische Bild der von mythologischen Tieren getragenen Erde auf, um der ihm zufolge vergeblichen Tendenz, ein einziges Absolutes als Weltfundament zu postulieren, zu widersprechen:

> Beunruhigt uns aber die Möglichkeit des Versinkens, von der wir einmal ein Wörtchen haben fallen hören – so bleibt uns freilich nichts übrig, wir müssen nach dem Fundament fragen, auf dem unser Stückchen Land ruht. Bei dieser Frage findet sich nun aber der ganz eigne Umstand. **Dass wir bei der Beantwortung derselben entweder auf die Weise einer berühmten Cosmologie verfahren müssen, welche sagt: die Erde trägt ein Elephant, u. der Elephant steht auf einer Schildkröte, ohne uns weiter zu sagen, worauf die Schildkröte liege;** und wir müssen uns entweder ebenfalls mit einer solchen unbefriedigenden Antwort befriedigen, oder wir müssen weiter fragen, und auf diesem Wege ist das Fragen und das Antworten und also die Erde selbst bodenlos; oder wir müssen dahin kommen, einzusehen, **dass die Erde weder eines Elephanten noch einer Schildkröte bedürfe, um nicht zu fallen, sondern dass sie nach den Gesetzen der Schwerkraft und der Schwungkraft und wie die andern Kräfte alle heissen, von selbst halte und ihre Lage nicht verändern könne.**[512]

---

511 Ebd., S. 831.
512 Ebd., S. 829-830. Hervorhebungen im Zitat von mir. Das Unbehagen Niethammers an einem Denken, das vom einen einzigen Grundsatz ausgeht, hatte bedeutende Folgen. Niethammer gründete im Herbst 1794 das „Philosophische Journal einer Gesellschaft deutscher Gelehrter", um den Debatten über die neue Philosophie eine Bühne zu schaffen. „Niethammers Absicht und des Journals Aufgabe war es, vor allem im Blick auf Fichte, der erneut und nach Reinhold [...], bemerkenswerterweise auch in seiner Programmschrift, eine Philosophie aus einem ersten Grundsatz angekündigt hatte, die Diskussion über die Methode der Philosophie und über die

Wie der Bilderstrategie des Textes zu entnehmen ist, bedient sich Niethammer der gleichen kosmologischen Schlüsselmetaphern, die auch in Fichtes „Über den Begriff..." eine wesentliche Rolle spielten. Und die hinter diesen Bildern durchschimmernde existentielle Motivation ist die gleiche, die Fichte nach dem absoluten Grundsatz suchen ließ: die Furcht vor Bodenlosigkeit, die Angst vor dem „Versinken". Die indische Anekdote, die Niethammer eine „berühmte Cosmologie"[513] nennt, versinnbildlicht hier auf gleiche Weise wie bei Fichte die fehlende Gewissheit und die Gefahr einer existentiellen Grundlosigkeit. Ähnlich wie in Fichtes Abhandlung taucht bei Niethammer auch deren kosmologisches Gegenbild auf: d. h. die newtonsche Himmelsmechanik und die unsichtbaren Kräfte, wodurch der Planet keiner Schildkröten und Elefanten mehr bedarf, um sich im All zu halten. Während jedoch Fichte diese Metapher benutzt, um seinen absoluten Grundsatz zu postulieren und seine Wissenschaftslehre mit Hilfe dieses Bezugs auf die moderne Physik zu rechtfertigen, zieht Niethammer aus dem gleichen Bild einen umgekehrten Schluss: wir Erdenbewohner bräuchten, so wie die Erde, gar keine absoluten Grundsätze; wir können ohne absolutes Fundament leben und tun es ja auch jeden Tag, indem wir unseren täglichen Geschäften nachgehen. Dieser Umgang mit den Metaphern veranschaulicht, dass man in Bezug auf Bilder schwer von einem eindeutigen festgelegten Sinn hinter ihnen sprechen kann. Fichte benutzt die Anziehungskraft, um das Gegenteil von dem zu ‚beweisen', was Niethammer mit dem gleichen Bild ‚beweisen' will. Dies führt nicht uns nur vor Augen, wie wichtig der Kontext für die Auslegung

---

Schwierigkeiten einer Philosophie fortzuführen, die auf einen ersten Grundsatz begründet ist. Für Niethammer selbst geschah dies auf der Grundlage der Überzeugung, die sich in ihm im Sommer 1794 gefestigt hatte und die er in einem Brief vom Juni 1794 dahingehend erläuterte, daß Philosophie aus einem ersten Grundsatz gleichermaßen entberhlich und unmöglich sei. Aber diese seine Überzeugung von der Unmöglichkeit einer Grundsatzphilosophie hat er öffentlich, angesichts von Fichtes Denkkraft und Reputation, nicht bekennen wollen. Stattdessen hat er nur die Aufgabe der weiteren Klärung des Problems dem >>Philosophischen Journal<< zur Aufgabe gestellt." (Henrich: Die Erschließung eines Denkraums, S. 246.) An Niethammers Zeitschrift beteiligten sich u.a. Hölderlin (der zwischen November 1794 und Mai 1795 in Jena studierte) und Novalis. Ab 1797 gab Niethammer den Journal mit Fichte zusammen heraus. Im Oktober 1797 erhielt Niethammer eine außerordentliche Professur an der theologischen Fakultät in Göttingen, die er leider ein Jahr später als Folge seiner Verwickelung in den ‚Atheismusstreit' verlor. Seit 1804 war er an der Universität Würzburg tätig. (Henrich: Grundlegung aus dem Ich, Bd. 2, S. 946.)

513 Niethammer an Herbert, in: Henrich: Der Grund im Bewusstsein, S. 829.

einer Metapher ist, sondern vor allem, dass das kosmologische Bildfeld um 1800 als eine Konstellation gelesen werden muss, in der das ganze Feld für das Mittragen von Krisenbewusstsein und für die Mitgestaltung des neuen Grundlagendiskurse verantwortlich ist. Die einzelnen Bestandteile des Feldes werden allerdings in kommunikativer Vernetzung je nach der Strategie des jeweiligen Autors eingesetzt und ‚gedreht'. Niethammers Brief an Herbert stellt auch ein prägnantes Beispiel dafür dar, wie die Konstellation von Personen, Diskursen und Medien um 1800 die Denkstile prägte, die in ihrer bildhaften, tiefen Ebene bis in die Gegenwart hinein Einfluss auf grundlegende Diskussionen ausüben. Als Antwort auf die „Sucher eines ersten Grundsatzes" entwickelte Niethammer nämlich einen metaphorischen Erdendiskurs, der suggestiv den Wert des Wohnens, Bauens und Anbauens evoziert, womit ein Weg direkt zur Husserls ‚Lebenswelt' und zum Heideggerschen ‚Wohnen' eröffnet wurde. Die Anhänger des absoluten Grundsatzes stünden demgegenüber einsam auf der Spitze eines kahlen „allgemeingültigen Felsens", wo ihnen „Grund und Boden [fehlt], etwas nützliches zu erzeugen".[514]

---

[514] Ebd. S. 829.

„…so sei uns die Vernunft oder das lichte Ich keine selbstschaffende ziehende Sonne": Jean Pauls Sehnsucht nach dem Vorkopernikanismus

Fichte hat sein auf Ich gestütztes oder, anders gesagt, am Nichts hängendes Weltgebäude unermüdlich und mit Enthusiasmus als wahren Aufbruch ins Neue verkündet. Zwar fehlte es nicht an Skeptikern, die – wie etwa Niethammer – Vorbehalte gegenüber den Versuchen äußerten, alles auf einen einzigen Grundsatz zu stellen, doch keiner ist Fichte mit so gründlicher Skepsis begegnet wie Jean Paul. Vielleicht vermochte er gerade deshalb, dass er philosophisch gebildet war, sich aber als Romancier verstand, Fichtes Denken einen Spiegel vorzuhalten, der die andere, sehr dunkle Seite dieses Denkens mit aller Deutlichkeit zeigt. Jean Paul arbeitet mit und in der Sprache; er nimmt Fichtes Motive, dessen charakteristische Stilkonstrukte und Wendungen auf und setzt sie bis zum Äußersten fort, so dass eine zweite Ebene dieser Sprache ans Licht kommt.

Das Fichtesche Ich ist mit einem Potential zur Unendlichkeit ausgestattet. Was Fichte als unendliche emanzipatorische kosmische Odyssee des Ich vorschwebte, erkannte Jean Paul als Gefahr eines unendlichen Solipsismus. Wenn das Ich das Universum erobert, so dass kein Raum, auch nicht im entferntesten Winkel des Alls, leer bleiben wird, dann wird es in absoluter Einsamkeit die Unendlichkeiten ausfüllen und sich nur noch in sich selbst bespiegeln. Die Visualisierungen einer solchen Gefahr finden in Jean Pauls Prosa in einer Reihe kosmologischer Bilder ihren Niederschlag.

Jean Paul war philosophisch und naturwissenschaftlich überaus interessiert. Die Präsenz von kosmologischen und astronomischen Motiven in seiner Prosa ist in der Forschung mehrmals thematisiert worden; der Gebrauch solcher Metaphern und Motive geht weit über die Bezüge zu Fichte hinaus. Sie haben in seinen Texten mehrere Funktionen und gehören oft anderen Bildfeldern an als jenen, welche für uns hier von Interesse sind. So spielen z. B. Kometen in seiner Prosa eine wichtige Rolle.[515] Die kosmologische Poetik dient ihm oft dazu, dem

---

515 Hans Esselborn: Das Universum der Bilder. Die Naturwissenschaft in den Schriften Jean Pauls, Tübingen 1989. Vgl. auch: Regula Bühlmann: Kosmologische Dichtung zwischen Naturwissenschaft und innerem Universum: die Astronomie in Jean Pauls „Hesperus", Bern-Berlin-Frankfurt/Main 1996. (Zum „Hesperus" (1795), der Jean

Wesen der menschlichen Existenz Ausdruck zu geben. In diesem Punkt trifft die Rezeption der Astronomie auf seine Auseinandersetzung mit dem neuen Anfangsdenken. Unter seinen Notizen und Aphorismen wie auch in den Prosawerken finden sich Rekurse sowohl auf die Astronomie als auch auf das zentrale Thema der Transzendentalphilosophie in Fichtes Fassung, die unter dem Zeichen des Ich steht. Der Sternenhimmel und das All waren schon vor Jean Paul mit der subjektiven Erfahrung der Unendlichkeit verbunden, die pietistische Tradition brachte prägnante Beispiele dafür, die auch für Jean Paul von Bedeutung waren, mit der Rezeption Fichtes erreichte diese Verschränkung jedoch eine hochaktuelle, moderne Gestalt.[516] Am Beginn der Moderne treffen das Subjekt als der neue Gott und das nachkopernikanische unendliche Universum aufeinander und verschränken sich.

In der „Vorschule der Ästhetik" schrieb Jean Paul, das All sei das „höchste und kühnste Wort der Sprache".[517] Maximilian Rankl hat sich bemüht, Grundtypen von kosmologischen und astronomischen Metaphern in der Prosa Jean Pauls zu unterscheiden und deren Funktionen zu identifizieren. Besonders häufig kommen Kometenmotive vor, die in der Jean Paul-Forschung mehrfach behandelt worden sind. Zu den suggestivsten Metaphern gehören Vorstellungen von unendlichen Räumen mit vielen gewaltigen Sonnen, die sich in Bewegung befinden. Rankl nennt die oft wiederkehrenden und nicht selten ausgebauten

---

Paul Ruhm gebracht hat und den Weg zur Übersiedlung nach Weimar öffnete.) Über Jean Pauls Beschäftigung mit der Astronomie sowie dessen Kenntnisse und Lektüren auf diesem Gebiet informieren uns die Exzerpthefte, die der Schriftsteller in den Jahren 1778-1825 führte. Jean Paul las Wissenschaftler und Wissenspopularisatoren, u. a. Euler, Wünsch, Fontenelle, Kant, Lavater, Swedenborg. Sämtliche Exzerpthefte sind auf den Seiten des Würzburger Jean-Paul-Editionsprojektes in digitalisierter Form unter der Adresse zugänglich: http://www.jean-paul-portal.uni-wuerzburg.de/aktuelle_editionen/nachlass_exzerpthefte/ (letzter Zugang 31. 12. 2014).

516 Vgl. die Interpretationen Regula Bühlmanns zum „Hesperus" (1975) (Bühlmann: Kosmologische Dichtung), insbesondere das Kapitel „Das innere Handlungskonzept: der Sternenhimmel als Erfahrungsbereich äußerer und innerer Unendlichkeit".

517 Beate Allert zitiert diese Stelle aus der „Vorschule der Ästhetik" am Anfang einer interessanten Interpretation des Raummotivs in Jean Pauls „Traum über das All", einem Teil des Romans „Der Komet". (Beate Allert: Die Metapher und ihre Krise. Zur Dynamik der „Bilderschrift" Jean Pauls, New York-Bern-Frankfurt/Main 1987, S. 50.) Allert widmet viel Aufmerksamkeit der Verarbeitung solcher Phänomene bei Jean Paul, wie der leere Raum, die gewaltigen Raum- und Zeitdimensionen, das Ich und der Ichverlust, der Traum, die Vermischung von Subjektivem und Objektivem, sie geht jedoch nicht auf die Fichte-Auseinandersetzung ein.

Bilder dieser Art eine „Dynamisierung des Alls".[518] Sie geben in der Regel keine Ordnung wieder, die Lesenden werden mit gewaltigen kosmischen Stürmen und einer verwirrenden Vielzahl von Sonnen konfrontiert. Damit sind wir weit von den zwar atemberaubenden, aber trotzdem Harmonie ausstrahlenden Universumsepopäen eines frühen Kant entfernt, wo auch das winzigste Materieteilchen von der großen Ordnung Zeugnis gab. „Für diese Dynamisierung des Alls", konstatiert Rankl, „macht Jean Paul übrigens explizit die neuere Astronomie verantwortlich und setzt ihr das statische Weltbild >>der alten<< entgegen [...]."[519] Den Griechen hat Jean Paul zufolge eine harmonische Kosmologie zu ihrer großen Poesie verholfen. Rankl betont in seiner Interpretation vor allem die Bewegung des Fixsternenfirmaments, die der größte Auslöser der Unruhe und der Dynamik sei, wie auch die Vermittlung Kants bei der Betrachtung des Alls als eines unendlichen Systems von Sternsystemen. Besonders tiefsinnige Menschen vergessen in Jean Pauls Werken nie, dass sie mit dem unendlichen Kosmos im Angesicht leben. „So ist es geradezu ein Kennzeichen der ‚hohen Menschen' in den Romanen Jean Pauls, daß sie zu keiner Zeit >>vergessen, daß sie auf einem Gestirn wohnen<<", bemerkt Rankl, einen Aphorismus von Max Frisch zitierend.[520] Rankl spricht von dem „astronomischen Vergleich" in Jean Pauls Werk. Er meint damit alle Metaphern, die dem Sonnensystem entlehnt sind und in Jean Pauls Texten oft für die Charakterisierung der existentiellen Einsamkeit des Menschen stehen. „Die ‚Basis-Metapher' für all diese Bilder ist eigentlich eine Allegorie, die wir im „Titan" finden [...]. Das ist ja nichts anderes als eine kosmische Allegorie für die wesenhafte Einsamkeit der Menschen [...]"[521] Als Matrix für den „astronomischen Vergleich" führt Rankl die folgende Stelle aus dem „Titan" an:

> Oben zogen große Weltkugeln; auf jeder wohnte ein einziger Mensch, er streckte bittend die Arme nach einem anderen aus, der auch auf einer stand und hinüberblickte;

---

518 Maximilian Rankl: Die poetische Integration von Astronomie und Kosmologie im Werk Jean Pauls, in: Rankl: Jean Paul und die Naturwissenschaft, S. 138-187, hier S. 139.
519 Ebd., S. 141.
520 Ebd., S. 161. Rankl schreibt zusammenfassend: „Das >>kosmische Bewußtsein<< ist also eine durchaus zeittypische Erscheinung unter den Gebildeten, und so kann es nicht Wunder nehmen, daß zahlreiche Romanfiguren Jean Pauls astronomische Kenntnisse besitzen, welche sie zu jener kosmischen >>Erhebung über die Erde<< befähigen, die für Jean Paul eine Grundvoraussetzung des >>hohen Menschen<< ist." (Ebd., S. 186.)
521 Ebd., S. 171-172.

aber die Kugeln liefen mit den Einsiedlern um die Sonnensichel, um die Gebete waren umsonst.[522]

In der Jean-Paulschen Vision der Vielzahl von Planeten, auf denen einzig ein einsames Menschenwesen wohnt, kann man eine radikale Umdeutung des optimistischen Diskurses von der Vielzahl der Welten wiedererkennen, der im 17. bis zum 18. Jahrhundert verbreitet war. Somit ist Jean Paul ein großer Enthüller und Zerstörer der großen Erzählung vom Aufbruch in die neuen Weiten des Alls und von den Siegeszügen des neuen modernen Subjekts. Der Zusammenhang zwischen dem unendlichen und unruhig bewegtem kosmischen Raum und der Jean Paulschen Rezeption und literarischen Interpretation der neuen Ich-Philosophie Fichtes wird von Arbeiten, die sich, wie die von Rankl, auf astronomische Motive in Jean Pauls Schaffen spezialisieren, jedoch nicht näher behandelt.[523]

Das bekannteste Zeugnis der Auseinandersetzung mit Fichte ist das kleine satirische Prosawerk „Clavis Fichtiana seu Leibgeberiana", das als komischer Anhang zu dem Roman „Titan" (1800-1803) abgedruckt wird. Der Zusammenhang zwischen dem Roman und dem Prosastück ist jedoch lose, so dass der „Clavis" eine Ganzheit für sich bildet und als Text getrennt gelesen werden kann.[524] Jean Pauls Auseinandersetzung mit der Ich-Philosophie hat auch etwas mit seiner Bekanntschaft mit Friedrich Heinrich Jacobi zu tun. Mit Jacobi hatte er im Herbst 1798 zunächst per Brief Kontakt aufgenommen, woraus bald eine Freundschaft wurde, deren Grundlage nicht zuletzt die Distanz der beiden zu Fichtes Denkweise darstellte. Den „Clavis Fichtiana" widmete Jean Paul dem Freund Jacobi als Erklärung einer intellektuellen Seelenverwandtschaft. Jacobi machte sich Mitte der achtziger Jahre mit der Schrift „Über die Lehre des Spinoza in einer Reihe von Briefen an Herrn Moses Mendelssohn" (1785) berühmt. Für Jean Paul

---

522 Jean Paul: Titan: Sämtliche Werke, Abteilung I, Bd. 3 (Titan, Komischer Anhang zum Titan, Clavis Fichtiana seu Leibgeberiana), hg. von Norbert Miller und Walter Höllerer, Darmstadt 2000, S. 552.
523 Rekurse auf Fichte als Kontext für gewisse kosmologische Symbolik bei Jean Paul fehlen in der Regel in Studien, sie sich den astronomischen Metaphern bei Jean Paul widmen. Die Tendenz ist eher, einerseits die Auseinandersetzung Jean Pauls mit Fichte über das Ich und andererseits die astronomische und kosmologische Metaphorik zu interpretieren. So etwa fehlen Verweise auf Fichte in: Barbara Hunfeld: Der Blick ins All: Reflexionen des Kosmos der Zeichen bei Brockes, Jean Paul, Goethe und Stifter, Tübingen 2004.
524 Jean Paul beabsichtigte, die Satire in den Titan zu integrieren, zuerst ist sie jedoch gesondert im März 1800 erschienen. (Siehe Anmerkungen zu: Clavis Fichtiana seu Leibgeberiana, in: Jean Paul: Sämtliche Werke Abteilung I, Bd. 3., S. 1130.)

steht Jacobi für die Hoffnung auf die Rettung des Offenbarungsglaubens, der durch die aufklärerische und vor allem nachkantsche Philosophie in eine tiefe Krise geraten sei. Jacobi stellte den Spinoza-Briefen als Motto den ersten Teil des Spruches von Archimedes: *dos moi pou sto* [δος μοι που στω – gib mir einen Platz, wo ich stehen könnte]. Darüber hinaus beschäftigte sich Jean Paul 1788 intensiv mit Jacobis Schrift „David Hume über das Gedächtnis oder Idealismus und Realismus".[525] In seinem ersten Brief an Jacobi teilte Jean Paul mit, dass er Hilfe gegen den Fichteschen umgekehrten Spinozismus suche.[526] 1798 zog er nach Weimar um, womit er sich nahezu im Zentrum der neuen Ich-Philosophie befand.[527] „Die Präsenz Fichtes im benachbarten Jena ist für Jean Paul zweifellos eine der größten geistigen Herausforderungen seiner Zeit in Weimar. Noch bevor er nach Weimar zieht, bittet er Jacobi um geistigen Schutz."[528] In dieser Zeit erfolgt auch eine Annäherung an Herder. Der Name Fichte erscheint immer wieder vor dem Hintergrund des so genannten Atheismus-Streites, dessen Folge es war, dass der Philosoph im Herbst 1799 Jena verlassen musste und seine dortige Universitätsstelle verlor.[529] Helmut Pfotenhauer vermerkt zu Recht, dass die Auseinandersetzung mit Fichtes Ich-Denken für Jean Paul vor allem deshalb eine außerordentliche Tiefe, Dimension und Intensität erlangte, weil sie zugleich eine „Auseinandersetzung mit ihn [d. h. mit Jean Paul selbst – M. T.] erschreckenden Tendenzen des eigenen Schriftstellertums"[530] war.

Im Frühjahr 1799 verfasste Jacobi einen offenen Brief an Fichte, der, was das Stilistische betrifft, originelle und vielsagende Gleichnisse enthält. So vergleicht Jacobi Fichtes Philosophie u.a. mit einem Strickstrumpf. In dem stellenweise sehr ironisch-bissigen Text wird jedoch gleich am Anfang der neuen Philosophie das große Verdienst zugesprochen, die Physik der Himmelskörper endlich um eine geistige Entsprechung ergänzt zu haben. Ein Huygens und Newton entwickelten

---

525 Helmut Pfotenhauer: Jean Paul. Das Leben als Schreiben / Biographie, München 2013, S. 221 und 222.
526 Ebd., S. 205.
527 Zu der Übersiedlung nach Weimar und dem Verhältnis zu Jacobi siehe auch: Michael Zaremba: Jean Paul: Dichter und Philosoph. Eine Biographie, Köln 2012, S. 140ff.
528 Ebd., S. 219.
529 Während sich Jacobi in seinen Stellungnahmen Schiller und anderen gegenüber eindeutig noch vor Fichtes Entlassung gegen diesen positionierte (obwohl er Fichte zugleich vor dem Atheismus-Vorwurf in dem offenen Brief „An Fichte" schützte), hielt sich Jean Paul aus der laufenden Auseinandersetzung in Weimar zunächst heraus. Angeregt durch den Streit studierte er Fichte im Herbst 1799. (Beatrix Langner: Jean Paul: Meister der zweiten Welt. Eine Biographie, München 2013, S. 297ff.)
530 Ebd., S. 220.

die Mechanik des Himmels, Kant und Fichte folgten mit der strengen Mechanik „des menschlichen Geistes":

> Alle Wißenschaften sind zuerst als Mittel zu anderen Zwecken entstanden, und Philosophie im eigentlichen Verstande, *Metaphysik*, ist davon nicht ausgenommen. Alle Philosophen giengen darauf aus, *hinter* die Gestalt der Sache, das ist, zur Sache selbst [...]. Von dieser Unwißenheit und Anmaßung haben uns die zwey großen Männer, *Kant* und *Fichte*, befreyt; von Grund aus erst der lezte. Sie haben die *höhere* Mechanik des menschlichen Geistes entdeckt; im Intellectual-System die *Theorie der Bewegungen in widerstehenden Mitteln* vollständig dargelegt und in einer anderen Sphäre geleistet, was Huygens und Newton vormals in der ihrigen.[531]

Die Horizonte, welche uns der neue von Kant und Fichte eingeschlagene Weg eröffnete, seien aber keineswegs nur hell und weitläufig, denn die Welt verwandelte sich gleichzeitig in ein Gespenst. Wir hätten es mit einer Selbstgötterei des Ich zu tun. Jacobi erklärt sich zum Verteidiger des Wahren, worunter er das versteht, was *„vor* und *außer* dem Wißen ist".[532]

Den „Titan" verfasste Jean Paul in Weimar.[533] Im „Clavis Fichtiana", der im Januar 1800 fertig war,[534] werden die an Wahnsinn grenzenden Folgen des Ich-Denkens durchbuchstabiert.[535] Der Text besteht aus drei Teilen: einer „Vorrede", einem „Protektorium für den Herausgeber" und dem eigentlichen „Clavis", also dem ‚Schlüssel'. Es ist der zur Philosophie Fichtes gemeint. Die Vorrede ist mit dem Namen Jean Paul unterschrieben, der „Clavis" samt dem ihm vorausgesetzten „Protektorium für den Herausgeber" stammt aus der Feder Leibgebers, einer fiktiven Figur aus dem früheren Roman „Siebenkäs". Leibgeber zieht aus der Philosophie Fichtes einen interessanten Schluss, was das Phänomen der Autorschaft betrifft: er behauptet, gerade weil das absolute Ich absolut ist, kann er, Leibgeber, ebenso gut Autor dieser Philosophie sein und sie erläutern. So nennt sich Leibgeber Autor solcher Werke Fichtes wie die „Grundlage der gesamten

---

531 Friedrich Heinrich Jacobi: Jacobi an Fichte, in: Friedrich Heinrich Jacobi: Werke. Gesamtausgabe hg. von Klaus Hammacher und Walter Jaeschke, Bd. II.1, Hamburg 2004, S. 187-225, hier S. 207-208. Hervorhebungen im Original.
532 Ebd. S. 208. Hervorhebungen im Original.
533 Zu Jean Pauls Weimarer Zeit, mit Blick auch auf die Entstehung des „Titan", vgl. Werner Fuld: Jean Paul und Weimar, in: „Text und Kritik" (Sonderband zu Jean Paul), München 1983 (dritte, erweiterte Auflage), S. 162-189. Der Essay behandelt Jean Pauls Kritik an Fichte und an der Frühromantik, u. a. unter dem Aspekt des Ästhetizismus.
534 Pfotenhauer: Jean Paul, S. 223.
535 Ebd., S. 211.

Wissenschaftslehre" (1794) und der „Grundriß des Eigentümlichen der Wissenschaftslehre" (1795).[536]

In der Vorrede, für deren erzählerische Meta-Autorität der Name Jean Paul steht, heißt es von der Grundabsicht des „Clavis":

> [...] der sozusagen idealische Idealismus Fichtes lebt und webt dergestalt im Absoluten, daß – da sich im *Zentrum* seines existierenden Universums die *Existenz*, wie im *Schwerpunkt* einer Welt die *Schwere*, durch die Bestimmungslosigkeit aufhebt – daß nun gar kein Weg mehr herein in die Endlichkeit und Existenz geht [...].[537]

Jean Paul nimmt die Grundmetaphorik des kosmologischen Bildfeldes auf, er dreht sie aber so, dass sie ihren Sinn, den sie bei Fichte hatte, verkehrt. Er spielt auf die Metapher des *centrum gravitatis* bzw. des Schwerpunktes an, der bei Fichte für das unbedingte Absolute steht, aus dem sich kreisförmig bis ins Unendliche die Ordnung ausbreitet. Jean Paul bemerkt mit Recht, dass sich gerade im Schwerpunkt eines Körpers – hier ist der Schwerpunkt der Welt gemeint – die Schwere aufhebt. So hebe sich auch die Existenz des Fichteschen absoluten Ichs auf. Die Anziehung wirkt überall, nicht aber in ihrem Zentrum, dem mathematischen Massepunkt selbst. Jean Paul spielt hier das Motiv vom Nichts, an dem alles hängt, aus. Während Fichte und so mancher Frühromantiker wie Novalis oder Friedrich Schlegel darin ein positiv gemeintes Nichts sahen, das ihnen eine Öffnung zum Neuen bedeutete, einen potentiellen Anfang, ist es für Jean Paul ein leeres, folgenloses Nichts.

In Jean Pauls Roman „Siebenkäs" gibt es die erschütternde „Rede des toten Christus vom Weltgebäude herab, dass kein Gott sei". Die Rede gilt als Zeugnis eines nihilistischen Zweifels, sie stellt aber auch ein prägnantes Beispiel vom Ausdruck eines tiefen Krisenbewusstseins in der Sprache kosmologischer Bilder der nachkopernikanischen Astronomie dar.[538] Wir werden mit einem Universum konfrontiert, das seinen Mittelpunkt verloren hat. Das „ganze geistige Universum" wird „zersprengt und zerschlagen in zahlenlose quecksilberne Punkte von Ichs".[539] Diese „Ichs" fliegen herum ohne jeglichen Bezug auf etwas außerhalb ihrer. In der „Rede des toten Christus..." entwirft Jean Paul eine Vision, in

---

536 Jean Paul: Clavis Fichtiana seu Leibgeberiana, in: Sämtliche Werke, Abteilung I, Bd. 3., S. 1011-1056, hier S. 1022.
537 Ebd., S. 1014. Hervorhebungen von Jean Paul.
538 „Rede des toten Christus vom Weltgebäude herab, dass kein Gott sei", in: Jean Paul: Sämtliche Werke Abteilung I, Bd. 2. (Siebenkäs, Flegeljahre), hg. von Norbert Miller, Darmstadt 2000, S. 270-280.
539 Ebd., S. 270.

der die Grenze zwischen Leben und Tod sich zur Unkenntlichkeit verwischt. Die Unsterblichkeit ist für die vielen „Ichs" eine Qual. Jean Paul kannte Fontenelles Buch über die Vielzahl der Welten in der Übersetzung von Mylius, die mit Kommentaren von Bode versehen war.[540] Die unendliche Vielzahl bedeutet hier aber nicht unendliche Hoffnung auf ein Treffen mit mehr oder weniger exotischen Bewohnern fremder Welten, sondern unendliche vergebliche Pilgerschaft zu Gott. Christus, seiner Gottesnatur entkleidet, klagt:

> Ich ging durch die Welten, ich stieg in die Sonnen und flog mit den Milchstraßen durch die Wüsten des Himmels; aber es ist kein Gott. Ich stieg herab, soweit das Sein seine Schatten wirft, und schauete in den Abgrund und rief: >>Vater, wo bist du?<< aber ich hörte nur den ewigen Sturm, den niemand regiert, und der schimmernde Regenbogen aus Wesen stand ohne eine Sonne, die ihn schuf, über dem Abgrunde und tropfte hinunter. Und als ich aufblickte zur unermeßlichen Welt nach dem göttlichen Auge, starrte sie mich mit einer leeren bodenlosen Augenhöhle an; und die Ewigkeit lag auf dem Chaos und zernagte es und wiederkäuete sich.[541]

Die Unendlichkeit des Alls und die Vielzahl der Sonnen bedeutet keine Rettung vor der Bodenlosigkeit; im Gegenteil, es gibt plötzlich keinen Unterschied mehr zwischen Höhe und Tiefe, das „Weltgebäude" versinkt und kann doch nicht aufhören zu existieren, da sowohl der Raum wie auch die Zeit unendlich sind. Das All unterscheidet sich kaum von einer tiefen dunklen Grube:

> [...] und die ganze Erde und die Sonne sanken nach - und das ganze Weltgebäude sank mit seiner Unermeßlichkeit vor uns vorbei - und oben am Gipfel der unermeßlichen Natur stand Christus und schauete in das mit tausend Sonnen durchbrochne Weltgebäude herab, gleichsam in das in die ewige Nacht gewühlte Bergwerk, in dem die Sonnen wie Grubenlichter und die Milchstraßen wie Silberadern gehen.[542]

Christus ist hier der moderne Mensch, der auf die Erde aus der Perspektive schaut, die den Zeitgenossen die neue wissenschaftliche methodische Vernunft brachte: er sieht die Erde nicht als Wohnstätte, sondern als Planeten vom All her. Christus sehnt sich nach der Zeit, als er noch auf der Erde wanderte und von dort aus in den unendlichen Himmel, in dem er den Vater vermutete, blickte. Diejenigen, die als Lebendige auf der Erde sind, haben noch die Möglichkeit, zu glauben; die modernen Aufgeklärten werden dagegen als Tote dargestellt, die im

---

540 Er war von Fontenelles Werk so begeistert, dass er im Roman „Hesperus" Viktor sagen lässt, eine Frau sollte den Katechismus und den Fontenelle auswendig lernen. (Siehe: Ishihara: Makarie und das Weltall, S. 136.)
541 Jean Paul: Rede des toten Christus, S. 273.
542 Ebd., S. 273-274.

diesseitigen unendlichen Jenseits versinken und der Leere ausgesetzt sind. Die indische Riesenschlange der Ewigkeit zermalmt das Weltgebäude am Ende des Traums zu einer unendlichen Enge.

Jean Paul hatte als Romancier die Kompetenz, Fichtes Schriften unter dem Aspekt der Sprache einzuschätzen. Es war sich bewusst, dass es hier nicht zuletzt um eine neue Sprache ging, die ihn mit ihren Tücken einerseits faszinierte, andererseits zu einer ironisch-übertriebenen Nachahmung provozierte. Leibgebers Rede im „Clavis" ist nur ein hervorragendes Beispiel davon. Unter den Notizen Jean Pauls finden sich mehrere Aufzeichnungen, die Fichte betreffen; in einer heißt es, „Sein [d. h. Fichtes – M. T.] System ruht auf einer Metapher, die nichts erklärt."[543] Fichtes System sieht Jean Paul mithin als von Grund auf metaphorisch an: es „ruht" wortwörtlich auf einer Metapher. Sie bezieht sich auf die absolute ‚Tathandlung', denn diese ist die Grundlage, auf der alles „ruht". Jean Paul zufolge müsse man dieses Problem als das Problem einer Metapher angehen. Fichte bewege sich nämlich auf solchen Ebenen, wo es keinen sinnlichen Maßstab mehr für Namen oder Begriffe geben kann. Es handelt sich somit um eine Ebene, die an reines Sprachspiel grenzt, denn die sprachlichen Zeichen seien sonst „physiognomische Fragmente der Sinnenwelt", wie Jean Paul es formuliert:

> Unsere Sprache ist ursprünglich bloß eine Zeichenmeisterin der *äußern* Wahrnehmungen; die spätern *innern* empfingen von ihr nur das Zeichen des frühern Zeichens; daher machen die *Quantitäten* – diese einzigen physiognomischen Fragmente der Sinnenwelt – fast den ganzen Sprachschatz aus; die *Qualitäten* – mit andern Worten die Kräfte, die Monaden der Erscheinung, uns nur im Bewusstsein, nicht im Begriff gegeben – diese Seelen werden immer nur in jene Leiber der Quantitäten, d. h. in die Kleider der Kleider gehüllt.[544]

Das ist für das Denken folgenreich, vor allem für die Diskurse der neuen Art, die sehr subtile und abstrakte Probleme behandeln. Jede Philosophie wurzele letztendlich in der Wahrnehmung, das dürfe man nie vergessen. Auf echt lockesche Weise bemerkt Jean Paul: „Wäre nur die Sprache z. B. mehr von der *hörbaren* als von der *sichtbaren* Welt entlehnt: so hätten wir eine ganz andere Philosophie und wahrscheinlich eine mehr dynamische als atomistische."[545] Der Philosoph kommt um die Sprache nicht umher, da sein Gegenstand ein abstrakter ist; und

---

543 Jean Paul: Philosophische, ästhetische und politische Untersuchungen, in: Jean Pauls Sämtliche Werke, hg. von Götz Müller, Historisch-kritische Ausgabe, Abteilung II, Bd. 7, Weimar 1999, S. 50.
544 Jean Paul: Clavis Fichtiana seu Leibgeberiana, S. 1024. Hervorhebungen im Zitat von Jean Paul.
545 Ebd. Hervorhebungen von Jean Paul.

je abstrakter er wird, desto mehr schimmert die rein sprachliche Natur der Zeichen durch, denn der Bezug auf die wahrnehmbaren Gegenstände wird schwächer. Deshalb ist für Jean Paul jede Philosophie, vor allem aber eine solche wie die Fichtesche, ausschließlich Arbeit in und an der Sprache.

Am problematischsten gestalte sich in der Fichteschen Philosophie der Begriff der absoluten Grundlage, da er „dem Grund des Denkens" also „der absoluten Ichheit", „die Denkbarkeit" abspricht.[546] Das ist auf dem Boden der metaphysischen Tradition verständlich: das Absolute als solches ist dem Denken unzugänglich. Jean Paul kehrt die Gravitationskraft-Metapher um und erinnert daran, dass sich die Schwerkraft nicht selber tragen kann. Hier komme es „gar nicht mehr auf das Denkbare" an.[547] Jean Paul würde „dieser Ichheit" [...] *insofern* sie der Grund ihres Grundes ist, auch diesen ableugnen", so dass „zuletzt nicht sowohl *nichts* übrig bliebe – das wäre zu viel und schon *bestimmt* [...]."[548] Er konstatiert, dass es „unendlich weniger als nichts und unendlich mehr als alles, kurz die Grundlosigkeit der Grundlosigkeit" sei.[549] Die Zirkelformulierungen sind das immer wieder verwendete Stilmittel, durch das Jean Paul die seines Erachtens rein sprachliche Sublimierung der Fichteschen Ideen travestiert. Diese Travestie hat zwei Gesichter: ein spöttisches, am besten durch Leibgeber verkörpert, und ein dunkles, das in Fichtes Ich-Absolutismus eigentlich die Gier vermutet, sich den ganzen unendlich gewordenen Raum der neuen Welt einzuverleiben und in sich zu verwandeln. Es geschieht aus Furcht vor dem unendlichen Nichts. Dieses unendliche Nichts, das das Ich vernichten will, indem es sich überall in die weitesten Winkel des Universums ausbreitet, verschwindet aber dadurch nicht – es findet sich genau im Zentrum wieder, im „Schwerpunkt" der Ich-bezogenen Welt. Wenn die absolute Freiheit der Grund unserer Freiheit ist – reflektiert Jean Paul – dann ist sie nicht mehr unsere Freiheit. Ähnlich wie Jacobi erkennt er, dass Fichtes absolute Ich eigentlich Gott ist, der aber in dem ungewöhnlichen Gewand einer fernen abstrakten Größe auftritt. Halb spöttisch, halb ernst schreibt er, Fichtes Gott sei „das absolute, sich wie Erisichthon selber verzehrende und wie Christus selber auferweckende Ich".[550] Dieses Ich kämpft einen kosmologischen Kampf, um alles von sich Unterschiedene aufzuheben, aber in dem Augenblick, in dem es ihm gelingen würde, das letzte Nicht-Ich einzuverleiben, müsste „der Jüngste Tag des Seins" einbrechen, denn es gäbe nichts

---

546   Ebd., S. 1014.
547   Ebd.
548   Ebd. Hervorhebungen von Jean Paul.
549   Ebd., S. 1014-1015.
550   Ebd., S. 1015.

mehr draußen. Die „Vernunft als solche [...] kann [...] in sich nichts Fremdes leiden".[551] Wenn sie alles in sich selbst verwandelt haben sollte, dann „[...] wäre nichts mehr da; die nicht-seiende Absolutheit ausgenommen."[552] Jean Paul lässt Leibgeber kosmologisch-nihilistische Visionen vor den Augen des Lesers ausbreiten: „[...] so bliebe nur das *schwarze Nichts* übrig, die Unendlichkeit, und die Vernunft brauchte nichts mehr zu erklären, weil sie selber nicht einmal mehr da wäre [...]".[553] Was die Fichtianer als Siegeszug des Ich ansehen, stellt in Jean Pauls Augen eine allmähliche Verwandlung des Seins ins Nichts, in ein Nicht-Existentes dar. Er ist ein scharfer Kritiker dessen, was sich mit der Moderne ankündigte: die erkenntniskritische Wende konfrontiere uns nur mit den Phänomenen, in denen wir wie im Spiegel einzig unser eigenes Gesicht wiedererkennen. Das Draußen, hieße es Noumena, Dinge an sich, die Natur oder das Seiende, verschwinde dagegen. Die Sehnsucht nach dem wahr Existierenden, nach der Einheit von Objekt und Subjekt und nach einem Draußen gehört bekanntlich zu den Gefühlen, die im 19. und 20. Jahrhundert von vielen Denkern und Künstlern der Moderne beschworen wurden. Jean Paul sieht den Kern der Moderne als Kampf „des Absoluten ohne Existenz gegen die Existenz".[554] Die Vernunft kann nicht aus sich selbst heraus, deshalb schafft sie sich stets ein ‚Anderes', nach dem sie sich dann sehnt. Ein solches Anderes ist Jean Paul zufolge die praktische Vernunft. Das Handeln und die Tat locken mit dem Versprechen, die Sehnsucht des einsamen Ich zu stillen, auch dieses Andere muss sich aber als Schatten erweisen, denn die Vernunft könne sich nichts wirklich Unterschiedliches von sich selbst vorstellen. Das Ich muss sich selbst Gesellschaft leisten:

> Ich bin nicht bloß, wie Bellarmin sagt, mein eigner Erlöser, sondern auch mein eigner Teufel, Freund Hein und Knutenmeister – **Die praktische Vernunft** selber (dieses einzige heilige Schaubrot für einen hungrigen philosophischen David) setzt mich mühsam in Bewegung, weil ich doch nur für mein Ich und für niemand weiter etwas Gutes tun kann [...]. Rund um mich eine weite versteinerte Menschheit – In der finstern unbewohnten Stille glüht keine Liebe, keine Bewunderung, kein Gebet, keine Hoffnung, kein Ziel – Ich so ganz allein, nirgends ein Pulsschlag, kein Leben, nichts um mich und ohne mich nichts als nichts – Mir nur bewusst meines höhern Nicht-Bewußtseins – In mir den stumm, blind, verhüllt fortarbeitenden Dämogorgon, und ich bin er selber – So komm' ich aus der Ewigkeit, so geh' ich in die Ewigkeit – –

---

551 Ebd., S. 1021.
552 Ebd., S. 1016.
553 Ebd., S. 1022. Hervorhebungen von Jean Paul.
554 Ebd., S. 1015.

Und wer hört die Klage und kennt mich jetzt? – Ich. – Wer hört sie, und wer kennt mich nach Ewigkeit? – Ich. –[555]

Deshalb wendet sich Jean Paul, hier der Vermittler von Leibgebers Klagen, dem Jacobischen Denken und dessen Gedanken von der Notwendigkeit des Glaubens und des persönlichen Gottes zu. Er greift hierbei auf kosmologische Metaphern zurück. In Fichtes System erkennt er einen totalen Anspruch; seine Wissenschaft der Wissenschaften „strecket seine Polypen-Arme nach allen Wissenschaften aus und zieht sie in sich[...]".[556]

Die neue Moralphilosophie vergleicht Jean Paul mit der Sonne, was aber nicht als eine positiv gefärbte Metapher gemeint ist. Sie sei „[...] die stofflose formale Moral, welche der Sonne einiger ältern Astronomen gleicht, die bloß mit ihren *Strahlen*, ohne wechselseitige *Anziehungskräfte* die Erden um sich lenken soll [...]."[557] Welche alten Astronomen Jean Paul im Sinn hatte, lässt sich nicht leicht feststellen. Am wahrscheinlichsten ist, dass er Kepler meinte, der – in diesem Punkt Newtons Vorgänger – als erster den Grund der Planetenbewegung in der Sonne vermutet hatte. Jean Paul muss aber an den frühen Kepler gedacht haben, noch bevor dieser seine Magnetentheorie formulierte. So schrieb Kepler in einem Brief an Michael Mästlin vom 3. Oktober 1595 – dieser Brief gilt als das früheste Zeugnis seiner dynamischen Ideen zur Himmelsmechanik – über die Rolle der Sonne und des Lichts als Vehikel der Bewegung:

> Die Sonne aber teilt die Bewegungskraft durch den Zwischenraum hin aus, in dem sich die Wandelsterne befinden, wie der Vater als Schöpfer tätig ist durch den Geist oder in der Kraft seines Geistes. [...] Allein es kommt noch eine andere Ursache hinzu, die die weiter entfernten Planeten langsamer macht. Wir wollen das Beispiel vom Licht nehmen. Denn Licht und Bewegung sind jedenfalls wie ihrem Ursprung nach, so auch in ihrer Wirkung miteinander verbunden; vielleicht ist gerade das Licht das Vehikel der Bewegung. Nun ist in einem kleinen sonnennahen Kreise ebensoviel Licht wie in einem großen sonnenfernen. Das Licht ist also auf dem großen Kreis dünner, auf dem engen Kreis dichter und stärker.[558]

Das Licht, selbst ein geheimnisvolles Phänomen, brachte Kepler auf den Gedanken, die Himmelskörperbewegung durch Kräfte zu erklären. Die Art und Weise,

---

555 Ebd., S. 1056. Hervorhebung im Zitat von mir - M. T.
556 Ebd., S. 1030.
557 Ebd., S. 1030-1031. Hervorhebungen von Jean Paul.
558 Der Weg Keplers verlief von der Lichtanalogie zur Magnetanalogie. Zitiert nach: Ulrich Hoyer: Das Naturverständnis Johannes Keplers, in: Schäfer / Ströker (hg.): Naturauffassungen in Philosophie, Wissenschaft, Technik, Bd. 2., S. 101-138, hier S. 107 und 108.

wie sich das Licht ausbreitet, ließ ihn später an eine bewegende Kraft denken, was er um 1600, in dem „Mysterium cosmographicum" und noch bewusster in der „Astronomia Nova" darlegte. Die Sonne erlangte hierbei eine besondere Rolle im Planetensystem. Sie ist die „bewegende Seele" des Universums, heißt es in dem Brief an Mästlin.[559] Mit dem Vergleich der neuen nachkantianischen Morallehre mit einer solchen Sicht auf die Planetenbewegung, d. h. mit einer Phase in der Astronomiegeschichte, die noch nicht mit dem Begriff der Gravitationskraft operierte, will Jean Paul sagen, dass der Morallehre eine wahre Wechselseitigkeit fehle. Die Anziehung ist ja nur möglich, wenn wir es mit zumindest zwei Körpern mit Masse zu tun haben. Jean Paul befürchtete hinter der neuen praktischen Philosophie samt ihrem Anspruch auf Gesetzmäßigkeit das gleiche selbstidentische Ich, das er in der Grundlagenlehre Fichtes erblickte. Erstaunlicherweise, vor dem Hintergrund der Kritik jedoch konsequent, endet das „Protektorium" zum „Clavis Fichtiana" mit dem poetischen Postulat, den ganzen Kopernikus rückgängig zu machen und zu der alten Kosmologie zurückzukehren:[560]

> Lieber machen wir abgesprungne Erden-Splitter der unendlichen Sonne den Wahn der ältern Astronomen wahr. Wie diese den blauen Himmel für ein Kristall-Gewölbe hielten und die Sonne für eine rückende Öffnung daran, durch die der Feuerhimmel lodere: so sei uns die Vernunft oder das lichte Ich keine selbstschaffende ziehende Sonne, sondern nur eine lichte Ritze und Fuge am irdischen Klostergewölbe, durch welche der ferne ausgebreitete Feuerhimmel in einem sanften und vollendeten Kreise bricht und brennt. –[561]

Jean Pauls Postulat einer Rückkehr zur vorkopernikanischen Astronomie ist natürlich als Metapher zu verstehen; das Ich, hier mit der Vernunft und auf bildhafter Ebene mit der Sonne identifiziert, verkörpert in der ausgebauten Metapher das in Jean Pauls Augen zentrale Prinzip der Moderne. Diese drehe sich um das auf die Vernunft reduzierte Ich, das seine Entsprechung in der nachkopernikanischen Sonne findet, die nicht nur Mittelpunkt unseres Planetensystems darstellt,

---

559 Ebd., S. 107.
560 Das wirft ein Licht auf die Feststellung Hans Esselborns, Jean Paul habe, trotz der enormen Fülle kosmologischer und astronomischer Metaphern in seinem Werk, die Umschaltung von der Geozentrik zur Heliozentrik nicht thematisiert. Zum einen stimmt das wie der „Clavis" zeigt, nicht ganz, zum anderen wird sichtbar, dass Jean Paul die kopernikanische Umschalung mit dem totalen Anspruch des Subjekts auf die Eroberung des Alls verbunden hat, den er negativ beurteilte. (Vgl. Hans Esselborn: Das Universum der Bilder. Die Naturwissenschaft in den Schriften Jean Pauls, Tübingen 1989, S. 63.)
561 Jean Paul: Clavis Fichtiana, S. 1031.

sondern auch den Punkt, von dem die bewegende Kraft ausgeht. Deshalb ist das Ich die alles ziehende Sonne; die allerdings, nach Jean Pauls Diagnose, ein in die Leere bzw. ins indifferente Nichts ziehende Prinzip sei. Der pessimistischen Diagnose entspringt das paradoxe Postulat, das Vorkopernikanische zu retten: Jean Paul ruft die Astronomie der alten Kristallgewölbe in Erinnerung, vor allem aber eine Kosmologie, die mit der Vorstellung des Empyreums operierte. Das Empyreum, d. h. der Feuerhimmel, ist ein Bild, das auf die Antike zurückgeht. In der Diskussion mit Aristoteles widersprach Plotin im Anschluss an die Stoiker der Annahme der Quintessenz als des fünften Elements, aus dem die Himmelssphären bestehen. Demgegenüber sah er im Feuer das Element des Himmels.[562] Der Feuerhimmel wurde als eine allerletzte Sphäre draußen vermutet. Im Universumsmodell des Ptolemäus befand sich das Empyreum über der Sphäre des *primum mobile*, die für die Bewegung des ganzen Systems sorgte.[563] Auf die Bedeutung des Empyreums wurde nicht selten in der Literatur angespielt. Für Cicero ist „[…] der Blick zum Himmel […] mehr als nur eine Umleitung der Wahrnehmung. Im obersten Himmel respektive im Empyreum außerhalb der Fixsternsphäre befinden sich nämlich in platonischer Tradition, der Cicero hier folgt, die Seelen der Gerechten, die nach dem Tod von der irdischen Sphäre befreit sich an der äußersten Peripherie des sphärischen Universums versammeln."[564] Diese „eigentümliche Vorstellung" von einem „feurigen Bereiche, jenseits von allem Geschaffenen", die „dem Christentum denkbar fremd scheint", wurde als der eigentliche Sitz bzw. Thron Gottes in die christliche Vorstellungswelt des Mittelalters übernommen.[565] Das auf antike und altiranische Quellen zurückgehende Bild war nicht unumstritten, doch spätestens mit der Summa Thomas von Aquinos erfuhr es eine Kanonisierung, welche allerdings nicht allzu lange währen sollte. Wie Gregor Maurach zusammenfasst, wird „seit dem 14. Jahrhundert […] eine Literatur erkennbar, die in zunehmenden Maße von weltanschaulicher Gebundenheit frei wird, wenn sie über astronomische Zustände handelt. In ihr, repräsentiert etwa durch Regiomontanus, Purbachius, Peucerus, Maurolycus, Copernicus, Tycho, Baroccius. Maestlinus, Clavius

---

562 Vgl. Ulrich Beuttler: Gott und Raum – Theologie der Weltgegenwart Gottes, Göttingen 2010, S. 48. Siehe zum Thema auch: Gregor Maurach: Coelum empyreum. Versuch einer Begriffsgeschichte, Wiesbaden 1968.
563 Thilo Krüger: Empfangene Allmacht: die Christologie Tilemann Heshusens (1527-1588), Göttingen 2004, S. 346.
564 Krüger: Die ‚Kopernikanische Wende', S. 120. Krüger nimmt Bezug auf Ciceros „De re publica".
565 Gregor Maurach: Coelum empyreum, Wiesbaden 1968, S. 5.

und andere, nicht zu vergessen Kepler, spielt das Empyreum kaum mehr eine Rolle. Es ist aus sachlichen Gründen nicht mehr haltbar."[566] Bekanntlich ist für Dante dieses Motiv noch von Bedeutung.[567] Der örtliche Status des Empyreums war kompliziert, da es sich außerhalb des endlichen Universums befinden sollte; manchmal wurde es nicht mit einem Ort, sondern mit Gott selbst identifiziert.[568] „Das Empyreum war ein *unortlicher* suprastellarer Licht-Raum, der zwar zur geschaffener Welt gehörte, von den Engeln und Seelen aber *diffinitve*, nicht *locative* bewohnt war und von dem *repletive* alles durchdringenden Gott unterschieden war."[569]

In Jean Pauls Schlussmetapher zum „Clavis" scheint Leibgeber einen Blick zum Himmel vor dem geistigen Auge zu evozieren, der kein Blick in das unendliche All ist, sondern den endlichen, blauen Himmel der Alten als Grenze erfährt, hinter der das Empyreum als Ort Gottes vermutet werden kann. Die Sonne ist kein Stern mehr, sondern lediglich eine sich bewegende Öffnung am Fixsternenfimanent, durch die der Mensch den durchschimmernden feurigen Himmel Gottes erblicken kann. Eine solche Perspektive erinnert an die barocken Kirchen, deren Gewölbe noch im 18. Jahrhundert trotz aller kopernikanischen und newtonischen Wenden immer gern als der alte sublunare Himmel gestaltet wurden. „Auch als mit Newton die Äquivalenz von himmlischer und irdischer Physik erwiesen war, blieb das endliche geozentrische Weltbild und die Unterscheidung von Himmel und Erde noch ins 18. Jh. wirksam. Die barocken Deckengemälde zeigen als Himmel keineswegs das unendliche Universum, sondern den sublunaren, bewölkten Bereich, während das *coelum empireum* unsichtbar blieb [...]."[570] Auf die Vorstellung, dass die Sonne als Himmelskörper gar nicht existiert, sondern nur ein Nichts: lediglich eine Öffnung am Firmanent der Fixsterne sein könnte, stieß Jean Paul während seiner umfangreichen Lektüren.[571] Auf diese Weise wird nicht nur die alles an sich

---

566 Ebd., S. 87 und 91.
567 Krüger: Empfangene Allmacht, in: Krüger: Die ‚Kopernikaische Wende', S. 346.
568 Beuttler: Gott und Raum, S. 48 und 168.
569 Ebd., S. 24. Hervorhebungen im Zitat von Beuttler.
570 Ebd., S. 51.
571 Unter Jean Pauls Exzerpten aus dem Jahre 1788 und 1789 befinden sich zwei Erwähnungen des Feuerhimmels. Die eine Notiz verweist auf die Lektüre des gothaischen Kalenders: „Derham: eine Öfnung in den Feuerhimmel der Alten. Gothaisch. Kalend. 1783" (Jean Pauls Exzerpte, vollständige Digitaledition auf: http://www.jp-exzerpte.uni-wuerzburg.de/index.php?seite=exzerpte/ex2a/13&navi=_navi/f2a, Zugriff 31. 12. 2014). Die andere verweist auf Gassendi: „Die alt. Astronom.

ziehende Sonne als Sinnbild der neuen solipsistisch-totalen Vernunft neutralisiert, sondern gänzlich vom Himmel entfernt, zugunsten einer Öffnung in eine andere Welt hinein.

---

nahm. zwisch. den Fixstern.und Planet. einen coelum trepidationis weg.der Unregelmässigkeiten der leztern. Gassendi: dan den Fixsternhimmel, dan das prim. mobile das sich u. den ganz. Himmel in 24 Stund. umwälzt, dan den Feuerhimmel wo die Seelen. Gassendi: stat des zitternd. Himmels sind 2 krystallene, 11 bewegliche Himm. u. dan der unbewegliche od. das Empyreum das wie ein Quadrat sieht." (Ebd.: http://www.jp-exzerpte.uni-wuerzburg.de/index.php?seite=exzerpte/ex2b/15&navi=_navi/f2b) Die Erklärung der Sonne als Öffnung am Feuerhimmel befindet sich auch in der altindischen vedischen Literatur „Die Sonne erklärte man sich als ein Loch in der Scheibe des festen Tag-Firmaments, eine Öffnung, durch die der dahinter liegende Feuerhimmel durchscheint." siehe: Konrad Meisig: Junge Autoren der Hindi-Literatur, in: Konrad Meisig (hg.): Orientalische Erzähler der Gegenwart, Wiesbaden 1999, S. 187-206, Zitat S. 204.

Friedrich von Hardenbergs „moralische Astronomie"

Novalis und das kosmologische Metaphernfeld der ‚kopernikanischen Revolution'

Friedrich von Hardenberg, genannt Novalis, gilt unter den deutschen romantischen Dichtern als derjenige, der sich ganz besonders für die Wissenschaften interessierte.[572] Bei dem Thema ‚Novalis und die Wissenschaften' wird zumeist

---

572 Hinsichtlich Hardenbergs Auseinandersetzung mit den Naturwissenschaften darf nicht vergessen werden, dass wir es mit einer Zeit zu tun haben, als, wie es Herbert Uerlings formulierte, „Kunst und Wissenschaften, allen voran die Philosophie als Wissenschaft der Wissenschaften, darin konkurrierten, Medium wirklicher Erkenntnis über den Menschen und seine Stellung in der Welt zu sein." (Herbert Uerlings: Novalis und die Wissenschaften. Forschungsstand und Perspektiven, in: Novalis und die Wissenschaften, Hrsg. von Herbert Uerlings. Tübingen 1997). Die Sekundärliteratur zum Thema Novalis und die Wissenschaften ist sehr umfangreich, allerdings scheint gerade die Astronomie bisher keine Aufmerksamkeit der Forschung auf sich gezogen zu haben. Eine besonders intensive Lektüre von Hardenbergs Werk unter dem Aspekt der Auseinandersetzung mit den Wissenschaften (wie auch der Werke der frühromantischen Bewegung insgesamt) findet seit den 1990er Jahren statt, getragen von dem allgemein wachsenden Interesse für die gegenseitigen Beziehungen zwischen der Literatur bzw. der Philosophie einerseits und den Naturwissenschaften andererseits. In der Novalis-Forschung ist zunächst das hierzu klassische Werk „Novalis und die Wissenschaften" zu erwähnen (hg. von Herbert Uerlings, Tübingen 1997.) In dem Band werden u. a. solche Themen behandelt, wie „Novalis im medizinhistorischen Kontext" (von Engelhardt), Novalis' Anthropologie (Stadler), dessen Theorie des Traums (Engel) oder „Hardenbergs Naturbegriff und -darstellung im Lichte moderner Chaostheorien" (Mahoney). Zu den Problemen, denen in den letzten Jahren ein besonderes Interesse gilt, gehört das Experiment und das Experimentieren bei Novalis; in diesem Kontext wird in der Regel auf neue Weise auf die intensive Auseinandersetzung Hardenbergs mit den Naturwissenschaften hingewiesen. (vgl. Jürgen Daiber: Experimentalphysik des Geistes. Novalis und das romantische Experiment, Göttingen 2001). Als Hintergrundvoraussetzung für diese Forschungsrichtung gilt, dass sich die Romantiker in einer „epistemologische[n] Umbruchssituation" befinden, „in der ein explosionsartiges Anwachsen des Wissens neue Strukturmuster der Wissensorganisation erforderte, wobei für die deutsche Entwicklung der Rückgriff auf die Philosophie kennzeichnend war." (Herbert

folgende Notiz aus den zu Lebzeiten des Dichters nicht veröffentlichten, als „Hemsterhuis-Studien" bekannten Manuskripten zitiert:

> Die Wissenschaften sind nur aus Mangel an Genie und Scharfsinn getrennt – die Verhältnisse zwischen ihnen sind dem Verstand und Stumpfsinn zu verwickelt und entfernt von einander.
> Die größesten Wahrheiten unserer Tage verdanken wir solchen Combinationen der lange getrennten Glieder der Totalwissenschaft.[573]

Diese Notiz wird auf das Jahr 1797 datiert. In ihr ist ein gewisses Unbehagen an der – in der Überzeugung von Novalis – künstlichen Trennung der einzelnen Wissenschaftszweige voneinander deutlich zu spüren. Zugleich gibt Novalis seiner tiefen Hoffnung Ausdruck, dass dieser Zustand nur eine Folge der Unzulänglichkeiten des zeitgenössischen Denkens und somit vorübergehend sei. Der Weg dazu seien Bildung und Übung im Scharfsinn, der Mut zum Experimentieren und zur Grenzüberschreitung. Schon jetzt würden die wichtigsten Entdeckungen gerade einer Kombinatorik von verschiedenen Wissensgebieten bzw. -methoden entspringen, weil man damit die künstliche Trennung wenigstens punktuell aufzuheben vermöge.

Dieser Sicht der Situation in den Wissenschaften liegt die Überzeugung zugrunde, die Novalis mit vielen Zeitgenossen teilte: die Natur sei in ihrem tiefsten und grundlegendsten Wesen eine Einheit, die nur an der Oberfläche, in der Vielzahl ihrer Phänomene und Ausdifferenzierungen, unterschiedlich und getrennt erscheint.[574] Allerdings wird gerade in Bezug auf Novalis mit besonderem Nachdruck darauf hingewiesen, dass er diese Art Einheit – offensichtlich unterscheidet sich hier seine Position nicht von der frühromantischen Bewegung insgesamt, er bildet allerdings durch entschiedene theoretische Formulierungen deren Avantgarde – nicht als ohne weiteres vorhanden betrachtete, sondern in der Form einer kühnen Hypothese voraussetzte. In der Forschungsliteratur wird es als „Vertrauen auf die (potentielle) Einheit der Welt" bezeichnet.[575] Solche grundlegenden ‚Fiktionen', wie die Einheit der Natur als solche, sind auf herkömmliche Weise nicht zu verifizieren, sie sind aber für die Fortschritte des Denkens notwendig, denn sie ermöglichen, über das bloße Sammeln von Daten

---

Uerlings: Novalis und die Wissenschaften. Forschungsstand und Perspektiven, in: Novalis und die Wissenschaften, S. 1-22, hier S. 2.)
573 NW, Bd. II, S. 213.
574 Vgl. Uerlings, Herbert: Novalis und die Wissenschaften. Forschungsstand und Perspektiven, in: Uerlings (hg.): Novalis und die Wissenschaften, S. 1-22, hier S. 2. Eine solche Sicht der Natur vertraten vor allem die Romantiker.
575 Ebd., S. 2.

und deren Wiedergabe hinauszugelangen. Die Verifikation solcher Annahmen ergibt sich nicht aus begrifflichen Begründungsoperationen, sondern aus einer pragmatischen Sicht: wenn sie zu weiteren Erkenntnissen verhelfen, statuieren sie ein neues Wissen. Dabei schadet es nicht, wenn die anfängliche Hypothese sich irgendwann auch als falsch erweisen sollte: sie kann trotzdem zu Neuem und zu legitimen Erkenntnissen führen.[576] Vor dem Hintergrund einer vorauszusetzenden Einheit der Natur sollte Novalis so gelesen werden, dass die eine Wissenschaft durch eine andere erhellt werde; somit ist auch die Verwendung astronomischer Erkenntnisse als Metaphern für die ‚moralische' Lebenswelt des Menschen gerechtfertigt.

Von grundlegender Bedeutung für die Naturauffassung der Zeit – nicht nur für den Romantikerkreis – war die weit über die Grenzen der Astronomie rezipierte Lehre von den beiden Grundkräften: der Anziehungs- und der Zentrifugalkraft. In der zweiten Hälfte des 18. Jahrhunderts mehren sich Anzeichen, dass in der Verbindung dieser Kräfte eine universelle, oft bereits im Sinne der neuen Lebenswissenschaften lebendig-vitale, allgegenwärtige Grundlage der gesamten Natur vermutet wurde.[577] So suchte der Arzt Carl August von Eschenmayer, dessen Werke Novalis 1797 studierte, Fichtes ‚Setzen' und ‚Entgegensetzen' als Handlungen des Bewusstseins mit den beiden genannten Grundkräften der Natur, der anziehenden und der abstoßenden Kraft, zu identifizieren. Er meinte, dass es „[…] unmöglich [sei], irgend anderswo die Einheit für das Mannigfaltige in den Naturkenntnissen zu finden, als in solchen Prinzipien."[578] In den Schriften des Holländers Frans Hemsterhuis, den Novalis, einem Brief Friedrich Schlegels an August Wilhelm Schlegel zufolge, bereits Anfang der neunziger Jahre „einen

---

576 Vgl. ebd., S. 11. Egon Friedell kommentierte diesen Standpunkt von Novalis bereits 1904 wie folgt: „Freie Hypothesen sind häufig fruchtbarer als streng beobachtete Tatsachen. Der gemeine Empirismus hat so wenig wie der gelehrte Skeptizismus die Wissenschaft erweitert. Der echte Erfinder ist der echte Hypothetiker, dem vor seiner Erfindung oft schon dunkel das entdeckte Land vor Augen schwebte." (Egon Friedell: Novalis als Philosoph, München 1904, S. 43.)

577 Zu der Rolle der Gravitation als Erfolgsmetapher im 18. Jahrhundert siehe: Panajotis Kondylis: Newtons anticartesianischer Ansatz, in: Die Aufklärung im Rahmen des neuzeitlichen Rationalismus, S. 210-235.

578 Carl August von Eschenmayer: Sätze aus der Natur-Metaphysik auf chemische und medicinische Gegenstände angewandt, Tübingen 1797, S. 15. Zitiert nach: Hans-Joachim Mähl: Einleitung, in: Novalis: Schriften, hg. von Richard Samuel in Zusammenarbeit mit Hans-Joachim Mähl und Gerhard Schulz, Bd. II (Das philosophische Werk I), Stuttgart 1965, S. 299-344, hier S. 332.

Lieblingsschriftsteller" nannte,[579] finden sich ähnliche Versuche, die Grenzen der Astronomie zu überschreiten und die Grundkräfte als verborgenes einheitsstiftendes Prinzip des Universums zu deuten. In dem Essay „Lettre sur l'homme et ses rapports" (1772) [*Über den Menschen und seine Beziehungen*] geht Hemsterhuis von den Prinzipien der Mechanik der Himmelskörper aus: er bewundert das Gleichgewicht zwischen der „Attraktions-" und der „Zentrifugalkraft", in dem sich ein Planet auf seiner Bahn befindet:

> Denken Sie sich einen Planeten, der irgend einen Kreis um seine Sonne durchläuft. Wäre die Attraktion vernichtet: so würde der Planet seinen Weg, auf eine einförmige Art, in der Tangente seines Orbiten fortsetzen. Folglich hat dieser Planet eine Richtung von Bewegung in sich, oder anderweitig her erhalten, die anders ist, als diejenige, die ihn nach seinem Mittelpunkt bringen würde; und es erhellt aus den ersten Grundsätzen der Mechanik, daß diese Richtung, sie sey, welche sie wolle, wofern sie nur anders ist, als die Richtung der Attraktion gegen das Hauptgestirn, hinlänglich ist, die Vereinigung nothwendigerweise zu verhindern.[580]

Die beiden Kräfte: die „Attraktion" und die ihr entgegenwirkende Zentrifugalkraft, erblickt Hemsterhuis in der „ganze[n] Natur".[581]

Vor diesem Hintergrund kann es nicht verwundern, dass sich Novalis stets auf verschiedene Wissenschaften bezieht und sich um deren gegenseitige Beleuchtung bemüht. Das monumentale unvollendet gebliebene Projekt der Enzyklopädie bietet dafür das beste Zeugnis; der Gedanke daran, die Partialität der Erkenntnis zu überwinden, begleitete Hardenberg jedoch seit den Anfängen

---

579 So berichtete Friedrich Schlegel 1792 in einem Brief an seinen Bruder August Wilhelm. (siehe Band XXIII der Kritischen Friedrich-Schlegel-Ausgabe, S. 40.) Andreas Kubik analysiert diesen Brief und kommt zu dem Schluss, dass diese sehr frühe Hemsterhuis-Lektüre noch keinen tieferen Einfluss auf Hardenberg hatte. (Andreas Kubik: Die Symboltheorie bei Novalis, Tübingen 2006, S. 196.)

580 François Hemsterhuis: Über den Menschen und die Beziehungen desselben, in: Vermischte Philosophische Schriften. Aus dem Französischen übersetzt, Leipzig 1782, Band 1, S. 149-324, hier S. 209-210.

581 Ebd., S. 214. Die Spekulation Hemsterhuis', die Grundlage der gesamten Natur könnte nur eine Kraft sein, welche sich auf zweierlei Arten manifestiert, erinnert weniger an Newton, als an Johannes Kepler: an dessen entscheidenden Schritt auf dem Wege zur Entdeckung der allgemeinen Gravitation als Motor der Himmelsmechanik, wobei er annahm, die Planeten bewegen sich um die Sonne, getrieben von einer magnetischen Kraft. Wie Fritz Krafft vermerkt, sei mit dieser Annahme „Keplers Suche nach der >>vis una et simplicissima<< der >>Himmelsmaschine<<, nach der einzigen einfachen Kraft, die das gesamte Getriebe bewege wie das Gewicht eine Uhr, […] an ihr Ziel gekommen." (Krafft: Einleitung, S. XLIV.)

seines Schaffens. Der Rezeption der Astronomie und insbesondere der kosmologischen Metaphorik des Bildfeldes der ‚kopernikanischen Revolution' (die sich gemäß der Analogie in Kants zweiter Vorrede zur „Kritik der reinen Vernunft" von Kopernikus bis hin zu Newton erstreckt) fällt dabei eine besondere Rolle zu. Den kosmologischen Denkfiguren entnimmt Novalis Erkenntnisse, die ihn in die Natur solcher Prozesse wie das Mitteilen, das Verstehen, das romantische ‚Symphilosophieren' oder gar in die *conditio humana* einblicken lassen. Er behandelt kosmologische Figuren als Schlüssel zu Hypothesen und Erkenntnissen anthropologischer Natur, gemäß dem Postulat nach Erweiterung des Wissens durch eine *ars combinatoria*. Im Folgenden werde ich darlegen, wie das kosmologische Bildfeld – bereits vorgeformt durch Kant, Fichte und viele andere – auch Hardenberg vielversprechend erschien.

In der Forschung wurde bisher große Aufmerksamkeit auf Hardenbergs Beschäftigung mit den neuen Lebenswissenschaften wie Chemie und mit den neuen methodologischen Ansätzen der Naturwissenschaften, gewidmet. Nach der Rolle der Astronomie in seinen Texten ist bisher jedoch nicht gefragt worden.[582] Vielleicht schienen hier die Bezüge und Metaphern, die diesem Wissensgebiet entstammen, weniger auffällig im Vergleich zu anderen zu sein. Es ist aber nur auf den ersten Blick so. In den Texten von Novalis finden sich zahlreiche, wenn auch verstreute Bezüge zur Astronomie und relativ viele kosmologische Bilder. Wie im Falle der meisten Fragmente und Notizen, ist es auch hier oft schwer, von einer systematischen Ausführung des jeweiligen Gedankens zu sprechen. Die Aufzeichnungen waren entweder in dieser Form nicht für den Druck bestimmt, weshalb keine große Rücksicht auf die hermeneutischen Kompetenzen der Leser genommen wird, oder sie wurden als ‚Denkaufgaben' formuliert, die als Denkanstöße für den Leser fungieren sollten, weswegen Novalis absichtlich auf eine ausführende Darstellung verzichtet. Für gewisse Bilder scheint er eine Vorliebe gehegt zu haben. Sie kehren an unterschiedlichen Stellen seines Werkes immer wieder, sowohl in verschiedenen Texten etwa der gleichen Periode, wie auch in größeren Zeitabständen. Zu den stärksten Metaphern- und Analogiengeneratoren gehört das Modell ‚Sonnensystem'. Wie es auf die Gesellschaft übertragen wird, kann man z.B. an folgendem Fragment aus der Sammlung „Blüthenstaub" beobachten. Dort heißt es über die Stellung Goethes im kulturliterarischen Feld seiner Zeit:

---

582 Der Artikel von Karl Menges („Moral Astronomy": On a Metaphor in Novalis and Its Conceptual Context, in: Beate Allert: Languages of Visuality: Crossings Between Science, Art, Politics, and Literature, Detroit 1996, S. 111-131) ist irritierend, denn in Wirklichkeit behandelt der Autor ganz andere Probleme als der Titel verspricht.

> Wie wünschenswerth ist es nicht, Zeitgenoß eines wahrhaft großen Mannes zu seyn! Die jetzige Majorität der kultivirten Deutschen ist dieser Meynung nicht. Sie ist fein genug, um alles Große wegzuläugnen, und befolgt das Planirungssytem. Wenn das Kopernikanische System nur nicht so fest stände, so würde es ihnen sehr bequem seyn, Sonne und Gestirn weder zu Irwischen und die Erde zum Universum zu machen.[583]

Die Sonne fungiert hier als Sinnbild für eine bedeutende Persönlichkeit, welche die anderen Elemente des intellektuellen Feldes um sich zentriert. Wirklich interessant sind bei Novalis jedoch nicht solche vereinzelten allegorischen Figuren, wo sich das kosmologische Bild relativ leicht in die nichtfigürliche Sprache übersetzen lässt und dem Inhalt des Gedankens lediglich äußerlich ist, sondern Bilder, die den Gedankengang aktiv mitgestalten und wesentlich zu neuen Einsichten beitragen. Deshalb wird unsere Aufgabe nicht darauf beruhen, die Gesamtheit kosmologischer Bezüge im Werk von Novalis zusammenzutragen und in Form eines Katalogs darzustellen, sondern darauf, zu zeigen, wie dieser sich in das kosmologische Bildfeld der kopernikanischen und newtonschen ‚Wende' einschreibt und wie er an dem Faden solcher Bilder seine Konzeption einer ‚moralischen Astronomie' ausarbeitet. Novalis schließt sich einem Metaphernfeld an, das zu den zentralen Feldern der zweiten Hälfte des 18. Jahrhunderts gehörte.

„Moralische Astronomie"

Am 12. Januar 1798 schrieb Novalis Friedrich Schlegel einen Brief, welcher durch seine weitgreifende kosmologische Metapher von besonderem Interesse ist:

> Ohne Gegenstand kein Geist – ohne Bildung keine Liebe. Bildung ist gleichsam der feste Punct, durch welchen diese geistige Anziehungskraft sich offenbart – das nothwendige Organ derselben. Es ist, wie mit der Glückseeligkeit – Es ist eigentlicher Unsinn mit dem sogenannten Eudämonismus. Aber warlich bedauernswerth, daß man je sich auf ernsthafte Widerlegungen davon eingelasen – In der That ist es keinem nachdenkenden Menschen in den Sinn gekommen ein so flüchtiges Wesen, wie Glückseeligkeit, zum höchsten Zweck, gleichsam also zum ersten *Träger* des geistigen Universums zu

---

583 NW, Bd. II, S. 279. Metaphern, die das heliozentrische System mit der gesellschaftlichen Stratifizierung vergleichen, haben ihre eigene Geschichte und könnten als solche getrennt erforscht werden. Den Ausgangspunkt einer solchen Forschung könnte die Bemerkung von Stephen Toulmin bilden: „Ein dem Sonnensystem nachgebildetes Modell der Familie und des Staates beherrschte generationenlang die Vorstellungen der respektablen Europäer und Amerikaner […]." (Toulmin: Kosmopolis, S. 208.). Toulmin gibt als Beispiel die Form eines gewissen Familiengrabes der Familie Sedgwick in Massachusetts an, welches „ein Planetensystem mit dem patriarchalischen Richter als Sonnenvater" darstellt. (Ebd.)

machen. Eben so könnte man sagen, daß die Weltkörper auf Aether und Licht ruheten. Wo ein fester Punct ist, da sammelt sich Aether und Licht von selbst und beginnt seine himmlischen Reigen – Wo Pflicht und Tugend – Analoga jener festen Puncte – sind, da wird jenes flüchtige Wesen von selbst ein und ausströmen und jene kalten Regionen mit belebender Atmosphäre umgeben. Wer also nicht jene zu *fixieren* sucht, der wird dieser umsonst durch alle Räume nachfolgen, ohne Sie je erreichen, ohne Sie je sammeln und festhalten zu können.[584]

Diesen Brief kommentiert Hans-Joachim Mähl in der historisch-kritischen Ausgabe der Werke von Novalis im Rahmen der Hemsterhuis-Studien. Zu den wesentlichen Gedanken, welche Novalis seiner Hemsterhuis-Lektüre entnahm, zählen Mähl zufolge die Idee des ‚Goldenen Zeitalters'[585] und die Sicht auf die Liebe als eine unendliche, wegweisende Idee.[586] Mähl skizziert auch die

---

584 Novalis an August Wilhelm Schlegel in Jena, Freyberg, den 12ten Jänner 1798. (NW, Bd. 1, S. 655-656.) Hans-Joachim Mähl versieht diesen Brief Hardenbergs mit folgendem Kommentar: „Hier wird erkennbar, dass es in der Tat die an Fichte vermisste >>unendliche Idee der Liebe<< war, die ihm Hemsterhuis' Schriften als Ausgleich für die Wissenschaftslehre darboten – dass er aber zugleich die Schwächen des Holländers erkannte und stillschweigend korrigierte, namentlich den eudämonistischen Kern seiner Genußlehre [...]." (Mähl: Einleitung, in: Novalis: Schriften, Bd. II, S. 328.) Es war nicht die erste Begegnung Hardenbergs mit den Schriften von Hemsterhuis; in der Korrespondenz Friedrich Schlegels aus dem Jahre 1791 finden sich Erwähnungen bezüglich Novalis, die auf eine solche Lektüre schon damals schließen lassen (Ebd., S. 310). Allerdings scheint eine intensive Rezeption und Einarbeitung von Hemsterhuisschen Gedanken in die eigene Gedankenwelt erst 1797 stattgefunden zu haben (vgl. ebd., S. 311).
585 Diese Idee stammt aus Hemsterhuis' Dialog „Alexis, ou sur l'âge d'or", der 1787 in Jacobis Übersetzung auf Deutsch in Riga unter dem Titel „Alexis, oder Von dem goldenen Weltalter" erschien. (Vgl. Mähl: Einletung, S. 310.)
586 Das Interesse an den Sinnen, die Vorstellung von menschlichen Sinnen als Vermittlungsorganen zwischen der Außen- und Innenwelt sowie die Annahme von der Existenz einer Art ‚fünften Sinnes' als moralischen Organs, werden in der Forschungsliteratur der intensiven Beschäftigung Hardenbergs mit den Schriften von Hemsterhuis zugeschrieben. Was dabei auffällt, ist, dass Novalis als ‚Romantiker' Hemsterhuis' philosophische Herkunft aus der cartesischen Tradition nicht störte, was der immer noch anzutreffenden Vorstellung von Romantik und Aufklärung, bzw. Rationalismus als scharf voneinander getrennten Weltanschauungen widerspricht. Ulrich Stadler schreibt dazu: „Der 1721 in Groningen geborene, französisch schreibende Philosoph, dessen Werke Novalis überaus gründlich studiert hat, wie seine Hemsterhuis-Studien belegen, war ein Schüler der holländischen Cartesianer Johann Clauberg und G. Jacob s'Gravesande. Die Herkunft seines Denkens aus der Tradition des Descartes lässt sich sehr genau noch an seinen Reflexionen über die

Hauptrichtungen des Einflusses der Hemsterhuis-Lektüre auf das Novalis'sche Denken: es ist die Tendenz, die geistige bzw. moralische und die sinnliche Welt bzw. die Natur stets unter dem Aspekt der Analogie zu sehen. „Bei Hemsterhuis fand Novalis eine durchgehende Analogie des körperlichen und des seelisch-geistigen Lebens ausgesprochen; es sind die gleichen Grundkräfte, die diese Körperwelt und zugleich die moralische Welt durchwirken [...]."[587] Wenn Mähl von ‚Grundkräften' spricht, möchte man doppelt zustimmen, denn außer der wörtlichen Bedeutung, die dieser Begriff in dessen Formulierung hat, bedeuten Grundkräfte zur Zeit von Novalis – wie bereits angedeutet - zugleich die beiden Kräfte der newtonschen Himmelsmechanik: die Anziehungskraft und die Zentrifugalkraft.

Die Interpretatoren der Hemsterhuis-Lektüren von Novalis konzentrieren sich vorwiegend auf bestimmte Thesen, welche Novalis von Hemsterhuis entlehnte und in seine eigene Gedankenwelt, die er bereits u.a. anhand etwa intensiver Beschäftigung mit Fichte entwickelt hatte, einbaute. Das sind vor allem das bereits erwähnte ‚Goldene Zeitalter' sowie die Analogienstruktur der Welt, in der es zwischen Geist und Materie erstaunliche innere Entsprechungen gibt. Zu den *common places* der Novalis-Forschung gehört auch der Hinweis auf die Schicksalswende in dessen Privatleben: das Jahr 1797, in dem er sich intensiv mit Kant und Hemsterhuis beschäftigte, war zugleich das Todesjahr der Verlobten Sophie von Kühn. „Hemsterhuis und Kant sind die beiden Autoren, die für Novalis in dieser Zeit des Umbruchs besondere Bedeutung gewinnen."[588]

Physiologie des Menschen erkennen. Den menschlichen Leib betrachtete er nach Art einer Maschine, in die von außen zahlreiche Röhren, die menschlichen Sinne, hineinragen, die nach dem Modell eines Tubus opticus gebaut sind. Die noch ganz im Geiste des Descartes durchgeführte Konstruktion weicht aber in einem wesentlichen Punkte von einer cartesischen Maschine ab, und dieser Punkt besteht in der Annahme der Existenz eines ganz besonderen Sinnesorgans, das Hemsterhuis >>moralisches Organ<< („l'organ moral") oder auch >>Herz<< („coeur") nennt." (Ulrich Stadler: Der technisierte Blick: Optische Instrumente und der Status von Literatur. Ein kulturhistorisches Museum, Würzburg 2003, S. 148.) Stadler vertritt die These, dass Hardenberg noch von der Cartesischen Problemlage ausgehe und versuche, die Kluft zwischen den beiden Substanzen, der denkenden und der ausgedehnten, zu überwinden. (vgl. ebd., S. 27.)

587 Mähl: Einleitung, S. 317.
588 Ebd., S. 299. Während Hemsterhuis' französische Essays bis 1792 (als die erste französische Gesamtausgabe vorgelegt wurde) in nur beschränkten Auflagen zugänglich waren, hat sich im deutschen Sprachraum Herder sehr für die Popularisierung des Holländers eingesetzt. Bereits 1781 veröffentlichte er im „Teutschen Merkur" eine

In der Forschungsliteratur wird jedoch die Rolle kosmologischer Motive nicht erwähnt. In dem Brief vom 12. Januar 1798 an Schlegel wimmelt es nahezu von kosmologischer Metaphorik. Sie scheint auf den ersten Blick ziemlich unklar zu sein. Es zeigt sich jedoch bald, dass hier von zwei Modellen die Rede ist: das eine Modell operiert mit einem substantiellen Träger für „das (geistige) Universum", das andere Modell arbeitet mit dem Prozess der immanenten Bewegung der Himmelsmaterie, welche sich von selbst organisiert. Wir haben es hier einerseits mit einer Opposition zwischen Getragen-Werden und andererseits mit dem Schweben, d.h. sich ohne Träger durch unsichtbare Kräfte zu halten, zu tun. Die Liebe wird als „geistige Anziehungskraft" bezeichnet. Der Grund für diese Analogie liegt nahe: er besteht in Zuneigung und gegenseitigem Streben der liebenden Subjekte nach Nähe. In der Verwendung dieser Analogie steht Novalis keineswegs allein; die Gravitationskraft, durch Newton in den Rang eines universellen Gesetzes erhoben, macht in der zweiten Hälfte des 18. Jahrhunderts Karriere als Schlüssel zu dem, was „die Welt im innersten zusammenhält". Besonders naheliegend konnte die Identifizierung von Anziehungskraft und Liebe erscheinen. Franz

---

eigene Übersetzung von dem Essay „Lettres ur les désirs". 1782 erschien in Leipzig eine Sammlung von mehreren Texten (darunter auch Briefen und Dialogen) des holländischen Philosophen auf Deutsch. Hans-Joahim Mähl vermutet, dass diese Ausgabe am Anfang der Hemsterhuis-Lektüre Hardenbergs steht. Übrigens hat sich auch Friedrich Schlegel für Hemsterhuis interessiert. Bedeutende Verdienste für das Bekanntmachen des deutschsprachigen Publikums mit Hemsterhuis fallen Friedrich Heinrich Jacobi zu. Er übersetzte u.a. den Essay „Lettre de Dioclès à Diotime sur l'athéisme" (Paris 1785), der auch für Hardenberg eine Rolle spielt. Novalis erhielt Hemsterhuis' Schriften 1797 von Friedrich Schlegel. Er hat aber offensichtlich die französische Gesamtausgabe benutzt und in seinen Notizen und Exzerpten aus dem Französischen selbst übersetzt. (Mähl: Einleitung, S. 310-311 und 318.) Es ist deshalb oft schwierig, eine eindeutige Grenze zwischen den strikt Hemsterhuisschen und den Hardenbergsschen Gedanken zu ziehen. Dabei hat Novalis bei der Übertragung zugleich seine eigene Sprache erweitert und nicht selten Akzente verschoben. Es lässt sich etwa feststellen, dass er der Hemsterhuis'schen Idee des nach einer Einheit sich sehnenden Universums eine deutlich aktivere Sicht auf das ersehnte Absolute als eine ewige Herausforderung entgegensetzt. (Ebd., S. 321ff.) Zu Novalis' Hemsterhuis-Lektüren vgl. auch: Bernward Loheide: Fichte und Novalis. Transzendentalphilosophisches Denken im romantisierenden Diskurs, Amsterdam 2000 (Kapitel „Hemsterhuis- und Kantstudien"). Loheide betont, dass Novalis keineswegs ein unkritischer Leser von Hemsterhuis war und etwa an der Evidenz dessen ‚moralischen Organs' auch Zweifel äußerte (Ebd., S. 242.)

Xaver von Baader schrieb in diesem Geiste in „Von der Wärmelehre" 1786 (in „Vom Wärmestoff, seiner Verteilung, Bindung und Entbindung"):

> Liebe ist das allgemeine Band, das alle Wesen im Universum an und ineinander bindet und verwebt. Man nenne es nun allgemeine Schwere, Attraction, Cohäsion, Affinität [...] lauter Wörter, wenn man will, die freilich nichts erklären; aber wie könnten sie je auch das? – Genug, das allgemeine Streben aller Theile der Materie gegen einander zur Vereinigung ist (und wirkt sichtbar unter und über unserem Monde [sic!]) Attraction, Bindung ist hiermit unantastbares Factum, Phänomen, das vielleicht keine weitere Erklärung verträgt, aber als solches auch keiner bedarf.[589]

Die gleiche Rolle fällt der Liebe als Analogie zur Schwerkraft in dem angeführten Brief von Novalis an Schlegel zu. Es ist mehr als eine stilistische Figur, denn die Analogie drückt aus, dass wir es hier mit unterschiedlichen Manifestationen der gleichen Wirkungskraft zu tun haben. Nun gibt es aber nach Novalis „ohne Bildung" keine Liebe. Die Gravitationskraft ist als solche nicht wahrnehmbar, nur ihre Wirkung ist feststellbar, wenn zumindest zwei Gegenstände, welche Masse besitzen, in einer solchen räumlichen Konstellation sich befinden, dass ein gegenseitiger Einfluss stattfinden kann. Diese Tatsachenlage überträgt Novalis auf das Verhältnis „Gegenstand – Geist" und „Bildung – Liebe". Erst wenn Bildung da ist, kann sich Liebe offenbaren, ähnlich wie die Gravitation sich erst dann offenbaren kann, wenn Körper vorhanden sind. Novalis warnt jedoch davor, allzu hektisch und direkt auf die Liebe abzuzielen. Er verweist auf den Vergleich mit dem „sogenannten Eudämonismus", welcher die Glückseligkeit zum höchsten Wert erhebt. Einem wirklich nachdenkenden Menschen werde es aber nicht in den Sinn kommen, „ein so flüchtiges Wesen, wie Glückseeligkeit, zum höchsten Zweck, gleichsam also zum ersten *Träger* des geistigen Universums zu machen". Und er fügt hinzu: „Eben so könnte man sagen, daß die Weltkörper auf Aether und Licht ruheten." Nun aber „ruhen" die Weltkörper auf keinem Träger, geschweige denn auf einem dermaßen luftigen wie Äther. Hinter dieser ausgebauten Metapher verbirgt sich das schweigende Wissen: dass sich die Weltkörper ohne jegliche Stütze im All halten. Um also zur Glückseligkeit zu gelangen (und das Gleiche – der ausgebauten Analogie folgend – betrifft die Liebe), sollte man diese nicht fälschlicherweise zum „Träger" des „geistigen Universums" stilisieren, sondern sich um eine Konstellation von Körpern – „festen Punkten" – bemühen, an denen sich dann die unsichtbare Kraft wie von selbst finden und offenbaren werde. Zur Glückseligkeit benötige man „Pflicht und Tugend", und im Falle der Liebe – Bildung. Wer „nicht jene zu *fixieren* sucht, der

---

589 Zitiert nach: Daiber: Experimentalphysik des Geistes, S. 82.

wird dieser umsonst durch alle Räume nachfolgen, ohne Sie je erreichen, ohne Sie je sammeln und festhalten zu können." Novalis hält sich nicht orthodox an die physikalische Vorlage: bei der Liebe wird nur Bildung als „fester Punkt" genannt, obwohl die Anziehungskraft zumindest zwei Körper braucht, und in dem erweiterten Vergleich wird die Anziehungskraft als „Aether und Licht" sinnlich greifbar gemacht. Trotzdem bleibt der eigentliche Sinn der Metapher erhalten: das Wichtigste (die Liebe bzw. die Glückseligkeit) darf man nicht mithilfe des ‚Träger-Modells' denken. Wie es sich mit ihnen verhält, zeigt uns das ‚Punkte und Kräfte-Modell' viel besser, in dem man grob das newtonsche erkennt.

Nur wenige Monate später, im Sommer des Jahres 1797, schreibt Novalis einen weiteren Brief an Friedrich Schlegel, in dem er das Projekt, das ihm aufgrund der Hemsterhuis-Lektüre vorschwebt, das einer „moralischen Astronomie", nennt:

> In meiner Philosophie des täglichen Lebens bin ich auf die Idee einer *moralischen* (im Hemsterhuisischen Sinn) Astronomie gekommen und habe die interessante Entdeckung der Religion des sichtbaren Weltalls gemacht. Du glaubst nicht, wie weit das greift. Ich denke hier, Schelling weit zu überfliegen. Was denkst Du, ob das nicht der rechte Weg ist, die Physik im allgemeinsten Sinn, schlechterdings *Symbolisch* zu behandeln?[590]

Hemsterhuis selbst sprach nicht von „moralischer Astronomie", jedoch mehrmals von der „moralischen Seite des Universums".[591] Um einen Bezug zu dieser Seite des Universums herzustellen, ist nach Hemsterhuis ein ganz besonderer Sinn, nämlich der moralische bzw. das moralische Organ, zuständig. Die Novalis-Forschung übergeht die Bilder in diesem Brief schnell und lenkt ihre Aufmerksamkeit sofort auf solche Schlüsselsätze wie „die Physik symbolisch behandeln", was dann zu Recht vor dem Hintergrund der romantischen Naturauffassung interpretiert wird. Aus dem Brief an Schlegel geht jedoch hervor, dass unter „Physik" vor allem Astronomie verstanden werden soll. Und da Novalis das alles in den Kontext seiner „Philosophie des täglichen Lebens" stellt, bekommt die „moralische Astronomie" einen besonderen Stellenwert – sie bezieht sich auf die Lebenswelt und erhält eine praktische Bedeutung.

Es scheint, dass Novalis den Begriff „moralische Astronomie" später nicht mehr verwandte. Die Idee, dass die moderne Astronomie ein Schlüsselmodell bzw. Grundlagenmodell höchster Ordnung darstelle, scheint ihn aber nicht

---

590 Novalis an Friedrich Schlegel in Dresden, Töplitz: den 20sten Julius 1798 (NW, Bd. I, S. 665.)
591 Hemsterhuis: Über den Menschen und die Beziehungen desselben, S. 239, 247, 249, 252, 266, 322.

verlassen zu haben. Abwechselnd tauchen bei ihm die Namen „geistige Astronomie" oder „lebendige Astronomie" auf.[592]

Das kopernikanische Modell verstehen, oder: Von Dingen, die beim Erklären vorausgesetzt werden müssen

Obwohl erst die Beschäftigung mit Hemsterhuis (und im gewissen Sinne auch mit Kant) für Novalis in Begeisterung für die ‚moralische Astronomie' mündete, finden sich bereits in seinen frühen Fichte-Studien Indizien, die davon zeugen, dass die produktive Kraft der Metaphern der kopernikanischen Wende und des Sonnensystems ihm nicht ganz fremd waren. Die Notizhefte aus den Jahren 1795-96 lassen aber nur schwer ein annährend einheitliches Bild erkennen. Der Gedankengang ist vielerorts nicht fixierbar, schließlich waren es Notizen anlässlich intensiver Lektüren, die nicht als einheitlicher Text gedacht waren. Hier kann man jedoch die Geburt der für Novalis später führenden Ideen, Begriffe und Probleme beobachten: was ihn interessiert, ist das Unbedingte, das Subjekt, die Reflexion, der Blick nach Innen und das Verhältnis zum Außen, das Absolute und das Zufällige. Besondere Aufmerksamkeit widmete er den Relationen zwischen Begriffen und Gegenständen, die auch Beziehungen oder Bestimmungen genannt werden. Schon hier zeichnet sich – vielleicht auch unter dem Eindruck der eher abstrakten Sprache Fichtes – die Tendenz ab, auf das Unsichtbare hin zu denken: auf Relationen, die den Phänomenen eine mathematische Gestalt geben. Die Operation der Algebraisierung, Potenzrechnung und Kombinatorik

---

592 In „Glauben und Liebe" ist z. B. die Rede vom „geistigen Astronomen": „Die alte Hypothese, dass die Cometen die Revolutionsfackeln des Weltsystems wären, gilt gewiß für eine andere Art von Cometen, die periodisch das geistige Weltsystem revolutioniren und verjüngen. Der geistige Astronom bemerkt längst den Einfluß eines solchen Cometen auf einen beträchtlichen Theil des geistigen Planeten, den wir die Menschheit nennen. Mächtige Überschwemmungen, Veränderungen der Klimate, Schwankungen des Schwerpunkts, allgemeine Tendenz zum Zerfließen, sonderbare Meteore sind die Symptome dieser heftigen Incitation, deren Folge den Inhalt eines neuen Weltalters ausmachen wird." (NW, Bd. II, S. 295.) Siehe auch die Bezeichnung „lebendige Astronomie" in „Christenheit oder Europa": „So währt es fort und es ist leicht zu ermessen, wie günstig dieser Umgang mit der äußern und innern Welt, der höhern Bildung des Verstandes, der Kenntniß der erstern und der Erregung und Cultur der letztern seyn muß, und wie unter diesen Umständen die Witterung sich klären und der alte Himmel und mit ihm die Sehnsucht nach ihm, die lebendige Astronomie, wieder zum Vorschein kommen muß." (Ebd. S. 747-748.)

sind dafür ausschlaggebende Beispiele.[593] Vor diesem abstrakten, mathematisch-begrifflichen Hintergrund werden hie und da Bilder entwickelt, die oft paradox an der Grenze zwischen sinnlich Wahrnehmbaren und Nicht-Wahrnehmbarem als ‚kühne Metaphern' auftauchen. In diese Bilder ist vielfach der Widerspruch eingeschrieben: sie appellieren an die Sinne und entziehen sich ihnen zugleich.[594] Es finden sich in den „Fichte-Studien" immerhin bereits Reflexionen über das Mitteilen. Die Überlegungen kreisen um die Frage, wie solche Mitteilungen und ein gegenseitiges Verstehen überhaupt möglich sind. Bereits die erste Notiz über den Fichteschen Identitätssatz „a ist a"[595] wird in den Kontext des Mitteilens eingebettet. Und es findet sich unter den zahlreichen Notizen auch die folgende:

> Wenn mich jemand früge, warum die Sonne jeden Morgen aufgehe, und ich ihm antworte, weil die Erde sich um ihre Achse in einer bestimmten Zeit drehe – so muß ich bey ihm bekannte Wahrnehmungen des Raumes voraussetzen. Ich zeige ihm die Anwendung eines *Bekannten* aufs Unbekannte – Ich verbinde einen subjectiven Zustand bey ihm mit einem Objectiven – Ich lege etwas in das Fach seiner Erkenntnis hinein. Alle Weisheit besteht also in der Anwendung eines Bekannten auf ein Unbekanntes – Einfügen eines *Passenden* in ein *passendes*.
> Wir erkennen nur, insoweit wir haben et vice versa.[596]

Es wird hier zunächst ein älteres Diskursmotiv aufgegriffen, welches mit den Diskussionen über das kopernikanische geozentrische Modell verbunden war und zum festen Bestandteil der entsprechenden geführten Diskussionen gehörte. Die Entdeckung von Kopernikus war ja, was der Aufmerksamkeit der Nachwelt nicht entging, ohne, gar wider die natürliche Sinneserfahrung möglich gewesen. Die natürliche Sinneserfahrung sagt uns genau das Umgekehrte wie das kopernikanische Modell: wir glauben, dass sich die Erde nicht bewegt, und sehen täglich die Planeten, die Sterne am Himmel und die Sonne sich bewegen. Hans Blumenberg brachte diesen Paradox auf den Begriff: Kopernikus „habe die Probleme des Himmels dadurch gelöst, dass er nicht zum Himmel hingesehen habe." Dieses Potenzial der „Austragung der Differenz zwischen Phänomen und Idee, Sinnesdatum und Vernunft" ist von den Späteren nicht unbemerkt

---

593 Siehe: Philippe Séguin: Von der Philosophie zur *ars combinatoria*. Novalis' Erwartungen an die Mathematik und die Folgen, in: Zahlen, Zeichen und Figuren: Mathematische Inspirationen in Kunst und Literatur, herausgegeben von Andrea Albrecht, Gesa von Essen und Werner Frick, Freiburg 2011, S. 248-267.
594 Vgl. hierzu die Studie Juri Striedters: Die Fragmente des Novalis als „Präfigurationen" seiner Dichtung, München 1985.
595 NW, Bd. II, S. 8.
596 Ebd., S. 158.

geblieben; im Gegenteil.[597] Es erwies sich in der Rezeption der kopernikanischen Wende als sehr diskursproduktiv. Neben Verunsicherung, die sich sehr gut an den Reaktionen der jungen Marquise in Fontenelles „Entretiens sur la pluralité des mondes" manifestiert, fügte sich diese Einsicht in die Begeisterung der Aufklärung für die Fähigkeiten der Vernunft ein. Die Vernunft enthüllt die Wahrheit über die Randstellung des Menschen im unbegreiflich weitem Universum dem trügenden Schein der Sinne zum Trotz. Zu dem Diskursfeld, das infolge der langen Kopernikus-Rezeption sich formierte, gehörten auch etliche Reflexionen über die Sprache und deren Wahrheitsgehalt. Sei es nicht falsch – fragte man sich –, wenn man nach wie vor sagt, die Sonne sei aufgegangen oder der Mond untergegangen, wenn solche Sätze nicht dem Stand der Dinge entsprechen? Wie verhält sich die Sprache der Wahrheit und unserer Lebenswelt gegenüber?

Diese Diskussion hatte ihren Ursprung in dem Widerspruch zwischen dem kopernikanischen Universumsmodell und der Heiligen Schrift. Als autoritatives Argument gegen die kopernikanische Lehre galten zahlreiche Bibelstellen, an denen von der sich bewegenden, auf- oder untergehenden Sonne die Rede ist. Johannes Kepler argumentierte 1609 gegen diese antikopernikanischen Vorwürfe mit dem Hinweis auf den Unterschied zwischen der lebensweltlichen Sinnenwahrheit, in der unsere Alltagssprache verwurzelt ist, und der spezialisierten Sprache der modernen Wissenschaft:

> Viel größer jedoch ist die Zahl derer, die sich durch Frömmigkeit davon abhalten lassen, Copernicus beizupflichten, da sie fürchten, es würde dem in der Schrift redenden Hl. Geist eine Lüge vorgeworfen, wenn man behauptet, dass sich die Erde bewegt und die Sonne stillsteht.
> Jene Leute mögen aber folgendes erwägen: Da wir mit dem Gesichtssinn die meisten und wichtigsten Erfahrungen in uns aufnehmen, ist es für uns nicht möglich, unsere Redeweise von diesem Gesichtssinn abzuziehen. [...] Das Auge empfindet zwar diesen Eindruck [dass sich die Sonne bewege – M.T.], und die Lehrer der Optik legen die Gründe für diese Täuschung dar. Christus aber gebrauchte die ganz gebräuchliche Redewendung, obgleich sie aus einer solchen Täuschung der Augen hervorgeht. So reden wir bildlich vom Aufgang und Untergang der Gestirne, das heißt von einem Aufstieg und Abstieg, während doch zu derselben Zeit, in der wir sagen, die Sonne gehe auf, andere sagen, sie gehe unter.[598]

Besonders oft schien in diesen Auseinandersetzungen eine Passage aus dem Buch Josua (Josua X, 12) als Argument angeführt worden zu sein. Dort heißt

---

597 Blumenberg: Die Genesis der kopernikanischen Welt, S. 58.
598 Kepler: Astronomia Nova, S. 33.

es, Gott ließ auf die Bitte Josues die Sonne stillstehen, damit dieser die Schlacht gegen die Amoriter gewinnen konnte. Kepler kommentierte es wie folgt:

> Allein die unüberlegten Leute schauen nur auf den Gegensatz in den Worten: >>Die Sonne stand still, das heißt, die Erde stand stl.<< (Josua X, 12). Sie bedenken nicht, dass dieser Gegensatz nur innerhalb der Grenzen der Optik und der Astronomie entsteht, deswegen aber nicht darüber hinaus in das Gebiet des menschlichen Verkehrs hineingreift.[599]

Und fügte weiter in Bezug auf das Buch Prediger ergänzend hinzu:

> Denn diese Worte beziehen sich nicht auf die Ausmessung durch vernünftige Überlegung, sondern auf die wirkliche Aus-Messung, die für den menschlichen Körper, der an der Erde haftet und die freie Luft atmen muß, unmöglich ist.[600]

Leibniz behauptete, es schade nicht, man könne weiterhin ‚ptolemäisch' sprechen, insofern es sich um den Alltag und nicht um Astronomie handelt.[601] Im Geiste von Husserl könnte man das Aufkommen solcher Fragen als Symptom für die beginnende Trennung der spezialisierten Wissenschaft von der Lebenswelt interpretieren. Die Zeitgenossen der wissenschaftlichen Revolution im 17. und 18. Jahrhundert entdeckten, dass die neuen Wissenschaften zunehmend dem auf Alltagserfahrung ruhenden Weltbild widersprechen oder zumindest mit ihm nicht mehr kompatibel sind.[602] Kann man sich auf die Sinne noch

---

599 Ebd., S. 35.
600 Ebd. Zu den Diskussionen um die Bibelstellen vgl. auch: Blumenberg: Die Genesis der kopernikanischen Welt, S. 317ff.
601 Vgl. Blumenberg: Die Genesis dr kopernikanischen Welt, S. 649: „Wie Leibniz am Anfang des Jahrhunderts, ist auch Lambert aufgefallen, daß die kopernikanische Reform die Sprache des Alltags unverändert gelassen hatte. Mit dieser Sprache deuten wir unsere Sinneserfahrung weiterhin ptolemäisch."
602 Die neuen optischen Instrumente: das Fernrohr und das Mikroskop haben als Begleiteffekt der Infragestellung der natürlichen Sinneswahrnehmung auch zu der szientifischen Spezialisierung der Sinne geführt. „Die Schlagworte von der Aufwertung der Sinnlichkeit und der Emanzipation der sinnlichen Erkenntnis haben zwar im Zusammenhang mit der Frühen Neuzeit und der beginnenden Aufklärung durchaus eine Berechtigung. [...] Aber mit solchen Behauptungen ist nur die eine Seite der Medaille bezeichnet. Die andere Seite wird erst hinreichend kenntlich, wenn man sich vor Augen führt, dass die meisten der Erfindungen und Entdeckungen zugleich auch eine entschiedene Abkehr von dem Vertrauen in die Leistungsfähigkeit des Sehsinns eingeleitet haben. Letzterer nämlich versagt z.B. gerade an einem Kernpunkt der kopernikanischen Theorie: Er stellt die Sonne, nicht die Erde, als den bewegten Himmelskörper dar. Damit produziert er ‚Schein', die

verlassen? Und, was aus dieser Frage folgt, wie ist die Einsicht in die tatsächliche Lage der Himmelskörper möglich, wie können wir das Zeugnis unserer Sinne überwinden?

Hardenberg musste nicht notwendig die entsprechenden Argumente eines Kepler, Leibniz oder etwa Gottsched gelesen haben,[603] um das diskursgeneratorische Potential des kopernikanischen Modells wahrzunehmen und für die eigenen Zwecke nutzen zu können. Dass mit dem kopernikanischen Modell eines der trefflichsten Sinnbilder für das Auseinanderklaffen der Lebenswelt und der professionalisierten Wissenswelt gegeben ist, bezeugen viel spätere Versuche, das Modell in solchen Diskursen einzusetzen, allen voran wohl der Husserlsche selbst.

Novalis' Reflexion knüpft an den Diskurs der Weltenspaltung an, die mit dem Sieg des kopernikanischen Modells verbunden war, allerdings tut sie das auf eigene und originelle Weise. Jemand, von dem man wohl annehmen muss, dass er die Frage aufgrund seiner im Alltag gemachten Beobachtungen stellt, möchte wissen, warum eigentlich die Sonne „jeden Morgen aufgehe". Er wird eine Antwort bekommen, die ihn zunächst verwirren muss: „weil die Erde sich um ihre Achse in einer bestimmten Zeit drehe". Zum für das Verständnis dieser Notiz gehört die Annahme, dass der Fragende aufgrund der erhaltenen Antwort mit etwas konfrontiert wird, was ihm widersinnig zu sein scheint. Er denkt darüber nach, wie eigentlich die Operation des Erklärens in solchen Fällen funktioniert und er stellt fest, dass – um jemandem wirklich erfolgreich etwas erklären zu können – eine gemeinsame Grundlage vorausgesetzt werden muss. Diese Voraussetzung wird meistens verschwiegen. Mit Michael Polanyi könnte man sagen, sie gehöre dem impliziten Wissen an,[604] das für das aktive Verstehen eine grundlegende Rolle spielt. Indem der nach der Bewegung der Sonne am Himmel Gefragte antwortet, setzt er nach Novalis stillschweigend „bekannte Wahrnehmungen des Raumes voraus". Die Notiz fasst den Prozess verkürzt, in Form des später von Novalis

---

,Wirklichkeit' hingegen entzieht sich dem menschlichen Blick [...]." (Stadler: Der technisierte Blick, S. 27-28.)

603 Dass diese Diskussionen ein lang anhaltendes Echo hinterlassen haben und keineswegs im 17. Jahrhundert überall verschollen waren, bezeugt etwa eine Stelle in Gottscheds Monumentalwerk „Erste Gründe der gesamten Weltweisheit". Gottsched fühlt sich verpflichtet, die kopernikanische Lehre verteidigend mit den Bibelargumenten zu konfrontieren (siehe das Kapitel „Das IV Hauptstück von dem planetischen Weltbaue").

604 Der Begriff stammt von Michael Polanyi, siehe: Michael Polanyi: Implizites Wissen [im Original: The Tacit Dimension], Frankfurt/Main 1985.

so geschätzten und betriebenen Genres des Fragments. Mit den „bekannten Wahrnehmungen" ist zweifellos gemeint, dass der Fragende imstande ist, sich die Relativität der Bewegungswahrnehmung vorzustellen. Um das kopernikanische Modell zu verstehen, muss man sich bewusst machen, dass, wenn man sich auf einem sich in Bewegung befindenden genug großen Körper aufhält, es einem scheinen kann, dass nicht er selbst, sondern die Umgebung sich bewegt. Darauf beruht die alltägliche Täuschung, der wir Ausdruck geben, wenn wir von Sonnenaufgängen oder -untergängen sprechen.

Jemand, der Kopernikus verstehen möchte, muss sich zu der spontanen sinnlichen Wahrnehmung, die in unserer Lebenswelt und in der Alltagssprache tief verankert ist, distanzieren und sie kritisch reflektieren können. Das Verständnis basiert jedoch trotzdem auf der „bekannten Wahrnehmung des Raumes". Auf die Relativität von Bewegungswahrnehmungen je nach dem Standpunkt des Beobachters hatte bereits Kopernikus selbst hingewiesen. Er bediente sich dabei des Vergleichs mit einer Schiffsreise, den er der „Aeneis" von Vergil entnahm:

> [W]arum wollen wir nicht zugeben, dass von der täglichen Umdrehung zwar die Erscheinung am Himmel stattfindet, ihr wahres Wesen aber an der Erde liegt? Und daß sich dies genauso verhält, wie wenn Äneas bei Vergil redete, der doch sagt: Ausfahrn wir vom Hafen, und Länder und Städte ziehn sich zurücke. Wenn doch ein Schiff über ruhige See fährt, so wird alles, was außerhalb ist, nach der Erscheinungsform dieser Bewegung von den Seeleuten in einer Bewegung gesehen, und umgekehrt, sie stünden still, meinen sie, mit allem, was sie bei sich haben. So kann es ja wohl auch mit der Bewegung der Erde gehen, dass man glaubt, die ganze Welt laufe um sie.[605]

Diese reflektierte Relativität der Bewegungswahrnehmung – erklärt unter der Voraussetzung einer, um mit Novalis zu sprechen, bekannten Wahrnehmung des Raumes –, gehörte offensichtlich zu den *common places* in der entsprechenden Literatur. Die Täuschung, dass sich die Sonne und nicht die Erde bewege, wurde dabei anhand des Schiffsvergleichs erörtert, um den Leser bzw. den Zuhörer auf eine ihm vertraute Erfahrung hinzuweisen; auch Kepler erklärte das kosmologische Phänomen, indem er auf die gleiche Stelle bei Vergil zurückgriff.[606] Dass das

---

605 Nikolaus Kopernikus: Über die Umläufe der Himmelskreise, in: Copernicus: Das neue Weltbild, S. 115ff.
606 Das Schiff-Beispiel, dessen sich Kopernikus unter Anspielung auf Vergil bedient, hat eine lange Geschichte als Metapher gemacht. Wie Konstantin Pollok bemerkt, versuchten „[…] [i]nteressanterweise […] manche Philosophen mit diesem Beispiel die Notwendigkeit eines absoluten Raums bzw. einer absoluten Bewegung zu beweisen, andere deren Unmöglichkeit." (Pollok: Anmerkungen des Herausgebers, S. 133-134.) Das Gleichnis benutzten u.a. Descartes in den „Principia Philosophiae" wie

Beispiel eine breitere Verwendung als nur im astronomischen Schrifttums fand, kann eine Passage aus Giacomo Casanovas Erinnerungen bezeugen, die er in den neunziger Jahren, also zeitlich parallel zu der Entstehung von Hardenbergs Notizen, aufschrieb. Als Kind befindet er sich auf einer Barke und macht die folgende Erfahrung, welche die Notiz Hardenbergs durchaus gut illustrieren könnte:

> Das Bett war so niedrig, daß ich das Land nicht sehen konnte; ich sah durch das Fenster nur die Wipfel der Bäume, die den Fluß umsäumen. Die Barke bewegte sich, aber so gleichmäßig und ruhig, daß ich davon nichts merkte; es überraschte mich daher aufs höchste, daß ein Baum nach dem anderen meinen Blicken entschwand. >>O, liebe Mutter!<< rief ich, >>was ist denn das? Die Bäume laufen ja!<< Im selben Augenblick traten die beiden Herren ein und fragten mich, als sie mein verdutztes Gesicht sahen, woran ich denn dächte. >>Woher kommt es,<< wiederholte ich, >>daß die Bäume laufen?<< Sie lachten; meine Mutter aber stieß einen Seufzer aus und sagte ganz traurig: >>Das Schiff bewegt sich, und nicht die Bäume. Zieh dich an!<< Ich begriff, dank meiner erwachenden, sich immer mehr entwickelnden und noch gar nicht voreingenommenen Vernunft sofort den Grund der Erscheinung. >>Dann ist es also möglich,<< sagte ich zu meiner Mutter, >>daß auch die Sonne sich nicht bewegt, und daß im Gegenteil unsere Erde von Westen nach Osten rollt.<< Meine gute Mutter entsetzte sich über diesen Unsinn, Herr Grimani beklagte meine Dummheit, und ich stand da ganz verdutzt, traurig und dem Weinen nahe. Herr Baffo schenkte mir neues Leben! Er schloß mich in seine Arme, küßte mich zärtlich und sagte: >>Du hast recht, mein Kind; die Sonne bewegt sich nicht, sei getrost! Brauche immer deine Vernunft und laß die Leute lachen!<<[607]

---

auch Nicolaus Cusanus in „De docta ignorantia" (Vgl. Ebd.) Kepler schreibt in der „Astronomia Nova" von 1609 unter Bezug auf die gleiche Aeneis-Stelle: „So gibt es täglich viele Vorkommnisse, wo wir uns unserem Gesichtssinn folgend ausdrücken, wenn wir auch ganz gut wissen, dass sich die Sache selber anders verhält. Ein Beispiel hierfür bietet jener Vers des Vergil [Aeneis III, 72]: >>Fahren vom Hafen wir weg, so entweichen Länder und Städte.<< Ebenso sagen wir, wenn wir aus der Enge eines Tals herauskommen, es öffne sich uns ein großes, freies Feld. […] Das Auge empfindet […] diesen Eindruck, und die Lehrer der Optik legen die Gründe für diese Täuschung dar." (Kepler: Astronomia Nova, S. 33.) Vgl. zu den beiden Vergil-Stellen bei Kopernikus und Kepler auch: Stadler: Der technisierte Blick, S. 28. In der Studie von Stadler fungieren die Beispiele als Zeugnisse für Vertrautheitsverlust in Bezug auf die menschlichen Sinne. Vgl. auch die Interpretation dieser Stelle von Kepler in: Hans Bieri / Virgilio Masciadri: Der Streit um das kopernikanische Weltsystem im 17. Jahrhundert: Galileo Galileis Akkommodationstheorie und ihre historischen Hintergründe: Quellen - Kommentare – Übersetzungen, Bern 2008, S. 58.

607 Giacomo Casanova: Casanova – Geschichte meines Lebens. Komplettausgabe aller 6 Bände, übersetzt von Heinrich Conrad, erstes Kapitel: Nachrichten aus meiner Familie – meine Kindheit, NullPapier Verlag (Düsseldorf) 2012, ohne Seite. Casanova, geboren 1725, stilisiert diese Kindheitsszene zu einer Urszene seines

An eine solche Aktivität der eigenen Wahrnehmung gegenüber hat Novalis gedacht haben müssen. Seine Gedanken kreisen um den Verstehensprozess. Was geht hier vor sich, scheint er sich zu fragen? Worin besteht das Wesen eines solchen Erklärens? Er kommt zu dem Schluss, dass der Erklärende nicht einfach einen Wissensinhalt an einen, der dieses Wissen noch nicht hat, weitergibt. Der Erklärende „zeigt" dem Fragenden vielmehr, wie dieser etwas ihm bereits Bekanntes auf Unbekanntes anwenden kann und soll, um das neue Phänomen zu verstehen. Der Erklärende bekommt also einen sehr wichtigen Hinweis, doch ohne seine eigene Aktivität, ohne die Fähigkeit, über die vertraute Wahrnehmung zu reflektieren, wird er die Natur des Phänomens nicht richtig verstehen können. Der Fragende könnte zwar, einem nicht besonders intelligenten Schüler ähnlich, die Worte des Lehrers genau wiederholen und sie sich sogar gut merken, aber auf diese mechanische Weise wird er keinen wirklichen Einblick in die Phänomene erhalten. Die Existenz einer gemeinsamen bekannten minimalen Grundlage ist die Bedingung für einen aktiven Erklärungs- und Lernprozess, wobei auch der Erklärende über die Kunst des Selbstreflektierens verfügen muss, sonst könnte er nicht in Bezug auf den Fragenden „einen subjectiven Zustand" mit „einem Objectiven" verbinden, d.h. er muss zumindest intuitiv wissen, was er bei dem Fragenden voraussetzen kann und welchen Wink er diesem am besten geben sollte. Dieses kopernikanische Beispiel wird von Novalis' mit einer Verallgemeinerung hinsichtlich der Erkenntnis versehen, der zufolge „Alle Weisheit [...] in der Anwendung eines Bekannten auf ein Unbekanntes" bestehe.

Es ist wohl kein Zufall, dass Novalis gerade die Erklärung des kopernikanischen Sonnensystemmodells als Beispiel und Modell für seine Reflexion über den Verstehensprozess in den „Fichte-Studien" gewählt hatte. Er konnte kein besseres Beispiel finden, um gerade das zu betonen, was ihn bewegte: die kommunikative Natur des Nachdenkens und deren Verhältnis zur (Selbst)reflexion. Bei Fichte, dessen Ideen zur Wissenschaftslehre die Grundlagen der frühromantischen Bewegung bestimmten, spielen Selbst- und Fremdreflexion bekanntlich eine konstitutive Rolle. Fichte brach mit der Philosophie - begriffen

---

Lebens, sie sollte die entscheidende Bedeutung von Sinneserfahrungen in seinem Leben veranschaulichen. Vgl. hierzu: Hartmut Scheible: Giacomo Casanova: ein Venezianer in Europa, Würzburg 2009, S. 103. Die überraschte Reaktion der Mutter und des Geistlichen ist darüber hinaus ein Zeugnis dafür, wie lange die Lehre des Kopernikus brauchte, um die gebildeten und ‚ungelehrten' Teile der Bevölkerung zu erreichen. Die Erinnerungen Casanovas, welche dieser ungefähr in der gleichen Zeit (1790er Jahre) niederschrieb wie Novalis seine Fichte-Studien, erfuhren erst 1822 eine erste Veröffentlichung.

als Vermittlung einer bestimmten Lehre - zugunsten eines Projektes, in dem die Strukturen des Denkens als solche erschlossen werden. Er machte die Erfahrung, dass seine Lehre nicht zu verstehen sei, wenn der Leser bzw. Zuhörer nicht imstande ist, in sich selbst zu gehen und zu beobachten, was passiert, wenn er zu sich „Ich" sagt; wenn dieser nicht vermag, sich selbst bei der Selbstreflexion zuzusehen: kurz, dieselben Schritte zu machen, wie der Philosoph, der sein Vorgehen erklärt. Den ersten Schritt zu tun, sei dabei entscheidend. Für die Fähigkeit der Distanznahme zum eigenen spontanen Wissen, das auf nicht reflektierter Wahrnehmung basiert, hatte zuvor, wie bereits angedeutet, auch Kant das Modell der kopernikanischen „Umkehrung" gewählt. Novalis verbindet die Funktionalisierung dieser kopernikanischen Metapher bei Kant, wo sie für Kritik steht, mit Fichtes Radikalisierung dieser Perspektive und fügte ihr – das sei unterstrichen – eine ausgeprägte dialogische Komponente hinzu. Will man den neuen nachkantischen Denkstil verstehen, muss man zum Selbstdenken fähig sein. Wie wird man aber ein guter Vermittler? Wie ‚zwingt' man den anderen zum Selbstdenken, wenn dieses doch Freiheit und nicht Zwang voraussetzt? Aus dieser spannenden Frage werden sich die Modelle romantischer Hermeneutik entwickeln, bis zu der Einsicht Schleiermachers, dass jeder produktive Verstehensprozess alle, die am Gespräch teilnehmen, mit einbezieht und dass divinatorische Fähigkeiten notwendig sind. Bei Novalis kann der Gedankengang, welcher in den Notizen der „Fichte-Studien" und nicht zuletzt in Anlehnung an das kopernikanische Wendemodell ihren Anfang nimmt, in seinen Reflexionen über das Nachdenken und Symphilosophieren weiterverfolgt werden – nicht ohne Verzicht auf kosmologische Metaphern.

Was die Optik uns von der verkehrten Welt lehrt

In Bezug auf Hardenbergs Auseinandersetzung mit kosmologischen Metaphern muss weiterhin ein wichtiger Aspekt erwähnt werden: die Erfahrung der spiegelbildlichen Umkehrung. Die Leistung, die vollbracht werden muss, um von der natürlichen zur kopernikanischen Perspektive überzugehen, besteht zum großen Teil darin, dass man die Perspektive auf die Dinge um 180% drehen muss. Es ist nicht die Sonne, welche sich um die im Zentrum ruhende Erde bewegt, sondern umgekehrt: die Erde bewegt sich um die stillstehende Sonne in der Mitte des Systems. Dies ist natürlich ein vereinfachter Kopernikus; abstrahiert wird nicht nur von gewissen Details (die Mitte des Sonnensystems deckt sich bei Kopernikus nicht mit dem Mittelpunkt der Sonne), sondern auch von den übrigen Planeten. In Bezug auf das gegenseitige Verhältnis zwischen der Erde und der Sonne kann man jedoch von einem gespiegelten Verhältnis sprechen. In dieser

Konstellation ist die Schockerfahrung angesichts der korrigierten Erkenntnis sowie die notwendige Selbstüberwindung gerade deshalb so groß, weil man das Gewohnte umgekehrt sehen, bzw. denken muss.

Diese kopernikanische Metapher war nicht nur deswegen für Novalis attraktiv, weil sie zu dem neuen Konzept der Richtigstellung des Verkehrten mit Hilfe einer Spiegelung verhalf. Sehr früh verbindet er auch die Reflexion mit der Optik. Er erkennt, dass ‚Reflexion' ja nichts anderes als ‚Spiegelung' bedeutet.[608] Auf diese einfallsreiche philologisch-erkenntnistheoretische Entdeckung hat Manfred Frank verwiesen und sie fand in der Forschung ein entsprechend nachhaltiges Echo unter dem von Novalis dafür selbst geprägten Stichwort *ordo inversus*.[609] Das Bewusstsein arbeite wie ein Spiegel: es lässt die Dinge umgekehrt erscheinen. Hier unterscheidet sich das Bewusstsein als Wahrnehmungsvermögen nicht von dem Auge, welches als optisches Instrument auf die gleiche Weise arbeitet. Das veranlasst Novalis dazu, diese Beobachtung auf das ganze Apperzeptionsvermögen des Menschen zu beziehen: unmittelbar vor der hier interpretierten Notiz über die Erklärung der Sonnenbewegung notierte er folgenden Gedanken:

> Sollte es nicht mit unsern Apperceptionsvermögen, wie mit den Häuten im Auge sein – die Vorstellungen müssen durch entgegengesetzte Media durch um endlich richtig auf der innern Pupille zu erscheinen?[610]

Dieses Verhältnis faszinierte Novalis. Er entdeckte immer wieder neue Aspekte des besagten Phänomens. Die wichtigste Schlussfolgerung, die er daraus zog, ist, dass man einen zweiten Spiegel benutzen muss, d.h. das Bild durch „entgegengesetzte Media" durchgehen lassen muss, um sie endlich richtig zu erblicken. Ein solches Medium kann die Reflexion werden, weil sie sich steigern lässt, also Reflexion zweiter und weiterer Potenzen werden kann. Auf das Erklärungsmodell bezogen, bedeutet es, dass der Erklärende dem Fragenden sozusagen ein Spiegel vorhält, dass er für den weniger Geübten einen Anstoß zur Selbstreflexion gibt, ohne den dieser Schritt für den Fragenden noch zu schwierig wäre. Hardenberg

---

608 NW, Bd. II, S. 15, 229.
609 Siehe: Manfred Frank / Gerhard Kurz: Ordo inversus, in: Herbert Anton (hg.): Geist und Zeichen. Festschrift für Arthur Henkel zu seinem sechzigsten Geburtstag, Heidelberg 1977, S. 75-97. Die *ordo inversus*-Figur ist in der viel älteren Symbolik des Spiegels und des Spiegelbildes als Modells für das Selbstbewusstsein verwurzelt, siehe hierzu: Johann Kreuzer: Was heißt es, sich als Bild zu verstehen? Von Augustinus zu Eckhard, in: Johannes Grave und Arno Schubbach (hg.): Denken mit dem Bild. Philosophische Einsätze des Bildbegriffs von Platon bis Hegel, München 2010.
610 NW, Bd. II, S. 229.

bewegt sich auf dieser von der Optik inspirierten Gedankenspur jedoch noch weiter: er fasst das historische Verhältnis zwischen Astronomie und Philosophie generell als *ordo inversus* auf. Die Entdeckungen, die die Natur, und solche, die den Geist betreffen, spiegeln einander wieder.

In seinem Exzerptgut von 1797 befinden sich Notizen, die als „Kant-Studien" bekannt sind. Hardenberg studierte die „Kritik der reinen Vernunft". Es handelte sich um deren zweite Ausgabe. Besondere Aufmerksamkeit schenkte der der Vorrede und der Einleitung. Hierbei nahm er das Motiv der ‚kopernikanischen Revolution' auf, das er in der Vorrede vorfand, erweiterte es aber um eigene Bemerkungen:

> Kant setzt die *feste,* ruhende, gesezgebende Kraft a priori *in uns* – die Ältern Phil[osophen] setzten sie außer uns. So hat also in d[er] Phil[osophie] der entgegengesetzte Weg gegolten – als in der Astronomie. Hier hat man zuerst *die Erde,* als fix, und den Himmel, als sie umrollend, gedacht – in der Phil[osophie] hingegen hat man zuerst das Ich, als bewegt und sich um die Gegenstände drehend, gedacht und die Revolutionairs beyder Wissenschaften haben nachher gewechselt.[611]

Novalis stellt hier die Naturwissenschaft und Philosophie sowie neben- wie auch gegen einander, und zwar auf eine Weise, die seinen Beobachtungen zur Spiegelnatur der Reflexion entsprechen: sie verhalten sich zueinander wie eigene Spiegelbilder. Während in der Astronomie das Subjekt um ein externes Zentrum in Bewegung gesetzt wurde, geschieht in der Welt des Geistes das Umgekehrte: das Subjekt wird zum unbewegten Zentrum, um welches sich die Gegenstände „bewegen". Wahrscheinlich ist Novalis der erste, der einen inneren Widerspruch in Kants Kopernikus-Vergleich zum Ausdruck brachte: eigentlich war Kant ein umgekehrter Kopernikus, da er das erkennende Subjekt, d. h. den Menschen ins Zentrum rückte. Die Reihe derer, die Kants Metapher als inadäquat denunzieren, ist lang; zuletzt hat Wolfgang Welsch dem Königsberger Philosophen vorgeworfen, er habe eigentlich keine kopernikanische, sondern eine ptolemäische Wende vollzogen.[612] Novalis erkannte aber zugleich etwas Anderes sehr früh: dass es hier um zwei Seiten derselben Medaille gehe. Die Entdeckung der richtigen Verhältnisse im Sonnensystem eröffnete den Weg zur Idee des transzendentalen Standpunktes. Der Mensch, zwar Bewohner eines der vielen Planeten, ist imstande, sich intellektuell ins Zentrum zu setzen und sich geistig als Mittelpunkt zu begreifen, obwohl er körperlich nach wie vor erdgebunden geblieben ist. Deshalb

---

611 Ebd., S. 221.
612 Wolfgang Welsch: Immer nur der Mensch? Entwürfe zu einer anderen Anthropologie, Berlin 2011, S. 173.

haben alle Kritiken an Kant, die besagen, er sei kein ‚Kopernikaner', sondern ein ‚Ptolemäer' gewesen, etwas Richtiges an sich. Sie übersehen nur, dass die beiden Bewegungen – die Verbannung des Menschen als erdgebundenes und körperliches Wesen an den Rand des Universums und die gleichzeitige intellektuelle Eroberung des Zentrums – miteinander wie gespiegelt verbunden sind und einander bedingen. Der Wende in der Astronomie musste eine umgekehrte Wende im Denken folgen – zumindest schien es so im ausgehenden 18. Jahrhundert, als man begriff, dass mit Kants „Kritiken" eine neue Epoche begonnen hat. Es ist daher kein Wunder, dass Novalis anhand dieses Prozesses seine Idee entwickelt, dass zur richtigen Erkenntnis immer die reflexive Spiegelung des vorhandenen Bildes gehört. Es ist kein Zufall, dass der Notiz über „die Revolutionairs beyder Wissenschaften" d.h. Kopernikus und Kant, die Überlegung über das Auge und die Pupille als Media des *ordo inversus* unmittelbar vorausgeht.

Die moralische Seite des Weltalls bleibt zu entdecken

Aus den Überlegungen zum Verhältnis zwischen Astronomie und Philosophie zieht Novalis weitere Konsequenzen. Die Revolutionen in den beiden Wissenschaften, in der Astronomie und der Philosophie, verdanken wir – so Novalis – der jeweils gesteigerten kritischen Reflexion. Weil er beide Gebiete als sich gegenseitig bedingend betrachtet, versucht er immer wieder, ob man nicht von der einen nicht *per analogiam* auf die andere, die weniger erkannte Sphäre, schließen könnte. Als die geheimnisvollere erscheint ihm die innere, bzw. geistige Wirklichkeit, da wir von ihr – so scheint Novalis zu meinen – mittlerweile viel weniger wissen als von der physischen Natur. Es sei eine Folge der spektakulären Fortschritte der Naturwissenschaften. Deshalb schien ihm Kants erkenntniskritische Methode, die sich ausschließlich auf die Naturerkenntnis bezieht, einseitig. Er notierte hierzu:

> Nach Kant bezieht sich reine Mathematik und reine Naturwissenschaft auf die Formen der äußern Sinnlichkeit – Welche Wissenschaft bezieht sich denn auf die Formen der innern Sinnlichkeit?[613]

Und in den parallel zur Kant-Lektüre entstehenden Notizen zu den Texten von Hemsterhuis ist der begeisterte Aufruf zu vernehmen:

> Wissen wir denn – welche Entdeckungen uns auf dieser Seite noch vorbehalten sind –? Die moralische Seite des Weltalls ist noch unbekannter und unermesslicher, als der Himmelsraum –.[614]

---

613 NW, Bd. II, S. 220.
614 Ebd., S. 214.

Die gleichzeitig mit der Beschäftigung mit der „Kritik der reinen Vernunft" stattfindende Hemsterhuis-Lektüre lässt Novalis daran denken, wie die Lücke, die die Erkenntniskritik Kants leer gelassen hatte, geschlossen werden könnte. Die Wissenschaften sollten durch die in dem zitierten Brief an Friedrich Schlegel verkündete „moralische Astronomie" ergänzt werden. Sofort denkt man an Kants eigene Rede von der Lücke, die sich infolge der Erkenntniskritik aufgetan hatte: an den leeren Platz, welcher infolge der Selbsteinschränkung des Wissens entstand. Die Lücke sollte dem ‚Glauben' zur Präsenz verhelfen. Oder – um Kants kosmologisches Bild aus der zweiten Vorrede in Erinnerung zu rufen – den leer gewordenen Raum sollte die unsichtbare Kraft der „newtonschen Anziehung" erfüllen, als Sinnbild für die Freiheit und die Gesetze der praktischen Vernunft. Die Radikalisierung, welche Novalis demgegenüber unternimmt, kommt in Formulierungen wie „Formen der inneren Sinnlichkeit" zum Ausdruck. Er hat hierbei die „moralische" Sphäre im Sinn, was im 18. Jahrhundert nicht nur eine Bezeichnung für ethische Werte war, sondern auch für viele Phänomene, die wir heute der Sozialpsychologie zurechnen würden.[615] Wenn Novalis eine „moralische Astronomie" „im Hemsterhuisschen Sinn" vorschwebt, wie er in dem Brief an Schlegel mitteilt, darf „moralisch" nicht zu eng in der Bedeutung einer Sittenlehre verstanden werden. Hemsterhuis betont vielmehr, dass sein „moralisches Organ" sich nur in der Gesellschaft entfalten kann, unter Bezug auf Gott: „In dem einzelen Menschen ist diese Sensation äußerst schwach; in dem Menschen, im Zustande der Gesellschaft, öffnet sich der moralische Sinn, und die Sensation von der Gottheit wird stärker."[616]

In Kants Denken bezieht sich die Erkenntnis ausschließlich auf Objekte der Außenwelt, denen Sinnesdata zugrunde liegen, die Formen dafür liefert die menschliche Vernunft. Die Formen einer „inneren Sinnlichkeit", also Formen, die auf „moralische" und somit nicht-sinnliche Objekte, wie etwa Gefühle

---

615 In Adelungs „Grammatisch-kritischem Wörterbuch der hochdeutschen Mundart" steht zu „moralisch": „1) In der Moral oder Sittenlehre gegründet, derselben ähnlich, aus derselben hergenommen. Ein moralisches Gedicht. Die allgemeine moralische Empfindung des Guten und Bösen ist ein herrlicher Beweis des hohen Ursprunges unserer Seele, Gell. Im Deutschen gebrauchen einige das Wort sittlich in diesem Verstande, welches aber am häufigsten in den folgenden Bedeutungen üblich ist. 2) In weiterer Bedeutung, gesellschaftlich, zu den gesellschaftlichen Verhältnissen gehörig; sittlich. 2) In noch weiterm Verstande, wobey eine freye Wahl Statt findet, was durch eine in allgemeiner Erkenntniß gegründete Wahl geschehen kann." (Adelung: Grammatisch-kritisches Wörterbuch, Bd. 3, Sp. 280.)
616 Hemsterhuis: Über den Menschen und die Beziehungen desselben, S. 283.

und Gedanken ausgerichtet wären, sind für ihn sinnlos. Der kopernikanisch-newtonsche Komparativ wird in der Vorrede zur zweiten Ausgabe der „Kritik der reinen Vernunft" von ihm gerade deshalb benutzt, um auf den unüberbrückbaren Unterschied zwischen ‚Wissen' und ‚Glauben' hinsichtlich ihrer Natur hinzuweisen.

Bei Novalis ist die Funktion der Rückgriffe auf kosmologische Bilder aus dem Umfeld der kopernikanischen und nachkopernikanischen Astronomie eine umgekehrte. Sie sind heuristischer Natur, sollen der Erkenntnis neue bisher unentdeckte bzw. nicht wahrgenommene Gebiete erschließen, sie sind wahre Analogien, denen eine hypothetische Gemeinsamkeit aller Sphären zugrunde liegt. Novalis spricht in Bezug auf die innere Welt von „Entdeckungen", so wie es üblich war, von Entdeckungen in den Naturwissenschaften zu sprechen.[617] Der praktische Ansatz wird von Novalis in die Erkenntnis integriert. Den gemeinsamen Rahmen scheint dabei die Fähigkeit zur Reflexion als Bereitschaft zur Selbstentwicklung und (Selbst)erkenntnis zu bilden. Diese Reflexion verläuft im Dialog mit anderen Subjekten und in der Auseinandersetzung mit der breit gefassten Lebenswelt. Seine Gedanken darüber entfaltet Novalis nicht zuletzt unter Benutzung von kosmologischen Denkfiguren.

Sich von der Stelle reißen: Symphilosophieren als gemeinsamer Zug der Sonne folgend

Die das kopernikanische Modell reflektierende Notiz über das Erklären aus den „Fichte-Studien" wird bald in Richtung auf das Symphilosophieren weiterentwickelt. Dabei dienen Novalis die Metaphern aus dem ‚kopernikanischen' Umfeld weiterhin als Denkhilfe bzw. Denkstütze. In den „Hemsterhuis- und Kant-Studien" schreibt er im kosmologisch-kopernikanischen Metaphernfeld bleibend, folgendes:

> Ächtes Gesamtphilosophieren ist also ein gemeinschaftlicher Zug nach einer geliebten Welt – bei welchem man sich wechselseitig im vordersten Posten ablößt, auf dem die meiste Anstrengung gegen das antagonistische Element, worin man fliegt, vonnöthen

---

617 „Wir erkennen das Unbedingte nur, insofern wir es realisieren – das bezieht sich nicht auf eine Erkenntnis >>in praktischer Absicht<<, wie bei Kant, sondern zielt gerade auf eine Erweiterung der theoretischen Erkenntnisfähigkeit. […] Hier zeigt sich, dass Novalis die von Kant gemeinte Ablösung des Wissens durch den Glauben (d.h. durch die Postulate der praktischen Vernunft) stillschweigend umdeutet, dass er einen theoretischen Gebrauch des Glaubens für möglich hält, der dort beginnt, wo das Wissen aufhört." (Mähl: Einleitung, S. 338.)

ist. Man folgt der Sonne, und reißt sich von der Stelle los, die nach Gesetzen der Umschwingung unsers Weltkörpers auf eine Zeitlang in kalte Nacht und Nebel gehüllt wird.[618]

„Gesamtphilosophieren" ist mehr als nur Erklären, denn hier sind beide Partner gleichwertiger Aktivität fähig. Man wandert gemeinsam. Als Metapher fungiert wieder die Bewegung bzw. die Drehung der Erde um die eigene Achse. Die „Gesamtphilosophierenden" befinden sich auf der Erde, denn sie müssen das antagonistische Element – die irdische Atmosphäre – „durchbrechen", um zu „fliegen"; die größte Anstrengung fällt dabei der Avantgarde zu, deshalb wechselt man sich auf diesem vordersten Posten ab, wo die kühnsten Gedanken entwickelt werden müssen, von denen aus die anderen weiterdenken. Vielleicht mag Novalis hier an die Tauben-Metapher in der „Einleitung" zu Kants „Kritik der reinen Vernunft" gedacht haben.[619] Novalis' Gesamtphilosophierenden bleiben demgegenüber mit der Erde verbunden und es scheint ihnen nicht daran zu liegen, sich in den leeren Raum bloßer Abstraktion zu begeben. Ihre Erdgebundenheit nutzen sie aber zur Bewegung: sie „reißen sich stets von der Stelle" und folgen der Sonne. Die Gesamtphilosophen sind keine naiven Vorkopernikaner: sie wissen, wie es um die „Gesetze der Umschwingung unsers Weltkörpers" steht. Ihre Anstrengungen zielen aber nicht darauf ab, sich von der Erde, die in der kopernikanischen Perspektive nun ein periphärer und relativer Standort geworden ist, zu lösen und einen Punkt außerhalb derer einzunehmen. Dafür scheinen sie – im Lichte der Gedankenwelt von Novalis, der den Menschen stets als Sinnenwesen und nie als reines Verstandeswesen begriff – zu sehr der Erde verpflichtet zu sein. Ihr Wissen um die richtige Gestalt des Sonnensystems und um die Himmelsmechanik nutzen sie aber, um sich selbst in Bewegung zu setzen. Die Philosophierenden bewegen sich wie die Erde und mit der Erde. Deren Bewegung gibt ihnen die Richtung und es kommt zu neuen Gedanken und Entdeckungen. In Verbindung damit konstatiert Novalis, im Bild bleibend, über die Natur der Wahrheit:

> Die ächte Wahrheit muß ihrer Natur nach, *wegweisend* seyn. Es kommt also nur darauf an jemand auf den rechten Weg zu bringen, oder besser, ihm eine bestimmte Richtung auf die Wahrheit zu geben. Er gelangt dann von selbst, wenn er anders *thätig* ist [...], an Ort und Stelle. [...][620]

Die Wahrheit erfüllt hier die Rolle der Sonne aus der Notiz zum „Gesamtphilosophieren". Deshalb konzentriert sich Hardenbergs Denken um etwas, was das

---

618 NW, Bd. II, S. 216-217.
619 Siehe Fußnote 317 in dieser Arbeit.
620 NW, Bd. II, S. 216.

Subjekt „bewegen" und auf die Spur der Wahrheit bringen kann: um Anstoßpunkte. Es geht darum, den anderen oder auch sich selbst zu bewegen, sich von der Stelle zu reißen. In der gleichen Notiz der „Hemsterhuis- und Kantstudien" lesen wir:

> Die Darst[ellung] der Philosophie besteht demnach aus lauter Themas, Anfangssätzen – Unterscheidungssätzen – bestimmten *Stoß*sätzen […].[D]ie *analytische* Ausführung des Themas ist nur für Träge oder *Ungeübte* – denen die *Mutter* erst fliegen, und sich in einer bestimmten Direction erhalten, lernen muß.[621]

„Hemsterhuis-Studien" und die historischen Bahnen des menschlichen Geistes

Die Auseinandersetzung mit Hemsterhuis trug dazu bei, dass Hardenbergs Sprache im Vergleich zu den von Fichte dominierten recht abstrakten Notizen der früheren Jahre bildhafter wurde.[622] Novalis bezog sich auf drei Essays von Hemsterhuis: die „Lettre sur l'homme et ses rapports", „Alexis, ou sur l'âge d'or " (Paris 1787) und „Lettre de Dioclès à Diotime sur l'athéisme" (Paris 1785). Der erste dieser Essays, „Über den Menschen und die Beziehungen desselben", fesselte Novalis' Aufmerksamkeit wohl am stärksten, wie der Umfang der Notizen beweist. Hierzu gehört die bereits besprochene Erweiterung der kopernikanischen Metapher aus den „Fichte-Studien" zu der ausgebauten Notiz über das „Gesammtphilosophieren" als „der Sonne folgen" und sich „von der Stelle losreißen". Die kosmologische Metapher trägt zur Ausformulierung des Novalisschen Gedankens vom Symphilosophieren wesentlich bei – bis hin zum Gedanken des „Nachdenkens" und dem Konzept des Fragments. Es ist aber nicht der einzige Bezug auf kosmologisches Bildgut in der Auseinandersetzung mit Hemsterhuis. In den Notizen zu „Über den Menschen…" fällt ein längeres Exzerpt besonders auf:

> Der menschliche Geist bewegt sich um die Sonne – er hat seine Perihélien und Aphélien.
> In jeder Perihélie hat ein gewisser Geist den Ton angegeben.
> Der Geist des Geschmacks und der Moral bey den Griechen –
> Der Geist des Calcüls bey uns.
> Die erste Perihélie begriff den Geist des Wunderbaren.
> Die Vollkommenheit unsrer Wissenschaften wird nach ihrer Capacitaet für Mathematik beurteilt.[623]

Es handelt sich hier um eine sehr genaue und zugleich knappe Zusammenfassung entsprechender Textpassagen in „Über den Menschen und die Beziehungen

---

621 Ebd.
622 Mähl: Einleitung, S. 313.
623 NW, Bd. II, S. 214.

desselben". Das Bild, welches Novalis Hemsterhuis entnimmt, bezieht sich auf die elliptischen Planetenbahnen. Bis zu Keplers Entdeckung am Anfang des 17. Jahrhunderts stellte man sich die Planetenbahnen als ideal kreisförmig vor. Kepler war der erste, der diesen Irrtum korrigierte und die Planetenbahnen als Ellipsen beschrieb. Mit Newton und dessen universellem Gravitationskraftgesetz kam die Bestätigung des Keplerschen Modells – das Gravitationsgesetz erklärte, warum die Planeten die Geschwindigkeit ändern. Die von Novalis hier unmittelbar aus dem französischen Original (er las Hemsterhuis auf Französisch) übernommenen Begriffe ‚Perihélie' und ‚Aphélie', also der Perihel und der Aphel, bezeichnen die beiden Punkte auf der Ellipse, die jeweils von einem der Brennpunkte am nächsten und am entferntesten sich befinden. Im Modell des Sonnensystems sind das jeweils der Punkt, wo ein Planet bzw. Komet sich am nächsten zur Sonne befindet und sich am schnellsten fortbewegt, und der Punkt, wo die Entfernung zur Sonne am weitesten und die Geschwindigkeit der Bewegung somit am geringsten ist. Nach dem ersten Keplerschen Gesetz bewegen sich die Planeten und Kometen auf Ellipsen, in deren einem Brennpunkt die Sonne steht. In der „Astronomia Nova" schrieb Kepler rückblickend über diese seine Entdeckung: „durch höchst mühsame Beweise unter Verarbeitung von sehr vielen Beobachtungen fand ich, dass der Weg des Planeten am Himmel kein Kreis ist, sondern eine *ovale*, vollkommen *elliptische* Bahn."[624]

Die Erdbahn: Aphel und Perihel[625]

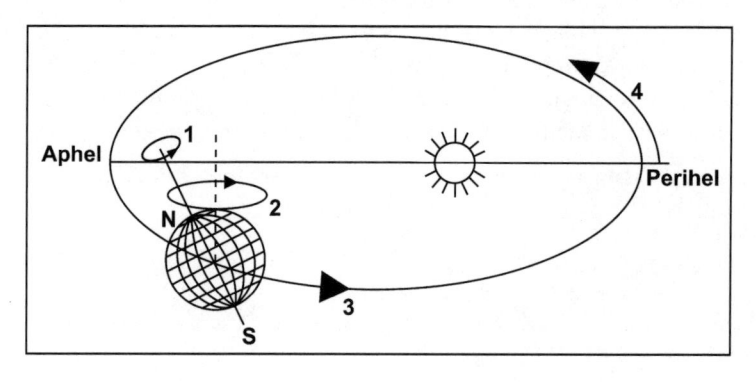

---

624 Kepler: Astronomia Nova, S. 41. Kepler formulierte dieses Gesetz nach Ostern 1605, Grundlage dafür waren zunächst die Berechnungen der Bewegungen des Planeten Mars. (siehe: Krafft: Einleitung, S. XLV). Vgl. hierzu auch: Hoyer: Das Naturverständnis Johannes Keplers. Hervorhebungen im Original.
625 Bild zitiert nach: http://wekuw.met.fu-berlin.de/WEKUW/old/content/courses/de/09_ExpPlaSim/main_html/node2.html (letzter Zugriff 23. 02. 2015)

Ihre Popularität in der Literatur der Zeit verdankt das Motiv der elliptischen, „exzentrischen" Bahn allerdings eher den Kometen, bei denen die Exzentrizität leichter wahrzunehmen war und sich zudem mit dem damals höchst aktuellen Interesse an Kometen verband. Auch Hemsterhuis denkt nicht an die Planeten, sondern an die elliptische Bahn der Kometen:

> Die Wissenschaft des Menschen, oder vielmehr der menschliche Geist, scheint sich um die Vollkommenheit herum zu drehen, wie die Kometen um die Sonne; er hält eine sehr exzentrische Laufbahn. Die menschliche Wissenschaft hat sogar ihre Perihelien; aber, wir kennen aus der Geschichte ungefähr nur eine Revolution und eine halbe; daß heißt, zwey Perihelien und die Aphelie, welche beyde von einander trennt.
> Ich bemerke hier, daß in jeder Perihelie ein gewisser allgemeiner Geist geherrscht hat, der seinen Ton, oder seine Farbe über alle Wissenschaften, und alle Künste, oder über alle Zweige menschlicher Wissenschaft, verbreitete.[626]

Was bei Novalis ein kurzes, den Gedanken Hemsterhuis' in seiner Knappheit aber getreu zusammenfassendes Exzerpt ist, erstreckt sich in Hemsterhuis' Essay „Über den Menschen…" über mehrere Seiten und bildet die Ausklangspassagen des Textes, so dass er, begonnen mit allgemeinen grundlegenden Reflexionen über die Sinne („Organe") des Menschen, nach langen Ausführungen über Sprache, Gesellschaft und Religion, mit dieser astronomisch ausgedrückten Geistesgeschichte endet. Hemsterhuis spricht von „zwei Perihelien" in der Menschheitsgeschichte, jede der Perihel steht für bestimmte Werte und das Vermögen des Geistes, für einen gewissen „allgemeinen Ton", der auf alle übrigen Kulturbereiche Einfluss nimmt. Infolge der „Revolution" veränderte sich die Bahn des menschlichen Geistes, so dass sich der gegenwärtige Perihel von dem der alten Griechen im Wesentlichen unterscheidet:

> In der gegenwärtigen Perihelie könnte man diesen allgemeinen Geist durch den Geist der Geometrie, oder durch den symmetrischen Geist definieren; in der Perihelie der Griechen durch den Geist der Moral oder der Empfindung; und, wenn ich den Styl der Künste bey den Egyptern, und den Hetruriern in Erwägung ziehe: so werde ich halb gewahr, dass der allgemeine Geist der vorhergehenden Perihelie der Geist des Wunderbaren war.[627]

Der Unterschied sei deshalb von wesentlicher Bedeutung, weil der neue Perihel die Entfaltung des so genannten „moralischen Sinnes" bzw. „Organs" im Menschen viel weniger begünstigt, als im Falle der Griechen. Die Konsequenzen seien für das ganze Kulturbild bedeutend:

---

626 Hemsterhuis: Über den Menschen und die Beziehungen desselben, S. 307.
627 Ebd., S. 308.

In unserer Perihelie ist es evident, dass die Wissenschaften, nach dem Grade ihrer Anwendbarkeit auf Geometrie, oder auf Arithmetik, vollkommen seyn müssen. Vergleichen Sie eine Linie mit einem Lichtstrahl, oder beyde mit der Bewegung und mit der Dauer, und Optik, Mechanik, Oeconomie, Astronomie werden sich vervollkommen. Aber die Moral, die Politik, die schönen Künste, diese zarten Blumen, einst in dem Boden von Athen so blühend, so glänzend, welken und dorren in unsern dürren Himmelsstrichen, trotz der gelehrtesten und sorgfältigsten Kultur, dahin.

In der Perihelie der Griechen, oder der Perihelie des Geistes der Moral und der Empfindniß, waren die Ideen von Liebe, von Dankbarkeit, von Undankbarkeit, von Haß, von Rache, von Eifersucht, so klare, so vollkommene, so bestimmte Beziehungsideen, als die von einem Triangel und von einem Zirkel; aber, man wende, wie die Griechen, die Liebe auf Attraction, den Abscheu vor dem Leeren auf Elasticität, die Faulheit auf die Kraft der Trägheit an, und man sehe, wohin die Physik gebracht werden wird.[628]

Eine wichtige Folge dieses Perihelunterschieds zwischen „uns" und den Griechen sei eine Art Blindheit gegenüber den Subtilitäten dessen, was sich in den zwischenmenschlichen Beziehungen jeder Art abspielt. Während die Griechen über die Welt der Emotionen, der politischen Sphäre oder der Ästhetik eine Klarheit besessen hätten, die unserer naturwissenschaftlichen Klarheit gleicht, seien „wir" gegenüber dieser ganzen großen Sphäre nahezu taub und blind geworden und können mit ihr nicht wirklich zurecht kommen. Auch die gegenwärtigen Versuche, die zwischen der eng verstandenen Wissenschaft und der zwischenmenschlichen Sphäre aufklaffende Kluft zu überbrücken, gelingen nicht, denn infolge dieser werde die Gesellschaft meistens ‚entgeistert'.[629] Hemsterhuis zufolge hatten die Griechen vor allem ein anderes Ideal der Vollkommenheit: eine harmonische Bildung des Menschen und dessen „moralischen Sinnes", während der gegenwärtige Geist vor allem auf den „Zuwachs der Quantität von Beziehungsideen" Wert legt.[630]

---

628 Ebd., S. 309-310.
629 Zwar geht Hemsterhuis auf seine rhetorische Frage, was passiert, wenn die Anziehungskraft mit der Liebe, die Trägheit mit der Faulheit usw. in Verbindung gebracht wird, nicht weiter ein, aber in der Fußnote, die er an diese Frage anhängt, findet sich die folgende Erklärung am Beispiel der Kriegskunst: bei den Griechen sei „die wahre Grundlage" der Kriegskunst „nichts [...], als der moralische Zustand des Individuums", während „die Grundlage dieser Wissenschaft bey uns, eigentlich, in der Anwendung der Idee einer geometrischen Figur, oder die Idee einer Masse auf eine gewisse Anzahl von Individuen, die, auf eine bestimmte Art handeln können, besteht." (Ebd., S. 310). Während bei den Griechen selbst die Wissenschaften human gewesen wären, erobert der wissenschaftlich kalkulierende Geist jetzt die Gesellschaft.
630 Ebd., S. 312.

In Hemsterhuis' Briefessay sind astronomische Bilder zwar deutlich präsent, sie dringen sich jedoch dem auf sie nicht gezielt eingestellten Leser im Vergleich zu anderen Bildbereichen nicht notwendig auf. Sie spielen aber eine evidente Schlüsselrolle in Bezug auf das Narrativ der beiden Grundkräfte des ganzen Universums, vor allem in dem letzteren, geschichtsphilosophisch bestimmten Teil des Essays.

Hemsterhuis hat diesem Essay, der den Sinnen, der Wahrnehmung, der Erkenntnis und der Stellung des Menschen im Universum gewidmet ist, zwei Motti vorangestellt: eines aus Lukrez und das andere gerade aus Keplers „Dioptrice" (1611) [*Dioptrik oder Schilderung der Folgen, die sich aus der unlängst gemachten Erfindung der Fernrohre für das Sehen und die sichtbaren Gegenstände ergeben*].[631] Hardenbergs Exzerpt konzentriert sich nicht nur auf das Wesentlichste der entsprechenden Passagen bei Hemsterhuis, sondern auf das kosmologische Schlüsselbild Keplerscher Provenienz: der Unterschied zwischen den Griechen und „uns" läge darin, dass die Perihel, der am nächsten der Sonne liegende Punkt, welcher für den Planeten eine Beschleunigung bedeutet, bei den Griechen durch den Geist der Moral und des Geschmacks bestimmt gewesen sei. Bei „uns" sei die Perihel der Geist des „Calcüls", womit man sowohl die Entwicklung der Naturwissenschaften, welche zunehmend mathematisch erfasst werden, als auch eine gewisse Kälte und Berechenbarkeit des kollektiven Gemüts verstehen könne, die Folge der als einseitig empfundener Wissensfortschritte sind. Unmittelbar danach exzerpiert Hardenberg eine weitere Stelle aus Hemsterhuis' Essay, die direkt an den Erdbahn-Vergleich anschließt und den Gedanken erklärt:

---

631 Das erste Motto lautet: „Avia Pieridum peragro loca, nullius ante / Trita solo: iuvat integros adcedere funteis" („Ungebahnte Gefilde der Pieriden durchwandr' ich / Die kein Fuß noch betrat, die ungekosteten Quellen / Will ich suchen und schöpfen"). Das Zitat stammt vom Anfang des vierten Buches des Titus Lucretius Carus „Von der Natur der Dinge". Das zweite Motto stammt aus der Feder Keplers: „Libellum exhibeo, captu non adeo facilem, et qui non tantutn ingenium in lectore requirat, sed etiam attentionem mentis praecipuam, et cupiditatem incredibilem cognoscendi rerum causas." Hier handelt es sich um eine Paraphrase der ersten Zeilen von Keplers „Dioptrice". Das vollständige Zitat lautet bei Kepler: „Libellum exhibeo, lector amice, mathematicum, hoc est captu non adeo facilem: et qui non tantum ingenium in lectore requirat, sed etiam attentionem mentis praecipuam, et cupiditatem incredibilem cognoscendi rerum causa." (Joannis Kepleri Sae. Cae. Mtis. Mathematici Dioptrice Seu Demonstratio eorum quae visui & visibilibus propter Conspicilla non ita pridem inventa accidunt, Augustae Vindelicorum, Davidus Francus 1611, S. 1. Das Werk ist digitalisiert auf der Homepage der Universität Wien unter: http://www.phaidra.univie.ac.at/o:198061 zugänglich; letzter Zugriff 28. 02. 2014.)

Die allzuschnelle Vermehrung der Verhältnißideen hat eine Sucht zu combinieren und zu appliciren zu Folge. Dieser großen Arbeit ist der zu schnell entwickelte Mensch noch nicht gewachsen – der *Sinn* verliert und stumpft sich ab […].[632]

Die Folgen dieser aus dem Gleichgewicht gefallenen kulturellen Lage seien „keine feste Unterscheidung des Wahren und Falschen", sowie ein „Anwachs der Täuschungen", *„Frivolität", „Indifferentismus"*, „Bagatelle", „Ermüdung" und „Indolenz". (Hervorhebungen von Novalis).[633] Die Perihel der Griechen hatte demgegenüber einen großen Vorteil: sie „begriff den Geist des Wunderbaren". Demgegenüber werde die „Vollkommenheit unsrer Wissenschaften […] nach ihrer Capacitaet für Mathematik beurtheilt".[634] Novalis äußert in Bezug auf diese Lage eher eine Besorgnis. Die Gegenwart sei von der Mathematik bestimmt, was ein Denken vor allem in „Verhältnißideen", also in Proportionen, zur Folge habe sowie eine „Sucht zu combinieren und zu appliciren". Dem raschen Fortschritt der mathematisierten Naturwissenschaften ist der Mensch in seinem ganzen Wesen noch nicht gewachsen. Er verliert den „Sinn" – Novalis betont dieses Wort in seinem Exzerpt – also das Gefühl der Sinnhaftigkeit in Bezug auf alle Lebensbereiche, die nicht Naturwissenschaften sind, und reagiert deshalb mit Oberfächlichkeit und Abstumpfung auf vieles, was nicht unmittelbar mit der spezialisierten Naturerkenntnis zu tun hat. Vor allem die ethische und die Gefühlswelt, aber auch die damit eng verbundenen hermeneutischen Fähigkeiten zum Nachdenken, Nachempfinden und Deuten kämen zu kurz.

Nach Novalis müsse man das entstandene Ungleichgewicht wiederherstellen, das zwischen den ‚kalten' intellektuellen Fähigkeiten des Menschen, welche sich in der Auseinandersetzung mit den Naturwissenschaften zwar bewundernswert, aber einseitig und abgesperrt entfaltet haben, und den übrigen Seiten der menschlichen Natur entstanden ist. Die Hemsterhuissche Diagnose verbindet Novalis mit den Eindrücken, die er bei seiner gleichzeitigen Kant-Lektüre gewonnen hatte. An Kants Erkenntniskritik kritisiert er die Einseitigkeit; sie sei keine „Wissenschaft", die sich „auf die Formen der innern Sinnlichkeit" bezieht. Von hier aus kann man Hardenbergs Interesse für die Lehre von den menschlichen Organen verstehen, wie sie Hemsterhuis auffasste. Die Organe bleiben an Zahl und Qualität nicht statisch – man könne Organe, d.h. Sensibilität und Fähigkeit zur Wahrnehmung, ausbilden. Das Ungleichgewicht sei entstanden, weil von den sich so rasch und faszinierend entfaltenden Naturwissenschaften und

---

632 NW, Bd. II, S. 214.
633 Ebd.
634 Ebd.

der Mathematik zahlreiche und starke Reize für den menschlichen Erkenntnis- und Wahrnehmungsapparat ausgegangen waren, welche die Übung der Aufmerksamkeit auf einen engen Kreis von Phänomenen und Problemen förderten. Andere Lebensbereiche konnten mit diesem Angebot von attraktiven und fesselnden Reizen nicht mithalten, die Gesellschaft, die Kunst, die Religion erscheinen im Vergleich dazu verblasst. Dies habe eine Verkümmerung vieler „Organe" im Menschen, die nicht mit dem Geist des „Calcüls" kompatibel sind, nach sich gezogen. Novalis möchte diese durch die wissenschaftliche Revolution in den Schatten verdrängten und vernachlässigten Lebensbereiche wieder in Quellen von Reizen verwandeln. In Auseinadersetzung mit diesen Reizen würden die im Menschen schlummernden und verkümmerten „Organe", d.h. Fähigkeiten und Kompetenzen, wiederbelebt bzw. gebildet werden (er spricht von „Sinnen", die gebildet werden müssen). Sinne sind für ihn die Medien, welche zwischen der Außen- und der Innenwelt vermitteln und so den Menschen zu Reaktionen auf die Welt zwingen. Es gäbe dann kein Stagnieren, sondern Entwicklung.

Die uns durch die lange literarhistorisch und geistesgeschichtlich ausgerichtete Interpretationstradition etwas weltfremd und schöngeistig anmutende Idee zur ‚Romantisierung der Welt', deren bekannteste Ausformulierung in den „Fragmenten" (1799-1800) vorliegt, sollte vor diesem Hintergrund gelesen werden. Sie bedeutet nicht, die Welt zu ‚verschönen' oder sie nach den Prinzipien der Ästhetik auszurichten, auch geht es nicht darum, die Welt ‚geheimnisvoller' zu machen und dadurch dem ‚romantischen' Geschmack, der sich vor der Prosa der Zeit ekelt, angenehmer zu gestalten. Die Überlegungen zielen darauf ab, wie man die verkümmerten Fähigkeiten des Menschen, die sich aufgrund einer Sinninflation zu Beginn der Moderne nicht zu entfalten vermögen, zum Leben erwecken könnte. Dass es Potenziale gäbe, davon ist Hardenberg fest überzeugt, sonst würde er nicht anlässlich der Kantschen Bemerkungen zum ‚gestirnten Himmel' und dem ‚moralischen Gesetz' notieren: „Wissen wir denn – welche Entdeckungen uns auf dieser Seite noch vorbehalten sind –? Die moralische Seite des Weltalls ist noch unbekannter und unermesslicher, als der Himmelsraum."[635]

Worüber Novalis reflektiert, ist, wie man den Anfang setzen sollte. Er sucht nach den genannten „Stoßsätzen" und „Anfangssätzen" – nach dem, was einen „von der Stelle losreißt" und der Sonne folgen lässt, um die Metaphorik seiner ‚geistigen Astronomie' aufzugreifen. Ihn interessiert, wie wir möglichst vielseitig werden können in einer Welt, die es uns schwieriger macht, dies zu tun. Es ist

---

635 Ebd.

also ein durchaus modernes und auch gegenwärtig nicht fremdes Problem, welches den jungen Naturwissenschaftler und Ingenieur und Dichter beschäftigt. Es stellt sich heraus, dass Hardenberg auch bei diesen Überlegungen im Banne der kosmologischen Metaphorik verbleibt, die eine Metaphorik newtonscher Prägung ist. Damit ein Phänomen zum „Reiz", „Stoßsatz", bzw. „Anfangssatz" werden kann, muss ein Verhältnis zwischen ihm und dem Subjekt zustande kommen, das Objekt muss in aktive Auseinandersetzung mit unserer Aufmerksamkeit gelangen. Dieses Verhältnis stellt Novalis als die Anziehungskraft dar, welche das Objekt ausübt. Das Subjekt beginnt sich, unter dem Einfluss dieser Anziehungskraft, die es als eigene Strebekraft zum Objekt hin empfindet, zu „bewegen". Wir lesen in den „Hemsterhuis-Studien":

> Jede Aufmercksamkeit auf Ein Objekt, oder jede bestimmte Richtung, welches Eins ist – bringt ein reales Verhältniß hervor – Denn mit dieser Unterscheidung empfinden wir zugleich die nun zu praeponderiren anfangende Anziehungskraft jenes Objects, oder die individuelle Strebekraft – welche indem wir uns ihr überlassen und ihre Empfindung nicht wieder verlieren, sondern sie fest im Auge behalten – uns glücklich zu dem ersehnten Ziel unsers Verlangens bringt.[636]

Diese Notiz wird von Reflexionen über das „ächte Gesammtphilosophieren" als einen „gemeinschaftlichen Zug nach einer geliebten Welt" im Banne der vorschwebenden Sonne begleitet. Man merkt, dass Hardenbergs Auffassung der Anziehungskraft als Figur für das der Welt Zugrundeliegende, welches zwischen den unzähligen Phänomenen eine gemeinsame Grundlage stiftet, anders ausfällt als die Auffassung eines Franz von Baader, die zu Beginn dieses Kapitels erwähnt wurde. Bei Baader handelt es sich um eine fast biologisch-vitale Kraft, welche alles verbindet. Novalis ist insofern Newton näher, als er – wie bei der physischen Gravitationskraft – sieht, dass sie mit der ‚Entfernung' abnimmt. Sind Subjekt und Objekt voneinander zu „weit" entfernt, wird sich keine „Anziehungskraft" zwischen ihnen einstellen können.

Das Anfangen: der archimedische Punkt eines Romantikers

Anfänge gibt es sehr unterschiedliche, und sie entsprechen den Fortschritten auf dem Weg zur Bildung verschiedener „Sinne", d.h. verschiedener Fähigkeiten und schlummernden Begabungen. Aus der Fichte-Lektüre weiß Hardenberg allerdings auch, dass es um einen grundlegenderen „Anfang" geht, um das Erwachen der Fähigkeit zur Selbstreflexion und des Ich-Bewusstseins als solchen,

---

[636] Ebd., S. 217.

denn ohne diese Grundlage können keine anderen „Sinne" gebildet werden. Diesem Anfang widmet Novalis immer wieder Überlegungen. In den „Vorarbeiten 1798" lesen wir etwa:

> Jeder sich absondernde, gewöhnlich affectirt scheinende Mensch ist denn doch ein Mensch, bey dem sich ein Grundsatz regt. [...] Selbstständigkeit muß affectirt anfangen. Alle Moral fängt affectirt an – Sie gebietet Affectation. Aller Anfang ist *ungeschickt*.[637]

Im „Blüthenstaub" lesen wir über den Zustand eines Anfängers, dass es meistens ein Zustand der Verworrenheit ist. Dies ist damit verbunden, dass der Anfänger noch „ungeschickt" ist und das Neue, welches er gerade lernt, noch nicht automatisiert hat. Dafür hat er aber einen frischen Blick für die Phänomene, die ihn beschäftigen. Sich in den Zustand des Anfängers zurückzuversetzen, ist jedoch eine schwierige Fähigkeit:

> Je verworrener ein Mensch ist, man nennt die Verworrenen oft Dummköpfe, desto mehr kann durch fleißiges Selbststudium aus ihm werden [...] Die Verworrenen haben im Anfang mit mächtigen Hindernissen zu kämpfen, sie dringen nur langsam ein, sie lernen mit Mühe arbeiten: dann aber sind sie auch Herrn und Meister auf immer. Der Geordnete kommt geschwind hinein, aber auch geschwind heraus. Er erreicht bald die zweyte Stufe: aber da bleibt er auch gewöhnlich stehn. Ihm werden die letzten Schritte beschwerlich, und selten kann er es über sich gewinnen, schon bey einem gewissen Grade von Meisterschaft sich wieder in den Zustand eines Anfängers zu versetzen.[638]

Ein Genie verbindet dagegen die beiden Pole – er habe die Fülle des Geordneten und kann trotzdem die Kapazität des Anfängerzustands beibehalten. In einem weiteren Fragment des „Blüthenstaubs" heißt es von Genies, dass sie vielseitiger werden müssen. Ganz im Sinne der Reflexionen über die Einseitigkeit der Hemsterhuis- und vor allem der Kant-Studien sagt Novalis, dass bisher alle Genies einseitig waren, die einen zeigten mehr Sinn für die äußere Welt, die anderen für die innere. Es gab glückliche Augenblicke, wo sich beides verband, aber es waren Augenblicke des reinen Zufalls, des ungeplanten Glücks. Es wäre angebracht, diesen so versprechenden Mechanismus in den Griff zu bekommen, zu enträtseln, wie er funktioniert, um ihn fruchtbarer nutzen zu können. Die Fähigkeit, sich selbst in diesem Sinne in den Griff zu bekommen, nennt Novalis „sich selbst durchdringen" und greift nach der Metapher des archimedischen Punktes:

> [...] es blieb bey glücklichen Augenblicken. Das erste Genie, das sich selbst durchdrang, fand hier den typischen Keim einer unermesslichen Welt; es machte eine Entdeckung, die die Merckwürdigste in der Weltgeschichte seyn musste, denn es beginnt damit eine

---

637 Ebd., S. 346.
638 Ebd., S. 249.

ganz neue Epoche der Menschheit, und auf dieser Stufe wird erst wahre Geschichte aller Art möglich: denn der Weg, der bisher zurückgelegt wurde, macht nun ein eigenes, durchaus erklärbares Ganzes aus. Jene Stelle außer der Welt ist gegeben, und Archimedes kann nun sein Versprechen erfüllen.[639]

Jene „Stelle außer der Welt" bedeutet einen inneren Standpunkt, von dem aus man sich selbst beobachten kann. Im Unterschied zu dem Bild des Archimedes in Fichtes „Über den Begriff der Wissenschaftslehre" ist diese Idee bei Novalis viel praxisbezogener, gar alltagspraktisch ausgelegt. Hardenberg führt eine direkte Linie von der selbstbeobachtenden Tätigkeit des Ich bis hin zu dem ganzen Leben des Individuums, auch zu dem alltäglichen Leben, was sich anhand vieler Fragmente und Notizen konstatieren läßt. Dass die Mobilisierung gerade dieser so bedeutenden Metapher des kosmologischen Bildfeldes der Zeit kein vereinzelter Gedanke bei Hardenberg war, sondern ein bewusstes Sich-Einschalten in den entsprechenden Diskurs, bezeugen die Wiederaufnahmen des Motivs, welche – wie oft bei ihm – nicht selten überraschend nach längerer Zeit in anderen Notizenkomplexen plötzlich auftauchen. So schreibt er von einem „dos me pu sto im Innern" – also von einem archimedischen Standpunkt, der ein innerer Ort ist:

> Dos me pu sto im *Innern* – Formation eines Beobachters – eines *unabhängigen Organs* – eines Organs das alle Affectionen verhältnißmäßig angiebt – dessen Dimensions, Bewegungs und Produktionsverhältnisse den ähnlichen Verhältnissen der Tangenten correspondiren.)[640]

„...dass die Erde schwebe": eine romantische Schlüsselerfahrung

Das Bild des archimedischen Punktes braucht Hardenberg, um das Paradoxon einer solch lebendigen Selbstbeobachtung seiner selbst zum Ausdruck zu bringen. Das Subjekt hält sich „ohne Stütze" im Raum; es hat „sich schwebend zu erhalten"[641] zwischen den beiden Polen der Ordnung und Beobachtung einerseits und des Einfallsreichtums andererseits. Die Metapher des Schwebens – welche nahezu zum Markenzeichen der Frühromantik wurde – taucht bereits in den „Fichte-Studien" auf, wo sich die vielzitierte Stelle vom „Schweben

---

639 Ebd., S. 270.
640 Ebd., S. 662.
641 Ebd., S. 316.

zwischen Extremen" befindet.⁶⁴² Es war spätestens die Lektüre von Hemsterhuis, die bei Novalis den Gedanken aufsteigen ließ, dass es sich bei der Vorstellung vom ‚Schweben' um eine Metapher aus dem Bereich der ‚geistigen Astronomie' handelt. In den Notizen zu dem geplanten in seinen Horizonten monumentalen Enzyklopädie-Projekt stößt man auf folgende Notiz, die davon zeugt, dass Novalis die Idee einer solchen Auffassung von Astronomie als Schlüsselwissenschaft ins Auge gefasst hat:

> Fortsetzung des *Hemsterhuisischen Gedanckens* – von der sonderbaren Veränderung der Welt in der Fantasie des Menschen durch die Copernikanische Hypothese – oder schon durch die Gewissheit der *himmlischen Weltkörper* – durch die Gewissheit, dass die Erde in der Luft *schwebe.*⁶⁴³

---

642 Ebd., S. 177.
643 Ebd., S. 709. Interessant ist, dass der gleiche Gedanke von Hemsterhuis auch Herders Aufmerksamkeit auf sich zog. In den Anfangspassagen seiner „Ideen zur Philosophie der Geschichte der Menschheit" (1784-1791), am Anfang des Kapitels „Unsre Erde ist ein Stern unter Sternen", lesen wir zunächst eine begeisterte Kurzbeschreibung des Sonnensystems, in dem in großer Harmonie alle Planeten um einen gemeinsamen Mittelpunkt kreisen. Es ist natürlich eine zugunsten des harmonischen Gesamteindrucks sehr vereinfachte Sicht des kopernikanischen Modells (vor allem spricht Herder von den Planetenbahnen als von Zirkeln). Herder führt auch die „wohltätigen Anziehungskräfte" an, mit denen „das ewige Wesen [alle Materie] begabt hat". (Johann Gottfried Herder: Ideen zur Philosophie der Geschichte der Menschheit, in: Herder: Werke, Bd. 6, hg. von Martin Bollacher, Frankfurt/Main 1989, S. 21.) Dann schreibt Herder Folgendes: „Nichts gibt einen so erhabnen Blick als diese Einbildung des großen Weltgebäudes, und der menschliche Verstand hat vielleicht nie einen weitern Flug gewagt und zum Teil glücklich vollendet, als da er in Kopernikus, Kepler, Newton, Huygens und Kant die einfachen, ewigen und vollkommenen Gesetze der Bildung und Bewegung der Planeten aussann und feststellte. Mich dünkt, es ist Hemsterhuis, der es beklagt, daß dies erhabene Lehrgebäude auf den ganzen Kreis unsrer Begriffe die Wirkung nicht tue, die es, wenn es zu den Zeiten der Griechen mit mathematischer Genauigkeit festgestellt wäre, auf den gesamten menschlichen Verstand würde getan haben." (Ebd., S. 21-22.) Bemerkenswert ist hier, neben dem gleichen Hemsterhuis-Bezug wie bei Novalis, dass Herder Kant in die Reihe der großen Astronomen und Physiker stellt. Er hat jedoch nicht den metaphorischen Gedanken an die kritische Philosophie als kopernikanische Revolution im Sinne, sondern Kant als Autor der „Allgemeinen Naturgeschichte und Theorie des Himmels". Die Reminiszenzen dieser Kant-Lektüre sind in den Anfangspassagen der „Ideen…" deutlich. Es war diese Schrift Kants, welche Herder auf die Idee brachte, „Natur *und* Geschichte als einen nach einheitlichen Gesetzen geregelten Zusammenhang zu verstehen". (vgl. Hans Dietrich Irmscher: Aspekte der Geschichtsphilosophie Johann Gottfried Herders, in: Marion Heinz (hg.): Herder

Die Reminiszenz bezieht sich auf den gleichen Essay des Hemsterhuis', aus dem Novalis die Gedanken über Perihel und Aphel des Geistes exzerpierte: aus dem Versuch „Über den Menschen und die Beziehungen desselben". Dort bedauert Hemsterhuis die Tatsache, dass die kopernikanische Entdeckung nicht viel früher stattgefunden habe, am besten noch im antiken Griechenland, denn die Menschen verfügten damals noch über einen moralischen Sinn, welcher sich in ihrer Kultur entfalten konnte, während er im Laufe der nachfolgenden Jahrhunderte zunehmend abstumpfte und verkümmerte. Hemsterhuis geht es um die geschlossene vorkopernikanische Welt und die kopernikanische Revolution im Kontext der Vorstellung von der Gottheit, welche die Menschen in unterschiedlichen Zeiten entwickelten. Die Art der jeweiligen Gottheitsidee sei für die Organisation der Gesellschaften äußerst wichtig. In der vorkopernikanischen Welt musste es zu einer anthropomorphischen Gottesidee kommen, denn das damalige Weltall lehrte den Menschen, dass er das Maß aller Dinge sei. Die Erde war groß und befand sich im Zentrum seiner Vorstellungen, die Sterne waren lediglich schöne Leuchten an der gar nicht so sehr entfernten Himmelssphäre:

> Der Mensch glaubte, deutlich, zu sehen, dass der Erdball, den er bewohnt, ohn' alle Vergleichung, der allerwesentlichste Theil des Weltalls sey. Der Begriff, den er von Entfernung hatte, wurde, durch seinen Gesichtskreis, verbunden mit dem wirklichen und direkten Maaß der Dinge, bis zu welchen er reichen konnte, bestimmt und begränzt. [...] Der Erdball behielt also eine unendliche Wichtigkeit; und der Mensch war das allerwichtigste Ding auf diesem Erdball. Wie war es anders möglich, als dass Gott dem Menschen ähnlich seyn musste? Wie anders möglich, las dass ein bedauerter großer Mann nicht ein Gott gewesen wäre?[644]

Diese Art von Anthropomorphismus ist nach Hemsterhuis' oberflächlich, denn sie ahmt in ihren Analogien vor allem das Sinnlich-Äußere nach, die Beschränktheit des Universums sei in der Idee der Gottheit zu spüren. Da aber die Alten – er meint hier nach wie vor die Griechen – über eine Kultur verfügten, welche den moralischen Sinn zu pflegen wusste, sei es sehr zu bedauern, dass nicht schon damals einen Kopernikus gegeben habe. Zusammen mit der griechischen Kultur hätte es zu einer höheren Gottesidee und einer unerhörten Vervollkommnung der Gesellschaft führen können:

---

und die Philosophie des deutschen Idealismus (Fichte-Studien Supplementa), S. 5-47, hier S. 28.) Herders Blick beginnt mit der Stellung der Erde im Universum als „Stern unter Sternen", er wechselt jedoch gleich zu seinem eigentlichen Thema über: der Menschheit und deren Bestimmung „schlechthin im Ganzen der Schöpfung". (Ebd., S. 29.)

644 Hemsterhuis: Über den Menschen und die Beziehungen desselben, S. 283-284.

Die allergrößte Revolution, die sich in den Begriffen der Menschen ereignet hat, trug sich zu, als die Philosophen sie, auf eine unwiderlegliche Art, lehrten, dass dieser Erdball nur ein Planet, wie viele andere, wäre; dass dieses wichtige Ding ein Nichts, und dass das Weltall unendlich sey. Wenn diese Entdeckung in Jahrhunderten gemacht worden wäre, wo das moralische Organ noch ein wenig von seiner primitiven Stärke gehabt hätte: so würde sie, wahrscheinlicher Weise, die Form der Gesellschaft gänzlich geändert haben; aber, da sie in Jahrhunderte fiel, in welchen dieses Organ schon stumpf war: so zeigte itzt die Vernunft einen, den Göttern, welche man anbetete, zu wenig ähnlichen Gott, als man die schon angenommenen Religionsbegriffe so leicht darnach hätte umbiegen können."[645]

Danach folgt die Feststellung, dass Pythagoras und dessen Anhänger trotzdem bereits auf gutem Wege gewesen wären, eine solche Umbiegung geschehen zu lassen; das verdankten sie der von ihnen betriebenen Mathematik, welche sie der Einsicht in das „Nichts unsers Erdballs"[646] annähern ließ. Die Pythagoräer „[...] versuchten eine Einrichtung der Gesellschaft, deren Grundlage nicht die Vervollkommnung des Gesichtssinnes, noch des Gefühlssinnes, sondern des moralischen Sinnes seyn sollte."[647] So hätten sich die Menschen auf dem besten Wege zu einer Gesellschaft befinden können, „in welcher die Tugend nothwendig, das Laster unmöglich, und die Talente der Erhabenheit der Seele dieser bewunderungswürdigen Menschen angemessen waren."[648] Es scheint Hemsterhuis vor allem um den Aspekt einer allzu engen Abhängigkeit von dem an das Materielle, an die vorhandenen Bedingungen gebundenen Sinn zu gehen. Das „Nichts" eröffnet demgegenüber der Einbildungskraft die Möglichkeit, sich ins Unendliche zu projizieren und stets neu zu entwerfen. In der vorkopernikanischen Welt lernten die Menschen die Enge zu internalisieren, auch weil sie ihnen das Gefühl der besonderen Bedeutung von sich selbst und der Erde, so wie sie sind, vermittelte. In der nachkopernikanischen Welt sollten sie durch das Nichts die Unendlichkeit erlernen. Leider haben sie den dafür notwendigen Sinn abstumpfen lassen. Das Bild vom Universum beeinflusste also nach Hemsterhuis zutiefst den Charakter der Gesellschaft.[649] Auf der anderen Seite muss man allerdings auch die Historizität des Menschen selbst berücksichtigen – seine natürliche Anlage,

---

645 Ebd., S. 285-286.
646 Ebd., S. 286.
647 Ebd.
648 Ebd. S. 287.
649 So fügt er etwa in Bezug auf die Herrschaftsformen des frühen Despotismus hinzu: „Bey dem Menschen ist alles Nachahmung; und um ihre Regierungsformen zu errichten, nahmen sie die Regierung des Weltalls zum Muster". (Ebd., S. 289.)

die verschiedenen „Organe", entscheiden zuletzt, wie er sein Universumsbild interpretiert.

Novalis greift diesen Gedanken – „von der sonderbaren Veränderung der Welt in der Fantasie des Menschen durch die Copernikanische Hypothese" – auf, er scheint ihn zu faszinieren und einer genauen, weiterführenden Überlegung wert zu sein. Er will aber nicht bei dem Wortlaut Hemsterhuis' stehen bleiben, er sucht nach einer Fortsetzung. Es ist nicht leicht, aufgrund eines Fragments zu erraten, was er unter einer solchen Fortsetzung verstanden haben mag. Der einzige Weg wäre, das Fragment vor dem Hintergrund seiner eigenen Gedankenwelt zu lesen. Im Vergleich zu Hemsterhuis fällt eine Neuerung sofort auf: neben der „kopernikanischen Hypothese" fügt Novalis „die Gewissheit der *himmlischen Weltkörper* – durch die Gewissheit, dass die Erde in der Luft *schwebe*", hinzu. Auf die „Gewissheit himmlischer Weltkörper" war Hemsterhuis nicht eingegangen, bis auf die übliche Feststellung, dass die Erde mit Kopernikus plötzlich ein Planet unter vielen wurde. Und die Tatsache, „dass die Erde in der Luft schwebe", erwähnte er dagegen nicht.

Mit diesen Erweiterungen wären wir der Novalis vorschwebenden Fortsetzung auf der Spur. Er hat beides: die himmlischen Weltkörper und das Schweben der Erde in seiner Notiz graphisch hervorgehoben. Mit diesen Erweiterungen ist das newtonsche Universumsbild in aller Kürze skizziert: das Bild der „in der Luft" des Himmels schwebenden „Weltkörper". Das zitierte Fragment über das ‚Schweben der Erde' ist also nicht nur als Gedanke an eine Fortsetzung der Hemsterhuis'schen Idee von dem Eindruck, den die kopernikanische Revolution auf die Menschen und ihre Gesellschaft gemacht hat, zu verstehen, sondern es handelt sich zugleich um den Gedanken daran, wie die astronomischen Entdeckungen die Menschen beeinflusst bzw. bei bestimmter Herausbildung ihres Wahrnehmungsvermögens („des moralischen Sinns") beeinflussen könnte.

Wenn Kopernikus die Menschen mit der vielsagenden Vorstellungen des Nichts (ihres Standortes) und der Unendlichkeit (Gottes oder der Grenzen der Vervollkommnung ihrer selbst) konfrontiert, wäre zu fragen, welche Herausforderung hierbei die Gewissheit darstellen könnte, dass die Erde in der Luft schwebt? Die Stelle weist darüber hinaus eine unleugbare Verwandtschaft zu einer Reihe von Bildern auf, in denen Novalis die Situation des Sich-Haltens ohne Stütze thematisiert.[650] Die Bemerkungen hierzu variieren den Gedanken,

---

650 Vgl. etwa die Notiz „Das Ganze ruht ohngefähr – wie die spielenden Personen, die sich ohne Stuhl, blos Eine auf der andern Knie kreisförmig hinsetzen." (NW, Bd. II, S. 152.)

dass auf das Absolute in der alten Rolle von Stütze verzichtet werden müsse; erst bei einem solchen Verzicht öffne sich die Sicht auf eine dieser Welt immanente Unendlichkeit.

Es liegt nahe, die Brouillon-Notiz vor dem Hintergrund dieser früheren Bilder zu lesen. Die Idee der freiwilligen Absage an jedes andere Absolute in dieser Welt findet bei Novalis ihren Ausdruck in der durch Newton geprägten szientifischen Vorstellungswelt der Gegenwart. Im Unterschied zu Hemsterhuis wird hier die Furcht vor dem Nichts des irdischen Standortes um den Diskurs des „Schwebens", und somit auch Kopernikus um Newton ergänzt, der neue Wege in der Physik einschlug.

Alle Theorie ist Astronomie

Im Notizenmeer des Enzyklopädie-Projekts findet sich eine Überlegung, welche das Problem der optischen Täuschung im Diskurs der kopernikanischen Revolution sowie die Sequenz Kopernikus-Newton erneut reflektiert:

> Die Einheiten oder die einzelnen Merckmale sind Planeten – sie sich um ein Hauptmerckmal, als die Sonne bewegen. Die Gesetze ihrer Verhältnisse und gegenseitigen Bewegungen und Veränderungen umfasst ihre Theorie, wie denn alle Theorie Astronomie ist. Ihr Natursystem ist ihr Lebenssystem – das System ihres Mechanismus.
> Auch hier hat der Ptolemaeische und Tycho de Brahesche Irrthum geherrscht. Man hat ein einzelnes, untergeordnetes Merckmal zum Hauptmerckmal gemacht und dadurch sind falsche einseitige Systeme entstanden. Auch hier hat der optische Betrug, dass um das Eine Merckmal, worauf man sich fixirte, die Himmelskugel mit ihren Welten zu drehen schien, geherrscht – und zu täuschenden Schlüssen veranlaßt. Hier hat Kant die Rolle des Copernicus gespielt und das empirische Ich nebst seiner Außenwelt als Planet erklärt und den Mittelpunct des Systems im Sittengesetz oder ins moralische Ich gesetzt – und Fichte Neuton ist der Gesetzerfinder des innern Weltsystems – der 2te Copernicus geworden.[651]

Diese Notiz weist einen allgemein-epistemologischen Charakter auf. Das Modell des Sonnensystems dient hier – auf einige vereinfacht gefasste Verhältnisse und Regeln reduziert – als Modell für die Erkenntnis auf einem sehr allgemeinem Grundniveau. Das Modell wird in seiner Bedeutung erfasst: sein Hauptmerkmal wird identifiziert, die gegenseitigen Verhältnisse und Gesetze werden bestimmt und eine Theorie wird aufgestellt. Um aber die Theorie richtig aufbauen zu können, sind die Beziehungen der „Merkmale" untereinander zu erkennen; vor allem das „Hauptmerkmal" muss entsprechend identifiziert werden. „Falsche

---

651 Ebd., S. 570.

Systeme" habe man lange gebaut, weil man vom falschen Modell ausgegangen ist: von dem „Ptolemaeische[n] und Tycho de Brahesche[n] Irrthum", dass die Erde sich im Zentrum des Universums befindet. In der Rolle der Sonne fungierte das empirische Ich, welches erst Kant, gleichsam als ein Kopernikus, zum gewöhnlichen Planeten erklärte, er vermochte es, weil er imstande war, sich der „optischen Täuschung" zu erwehren. Hier endet jedoch Hardenbergs Weg auf den Spuren des kopernikanisch-newtonschen Vergleichs aus der Vorrede zur zweiten Ausgabe der „Kritik der reinen Vernunft": denn nicht das erkenntniskritische transzendentale vernünftige Ich wurde infolge dieser Revolution zur Sonne, sondern Kant wird unterstellt, den „Mittelpunct des Systems im Sittengesetz oder ins moralische Ich" gesetzt zu haben. In Kants Vorrede ist aber die unsichtbare Gravitationskraft eine Metapher für das moralische Ich, nicht die Sonne, was Novalis wohl nicht bemerkt hat, obwohl er das Gewicht des so verstandenen ‚Glaubens' in Kants Universum der „Kritiken" richtig erkannte. In Fichte erblickte er dann einen Kopernikus „zweiter Potenz" – der mit seinen Wissenschaftslehren den Regel- und Unregelmäßigkeiten dessen, „was in uns denkt",[652] nachgehen wollte und Kants Revolution um eine Verbindung zwischen Theorie und Praxis zu bereichern beabsichtigte. Seine eigene ‚moralische Astronomie' folgte dieser Ausrichtung auf eine Einheit zwischen dem Moralisch-Praktischen und dem Theoretischen; er versuchte jedoch, den toten Buchstaben möglichst mit Lebensnähe zu erfüllen, was nicht zuletzt in der Einbindung von kosmologischen Bildern und Modellen in sein Gedankensystem mündete.

---

652 Ebd., S. 160.

Ausblick: der archimedische Punkt als Schlüssel zur Moderne bei Hannah Arendt und Bruno Latour

Kafka hat sich einmal folgendermaßen zum archimedischen Punkt geäußert:

> Er hat den archimedischen Punkt gefunden, hat ihn aber gegen sich ausgenutzt, offenbar hat er ihn nur unter dieser Bedingung finden dürfen.[653]

Kafka variiert die Anekdote, indem er aus der ursprünglichen Situation einen Paradoxon macht; der Mensch („er") nutze den archimedischen Punkt gegen sich selbst aus, d.h. er betrachte sich selbst als den archimedischen Punkt, hebt sich selbst dabei aus den Angeln. Wir sehen den Menschen zum gleichen Zeitpunkt als den Beweger und den Bewegten, gespalten in Subjekt und Objekt, in Täter und Leidenden. Visuell ist Kafkas Anekdote gar nicht darstellbar, denn der Täter und das Objekt sind ja identisch, hier würde gar kein Hebel passen, es sei denn er hätte überhaupt keine Länge. Noch überraschender als diese paradoxe Auslegung der Archimedes-Anekdote klingt jedoch die Konstatierung Kafkas, der archimedische Punkt dürfe nur unter der Bedingung gefunden werden, dass der Mensch ihn gegen sich selbst ausnutzt.

Hannah Arendt verwandte diese Anekdote als Motto für das letzte Kapitel ihres Buches „Vita activa". In diesem Kapitel geht es um die Neuzeit. Sie setzt mit Kafkas Aphorismus ein, um ihre Sicht der Neuzeit unter dem Zeichen des archimedischen Punktes zu entwickeln. Kafkas undarstellbare, in sich unmögliche Bild ist für sie ein Sinnbild für die Stellung des Menschen in der Neuzeit. In dieser späten Wiederaufnahme der alten Metapher ist der einstige Optimismus eines Descartes, Kant oder Novalis erloschen.

---

653 Arendt: Vita activa, S. 318. Der Aphorismus stammt aus den Tagebüchern, vgl. Franz Kafka: Tagebücher (=Kritische Ausgabe hg. von Hans-Gerd Koch, Michael Müller und Malcolm Pasley), Frankfurt/Main 2002, S. 848. Dieses Kapitel in „Vita activa" ist eine veränderte und weitgehend erweiterte Fassung von Gedanken, die Arendt in einem Vortrag im Jahre 1968 am College for Ingeneering der University of Michigan entwickelt hatte. Der Vortrag erschien ein Jahr später im Druck in der Zeitschrift „Ingenor" mit dem Titel „The Archimedean Point". Die deutsche Übersetzung: Hannah Arendt: Der archimedische Punkt, in: Hannah Arendt: In der Gegenwart. Übungen im politischen Denken II, München 2012, S. 389-402.

Die Schwelle der Neuzeit, schreibt Arendt zu Beginn des Kapitels, ist insbesondere von drei Ereignissen gekennzeichnet, für diese Ereignisse stehen die Namen Galilei, Kolumbus und Luther. Galileis Entscheidung, im Jahre 1609 mithilfe eines Fernrohrs zum Himmel zu blicken, interpretiert Arendt als den Augenblick, in dem der Mensch seinen archimedischen Punkt gefunden hat. Interessanterweise ist es nicht Kopernikus und sein heliozentrisches Universumsmodell, der Arendt zufolge für eine einsetzende Wende zum Neuen steht, sondern die Fabrikation und der Einsatz eines optischen Instruments im Dienste der Wissenschaft. Durch Galilei kam „der Anfang des absolut Neuen [...] wahrlich auf Taubenfüßen in die Welt", fasst sie zusammen.[654] Dieses Neue lag also nicht in einer neuen Theorie, sei sie auch noch so revolutionär gewesen, sondern vielmehr in der Verwendung des Teleskops, was dem Menschen gleichsam eine außerirdische Perspektive einzunehmen erlaubte. Eingeschränkt als irdisches, sterbliches Wesen nahm der Mensch als Vernunftwesen den zentralen Platz in der Sonne ein, um, wie Arendt es formuliert, „[...] nahezu buchstäblich von der Erde zum Himmel aufzusteigen und dann auf sie herabzuschauen, als habe er wirklich den ihm angestammten Platz nicht auf ihr, sondern in der Sonne."[655] Mit anderen Worten: der Mensch überwand seine naturgegebenen Schranken.

Während Kopernikus Theoretiker war, hat sich Galilei eines Werkzeugs bedient. Mit dem Fernrohr wird nicht nur vorausgesetzt, dass unsere natürlichen Sinne für die Erkenntnis der Natur, wie sie wirklich ist, nicht viel taugen; sondern mit dem Griff zum Werkzeug werden auch Veränderungen in Gang gesetzt, die sowohl die Natur wie auch den Menschen betreffen. Er verändert seine natürliche Sinnesausstattung und schreitet über die Gegebenheiten seines Körpers hinaus. Arendt konstatiert:

> Was aber niemand vor Galilei getan hat, war, ein Gerät, das Teleskop, so zu benutzen, daß die Geheimnisse des Universums sich menschlicher Erkenntnis »mit der Gewissheit sinnlicher Wahrnehmung« offenbarten; was nichts anderes heißt, als dass er die Fassungskraft einer erdgebundenen Kreatur mit einem körperlichen Sinnesapparat so erweiterte, dass sie über sich hinauslangen kann in Regionen, die sich ihrem Zugriff entziehen und darum sich bisher nur in Ungewissheit der Spekulation und der Einbildung überhaupt geöffnet hatten.[656]

Nicht Wissensgewinn als solchen: d.h. nicht neue Inhalte, Entdeckungen und Korrekturen unseres Weltbildes – so wie das Kopernikanische heliozentrische

---

654 Arendt: Vita activa, S. 329.
655 Ebd., S. 330.
656 Ebd., S. 331. Hervorhebungen von Arendt.

Modell eine solche bedeutende Korrektur gewesen war – identifiziert Arendt als den ‚Kern' der Neuzeit, vielmehr war deren Beginn durch die Leistung eines Tandems von Ingenieur und Naturwissenschaftler gekennzeichnet. Die Fortschritte der modernen Wissenschaft wären ohne Technik nicht denkbar, sagt Arendt, womit sie in den 1960er Jahren die Thesen der ‚science and technology studies' vorwegnimmt. Die moderne Wissenschaft, schreibt sie, die gerade einsetzende Weltraumeroberung vor Augen, ist von der Technologie nicht zu trennen; sie macht den Menschen zunehmend zu einem Wesen, das auf die Erde und folglich auf sich selbst von einer wahrhaft kosmischen Perspektive herab schaut und entsprechend der Welt und der Gesellschaft gegenüber agiert. Im Zeitalter der Weltraumexpeditionen wird die Natur immer entschiedener „von einem Standpunkt im Universum außerhalb der Erde gehandhabt".[657] Was im 17. und 18. Jahrhundert als ‚wissenschaftliche Revolution' stattfand, bedeutete nicht nur einen enormen Zuwachs an Wissen. Die wissenschaftliche Revolution stellte vielmehr seit ihrem Anfang an eine Veränderung des Menschen und der Welt durch die immer raffinierteren Werkzeuge dar, die der Mensch imstande ist, zu bauen. Dass es mehr der Anfang eines großen (Neu)Konstruierens als Entdeckens gewesen war, wurde allerdings erst einige Jahrhunderte später mit aller Schärfe erkennbar.

Hannah Arendt registrierte bereits in den 1960er Jahren eine Wende, die eigentlich erst uns am Anfang des 21. Jahrhunderts deutlich vor Augen steht: immer seltener wird die alte Frage nach der Wahrheit ‚hinter' den Phänomenen gestellt. Diese Frage war die große Frage, die sich aus der wissenschaftlichen Revolution und der neuen nachkantschen Erkenntniskritik erhob. Was wir erkennen, sind lediglich Phänomene, zu den Dingen an sich sind wir nicht imstande durchzudringen, mögen wir auch immer bessere Werkzeuge anfertigen, lautete für viele die erkenntniskritische Schlussfolgerung um 1800. Wir leben in einer ‚verkehrten Welt', meinten die Zeitgenossen von Kant, Novalis und Kleist. Die Erkenntniskritik, welche zu der philosophischen Königsdisziplin avancierte und helfen sollte, den Schein von der Wahrheit zu trennen, war die Antwort auf diese neue Situation:

> Die Problematik, die sich sofort nach der Entdeckung des archimedischen Punkts meldete und bis heute nicht gelöst ist, besteht grundsätzlich darin, dass ein durch seinen Lebens- und Sinnesapparat der Erde verhaftetes Wesen ihn entdeckt hat, so dass nun jedes Weltbild, das es sich auf Grund dieser Entdeckung macht, dem widersprechen

---

657 Ebd., S. 334.

muß, was ihm unmittelbar vor Augen liegt, dass es also im wahrsten Sinne des Wortes theoretisch-wissenschaftlich in einer >>verkehrten Welt<< leben muß.[658]

Mittlerweile scheint sich dieses Unbehagen an der verkehrten Welt jedoch langsam von selbst zu lösen: nicht mehr die Grenzen der Erkenntnis, sondern die Unbegrenztheiten des Machbaren leiten die Forscher und die Forschungspolitik. Arendt nahm dies bereits einige Jahrzehnte zuvor wahr. Aus der Tatsache, dass der Mensch nur das erkennen kann, was er selbst hervorgebracht hat, wird zunehmend das Umgekehrte: dass der Forscher Phänomene und Dinge zuerst selbst hervorbringt, die dann zu Erkenntnisobjekten werden. In dieser Situation verliert die Frage nach den *phaenomena* und *noumena* gänzlich ihren Sinn. Gefragt wird vielmehr danach, was sich noch bewerkstelligen lässt.

Die Annäherung von Theorie und Praxis in der Figur des Wissenschaftlers als eines zumindest potentiellen Ingenieurs, der nicht so sehr erkennt, als die Welt verändert, indem er immer bessere Werkzeuge entwirft und Erstaunliches hervorbringt, fand vor einigen Jahren einen adäquaten Ausdruck in der Parole von Bruno Latour, der einem seiner Schlüsseltexte den folgenden Titel gab: „Give Me a Laboratory and I will Raise the World". Er dekonstruiert in dem Essay die Strategie von Louis Pasteur, dessen Wirken als Mikrobiologe er anhand der archimedischen Hebel-Metapher liest.[659] Er beruft sich nicht auf Arendt; seine Reflexionen könnten aber in mancher Hinsicht eine Fortsetzung der ihrigen sein. Die für die Moderne konstitutive Trennung zwischen der Gesellschaft einerseits und dem Labor des experimentierenden und entdeckenden Naturwissenschaftlers war Latour zufolge von Beginn an eine Illusion; das, was in den Laboren geschieht, greift in das Leben der Gesellschaft ein und verändert sie tiefgreifend, auch wenn wir uns dieses Prozesses und seiner unabsehbaren Konsequenzen erst am Ende des 20. Jahrhunderts tatsächlich bewusst geworden sind. Sie waren nicht mehr zu ignorieren. In einer Polemik gegen die Illusion der autonomen Welt des menschlichen Geistes hinterfragt Latour die Metaphern der Kultur als eines ‚Textes': „Sobald man es mit Wissenschaft und Technik zu tun hat, ist es schwierig, lange die Vorstellung aufrechtzuerhalten, daß wir ein Text sind, der sich selbst schreibt, ein Diskurs, der sich ganz allein spricht [...]."[660] Um die Bedeutung der Technologie für die Gesellschaft und die Politik deutlich zu machen,

---

658 Ebd., S. 361. Hervorhebung von Arendt.
659 Bruno Latour: Give Me a Laboratory and I will Raise the World, in: Karin Knorr-Cetina / Michael Mulkay: Science Observed. Perspectives on the Social Study of Science, London 1983, S. 141-170.
660 Bruno Latour: Wir sind nie modern gewesen. Versuch einer symmetrischen Anthropologie, Frankfurt/Main 2008, S. 86.

greift er zu einer anderen mit Archimedes verbundenen Überlieferung. Plutarch zufolge hat Archimedes mithilfe einer aufgrund der Hebelgesetze konstruierten Kriegmaschine die Stadt Syrakus vor dem Angriff feindlicher Schiffe verteidigt. Die Anekdote veranschaulicht eine enge Verschränkung zwischen Wissen, Technologie und politischer Macht:

> Archimedes kehrt mittels des Flaschenzugs nicht nur die Kräfteverhältnisse um, sondern auch die politischen Verhältnisse. Denn er bietet dem König einen Mechanismus an, mit dem ein einzelner physisch stärker werden kann als eine Vielzahl. [...] Hieron verteidigt Syrakus mit Maschinen, deren Dimensionen sich durch Proportionen berechnen lassen, und proportional wächst auch das Kollektiv. [...] Die Wissenschaft ist in der Tat die Fortsetzung der Politik mit anderen Mitteln, mit Mitteln, die allein Kraft haben, weil sie radikal andere bleiben.[661]

Das große Problem der modernen Gesellschaft beruhe Latour zufolge darauf, dass wir gewohnt sind, Politik bzw. Gesellschaft und Wissenschaft bzw. Technologie als autonome Bereiche zu betrachten. Diese Blindheit der tatsächlichen Verschränkungen und vielfältigen Abhängigkeiten gegenüber mache uns in Wirklichkeit wehrlos und verwundbar dort, wo wir autonom zu handeln glauben. Die alte Frage nach dem Handeln und den Voraussetzungen zum Handeln, worunter nicht zuletzt politisches Handeln verstanden wird, muss also neu gestellt werden. Wenn die Diagnosen von Arendt und Latour stimmen, ist uns die Selbstverständlichkeit, mit der Kant die Freiheit als archimedischen Punkt für das Handeln begriff, unnachvollziehbar geworden. Arendt erblickt die Konsequenzen des In-Besitz-Nehmens des archimedischen Punktes in der Verkümmerung der Gesellschaft zu einem System, das wir wie aus weiter Ferne betrachten, mit einem Blick, der an Laborobjekten geschult ist. Als Vernunftwesen wird der Mensch und seine technologisierte Wissenschaft immer astraler, als körperliches Wesen und als Bürger droht ihm, zu einem animal laborans reduziert und Objekt seiner eigenen Technologie zu werden. Dies macht die Gesellschaft jedoch nicht nur zum Objekt, sondern es macht sie auch zunehmend sprachlos:

> Wenn wir von diesem Punkt aus auf das, was auf der Erde vor sich geht, und auf die mannigfachen Tätigkeiten der Menschen herabschauen, das heißt wenn wir den archimedischen Punkt auf uns selbst beziehen, dann werden diese Tätigkeiten uns in der Tat als nicht mehr denn »offenes Verhalten« erscheinen, das wir mit denselben Methoden studieren können, die wir verwenden, um das Verhalten von Ratten zu studieren. Aus genügender Distanz betrachtet, werden die Autos, in denen wir reisen und von denen wir wissen, daß wir sie selbst gebaut haben, aussehen, als wären sie ein Teil unserer selbst und zwar, wie Heisenberg einmal gesagt hat, ebenso unvermeidlich zum

---

661 Ebd., S. 145 und 147.

Menschen gehören, >>wie das Schneckenhaus zur Schnecke<<. [...] Unter diesen Umständen wären das Reden und die Alltagsprache in der Tat nicht mehr sinnvoll als Äußerungen, die Verhalten transzendieren, selbst wenn sie ihm nur Ausdruck verliehen, und sie würden besser durch den extremen und sinnlosen Formalismus der mathematischen Zeichen ersetzt.[662]

Arendt schlägt im Angesicht der Krise, die sie als drohenden Zerfall des Gemeinsinns sieht, keine leichten und schnellen Lösungen vor. In den letzten Zeilen der „Vita activa" wendet sie sich erstaunlicherweise dem Denken zu; ohne das Denken sei es nicht möglich, die Gesellschaft als den Raum menschlichen Handelns aufrechtzuerhalten. Latour erblickt dagegen den Weg aus dieser Sackgasse in einer Neudefinierung der Gesellschaft. Wir sollten gewahr werden, dass die ‚Werkzeuge', die wir lange nur als ohnmächtige Objekte und Hilfe des menschlichen schöpferischen Geistes sahen, in Wirklichkeit Akteure sind, die längst uns selbst zu Objekten machen.

Diese aktuellen Fragen werden unter dem Zeichen des Archimedes gestellt. Das Metaphernfeld, dem die Anekdote vom archimedischen Punkt einst angehörte, scheint sich jedoch aufgelöst zu haben. Das Bild hat keine intertextuelle Verbindung mehr zu solchen Motiven wie Angst vor Bodenlosigkeit, schon gar nicht zu solch einer Metapher wie die welttragenden Schildkröten und auch nicht zu der Gravitation.[663] Vielleicht haben wir es im Falle des Wiederaufgreifens der archimedischen Metapher seit Anfang des 20. Jahrhunderts mit einem anderen Bildfeld zu tun, das aber zuerst rekonstruiert werden müsste. Wie dem auch sei, an die Stelle des einstigen Planetenbewegers Archimedes, der einen revolutionären Neuanfang ausführte, scheint der Ingenieur Archimedes getreten zu sein.

---

662 Hannah Arendt: Die Eroberung des Weltraums und die Statur des Menschen, in: Hannah Arendt: In der Gegenwart, S. 373-388, Zitat S. 387-388. Hervorhebungen von Arendt.

663 Gravitation als Motiv ist aus der Literatur selbstverständlich nicht verschwunden, sie scheint aber andere Funktionen zu erfüllen als im 18. Jahrhundert. Zum aktuellen Kontext am Beispiel der Prosa von Thomas Pynchon vgl. Nina Engelhardt: Gravity in „Gravity's Rainbow" – Force, Fictitious Force, and Frame of Reference; or: The Science and Poetry of Sloth, in: „Orbit" 2/2014 online https://www.pynchon.net/owap/article/view/80 (letzter Zugriff 30. 03. 2014).

Literaturverzeichnis

Siglen

GA   Johann Gottlieb Fichte-Gesamtausgabe, hg. von Reinhard Lauth u.a., Stuttgart-Bad Cannstatt 1962ff.

AA   Immanuel Kant: Gesammelte Schriften, hg. von: Bd. 1-22 Preussische Akademie der Wissenschaften, Bd. 23 Deutsche Akademie der Wissenschaften zu Berlin, ab Bd. 24 Akademie der Wissenschaften zu Göttingen. Berlin 1900ff.

NW   Novalis (Hardenberg, Friedrich von): Werke, Tagebücher und Briefe Friedrich von Hardenbergs, hg. von Hans-Joachim Mähl und Richard Samuel, Bd. I-III, Darmstadt 1999.

Primärliteratur

Arendt, Hannah: Der archimedische Punkt, in: Hannah Arendt: In der Gegenwart. Übungen im politischen Denken II, München 2012, S. 389-402.

Arendt, Hannah: Die Eroberung des Weltraums und die Statur des Menschen, in: Hannah Arendt: In der Gegenwart. Übungen im politischen Denken II, München 2012, S. 373-388.

Arendt, Hannah: Vita activa oder Vom tätigen Leben, München 2003.

Descartes, René: Meditationes de prima philosophia in quibus Dei existentia et animae humanae a corpore distinctio demonstrantur/Meditationen über die Grundlagen der Philosophie in denen das Dasein Gottes und die Verschiedenheit der menschlichen Stele vom Körper bewiesen werden, Auf Grund der Ausgaben von Artur Buchenau neu herausgegeben von Lüder Gäbe. Durchgesehen von Hans Günter Zekl. Mit neuem Register und Auswahlbibliographie versehen von George Heffernan, Lateinisch-deutsch, Hamburg 1992.

Fichte, Johann Gottlieb: Grundlage des Naturrechts nach Prinzipien der Wissenschaftslehre. Zweiter Teil oder angewandtes Naturrecht, in: Johann Gottlieb Fichte-Gesamtausgabe, Bd. I.4 (Werke 1797-1798), hg. von Reinhard Lauth und Hans Gliwitzky, Stuttgart-Bad Cannstatt 1970, S. 3-165.

Fichte, Johann Gottlieb: Über den Begriff der Wissenschaftslehre oder der sogenannten Philosophie, als Einladungsschrift zu seinen Vorlesungen über diese Wissenschaft, in: Johann Gottlieb Fichte-Gesamtausgabe, hg. von Reinhard Lauth und Hans Jacob unter Mitwirkung von Manfred Zahn, Reihe I (Werke), Bd. II, Stuttgart-Bad Cannstatt 1965, S. 109-192.

Fichte, Johann Gottlieb: Über die Würde des Menschen, in: Johann Gottlieb Fichte-Gesamtausgabe, hg. von Reinhard Lauth und Hans Jacob, Bd. I.2 (Werke 1793-1795), Stuttgart-Bad Cannstatt 1965, S. 83-89.

Fichte, Johann Gottlieb: Züricher Vorlesungen über den Begriff der Wissenschaftslehre Februar 1794, Nachschrift Lavater. Beiträge aus Jens Baggesens Nachlass: Exzerptseite aus der Abschrift von Fichtes Züricher Vorlesungen über Wissenschaftslehre, hg. von Erich Fuchs, Neuwied 1996.

Fontenelle, Bernard Le Bovier de: Entretiens sur la pluralité des mondes, in: Euvres completès, Tome 1, Paris 2013.

Fontenelle, Bernard Le Bovier de: Gespräche über die Vielzahl der Welten, in: Philosophische Neuigkeiten für Leute von Welt und für Gelehrte. Ausgewählte Schriften, Leipzig 1989, S. 12-119.

Fontenelle, Bernard von: Dialogen über die Mehrheit der Welten, Mit Anmerkungen und Kupfertafeln von Johann Elert Bode, Dritte gänzlich verbesserte und vermehrte Ausgabe, Berlin 1798.

Hemsterhuis, François: Über den Menschen und den Beziehungen desselben, in: Vermischte Philosophische Schriften. Aus dem Französischen übersetzt, Leipzig 1782, Band 1, S. 149-324.

Kant, Immanuel: Gesammelte Schriften, hg. von: Bd. 1-22 Preussische Akademie der Wissenschaften, Bd. 23 Deutsche Akademie der Wissenschaften zu Berlin, ab Bd. 24 Akademie der Wissenschaften zu Göttingen. Berlin 1900ff.

Latour, Bruno: Give Me a Laboratory and I will Raise the World, in: Karin Knorr-Cetina/Michael Mulkay: Science Observed. Perspectives on the Social Study of Science, London 1983, S. 141-170.

Latour, Bruno: Wir sind nie modern gewesen. Versuch einer symmetrischen Anthropologie, Frankfurt/Main 2008.

Leibniz, Gottfried Wilhelm: Neue Anhandlungen über den menschlichen Verstand, Übersetzt, mit Einleitung und Anmerkungen versehen von Ernst Cassirer (=Gottfried Wilhelm Leibniz: Philosophische Werke in vier Bänden, Bd. III), Hamburg 1996.

Locke, John: An Essay Concerning Human Understanding, Chicago 1952, S. 204.

Locke, John: Versuch über den menschlichen Verstand, Übersetzt von Carl Winckler, Hamburg 2006.

Novalis (Hardenberg, Friedrich von): Werke, Tagebücher und Briefe Friedrich von Hardenbergs, hg. von Hans-Joachim Mähl und Richard Samuel, Bd. I-III, Darmstadt 1999.

Richter, Jean Paul Friedrich: Clavis Fichtiana seu Leibgeberiana, in: Jean Paul: Sämtliche Werke, Abteilung I, Bd. 3., hg. von Norbert Miller und Walter Höllerer, Darmstadt 2000, S. 1011-1056.

Richter, Jean Paul Friedrich: Philosophische, ästhetische und politische Untersuchungen, in: Jean Pauls Sämtliche Werke, Historisch-kritische Ausgabe, Abteilung II, Bd. 7, hg. von Götz Müller, Weimar 1999.

Richter, Jean Paul Friedrich: Rede des toten Christus vom Weltgebäude herab, dass kein Gott sei, in: Jean Paul: Sämtliche Werke Abteilung I, Bd. 2. (Siebenkäs, Flegeljahre), hg. von Norbert Miller, Darmstadt 2000, S. 270-280.

Richter, Jean Paul Friedrich: Titan, in: Jean Paul: Sämtliche Werke, Abteilung I, Bd. 3 (Titan, Komischer Anhang zum Titan, Clavis Fichtiana seu Leibgeberiana), hg. von Norbert Miller und Walter Höllerer, Darmstadt 2000.

Weitere Literatur

„Leipziger Literatur-Zeitung", Heft 95. vom 16. April 1827.

Was ist Gott? Das Buch der 24 Philosophen. Erstmals übersetzt und kommentiert von Kurt Flasch, München 2013.

Ahmed, Siraj: Orientalism and the Permanent Fix of War, in: The Postcolonial Enlightment: Eighteenth-Century Colonialism and Postcolonial Theory, hg. von Daniel Carey und Lynn Festa, Oxford 2009, S. 167-206.

Albus, Vanessa: Weltbild und Metapher: Untersuchungen zur Philosophie im 18. Jahrhundert, Würzburg 2001.

Algarotti, Francesco: Dialoge über die Optik Newtons, Hannover 2012.

Allert, Beate: Die Metapher und ihre Krise. Zur Dynamik der „Bilderschrift" Jean Pauls, New York-Bern-Frankfurt/Main 1987.

Authier, Michel: Archimedes: das Idealbild des Gelehrten, in: Elemente einer Geschichte der Wissenschaften, hg. von Michel Serres, Frankfurt/Main 1998, S. 177-227.

Authier, Michel: Die Geschichte der Brechung und Descartes' vergessene Quellen, in: Elemente einer Geschichte der Wissenschaften, hg. von Michel Serres, Frankfurt/Main 1998, S. 445-485.

Ayers, Michael: Die Ideen von Kraft und Substanz, in: John Locke: Essay über den menschlichen Verstand, hg. von Udo Thiel, Berlin 1997, S. 119-148.

Baasner, Rainer: Das Lob der Sternkunst. Astronomie in der deutschen Aufklärung, Göttingen 1987.

Bacon, Francis: Neues Organon, Teilband I, hg. und mit einer Einleitung von Wolfgang Krohn, Lateinisch-deutsch, Hamburg 1990.

Betzler, Monika: Ich-Bilder und Bilderwelt. Überlegungen zu einer Kritik des darstellenden Verstehens in Auseinandersetzung mit Fichte, Dilthey und zeitgenössischen Subjekttheorien, München 1994.

Beuttler, Ulrich: Gott und Raum – Theologie der Weltgegenwart Gottes, Göttingen 2010.

Bielefeldt, Heiner: Kants Symbolik: ein Schlüssel zur kritischen Freiheitsphilosophie, München 2001.

Bieri, Hans und Masciadri, Virgilio: Der Streit um das kopernikanische Weltsystem im 17. Jahrhundert: Galileo Galileis Akkommodationstheorie und ihre historischen Hintergründe: Quellen - Kommentare – Übersetzungen, Bern 2008.

Binggeli, Bruno: Primum mobile. Dantes Jenseitsreise und die moderne Kosmologie, Zürich 2006.

Blamberger, Günter: Science oder fiction? Des Projektmachers Kleist Passagen von der Wissenschaft zur Literatur, in: Heinrich von Kleist: Style and Concept: Explorations of Literary Dissonance, hg. von Dieter Sevin und Christoph Zeller, Berlin 2013, S. 17-33.

Blumenberg, Hans: Paradigmen zu einer Metaphorologie, Kommentar von Anselm Haverkamp, Frankfurt/Main 2013.

Blumenberg, Hans: Ausblick auf eine Theorie der Unbegrifflichkeit, in: Ästhetische und metaphorologische Schriften, Auswahl und Nachwort von Anselm Haverkamp, Frankfurt/Main 2001, S. 193-209.

Blumenberg, Hans: Das Fernrohr und die Ohnmacht der Wahrheit, in: Galileo Galilei: Sidereus Nuncius. Nachricht von neuen Sternen. Dialog über die Weltsysteme (Auswahl). Vermessung der Hölle Dantes. Marginalien zu Tasso, hg. und eingeleitet von Hans Blumenberg, Frankfurt am Main 1965, S. 5-73.

Blumenberg, Hans: Die Genesis der kopernikanischen Welt, Frankfurt/Main 1981.

Blumenberg, Hans: Licht als Metapher der Wahrheit, in: Ästhetische und metaphorologische Schriften, Auswahl und Nachwort von Anselm Haverkamp, Frankfurt/Main 2001, S. 139-171.

Blumenberg, Hans: Neoplatonismen und Pseudoplatonismen in der Kosmologie und Mechanik der frühen Neuzeit, in: Ästhetische und metaphorologische Schriften, Auswahl und Nachwort von Anselm Haverkamp, Frankfurt/Main 2001, S. 291-326.

Blumenberg, Hans: Paradigma, grammatisch, in: Ästhetische und metaphorologische Schriften, Auswahl und Nachwort von Anselm Haverkamp, Frankfurt/Main 2001, S. 172-176.

Blumenberg, Hans: Schiffbruch mit Zuschauer. Paradigma einer Daseinsmetapher, Frankfurt/Main 1979.

Böhme, Gernot: Über eine notwendige Veränderung im europäischen Denken, in: Gernot Böhme: Philosophieren mit Kant. Zur Rekonstruktion der Kantischen Erkenntnis- und Wissenschaftstheorie, Frankfurt/Main 1986, S. 229-239.

Böhme, Hartmut und Böhme, Gernot: Das Andere der Vernunft. Zur Entwicklung von Rationalitätsstrukturen am Beispiel Kants, Frankfurt/Main 1985.

Borgards, Roland/Neumeyer, Harald/Pethes, Nicolas und Wübben, Yvonne (hg.): Literatur und Wissen. Ein interdisziplinäres Handbuch, Stuttgart und Weimar 2013.

Brandt, Reinhard: Die Bestimmung des Menschen bei Kant, Hamburg 2007.

Brandt, Reinhard: Zur Metamorphose der Kantschen Philosophie in der Romantik. Rhapsodische Anmerkungen, in: Kunst und Wissen. Beziehungen zwischen Ästhetik und Erkenntnistheorie im 18. und 19. Jahrhundert, hg. von Astrid Bauereisen, Stephan Pabst und Achim Vesper, Würzburg 2009, S. 85-102.

Breazeale, Daniel: Thinking Through the Wissenschaftslehre. Themes from Fichte's Early Philosophy, Oxford 2013.

Bubner, Rüdiger: Von Fichte zu Schlegel, in: Fichtes Wissenschaftslehre 1794. Philosophische Resonanzen, hg. von Wolfram Hogrebe, Frankfurt/Main 1995, S. 35-49.

Bühlmann, Regula: Kosmologische Dichtung zwischen Naturwissenschaft und innerem Universum: die Astronomie in Jean Pauls „Hesperus", Bern-Berlin-Frankfurt/Main 1996.

Carrier, Martin: Passive Materie und bewegende Kraft: Newtons Philosophie der Natur, in: Naturauffassungen in Philosophie, Wissenschaft, Technik, hg. von Lothar Schäfer und Elisabeth Ströker, München 1993, Band II, S. 217-241.

Casanova, Giacomo: Casanova – Geschichte meines Lebens. Komplettausgabe aller 6 Bände, übersetzt von Heinrich Conrad, NullPapier Verlag (Düsseldorf) 2012.

Cassirer, Ernst: Einleitung, in: Gottfried Wilhelm Leibniz: Neue Anhandlungen über den menschlichen Verstand. Übersetzt, mit Einleitung und Anmerkungen versehen von Ernst Cassirer (= Gottfried Wilhelm Leibniz: Philosophische Werke in vier Bänden, Bd. III), Hamburg 1996, S. XI-XXXI.

Cassirer, Ernst: Gesammelte Werke, hg. von Birgit Recki, Bd. VI, Hamburg 2000.

Charpentier, Jarl: A Treatise on Hindu Cosmography from the Seventeenth Century, in: „Bulletin of the School of Oriental Studies" 3/1923-25, S. 317-342.

Copernicus, Nicolaus: Das neue Weltbild. Drei Texte. Commentariolus, Brief gegen Werner, De Revolutionibus I. Im Anhang eine Auswahl aus der Narratio prima des G. J. Rheticus. Übersetzt, herausgegeben und mit einer Einleitung und Anmerkungen versehen von Hans Günter Zekl. Lateinisch-deutsch, Hamburg 1990.

Craemer-Ruegenberg, Ingrid: Das Naturverständnis von Aristoteles, in: Naturauffassungen in Philosophie, Wissenschaft, Technik, hg. von Lothar Schäfer und Elisabeth Ströker, München 1993, Band I, S. 85-106.

Creuzer, Georg Friedrich: Symbolik und Mythologie der alten Völker: besonders der Griechen (Dritte und verbesserte Ausgabe, in: Friedrich Creuzer's Deutsche Schriften, neue und verbesserte), Leipzig und Darmstadt 1936.

Daiber, Jürgen: Experimentalphysik des Geistes. Novalis und das romantische Experiment, Göttingen 2001.

Dobrzycki, Jerzy (hg.): The Reception of Copernicus' Heliocentric Theory. Proceedings of a Symposium Organized by the Nicolas Copernicus Committee of the International Union of the History and Philosophy of Science, Torun 1973.

Engels, Eve-Marie: Wissenschaftliche Revolution. Die variantenreiche Geschichte eines Begriffs, in: „Archiv für Begriffsgeschichte" 34/1991, S. 237-261.

Erhard, Johann Benjamin: „Denkwürdigkeiten des Philosophen und Arztes Johann Benjamin Erhard", Herausgegeben von Karl August Varnhagen von Ense, Stuttgart und Tübingen 1830.

Erxleben, Johann Christian Polycarp: Anfangsgründe der Naturlehre, 5. Auflage, mit Zusätzen von Johann Christoph Lichtenberg, Göttingen 1791.

Eschenmayer, Carl August von: Sätze aus der Natur-Metaphysik auf chemische und medicinische Gegenstände angewandt, Tübingen 1797.

Esselborn, Hans: Das Universum der Bilder. Die Naturwissenschaft in den Schriften Jean Pauls, Tübingen 1989.

Euler, Leonhard: Briefe an eine deutsche Prinzessin über verschiedene Gegenstände aus der Physik und Philosophie. Aus dem Französischen übersetzt, Leipzig 1773.

Euler, Leonhard: De causa gravitatis, in: Opera omnia. Series II/31, Basel 1996, S. 373-378.

Feger, Hans (hg): Literatur und Philosophie, Stuttgart und Weimar 2012.

Ferguson, James: Astronomy Explained Upon Sir Issac Newton's Principles, and Made Easy to Those, Who Have Not Studied Mathematics, London 1756.

Fink, Karl F.: Actio in Distans, Repulsion, Attraction. The Origin of an Eighteenth Century Fiction, in: „Archiv für Begriffsgeschichte" 25/1982, S. 69-87.

Fleck, Ludwik: Entstehung und Entwicklung einer wissenschaftlichen Tatsache, Frankfurt/Main 1980.

Ludwik Fleck: Schauen, sehen, wissen, in: Ludwik Fleck: Erfahrung und Tatsache – Gesammelte Aufsätze, hg. von Lothar Schäfer und Thomas Schnelle, Frankfurt/Main 1983, S. 147-174.

Forberg, Friedrich Karl: Briefe über die neueste Philosophie, in: Friedrich K. Forberg: Aus der Frühzeit des deutschen Idealismus. Texte zur Wissenschaftslehre Fichtes 1794-1804, Würzburg 1987, S. 153-181.

Förster, Eckert: Die Vorreden, in: Immanuel Kant: Kritik der reinen Vernunft, hg. von Georg Mohr und Marcus Willaschek, Berlin 1998, S. 37-55.

Foucault, Michel: Die Ordnung der Dinge. Eine Archäologie der Humanwissenschaften, Frankfurt/Main 2003.

Frank, Manfred und Kurz, Gerhard: Ordo inversus, in: Geist und Zeichen. Festschrift für Arthur Henkel zu seinem sechzigsten Geburtstag, hg. von Herbert Anton, Heidelberg 1977, S. 75-97.

Friedell, Egon: Novalis als Philosoph, München 1904.

Friedrich, Hugo: Die Struktur der modernen Lyrik, Hamburg 1956.

Fuld, Werner: Jean Paul und Weimar, in: „Text und Kritik" (Sonderband zu Jean Paul), München 1983 (dritte, erweiterte Auflage), S. 162-189.

Gamauf, Gottlieb: Erinnerungen aus Lichtenbergs Vorlesungen, Wien/Triest 1808.

Garber, Daniel: Physics and Foundations, in: The Cambridge History of Science, Bd. III (Early Modern Science), hg. von Katharine Park und Lorraine Daston, Cambridge 2006, S. 21-69.

Gasché, Rodolphe: Das Vergnügen an Vergleichen. Über Kants Ausarbeitung der Kritik der praktischen Vernunft, in: Von Ähnlichkeiten und Unterschieden. Vergleich, Analogie und Klassifikation in Wissenschaft und Literatur (18./19. Jahrhundert), hg. von Michael Eggers, Heidelberg 2011, S. 167-182.

Geertz, Clifford: Thick Description: Toward an Interpretive Theory of Culture, in: Clifford Geertz: The Interpretation of Cultures, New York 1973, S. 3-30.

Geier, Manfred: Kants Welt. Eine Biographie, Reinbek bei Hamburg 2003.

Gerhardt, Volker: Kants kopernikanische Wende. Friedrich Kaulbach zum 75. Geburtstag, in: „Kant-Studien" 78/1987, S. 133-152.

Gerstner, Franz Joseph Ritter von: Handbuch der Mechanik, Bd. 1 (Mechanik fester Körper), Prag 1833.

Goethe, Johann Wolfgang von: Campagne in Frankreich 1792, in: Johann Wolfgang von Goethe: Werke. Hamburger Ausgabe, Bd. X (Autobiographische Schriften II), S. 188-363.

Goethe, Johann Wolfgang von: Geschichte der Farbenlehre, in: Johann Wolfgang von Goethe: Werke. Hamburger Ausgabe, Bd. XIV (Naturwissenschaftliche Schriften II), München 1982, S. 7-269.

Goodman, David und Russel, Collin (hg.): The Rise of Scientific Europe 1500-1800, Sevenoaks 1991.

Gottsched, Johann Christoph: Erste Gründe der gesamten Weltweisheit, darinn alle philosophische Wissenschaften, in ihrer natürlichen Verknüpfung, in zween Teilen abgehandelt werden, Zum Gebrauche akademischer Lectionen entworfen, mit einer kurzen philosophischen Historie, nöthigen Kupfern und einem Register versehen, von Johann Christoph Gottscheden, ordentl. Lehrer der Logik und Metaphysik, der Univ. Decemvirn und Subseniorn, der königl. preuß. churfürstl. maynzischen, churbayerischen und bononischen Akademien der Wissenschaften Mitgliede. Siebente vermehrte und verbesserte Auflage. Mit röm. Kaiserl. Und königl. pohln. chursächs. Freyheit. Leipzig, Verlegts Bernhard Christoph Breitkopf. 1762, in: Johann Christoph Gottsched: Ausgewählte Werke, hg. von P. M. Mitchell, Band V, Teil I (theoretischer Teil), Berlin 1983.

Gottsched, Johann Christoph: Gedächtnißrede auf den unsterblich verdienten Domherrn in Frauenburg Nicolaus Copernicus, als den Erfinder des wahren Weltbaues in: Johann Christoph Gottsched: Ausgewählte Werke, hg. von P. M. Mitchell, Band IX, Teil I: Gesammelte Reden, Berlin 1976, S. 87-114.

Guthke, Karl S.: Der Mythos der Neuzeit. Das Thema der Mehrheit der Welten in der Literatur- und Geistesgeschichte von der kopernikanischen Wende bis zur Science Fiction, Bern 1983.

Hahn, Robert: A Brief Survey of the Secondary Literature on the Expression „Kant's Copernican Revolution", in: Hahn: Kant's Newtonian Revolution, Illinois 1988, S. 48-60.

Hammacher, Klaus: Fichte in Berlin, in: „Fichte-Studien" 19/2002 (Fichte und die Literatur), S. 37-54.

Hanson, Norwood: Copernicus' Role in Kant's Revolution, in: „Journal of the History of Ideas" 20/1959, S. 274-281.

Harrison, John und Laslett, Peter: The Library of John Locke, Oxford 1971.

Haverkamp, Anselm: Nachwort, in: Blumenberg: Ästhetische und metaphorologische Schriften, Frankfurt/Main 2001, S. 433-454.

Hay, John: De rebus Japonicis, Indicis, and Peruanis epistulae recentiores, Antwerpiae 1605.

Henrich, Dieter: Die „wahrhafte Schildkröte". Zu einer Metapher in Hegels Schrift „Glauben und Wissen", in: „Hegel-Studien" 2/1963, S. 281-291.

Henrich, Dieter: Die Erschließung eines Denkraums. Bericht über den Forschungsprogramm zur Entstehung der klassischen deutschen Philosophie nach Kant in Jena 1789-1795, in: derselbe: Konstellationen. Probleme und Debatten am Ursprung der idealistischen Philosophie (1789-1795), Stuttgart 1991, S. 215-263.

Henrich, Dieter: Grundlegung aus dem Ich. Untersuchungen zur Vorgeschichte des Idealismus Tübingen-Jena 1790-1794, Bd. I und II, Frankfurt/Main 2004.

Henrich, Dieter: Konstellationsforschung, in: derselbe: Konstellationen. Probleme und Debatten am Ursprung der idealistischen Philosophie (1789-1795), Stuttgart 1991, S. 42-46.

Henrich, Dieter: Über Probleme der Methode bei der Erforschung der nachkantischen Philosophie, in: Konstellationen. Probleme und Debatten am Ursprung der idealistischen Philosophie (1789-1795), Stuttgart 1991, S. 7-26.

Herder, Johann Georg Friedrich: Adrastea (Auswahl), in: Johann Gottfried Herder: Werke in zehn Bänden, Bd. 10, hg. von Günter Arnold u. a., Frankfurt/Main 2000.

Herder, Johann Georg Friedrich: Älteste Urkunde des Menschengeschlechts, in: Johann Gottfried Herder: Schriften zum Alten Testament (Werke in zehn Bänden, Bd. 5), hg. von Rudolf Smend, Frankfurt/Main 1993, S. 179-659.

Herder, Johann Georg Friedrich: Ideen zur Philosophie der Geschichte der Menschheit, in: Herder: Werke in zehn Bänden, Bd. 6, hg. von Martin Bollacher, Frankfurt/Main 1989.

Herder, Johann Georg Friedrich: Über die ältesten Urkunden menschlichen Geschlechts. Einige Anmerkungen, in: Johann Gottfried Herder: Schriften zum Alten Testament (Werke in zehn Bänden, Bd. 5), hg. von Rudolf Smend, Frankfurt/Main 1993, S. 9- 178.

Hiltebeitel, Alf: Dharma: Its Early History in Law, Religion, and Narrative, Oxford 2011.

Holland, Jocelyn: Schlegel, Hardenberg, and the Point of Romanticism, in: „Athenäum" 19/2009, 87-108.

Holland, Jocelyn/Landgraf, Edgar (hg.): „SubStance. A Review of Theory and Literary Criticism" 3/2014 (Spezialnummer zum Thema „The Archimedean Point in Modernity").

Holwell, John Zephaniah: Holwells merkwürdige historische Nachrichten von Hindostan und Bengalen, nebst einer Beschreibung der Religionslehren, der Mythologie, Kosmogonie, Fasten und Festtage der Gentoos und einer Abhandlung über die Metempsychose, übersetzt von Johann Friedrich Kleuker, Leipzig 1778.

Holwell, John Zephaniah: Interesting historical events, Relative to the provinces of Bengal and the Empire of Indostan: With a seasonable hint and perswasive to the honorable the court of directors of the East India company. As also the mythology and cosmogony, fasts and festivals of the Gentoo's, followers of the Shastah. And a dissertation on the metempsychosis, commonly, though erroneously, called the Pythagorean doctrine, Bd. II, London 1767.

Hoppe, Hansgeorg: Kants Theorie der Physik. Eine Untersuchung über das Opus postumum von Kant, Frankfurt/Main 1969.

Hoyer, Ulrich: Das Naturverständnis Johannes Keplers, in: Naturauffassungen in Philosophie, Wissenschaft, Technik, hg. von Lothar Schäfer und Elisabeth Ströker, Bd. II., S. 101-138.

Hühn, Lore: Das Schweben in der Einbildungskraft. Eine frühromantische Metapher in Rücksicht auf Fichte, in: „Fichte-Studien" 12/1997 (Fichte und die Romantik), hg. von Wolfgang H. Schrader, S. 127-151.

Hunfeld, Barbara: Der Blick ins All: Reflexionen des Kosmos der Zeichen bei Brockes, Jean Paul, Goethe und Stifter, Tübingen 2004.

Iovino, Serenella: >>Ich ist Nicht-Ich<< = >>Alles ist Alles<<. Goethe als Leser der „Wissenschaftslehre". Ein Beitrag zur Geschichte des Verhältnisses Fichte-Goethe, in: „Fichte-Studien" 19/2002 (Fichte und die Literatur), hg. von Helmut Girndt und Klaus Hammacher, S. 55-94.

Irmscher, Hans Dietrich: Aspekte der Geschichtsphilosophie Johann Gottfried Herders, in: Herder und die Philosophie des deutschen Idealismus (Fichte-Studien Supplementa), hg. von Marion Heinz, Amsterdam 1997, S. 5-47

Irrlitz, Gerd: Kant-Handbuch. Leben und Werk, zweite Ausgabe, Stuttgart/Weimar 2010.

Ishihara, Aeka: Makarie und das Weltall. Astronomie in Goethes „Wanderjahren", Köln 1998.

Jacobi, Friedrich Heinrich: Jacobi an Fichte, in: Friedrich Heinrich Jacobi: Werke. Gesamtausgabe hg. von Klaus Hammacher und Walter Jaeschke, Bd. II.1, Hamburg 2004, S. 187-225.

Kafka, Franz: Tagebücher (=Kritische Ausgabe hg. von Hans-Gerd Koch, Michael Müller und Malcolm Pasley), Frankfurt/Main 2002.

Kemper, Hans-Georg: Deutsche Lyrik der frühen Neuzeit, Bd. V/1. (Aufklärung und Pietismus), Tübingen 1991.

Kepler, Johannes: Astronomia Nova. Neue, ursächlich begründete Astronomie, übersetzt von Max Caspar, durchgesehen und ergänzt sowie mit Glossar und einer Einleitung versehen von Fritz Krafft, Wiesbaden 2005.

Kepler, Johannes: Dioptrice seu demonstratio eorum quae visui & visibilibus propter conspicilla non ita pridem inventa accidunt [Dioptrik oder

Schilderung der Folgen, die sich aus der unlängst gemachten Erfindung der Fernrohre für das Sehen und die sichtbaren Gegenstände ergeben], 1611.

Kleinert, Andreas: Aufklärung durch Physik, in: Innovation und Transfer. Naturwissenschaft, Anthropologie und Literatur im 18. Jahrhundert, hg. von Walter Schmitz und Carsten Zelle, Dresden 2004, S. 11-19.

Klemme, Heiner F.: Einleitung, in: Immanuel Kant: Kritik der praktischen Vernunft. Mit einer Einleitung, Sachanmerkungen und einer Bibliographie von Heiner F. Klemme, herausgegeben von Horst D. Brandt und Heiner F. Klemme, Hamburg 2003, S. IX-LXIII.

Knapp, Tilo: Die Kopernikanische Wende. Kants Neubegründung der Metaphysik in der reinen Vernunft, Tübingen 2005.

Kondylis, Panajotis: Die Aufklärung im Rahmen des neuzeitlichen Rationalismus, Hamburg 2002.

Konersmann, Ralf: Vorwort: Figuratives Wissen, in: Wörterbuch der philosophischen Metaphern, hg. von Ralf Konersmann, Darmstadt 2008, S. 7-21.

Koschorke, Albrecht: Wahrheit und Erfindung: Grundzüge einer Allgemeinen Erzähltheorie, Frankfurt/Main 2012.

Krafft, Fritz: Einleitung, in: Johannes Kepler – Die neue, ursächlich begründete Astronomie, in: Johannes Kepler: Astronomia Nova. Neue, ursächlich begründete Astronomie, übersetzt von Max Caspar, durchgesehen und ergänzt sowie mit Glossar und einer Einleitung versehen von Fritz Krafft, Wiesbaden 2005, S. V-LVIV.

Kraft, Bernd und Schönecker, Dieter: Einleitung, in: Immanuel Kant: Grundlegung zur Metaphysik der Sitten. Mit einer Einleitung herausgegeben von Bernd Kraft und Dieter Schönecker, Hamburg 1999, S. VII-XXXIX.

Kreuzer, Johann: Was heißt es, sich als Bild zu verstehen? Von Augustinus zu Eckhard, in: Johannes Grave und Arno Schubbach (hg.): Denken mit dem Bild. Philosophische Einsätze des Bildbegriffs von Platon bis Hegel, München 2010.

Krüger, Reinhard: ‚Kopernikanische Wende' und die ‚kosmologische Kränkung' des Menschen der Neuzeit. Kritik eines wissenschaftsgeschichtlichen Mythos der Moderne, Berlin 2012.

Krüger, Thilo: Empfangene Allmacht: die Christologie Tilemann Heshusens (1527-1588), Göttingen 2004.

Kubik, Andreas: Die Symboltheorie bei Novalis, Tübingen 2006.

Kühn, Manfred: Johann Gottlieb Fichte. Ein deutscher Philosoph 1762-1814. Biographie, München 2012.

Kuhn, Thomas S.: Verschiedene Begriffe der Ursache in der Entwicklung der Physik, in: Die Entstehung des Neuen. Studien zur Struktur der Wissenschaftsgeschichte, Frankfurt/M 1992, S. 72- 83.

Lakoff, George und Johnson, Mark: Metaphors we live by, Chicago 1980.

Langner, Beatrix: Jean Paul: Meister der zweiten Welt. Eine Biographie, München 2013.

Latour, Bruno: Die Geschichtlichkeit der Dinge, in: Bruno Latour: Die Hoffnung der Pandora, Frankfurt/Main 2002, S. 175-264.

Lepenies, Wolf: Ende der Naturgeschichte. Wandel kultureller Selbstverständlichkeiten in den Wissenschaften des 18. und 19. Jahrhunderts, Frankfurt/Main 1978.

Lind, Gunter: Physik im Lehrbuch 1700-1850, Berlin 1992.

Link, Jürgen: „Einfluß des Fliegens! – Auf den Stil selbst!" Diskursanalyse des Ballonsymbols, in: Bewegung und Stillstand in Metaphern und Mythen. Fallstudien zum Verhältnis von elementarem Wissen und Literatur im 19. Jahrhundert, hg. von Jürgen Link und Wulf Wülfing, Stuttgart 1984, S. 149-163.

Link, Jürgen: Über ein Modell synchroner Systeme von Kollektivsymbolen sowie seine Rolle bei der Diskurs-Konstitution, in: Bewegung und Stillstand in Metaphern und Mythen. Fallstudien zum Verhältnis von elementarem Wissen und Literatur im 19. Jahrhundert, hg. von Jürgen Link und Wulf Wülfing, Stuttgart 1984, S. 63-92.

Locke, John: Some Thoughts Concerning Reading and Study for a Gentleman, in: A collection of several pieces of Mr. John Locke, never before printed, or not extant in his works, S. 231-245, London 1720.

Locqueneux, Robert: Kurze Geschichte der Physik, Göttingen 1989.

Loheide, Bernward: Fichte und Novalis. Transzendentalphilosophisches Denken im romantisierenden Diskurs, Amsterdam 2000.

Lovejoy, Arthur O.: Die große Kette der Wesen. Geschichte eines Gedankens, übersetzt von Dieter Turck, Frankfurt am Main 1985.

Lowe, Jonathan: Locke on Human Understanding, London and New York 1995.

Mähl, Hans-Joachim: Einleitung, in: Novalis: Schriften, hg. von Richard Samuel in Zusammenarbeit mit Hans-Joachim Mähl und Gerhard Schulz, Bd. II (Das philosophische Werk I), Stuttgart 1965, S. 299-344.

Marschlich, Anette: Die Substanz als Hypothese. Leibniz' Metaphysik des Wissens, Berlin 1997.

Matilal, Bimel Krishna: Perception. An Essay on Classical Indian Theories of Knowledge, Oxford 1986.

Maurach, Gregor: Coelum empyreum. Versuch einer Begriffsgeschichte, Wiesbaden 1968.

McCarthy, John A.: Kopernikus und die bewegliche Schönheit – Schiller und die Gravitationslehre, in: Schillers Natur. Leben, Denken und literarisches

Schaffen, hg. von Georg Braungart und Bernhard Greiner, Hamburg 2005, S. 15-37.

Meisig, Konrad: Junge Autoren der Hindi-Literatur, in: Orientalische Erzähler der Gegenwart, hg. von Konrad Meisig, Wiesbaden 1999, S. 187-206.

Mendelssohn, Moses: Jerusalem oder über religiöse Macht und Judentum, Berlin 1783.

Menges, Karl: „Moral Astronomy": On a Metaphor in Novalis and Its Conceptual Context, in: Languages of Visuality: Crossings Between Science, Art, Politics, and Literature, hg. Von Beate Allert, Detroit 1996, S. 111-131.

Miles, Murray: Kant's „Copernican Revolution": Toward Rehabilitation of a Concept and Provision of a Framework for the Interpretation of the Critique of Pure Reason, in: „Kant-Studien" 97/2006, S. 1-32.

Minkowski, Christopher: Competing Cosmologies in Early Modern Indian Astronomy, in: Ketuprakāśa: Studies in the History of the Exact Sciences in Honor of David Pingree, hg. von Charles Burnett, Jan Hogendijk und Kim Pfloker, Leiden 2004, S. 349-385.

Moser, Christian: Abgelenkte Falllinien: Kleist, Newton und die epistemische Funktion des anekdotischen Erzählens, in: Wissensfiguren im Werk Heinrich von Kleist, hg. von Yixu Lü u.a., Freiburg i. Br. 2012. S. 169-191.

Moustakas, Ulrich: Urkunde und Experiment. Neuzeitliche Naturwissenschaft im Horizont einer hermeneutischen Theologie der Schöpfung bei Johann Georg Hamann, Berlin 2003.

Müller, Niklas: Glauben, Wissen und Kunst der alten Hindus in ursprünglicher Gestalt, und im Gewande der Symbolik: mit vergleichenden Seitenblicken auf die Symbolmythe der berühmteren Völker der alten Welt, mit hieher gehöriger Literatur und Linguistik, Mainz 1822.

Newton, Isaac: Philosophiae Naturalis Principia Mathematica, übersetzt von J. Ph. Wolfers, Berlin 1872.

Newton, Issac: Optik oder Abhandlung über Spiegelungen, Brechungen, Beugungen und Farben des Lichts, übersetzt von W. Abendroth, Braunschweig 1983.

Nietzsche, Friedrich: Götzen-Dämmerung, in: Nietzsche. Werke. Kritische Gesamtausgabe, hg. von Giorgio Colli und Mazzino Montinari, Abteilung 6/ Bd. III (Der Fall Wagner, Götzen-Dämmerung, Nachgelassene Schriften August 1888-Anfang Januar 1889), Berlin 1969, S. 49-154.

Nietzsche, Friedrich: Ueber Wahrheit und Lüge im aussermoralischen Sinne, in: Nietzsche. Werke. Kritische Gesamtausgabe, hg. von Giorgio Colli und Mazzino Montinari, Abteilung 3/Bd. II (Nachgelassene Schriften 1870-1873), Berlin 1973, S. 367-384.

Nolte, Ulrich: Philosophische Exerzitien bei Descartes: Aufklärung zwischen Privatmysterium und Gesellschaftsentwurf, Würzburg 1995.

Oesch, Martin: Einleitung, in: Aus der Frühzeit des deutschen Idealismus. Texte zur Wissenschaftslehre Fichtes 1794-1804, hg. von Martin Oesch, Würzburg 1987, S. 11-50.

Oliver, James Willard: Kant's Copernican Analogy: An Examination of a Re-Examination, in: „Kant-Studien" 55/1964, S. 505-511.

Osiander, Andreas: An den Leser. Über die vorausgesetzten Annahmen dieses Werks, in: Nicolaus Copernicus: Das neue Weltbild. Drei Texte. Commentariolus, Brief gegen Werner, De Revolutionibus I. Im Anhang eine Auswahl aus der Narratio prima des G. J. Rheticus. Übersetzt, herausgegeben und mit einer Einleitung und Anmerkungen versehen von Hans Günter Zekl. Lateinisch-deutsch, Hamburg 1990, S. 60-63.

Pascal, Blaise: Les Pensées, hg. von Francis Kaplan, Paris 1982.

Pfotenhauer, Helmut: Jean Paul. Das Leben als Schreiben/Biographie, München 2013.

Pieper, Annemarie: Kant und die Methode er Analogie, in: Kant in der Diskussion der Moderne, hg. von Gerhard Schönrich und Yasushi Kato, Frankfurt/Main 1996, S. 92-112.

Pietsch, Lutz-Hennig: Topik der Kritik. Die Auseinandersetzung um die Kantische Philosophie (1781-1788) und ihre Metaphern, Berlin 2010.

Polanyi, Michael: Implizites Wissen, Frankfurt/Main 1985.

Pollok, Konstantin: Kants „Metaphysische Anfangsgründe der Naturwissenschaft": Ein kritischer Kommentar, Hamburg 2001.

Purchas, Samuel: Purchas His Pilgrimage Or Relations of the World and the Religions Observed in All Ages and Places discovered, from the Creation unto this Present. In Four Parts, This First Containeth a Theological and Geographical History of Asia, Africa and America, with the Flands Adiacent, London 1614.

Rametta, Gaetano: Satz und Grund. Der Anfang der Philosophie bei Fichte mit Bezugnahme auf die Werke BWL und GWL, in: „Fichte-Studien" 9/1997, S. 128-139.

Rankl, Maximilian: Jean Paul und die Naturwissenschaft, Frankfurt/Main 1987.

Reill, Peter Hanns: The Legacy of the „Scientific Revolution": Science ant the Enlightenment, in: The Cambridge History of Science, Bd. IV (Eighteenth-Century Science), hg. von Roy Porter, Cambridge 2003, S. 23-43.

Renn, Jürgen: Galileis Revolution und die Transformation des Wissens, in: Galileis erster Blick durchs Fernrohr und die Folgen heute, hg. von Jakob Staude, Heidelberg 2010, S. 9-29.

Richter, Karl: Literatur und Naturwissenschaft. Eine Studie zur Lyrik der Aufklärung, München 1972.

Richter, Karl: Teleskop und Mikroskop in Brockes' „Irdischem Vergnügen in Gott", in: Prägnanter Moment. Studien zur deutschen Literatur der Aufklärung und Klassik. Festschrift für Hans-Jürgen Schings, hg. von Peter-André Alt, Alexander Košenina, Hartmut Reinhardt und Wolfgang Riedel, Würzburg 2002, S. 3-17.

Rogers, G. A. John: Zur Entstehungsgeschichte des „Essay Concerning Human Understanding", in: John Locke: Essay über den menschlichen Verstand, hg. Udo Thiel, Berlin 1997, S. 11-38.

Rolf, Eckard: Metapherntheorien. Typologie, Darstellung, Bibliographie, Berlin 2005.

Rorty, Richard: Der Spiegel der Natur. Eine Kritik der Philosophie, Frankfurt/Main, S. 1981.

Saine, Thomas P.: Das Epikureische und die Unendlichkeitskrise, in: derselbe: Von der Kopernikanischen bis zur Französischen Revolution. Die Auseinandersetzung der deutschen Frühaufklärung mit der neuen Zeit, Berlin 1987, S. 22-36.

Sandkühler, Hans Jörg: Idealismus in praktischer Absicht. Studien zu Kant, Schelling und Hegel, Frankfurt/Main 2013.

Scheible, Hartmut: Giacomo Casanova: ein Venezianer in Europa, Würzburg 2009.

Schlegel, Friedrich: Kritische Ausgabe seiner Werke, Abt. 3: Briefe von und an Friedrich und Dorothea Schlegel, Bd. 23: Bis zur Begründung der romantischen Schule (15. September 1788 – 15. Juli 1798), hg. von Ernst Behler, Paderborn 1987.

Schmidt-Biggemann, Wilhelm: Galilei als Revolutionär, in: Galileis erster Blick durchs Fernrohr und die Folgen heute, hg. von Jakob Staude, Heidelberg 2010 S. 31-60.

Schneider, Ulrich Johannes: Einleitung, in: Gottfried Wilhelm Leibniz: Monadologie und andere metaphysische Schriften, Herausgegeben, übersetzt, mit Einleitung, Anmerkungen und Registern versehen von Ulrich Johannes Schneider, Französisch-deutsch, Hamburg 2002, S. VII-XXXVIII.

Schöne, Albrecht: Aufklärung aus dem Geist der Experimentalphysik: Lichtenbergsche Konjunktive, München 1993.

Séguin, Philippe: Von der Philosophie zur *ars combinatoria*. Novalis' Erwartungen an die Mathematik und die Folgen, in: Zahlen, Zeichen und Figuren: Mathematische Inspirationen in Kunst und Literatur, hg. von Andrea Albrecht, Gesa von Essen und Werner Frick, Freiburg 2011, S. 248-267.

Shapin, Steven: The Scientific Revolution, Chicago 1996.

Shapin, Steven: Woher stammte das Wissen in der wissenschaftlichen Revolution? in: Ansichten der Wissenschaftsgeschichte, hg. von Michael Hagner, Frankfurt am Main 2001, S. 43-103.

Siemek, Marek J.: Fichtes und Husserls Konzept der Transzendentalphilosophie, in: Fichtes Wissenschaftslehre 1794. Philosophische Resonanzen, hg. von Wolfram Hogrebe, Frankfurt/Main 1995, S. 96-113.

Simonyi, Károly: Kulturgeschichte der Physik. Von den Anfängen bis heute, 3. überarbeitete und erweiterte Auflage, Frankfurt am Main 2001.

Smend, Rudolf: Herder und die Bibel, in: Johann Gottfried Herder: Schriften zum Alten Testament (Werke in zehn Bänden, Bd. 5.), hg. von Rudolf Smend, Frankfurt/Main 1993, S. 1311-1322.

Smend, Rudolf: Über die ältesten Urkunden des menschlichen Geschlechts. Einige Anmerkungen. Entstehung und Überlieferung, in: Johann Gottfried Herder: Schriften zum Alten Testament (Werke in zehn Bänden, Bd. 5.), hg. von Rudolf Smend, Frankfurt/Main: Deutscher Klassiker Verlag 1993, S. 1328-1331.

Snow, Charles P.: The Two Cultures an the Scientific Revolution, Cambridge 1993.

Spinoza, Baruch de: Ethik. In geometrischer Ordnung dargestellt. Neu übersetzt, herausgegeben, mit einer Einleitung versehen von Wolfgang Bartuschat (= Baruch de Spinoza: Sämtliche Werke Bd. II), Lateinisch-deutsch, Hamburg 1999.

Stadler, Ulrich: Der technisierte Blick: Optische Instrumente und der Status von Literatur. Ein kulturhistorisches Museum, Würzburg 2003.

Stengel, Friedemann: Kant – „Zwillingsbruder" Swedenborgs? in: Friedemann Stengel (hg.): Kant und Swedenborg. Zugänge zu einem umstrittenen Verhältnis, Tübingen 2008, S. 35-98.

Stengers, Isabelle: Die Galilei-Affären, in: Elemente einer Geschichte der Wissenschaften, hg. von Michel Serres, Frankfurt/Main 1998, S. 395-443.

Striedter, Juri: Die Fragmente des Novalis als „Präfigurationen" seiner Dichtung, München 1985.

Talbot, Ann: „The Great Ocean of Knowledge". The Influence of Travel Literature on the Work of John Locke, Leiden und Boston 2008.

Taureck, Bernhard H. F.: Metaphern und Gleichnisse in der Philosophie. Versuch einer kritischen Ikonologie der Philosophie, Frankfurt am Main 2004.

Thiel, Udo: Einleitung, in: John Locke: Essay über den menschlichen Verstand, hg. von Udo Thiel, Berlin 1997, S. 3-10.

Thüring, Bruno: Die Gravitation und die philosophischen Grundlagen der Physik, Berlin 1967.

Todorov, Tzvetan: Symboltheorien, Tübingen 1995.

Tokarzewska, Monika: Archimedean Points in a Network of Cosmological Metaphors: Fontenelle, Locke, Fichte, and Kant, in: „SubStance. A Review of Theory and Literary Criticism" 3/2014, S. 27-45.

Tokarzewska, Monika: Die Kategorie des Anfangs bei Fichte, Schelling, Novalis und Arendt, in: Ulrich Wergin und Timo Ogrzal (hg.): Romantik: Mythos und Moderne, Würzburg 2013, s. 95-109.

Toulmin, Stephen: Kosmopolis. Die unerkannten Aufgaben der Moderne, übersetzt von Hermann Vetter, Frankfurt/Main 1991.

Uerlings, Herbert: Novalis und die Wissenschaften. Forschungsstand und Perspektiven, in: Novalis und die Wissenschaften, hg. von Herbert Uerlings, Tübingen 1997, S. 1-22.

Vietta, Silvio und Kemper, Dirk (hg.): Ästhetische Moderne in Europa. Grundzüge und Problemzusammenhänge seit der Romantik, München 1998.

Wagner, Lioba: Alchemie und Naturwissenschaft. Über die Entstehung neuer Ideen an der Reibungsfläche zweier Weltbilder. Gezeigt an Paracelsus, Robert Boyle und Isaac Newton, Würzburg 2011.

Wahsner, Renate: „Ich bin der Apostel und Märtyrer der Engländer gewesen": Die Repräsentation Newtons durch Voltaire, in: Naturauffassungen in Philosophie, Wissenschaft, Technik, hg. von Lothar Schäfer und Elisabeth Ströker, Bd. II, München 1993, S. 243-271.

Weinrich, Harald: Münze und Wort. Untersuchungen an einem Bildfeld, in: Sprache in Texten, Stuttgart 1976, S. 276-290.

Weinrich, Harald: Semantik der kühnen Metapher, in: Sprache in Texten, Stuttgart 1976, S. 295- 316.

Welsch, Wolfgang: Immer nur der Mensch? Entwürfe zu einer anderen Anthropologie, Berlin 2011.

Wittgenstein, Ludwig: Wittgenstein und der Wiener Kreis, Frankfurt/Main 1967.

Wohlers, Christian: Vision und Illusion eines Neuanfangs, in: René Descartes: Meditationes de prima philosophia. Lateinisch-Deutsch, Hamburg 2008, S. VII-XLIX.

Wünsch, Christian Ernst: Kosmologische Unterhaltungen für junge Freunde der Naturerkenntnis, Band I „Von den Himmelskörpern", zweite Auflage, Leipzig 1791.

Xenien von Schiller und Goethe, in: Friedrich Schiller: Werke in drei Bänden, hg. von Gerhard Fricke und Herbert G. Göpfert, Band II, München 1966, S. 736-743.

Zaremba, Michael: Jean Paul: Dichter und Philosoph. Eine Biographie, Köln 2012.

Zekl, Hans Günter: Einleitung, in: Nicolaus Copernicus: Das neue Weltbild. Drei Texte. Commentariolus, Brief gegen Werner, De Revolutionibus I. Im Anhang eine Auswahl aus der Narratio prima des G. J. Rheticus. Übersetzt, herausgegeben und mit einer Einleitung und Anmerkungen versehen von Hans Günter Zekl. Lateinisch-deutsch, Hamburg 1990, S. VII-LXXXIV.

Zöller, Günter: Fichte lesen, Stuttgart-Bad Cannstatt 2013.

Zur Lippe, Rudolf: Neue Betrachtung der Wirklichkeit. Wahnsystem Realität, Hamburg 1997.

Enzyklopädien, Wörterbücher und Lexika

Adelung, Johann Christoph: „Der Schlussstein", in: Grammatisch-kritisches Wörterbuch der Hochdeutschen Mundart, Wien 1811, Bd. 3, Sp. 1550.

Adelung, Johann Christoph: „Die Kosten", in: J. Ch. Adelung: Grammatisch-kritisches Wörterbuch der Hochdeutschen Mundart, Wien 1811, Bd. 2, Sp. 1730-1732.

Adelung: Johann Christoph: „Moralisch", in: Grammatisch-kritisches Wörterbuch der Hochdeutschen Mundart, Wien 1811, Bd. 3, Sp. 280.

Becker, Sabina: „Moderne", in: Metzler Lexikon Literatur, begründet von Günther und Irmgard Schweikle, hg. von Dieter Burdorf, Christoph Fasbender und Burkhard Moennighoff, 3. Auflage, Stuttgart 2007, S. 508-509.

Böhringer, Hannes: „Bauen", in: Wörterbuch der philosophischen Metaphern, hg. von Ralf Konersmann, Darmstadt 2008, S. 34-46.

Briese, Olaf: „Erde, Grund", in: Wörterbuch der philosophischen Metaphern, hg. von Ralf Konersmann, Darmstadt 2008, S. 92-102.

Cohen, Floris H.: „Scientific Revolution" in: Encyclopedia of the Scientific Revolution. From Copernicus to Newton, hg. Wilbur Applebaum, New York/London 2000, S. 589-593.

Diderot, Denis: „Enzyklopädie", in: Diderots Enzyklopädie. Mit Kupferstichen aus den Tafelbändern, hg. von Anette Selg und Rainer Wieland, aus dem Französischen von Holger Fock, Theodor Lücke, Eva Moldenhauer und Sabine Müller, Berlin 2013, S. 134-153.

Diderot, Denis: „Kopernikus, System oder Hypothese des Kopernikus", in: Diderots Enzyklopädie. Mit Kupferstichen aus den Tafelbändern, hg. von Anette Selg und Rainer Wieland, aus dem Französischen von Holger Fock, Theodor Lücke, Eva Moldenhauer und Sabine Müller, Berlin 2013, S. 260-261.

Dienst, Karl: „Kopernikanische Wende", in: Historisches Wörterbuch der Philosophie, hg. von Joachim Ritter, Bd. IV, Basel 1976, S. 1094-1099.

Gehler, Johann Samuel Traugott: „Gravitation, Schwerkraft, allgemeine Schwere, Gravitatio, Gravitas universalis, Gravitation", in: derselbe: Physikalisches Wörterbuch oder Versuch einer Erklärung der vornehmsten Begriffe und Kunstwörter der Naturlehre mit kurzen Nachrichten von der Geschichte der Erfindungen und Beschreibungen begleitet in alphabetischer Ordnung, Bd. II, Leipzig 1789, S. 517-537.

Hassler, Gerda: „Analogie" in: Lexikon sprachtheoretischer Grundbegriffe des 17. und 18. Jahrhunderts, hg. Von Gerda Hassler und Cordula Neis, Berlin 2009, Bd. I, S. 658-674.

Henry, John: „Attraction" in: Encyclopedia of the Scientific Revolution. From Copernicus to Newton, hg. von Wilbur Applebaum, New York/London 2000, S. 60-62.

Krieger, Gerhard: „Substanz" in: Neues Handbuch philosophischer Grundbegriffe, begründet von Hermann Krings, Hans Michael Baumgartner und Christoph Wild, neu herausgegeben von Petra Kolmer und Armin G. Wildfeuer, Freiburg im Breisgau 2011, Bd. III, S. 2146-2158.

Loock, Reinhard: „Schweben", in: Wörterbuch der philosophischen Metaphern, hg. von Ralf Konersmann, Darmstadt 2008, S. 335-368.

Mittelstrass, Jürgen: „Kosmologie", in: Historisches Wörterbuch der Philosophie, hg. von Joachim Ritter und Karlfried Gründer, Basel 1976, Bd. 4, S. 1153-1155.

Nicola, Ubaldo: „Heliozentrismus", in: Bildatlas Philosophie. Die abendländische Geschichte in Bildern, Berlin 2007, S. 284-285.

O'Connor, Daniel John: „Substance and attribute", in: Encyclopedia of Philosophy, hg. Donald M. Borchert, 2006, Bd. IX, S. 294-300.

Pätzold, Detlev: „Substanz/Akzidenz" in: Enzyklopädie Philosophie, hg. Hans Jörg Sandkühler, Hamburg 2010, Bd. III, S. 2640-2652.

Riedel, Manfred: „Bürgerliche Gesellschaft" in: Geschichtliche Grundbegriffe. Historisches Lexikon zur politisch-sozialen Sprache in Deutschland, hg. von Otto Brunner, Werner Conze und Reinhart Koselleck, Bd. II, Stuttgart 1975, S. 719-800.

Riedel, Manfred: „Gemeinschaft/Gesellschaft", in: Geschichtliche Grundbegriffe. Historisches Lexikon zur politisch-sozialen Sprache in Deutschland, hg. von Otto Brunner, Werner Conze und Reinhart Koselleck, Bd. II, Stuttgart 1975, S. 801-872.

Rosenberg, Reiner: „Literarisch/Literatur", in: Ästhetische Grundbegriffe, hg. von Karlheinz Barck u.a., Bd. 3, Stuttgart 2001, S. 665-693.

Trappe, Tobias: „Substanz; Substanz/Akzidens" in: Historisches Wörterbuch der Philosophie, hg. von Joachim Ritter und Karlfried Gründer, Bd. X, Basel 1998, S. 495-551.

Überweg, Friedrich: Grundriss der Geschichte der Philosophie, Begründet von Friedrich Überweg, völlig neubearbeitete Ausgabe, hg. von Hellmut Flashar, Bd. II/1 (Die Philosophie der Antike), Basel 1998.

Walch, Johann Georg: „Anziehen der Körper", in: Johann Georg Walchs philosophisches Lexicon, worinnen die in allen Theilen der Philosophie vorkommende Materien und Kunstwörter erkläret, aus der Historie erläutert, die Streitigkeiten der ältern und neuern Philosophen erzehlet, beurtheilet, und die dahin gehörigen Schriften angeführt werden, mit vielen neuen Zusätzen und Artikeln vermehrt und bis auf gegenwärtige Zeiten fortgesetzt, wie auch mit einer kurzen kritischen Geschichte der Philosophie aus dem Bruckerischen großen Werke versehen von Justus Christian Henings. Vierte Auflage in zween Theilen, Leipzig 1775, Bd. I, S. 180-181.

Zedlers Lexicon: „Gravitas, die Schwere", in: Grosses vollständiges Universal-Lexicon Aller Wissenschaften und Künste, Welche bishero durch menschlichen Verstand und Witz erfunden und verbessert worden, Halle und Leipzig: Verlag Johann Heinrich Zedlers 1731-1754, Bd. XI (1735), Sp. 651-696.

Zedlers Lexicon: „Attractio" in: Grosses vollständiges Universal-Lexicon Aller Wissenschaften und Künste, Welche bishero durch menschlichen Verstand und Witz erfunden und verbessert worden, Halle und Leipzig: Verlag Johann Heinrich Zedlers 1731-1754, Bd. I (1731), Sp. 2087-2088.

Zedlers Lexicon: „Bewegung derer schweren Cörper", in: Grosses vollständiges Universal-Lexicon Aller Wissenschaften und Künste, Welche bishero durch menschlichen Verstand und Witz erfunden und verbessert worden, Halle und Leipzig: Verlag Johann Heinrich Zedlers 1731-1754, Bd. III (1733), Sp. 1625-1629.

Zymner, Rüdiger: „Metapher", in: Metzler Lexikon Literatur, begründet von Günther und Irmgard Schweikle, hg. von Dieter Burdorf, Christoph Fasbender und Burkhard Moennighoff, 3. Auflage, Stuttgart 2007, S. 494-495.

Netzquellen

Aphel und Perihel (Graphik): http://wekuw.met.fu-berlin.de/WEKUW/old/content/courses/de/09_ExpPlaSim/main_html/node2.html (letzter Zugriff 23. 02. 2015).

Engelhardt, Nina: Gravity in „Gravity's Rainbow" – Force, Fictitious Force, and Frame of Reference; or: The Science and Poetry of Sloth, in: „Orbit" 2/2014 online https://www.pynchon.net/owap/article/view/80 (letzter Zugriff 30. 03. 2015) http://www.jean-paul-portal.uni-wuerzburg.de/aktuelle_editionen/nachlass_exzerpthefte/(letzter Zugang 31. 12. 2014). http://www.list.indology.info/pipermail/indology_list.indology.info/2010-April/034329.html (letzter Zugriff 18.03.2015).

Mandelartz, Michael: Auf dem Rücken von Schildkröten, oder Die Rückkehr der Wissenschaft zum Mythos. Materialien zur Geschichte einer Anekdote, http://www.kisc.meiji.ac.jp/~mmandel/recherche/schildkroete.html (letzter Zugriff 18.03.2015).

Minkowski, Christopher: Competing Cosmologies and the Problem of Contradiction in Sanskrit Knowledge Systems, http://www.princeton.edu/hos/events/past_events/2003-2004/session1/abstracts/(letzter Zugriff 01. 03. 2015) http://www.en.wikipedia.org/wiki/Turtles_all_the_way_down (letzter Zugriff 25.02.2015).

**Warschauer Studien zur
Kultur- und Literaturwissenschaft**

Herausgegeben von Karol Sauerland

Band/Vol. 1   Andrzej Walicki: Encounters with Isaiah Berlin. Story of an Intellectual Friendship. 2011.

Band/Vol. 2   Karol Sauerland: Dreißig Silberlinge. Das Phänomen Denunziation. 2012.

Band/Vol. 3   Barbara L. Surowska: Auf Rilkes Wegen. 2012.

Band/Vol. 4   Grażyna Kwiecińska (Hrsg.): Die Dialektik des Geheimnisses. 2013.

Band/Vol. 5   Joanna Flinik/Barbara Widawska (Hrsg.): Identität und Alterität. 2014.

Band/Vol. 6   Aneta Jachimowicz / Alina Kuzborska / Dirk H. Steinhoff (Hrsg.): Imaginationen des Endes. 2015.

Band/Vol. 7   Monika Tokarzewska: Rettung vor Bodenlosigkeit. Neues Anfangsdenken und kosmologische Metaphern bei Locke, Leibniz, Kant, Fichte, Novalis und Jean Paul. 2015.

www.peterlang.com